小田 滋・回想の海洋法

小田 滋 著
編集協力 佐俣 紀仁

東信堂

まえがき

一．私が、三期二七年の裁判官の任期を終えて、ハーグの国際司法裁判所から帰国してから間もなく九年になる。馬齢を重ねてまさに米寿の年にさしかかる。

さきに三年前、『国際法と共に歩んだ六〇年』（平成二一年、四一六頁）を東信堂から出版した。再び東信堂下田勝司社長の好意によって『小田滋・回想の海洋法』を組むことになった。「海洋法」の回想としたのは、やはり私の一生で一番長く付き合ったのは国際法のなかでも海洋法であったからである。

戦後間もなく、最初のアメリカ留学一期生であった私はイェール大学ロースクールで海洋法、とりわけ海洋資源の研究に手を染めた。指導教官がいたわけではない。すべては独学であった。一九五三年（昭和二八年）に法学博士（JSD）を得たのは『海洋資源と国際法』（Riches of the Sea and International Law, Yale Law Library, 1953）であり、欧米においても戦後初の海洋法の博士論文とみなされた。これを土産に同年六月東北大学助教授に帰任し、その後も仙台にあって海洋法の研究を続けた。

二．英文では一九六二年（昭和三七年）に International Control of Sea Resources（Sijthoff Leiden, 1963, 215pp.）を出版し、一九六九年（昭和四四年）にはハーグ国際法アカデミーで一週間の「海洋資源の国際法」（Internaional Law of the Resources of the Sea）の講義をした（Recueil des Cours de l'Académie de Droit international à la Haye, vol.294（1969-III）, pp.355-484.）。国際

法の関係者は誰もが私を海洋法学者として扱った。

その後も、それまで一九六二年(昭和三七年)の著書以来関係のあった Sijthoff 出版社の依頼で International Law of the Ocean Development, 2 Volumes (Vol.1, 1972, 519pp.; Vol.2, 1975, 638pp.; loose-leaf ed 1976-7) の資料集を編纂した。世界で初めて出版された海洋法資料集であった。ニューヨーク、ジュネーブの国連本部ビルの書店で多く並べられているのを見るのは嬉しい限りであった。

また同社の懇請により、東北大学教授在職中に Sijthoff Publications on Ocean Development という海洋法の英文単行本のシリーズの総編集を引き受けた。その後三〇年ばかりの間に二〇巻余りの世界各国の若手の海洋法学者の単行本を編集出版した。私も総編集者の責任上、一九七六年(昭和五一年)オランダに赴任してすぐに The Law of the Sea in our Time, 二巻 (Vol.1, New Developments 1960-1975, 1977; Vol.2, The United Nations Seabed Committee 1968・1973, 1977) をこのシリーズのなかに執筆した。二〇〇三年(平成一五年)私が国際司法裁判所を去るに当たって、この三〇年間続けたシリーズの総編集の責任はオックスフォードの Lowe 教授に引き継いでもらった。

さらに私は二〇〇三年(平成一五年)、国際司法裁判所の裁判官生活二七年を終えてオランダを去るにあたって、同出版社から Oda, Fifty Years of the Law of the Sea (2003, Leiden, 832pp.) を出版した。まず英文で書いた私の海洋法論文集の決定版であった。一九五三年にイェール大学で海洋法の学位論文で法学博士を得てちょうど半世紀である。

三. 日本では、私はイェールの博士論文を土産に一九五三年(昭和二八年)に帰国、東北大学法学部に帰任してから、日本文で書いた海洋法の著書も少なくはない。一〇冊になる。「小田滋、海洋法研究一〇巻」である。

『海洋の国際法構造』有信堂高文社、昭和三一年、二六六頁

『海の国際法』(下巻)有斐閣、昭和三四年、二八七頁

『海の国際法』(下巻・増訂版)有斐閣、昭和四四年、プラス五八頁
『海の資源と国際法Ⅰ』有斐閣、昭和四六年、三八〇頁
『海の資源と国際法Ⅱ』有斐閣、昭和四七年、四六四頁
『海洋法研究』有斐閣、昭和五〇年、二九四頁
『海洋法』(上巻)有斐閣、昭和五四年、三二一頁
『海洋法二十五年』有斐閣、昭和五六年、五八〇頁
『注解国連海洋法条約』有斐閣、昭和六〇年、三四〇頁
『海洋法の源流を探る』有信堂高文社、昭和六四年、四〇四頁

なかでも『海洋法二十五年』と『注解国連海洋法条約』は今後も日本における海洋法研究の必須の文献であり続けると信じている。いずれも有斐閣のオンデマンド版として入手可能と聞く。

四．今回、またも東信堂下田勝司社長の好意によって、私が国際司法裁判所に赴任した一九七六年以後の時期に邦文で書いた海洋法に関する雑誌論文を集めた。本書第一部である。加えて随想をまとめた『海洋法あれこれ』はいわば海洋法生成の裏話のエピソードを当時の『季刊海洋時報』という雑誌に綴ったものである。第二部に収録した。さらに、取りわけ昭和六〇年代半ば、私が寄稿した新聞論説も収録した。当時海底平和利用の問題が国連で取り上げられ、私が政府代表として出席していた時期であり、外務省の了解の下に各新聞に時事論説を書いていた。一般向きに書いたものとしてそれなりの意味はあったであろう。本書第三部である。

五．全体を通じて専門的な論文もあり、また随想的なものもある。また執筆の時期については内容的にやや重複するものもあることを御寛恕ありたい。最近でも諸学者によって海洋法が論じられることが決して少なくはない。私は

心からの敬意を表しつつも、私の書く海洋法がそれでもなおいくらかの意味があろうかと思うからの本書である。

本書ではその論文を書いた時期によって、マイル、海里、カイリが使われている。いずれも nautical mile で一八五二メートル。本書ではその統一をせず、そのまま生かすことにした。同様に、大陸棚（大陸ダナ）等のその他の表記も、原則として初出時のものを尊重した。

六．本書が成るに当たって、ばらばらになっていた論文などの収集、編成、仕上げは東北大学助教佐俣紀仁博士の手による。そうしてこれらの作業を指揮監督された東北大学植木俊哉教授にも、私の心からの感謝を捧げたい。

七．冒頭にも述べたように、本書が再び東信堂から日の目を見るのは下田勝司社長のおかげであり、書物の製作実務はさきの『六〇年』と同様に多くを同社編集部の松井哲郎氏に負う。謝意を述べておきたい。

平成二四年一月、東京・築地の聖路加レジデンスの寓居にて

著者

小田滋・回想の海洋法　目次

第二部　海洋法あれこれ（随想） …… 251

二　海底開発の新時代　大陸ダナより広い視野で　国際管理が望ましい……431
『朝日新聞』一九六八年(昭和四三年)一月一三日
三　大陸棚立法を……435
『日本経済新聞』一九六九年(昭和四四年)三月一〇日
四　我が国も大陸棚法を……439
『毎日新聞』一九六九年(昭和四四年)三月一四日
五　書き換えられる国際海洋法　日本も議論をつくし決断を……443
『読売新聞』一九七二年(昭和四七年)六月二二日
六　国連海底平和利用委員会の夏会期を終えて……445
前途険し海洋先進国日本　「公海の自由」遺物に　大勢直視して柔軟な対応を
『朝日新聞』一九七二年(昭和四七年)八月二五日
七　渦巻く海洋法の新潮流(対談)……452
『日本経済新聞』一九七二年(昭和四七年)一〇月九日(夕刊)
八　強まる沿岸国支配……458
国連海底平和利用委の春会期を終えて
『朝日新聞』一九七三年(昭和四八年)四月八日

九　どう調和？　領海拡大と自由航行
国連海底平和利用委に出席して
『朝日新聞』一九七三年（昭和四八年）九月四日（夕刊）……462
一〇　ＡＡ諸国と海洋法
『読売新聞』一九七四年（昭和四九年）二月一八日……465
一一　決着の日迫る海洋法
経済対立　錯綜しても
『朝日新聞』一九七四年（昭和四九年）九月三日……468
一二　国際司法裁判所と海洋法（講演）
資源配分に基準を
『北海道新聞』一九七五年（昭和五〇年）一二月二九日……472
一三　海洋法審議の問題点
一〇年間の流れに盲目ではならぬ
『毎日新聞』一九七七年（昭和五二年）八月二日……475
詳細目次索引……488

編集協力　佐俣紀仁

小田滋・回想の海洋法

第一部　海洋法論考

第一論文　激動する海洋開発の国際法

——アメリカの新しい提案——

（一九七〇年）

【解　題】

激動する海洋開発の国際法――アメリカの新しい提案(一九七〇年)

『ジュリスト』四五七号(一九七〇年八月一日)掲載。本書に掲載の論文のうち唯一つ筆者が国際司法裁判所に就任するより前の古い論文であるが、内容的にみて海洋法論としては最も先駆的なものと思われる。

一　一二マイル領海への動き

領海三マイルの神話を信ずるのは、日本ぐらいではなかったろうか。かつて、一九五八年のジュネーヴ海洋法会議においてMr. Three-Milerと皮肉られながらも、かたくなに三マイルを守りつづけてきた日本である。その間にも世界は動きつつあった。又、日本の海洋に対する利害関係にも変化はあったはずである。神話はもはや神話でしかあり得ないことを思い知らされる時期にきているようである。

1　領海の幅

現在、各国がそれぞれ領海の幅をどのように定めているか、これを正確に知ることはかなり困難である。というのは、国によっては領海という概念がかなりあいまいであり、領海と言っていても、厳密には領海とはみなされないもの、逆に又他の名前を冠していても、事実上は領海と考えられるべきものなど、さまざまだからである。しかし、こうしたことを承知の上で、大まかな数字ではあるが、参考までにあげてみよう。筆者が昨年夏に作成した図表にもとづくもの（**第1表**）と、アメリカの海洋資源技術開発審議会が今年の一月現在で作成した図表にもとづくもの（**第2表**）のふたつをかかげておく。両者のくいちがいは、この半年における変化によるものではなく、むしろデータのとりかたによるのであるが、しかし、今日の一般的傾向を知ることはできよう。

第1表：領海の幅

3マイル	27
4マイル	4
5マイル	1
6マイル	18
9マイル	1
10マイル	1
12マイル	35
18マイル	1
130マイル	1
200マイル	6
群島理論	2
	97

第2表：領海の幅

3マイル	31
4マイル	4
6マイル	11
10マイル	2
12マイル	44
18マイル	1
130マイル	1
200マイル	4
群島理論	1
	99

2　一般的慣行としての一二マイル漁業水域

さて、沿岸水域拡張の動きは、すでに一九二〇年代から接続水域の形をとり、これが今日一般に認められていることは改めていうまでもなく、ここで立ち入った解説をするつもりはない(その本質について、筆者はかつてイギリスの International and Comparative Law Quarterly, Vol. 11 (1962) で論じた)。

ここでまず問題にしたかったのは、いわゆる一二マイル漁業水域である。筆者はその「十二マイル漁業水域」においてこの問題についても論じ盡くしたつもりである。再び筆者の昨年の資料によれば、領海が一二マイル以内であって、領海の外側に沿岸から一二マイルまでに漁業水域を設定している国が二五カ国数えられた。アメリカ、カナダ、イギリス、オーストラリア等々をふくむのである。漁業水域というのは、漁業に関する限り、沿岸国の権能は領海におけるそれと同じである、いわば漁業領海であるというのが筆者の持論であるが、領海という名を冠するか、漁業水域とよぶかは別として、漁業管轄というとらえ方をすると、第1表で三マイル領海国二七のうち、一〇カ国は一二マイル漁業水域を設定しているので、いわば純粋の三マイル国は一七カ国になってしまう。もちろん日本はそのなかのひとつであるが、日本と心を同じくするもの、中華民国、マレイシア、ジョルダン、リベリア、ガンビア、ケニア、コンゴ(ブラザビル)、コンゴ(キンシャサ)、ベルギー、ドイツ、オランダ、マルタ、ポーランド、キューバ、トリニダッド・トバゴ、ギアナである。日本として果たしてこれをほこりとすべきであろうか。その呼び名の如何を問わず、沿岸国の漁業管轄を三たび筆者の昨年の資料によって見れば**第3表**のとおりである。

第3表：漁業管轄水域

3マイル	17
4マイル	2
6マイル	9
10マイル	1
12マイル	57
15マイル	1
18マイル	1
100マイル	1
130マイル	1
200マイル	8
群島理論	2
	100

筆者はさきに、「十二マイル漁業水域」のなかで、次のように述べた。「制度としての十二マイル漁業水域確立への一般的な趨勢に目をつぶることは許されない。われわれの今後の課題は、むしろ十二マイル以上への漁業管轄権の拡大を阻止しうるか否かにある。」 率直にいって、今更一二マイル漁業水域の可否を論ずるのは時代錯誤も甚だしいと思われる。

３　一二マイル領海制度化の困難

ところで、さきにも述べたように、アメリカもイギリスもとっくに一二マイル漁業水域国である。ソ連はいうまでもなく一二マイル領海の国であり、後進国の多くに一二マイル領海に対する反対はない。それなのに、一二マイル領海はなぜ一般的な制度として認められるに至らないか。理由はきわめて明白である。ひとつは、筆者がその「第二次国際連合海洋法会議について」（国際法外交雑誌第六一巻一・二号（昭和三七年））において指摘したように、アメリカの国防上の利益である。アメリカとしては、その艦隊行動の自由のために、公海をなるべく広く、領海（他国の）を狭くしておかなければならない。とりわけ、東南アジア及び地中海の島の多い水域においては、それぞれの島が一二マイルの領海を設定するようになれば、アメリカの海軍はその自由を著しく制約されるに至るであろう。領海一二マイルをもって広すぎるとするアメリカの反対は明らかである。

理由の第二は、後進国側の自国沿岸漁業への飽くことなき欲求である。一九五八年のジュネーヴ海洋法会議当時、後進国の期待は、その一二マイル水域における漁業の独占であった。先進国側はここで妥協を行なうべきタイミングであったろう。しかし、一九六〇年、第二回のジュネーヴ海洋法会議に至って先進国側がこうした妥協を行なおうとしたとき、後進国の要求は、一二マイル水域外における沿岸国の優先的漁業権へとエスカレートしていたのである。先進国の将棋の駒は、ひとつひとつ後手にまわっていた。今日、後進国側は漁業に関する限り、一二マイルの沖合水域をもって満足しはしないであろう。

4　アメリカの一二マイル領海提案(二月一八日)

こうした事態にあって、アメリカは過去二年間、二国間の個別的な話合いを通じて、領海の幅に関して統一的な制度をつくり出す可能性を模索しつづけてきたのである。そうして、この接触によってかなりの自信を得たのであろう。領海一二マイルのアドバルーンをあげることになった。すなわち、今年の二月一八日のことである。

この日、ニクソン大統領は、その「一九七〇年代のアメリカ外交政策」と題する教書において、次のように述べている。「海洋法についてもっとも緊急な問題は、領海の範囲について合意を得、海洋に対する国家のクレームがエスカレートする脅威を未然に防ぐことである。」その同じ日の夕方、国務省法律顧問スティーブンソンは、フィラデルフィアの音楽学校講堂におけるフィラデルフィア世界問題調査会及びフィラデルフィア法律家協会共催の会合において、「国際法と海洋」と題する講演を行なった。平易な一般向き講演であった。しかしそのなかで、領海一二マイル制度化への提唱が行なわれたのである。

彼は、アメリカが伝統的な三マイル領海をとりながら、支配的な国家慣行にてらして一二マイル漁業水域を受け入れたことを述べた。領海の慣行について、約三〇カ国が三マイルを、一五カ国が四ないし一〇マイルを、そうして約四〇カ国が一二マイルを主張していることを述べ、国家の管轄が大洋にエスカレートしてゆくことをとめるためには、領海の幅についての国際的合意に達することが急務なことを述べている。

アメリカとしては、その現実的な立場からみるならば、一二マイル領海がもはや否定し得ない事実となっていることを認識している。しかし、先にも述べたように、主としてアメリカにとっての一二マイル領海への難点は国防上の考慮であった。かくてスティーブンソンは、いずれかの国の領海となったとしても、国際海峡における船及び航空機の通過の自由の保証を要求するのである。この通過の自由(freedom of transit)は、一般に領海内に認められている伝統的な無害通航(innocent passage)とは異なる。後者の場合にはinnocentか否かの判断は沿岸国にかかり、innocentでなければ沿岸国の管轄権が及ぶ。アメリカが今提唱するfreedom of transitは国際法において全く新しい概念であり、領海でありながら、外国の船及び航空機(軍用をふくむ)の通過については絶対的な自由を認めようとするものである。恐らくは、こうした条件で国務省は国防省から一二マイル領海についての諒解をとりつけたものと推察される。

他方、アメリカ国務省としては、飽くことなき後進国の漁業管轄拡大の希望にも応えなければならなかったであろう。かくてスティーブンソンの第三の提言がある。すなわち、沖合漁業に対する沿岸国の優先権である。彼は沿岸国の沖合漁業に対する依存という経済的プレッシャーが各国の一方的な管轄権拡大をもたらさざるを得なかったことに理解を示し、この提案を行なうのである。もっとも彼のいう沿岸国の優先的漁業権が何を意味するものであるかは全く明らかにされてはいない。

ついで五月二三日に行なわれたニクソン大統領の「アメリカ海洋政策に関する声明」も、スティーブンソンの提言を裏づけながら、なんら一二マイル領海の内容の詳細を示すものではなかった。

5　沿岸国の優先的漁業権——一九五八年会議および一九六〇年会議における提案

しかし、この沿岸国の優先的漁業権という考え方は、決して耳新しいものではない。一九五八年のジュネーヴ海洋法会議において、漁業に関する沿岸国の特別利益という概念はくりかえし述べられたのであった。そこで採択された漁業に関する条約第六条、第七条に規定されるに至ったこの概念のあいまいさ、そうして又同時に採択されるに至った「沿岸漁業の特殊事情に関する決議」については、これまでにも詳しく述べたことがあり、ここには立ち入らない(『海の国際法』下巻、八〇頁、一四七頁)。

一九六〇年会議になると。アメリカはむしろ積極的に沿岸国の優先的漁業権を是認するような気配さえ見せるのである(拙稿「第二次国際連合海洋法会議について」国際法外交雑誌第六一巻一・二号)。この会議の委員会段階において、基本的には領海六マイルに漁業水域のプラス・六マイルを組み合わせたアメリカ・カナダ案は、賛成四三、反対三三、棄権一二で可決された。しかし、三分の二の表決をルールとする総会議において、アメリカ・カナダ案の見通しは暗い。

総会議を前にした復活祭の休みにおけるアメリカ代表団の工作はきわめて活潑であったと察せられる。休みあけの総会議には、ブラジル、キューバ、ウルグアイの修正案が出されたが、一般には、アメリカ・カナダ案の一層の支持を後進国のなかにおいて見出すために、アメリカの勧誘によって提出されたものと信ぜられていた。この修正案によれば、次の条項がもうけられることになる。

6　…沿岸国は、次の場合に、その排他的漁業水域に接する公海の水域において、優先的漁業権を主張する権能をもつ。その場合とは、特別な状況又は事情のために、その水域における公海生物資源の開発が、沿岸国の経済的発展又はその国民のfeedingに根本的な重要性をもつことが科学的に立証された時である。

7　他のいかなる当事国も、前記の主張が一九五八年四月二六日ジュネーヴで採択された漁業及び公海生物資源保存の条約の第九条に規定されている特別委員会によって決定されることを、要請することができる。

8　特別な状況又は事情は、次の場合に存在すると見なされる。

a　漁業が沿岸国の経済的発展あるいはその国民のfeedingと明らかに相互に関連しており、その結果、その国は優先権が主張されている水域における公海生物資源に著しく依存している時。

b　前記2にいう条約の規定に従って、その水域における魚の一又は二以上のストックの全漁獲量を制限することが必要になった時。

アメリカ代表がブラジルなどの修正案を受諾し得るものとし、むしろ積極的にこれを支持するよう呼びかけたのは、時期的にはかなり遅れるが、しかし、さきにも述べたように、この修正案がアメリカの諒解の下に提出されたものであることは、つとに一般に知られていた。そうして西欧グループは、その非公式会合において、一致して修正アメリカ・カナダ案を支持する態度をきめたと伝えられた。ブラジルなど修正案は、賛成五八、反対一九、棄権一〇で可決された。反対はソ連圏、アラブ諸国、それにインドネシア及び日本である。アメリカの政治工作の成功は明らかなように思われた。しかしブラジルなど修正案によって修正されたアメリカ・カナダ案は、賛成五四、反対二八、棄権五、否決である。もし反対の一カ国でも棄権にまわれば五四―二七で可決されているはずであった。ソ連圏はすべて反対、アラブ諸国もほとんど反対、アジアではビルマ、インドネシア、インドなどが反対した。日本は棄権した。

日本の棄権は別として、ソ連圏その他の国々が反対した理由は、アメリカ・カナダ案が一二マイル領海に踏み切らなかったことに対する不満であって、沿岸国の優先的漁業権の考え方にあったわけではないことは明らかである。

結論からいえば、一九六〇年の会議は領海の幅に関し全くの失敗に終わるのであるが、その結末はどうであったか。まず、結局は修正アメリカ・カナダ案として否決されるに至ったとはいえ、ブラジルなど三カ国修正案が圧倒的多数によって一旦可決されていたという事実に対する解釈である。アメリカ代表は、一旦は、この修正案が採択されたことを喜ぶという旨の発言を行ない、いささか疑惑を生ぜしめたが、改めて、自国がこれを支持したのはアメリカ・カナダ案との関連であり、それ自体として支持したのではないと述べた。こうした解釈は当然ではあるが、しかし各国代表のなかには、ブラジルなど修正案の意義をむしろ大きく考えているものがある。たとえばキューバ代表は、多くの国々は今や沿岸国の優先的漁業権の承認に傾いており、これは国際法の発展への主要な一歩であると述べた。

会議の失敗に直面して、三マイル主義への復帰を説く海洋国に対して、後進国側の意見は、会議終了後にペルー代表が配布したメモランダムによって的確にあらわされている。

幸いなことに、失敗に対するイデオロギー的かつ道義的な代償として、多くの代表は、その沖合水域の漁業に対する沿岸国の優先権と、ペルーのように特別な事情にある国々に有利な例外の原則を、くりかえし唱えた。これの承認は、現在の国際法に深いマークをきざみつけるものであり、海洋法の発展において、決定的な新しい一歩へと導くものである。

かくて、沿岸国の優先的漁業権の発想は、特に今年のスティーブンソン演説で新しいわけではないことが知られる。

しかしその権利の内容については一九五八年、一九六〇年の海洋法会議にさかのぼってみても明らかではない。

6　アメリカ提案の見通し

昨年の国連総会は、公海、大陸棚、領海と接続水域、漁業及び公海の生物資源の保存のレヂームを検討するために海洋法会議を早い機会に招集することが望ましいかどうかについて、事務総長が各国の意見を打診し、その結果を今年秋の国連総会に提出するよう要請した（総会決議二五七四A）。この決議に反対した国々には、日本、ソ連圏などの他に、アメリカもふくんでいる。アメリカとしては、海洋法全般にわたり、一九五八年のジュネーヴ海洋法四条約の全般を改訂するような国際会議には反対であった。今後、アメリカとしては自らが提案した一二マイル領海決定のための国際会議の招集を第一義的に考え、昨年暮の国連決議に見るような包括的な海洋法会議に対しては消極的な態度をとるであろう。ソ連などもこれと同じ方針に出るであろうことは明らかである。

なお、一九五八年、一九六〇年の当時、単純に一二マイル領海を主張したソ連が、今日では他国の一二マイル沖内における軍艦、航空機の通過の自由を主張するにつき、アメリカと意見を共にするであろうことは一般の予測である。

他方、後進国側はどうであろうか。国連総会決議にいう包括的な海洋法会議に対するその一般的な支持は明らかである。これと切りはなされたアメリカのいう領海決定のための国際会議には消極的な態度を示すであろうが、そうした会議のあり方はともかく、アメリカ提案の実質について見れば、チリ、ペルー、エクアドルなどを主とするラテンアメリカ諸国は一二マイルそのことに反対である。他方、アジア・アフリカの諸国にとっては、アメリカのいう沿岸国の優先的漁業権はたしかにひとつの魅力である。まさにそれゆえにこそ、アメリカは、自らの利益——通過の自由——を確保するために、このえさを後進国に投げかけたのである。しかし、このえさは十分にアジア・アフリカの後進国を満足させるえさであり得るか。先にも述べたように、スティーブンソンそうして又それにつづくニクソン大統領声明で、このえさ——沿岸国の優先的漁業権——の内容は明らかにされていない。アメリカとしてはこの内容の確認を早急に迫られるであろう。そうしてその内容が後進国を満足させ得るものであればあるだけに、遠洋漁業国日本にとっては受諾困難になろう。しかし、一九五八年、一九六〇年の海洋法会議の歴史が示すように、アメリカは国防上の利益のために漁業の利益を犠牲にすることを辞さない、その経験を日本としては思い起こしておく必要があろう。

二　大陸棚以遠の海底

大陸棚以遠の海底をここでは深海海底とよぼう。深海海底の制度論が問題になったのはここ数年のことであり、その経過は、拙稿「深海海底制度論の系譜」に詳しく、ここにつけ加えるべきことはない。ただきわめて簡単にいえば、今日、公海の自由から結論して深海海底開発の自由——これ又日本にはびこるかに見えるもうひとつの神話である——を信ずるような国は、どこにも存在しないであろう。もとより単純に深海海底の国際化といって事足りる問題ではない。しかし、深海海底資源の開発がなんらかの国際管理の下におかれる必然性を疑うものは今日もはや存在しないと言ってよい。

1　深海海底国際管理案の登場

とくにアメリカにおける海洋技術の発達はようやく水深二〇〇メートル以遠の海底の開発、少なくとも探査を可能ならしめるに至っていた。もし「大陸棚以遠」というものがあるとすれば、そこにはどのような制度が適用されるのか。そのような問題が語られるに至るのは一九六六年から一九六七年の頃にかけてである。主としてアメリカにおいてであった。深海海底には国際連合の権原を設定して、これを新たな専門機関の管理のもとに服さしめ、個々の開発に与える許可の収入によって国際連合の財源にもしようとする考えが、アメリカの一民間団体によって提唱されたのは一九六六年五月のことであり、それ以来アメリカの各地の研究集会において、こうした考え方が注目をひきはじめていた。一九六七年九月には上院議員ペルが深海海底の国連管理案を提起するのである。

しかし、こうした構想に対して、アメリカ政府としては、とりわけ同情的な態度を示すわけでもなく、又、アメリカ政府の消極的な態度に加えて、アメリカ議会のなかにおいても、ペルなどの提唱は強い抵抗にぶつかっている。

このような事態にあって、決定的な役割を演ずるのは、一九六七年秋の国連第二二回総会におけるマルタ代表パルド大使の提言である。ここでは一応海底の軍事利用の問題については避けよう。その点を除けば、パルドのいうところは、深海海底が技術の発達と共に国家領有の対象となるおそれがあり、その結果、厖大な海底資源が技術先進国の国家利益のために開発され盡くされるであろうこと、そうして、今、深海海底を人類の共同の遺産と宣言すべき時期が到来したということであった。海底をいずれの国の領有とせず、その利用と経済的開発は人類の利益のために、なかんずく貧しい国々の発展のために用いられるべきであるという提言は、今にして見ればやはり国際連合の歴史に残る画期的なものであった。当時、マルタの提案は、国連事務局によっても、又加盟各国、なかんずく先進諸国によっても、必ずしも暖かく受け入れられたのではない。しかし、この一般にアピールする提案に積極的に反対することは困難である。かくて、一九六七年一二月一八日の国連決議が成立する。いわゆる海底平和利用決議である(総会決議二三四〇)。

2　国連海底平和利用委員会

国連総会の一九六七年の海底平和利用決議によって設立された国連海底平和利用アド・ホック委員会は、日本をふくむ三五カ国からなったが、一九六八年暮の総会決議によって四二カ国の国連海底平和利用委員会となった。今日までに延べ七会期、一七週間余りを費やしている。この経過についても、拙稿「海洋開発と国際連合」に詳しく述べたところであり、ここには繰り返さない。

その歩みは遅々としているとはいえ、確実にひとつの方向に向かっている。その発足にあたって、問題が迂遠であると見られただけに余り関心を示さなかった国々も、今日この委員会の発展に寄せる関心は絶大なものがある。一〇年前に発足した国連宇宙平和利用委員会は、その問題の重要性にかかわらず、所詮は先進国の興味の対象にとどまりがちである。しかし、はるか彼方の宇宙の空間と異なり、海はすべての国(内陸国を除く)の目の前に横たわっている。しかも、その海底の無尽蔵の資源はこれらの国の関心を沸きたたせずにはおかない。国連海底平和利用委員会が、その初期の段階において、むしろ後進国の教育、それへの情報提供の役割を果したただけに、無限の富を夢見る後進国の関心を冷やすことは、今日となってはもはや不可能に近いであろう。

こうした後進国の関心は、他方において先進企業の思惑と、更には又理想主義的な先進国あるいは民間団体の発想と相まって、深海海底資源の国際管理の方向づけをすでに既成のものとしてしまっている。日本の実業界に、果してこれに対する十分の認識があるであろうか。

3　深海海底国際管理のメリット

深海海底の資源を人類共同の財産と考えて、これを国際的な管理の下におこうとする構想は、まず第一に後進国にはアピールする。たしかに彼らは地主＝地代を連想する。自分たちの財産であるこれら資源を先進企業が開発するのならば、その利潤は当然に自分たちに還元されるべきであるという。自ら手を藉すことなしに利益のわけ前にあずかろうとする彼らの態度に問題とすべき点はあるとしても、こうした後進国の知慧はもはや無視することはできない。自らの先進技術と巨大資本を武器に自由開発と百パーセントの利益をもくろむ先進国(実はここでおそらくは日本の実業界)は、無視し得ないまでに成長してきた後進国の圧力にいつまでも盲目であっていいはずはないのである。

しかし更に、深海海底開発の国際管理は、むしろ先進企業によっても理解をもって迎え入れられようとしている事実に注目しなければならない。深海海底の資源開発は、大洋における漁業と異なり、巨大な施設と厖大な資本の投下を必要とするであろう。企業保護のためには、無用な競争をさけるためにも、あるいは又探査・開発の既得権を保護するためにも、なんらかの国際的な規制の必要が、先進国の功利的な立場にたってみても、感じとられるに至っているのである。

深海海底開発のための国際機関を設立して、そのライセンスによってはじめて探査・開発を行なうべきだとする構想は——世界で今日これを疑うものはいないという事実に、日本の実業界は目を開いてもらいたいものである——、一方においては、ライセンス発給の代償としての利権料のあがりを期待する主としては後進国的意識と、他方においては、投下資本の保全のためには、利権料を国際機関に支払ってもなお特定地域の開発の独占の保証を得るほうが有利であると判断する先進国的意識の妥協と調和の上に展開して行こうとしている。先進国側にとっても、不安定な百パーセントの自由競争より、何十パーセントかの利権料を支払うとしても、安定した独占開発のほうがより有利なのである。もっとも、ライセンス＝利権がどのようにして特定な国あるいは企業に与えられるか。ライセンス発給が自由な競争を裏打ちするものとして作用するのか、あるいはたとえば後進諸国の利益を考慮してそこに人為的な配分の原理をもちこもうとするのか、そうしてもし後者ならばその基準を決定する基本理念は何か。そうしたことの根本的検討なくしては国際管理案も単なる砂上の楼閣にすぎない。深海海底制度論は国際社会の基本構造にもかかわる問題であることは十分認識しておかなければならない。

なお、これは傍論になるが、深海海底資源の開発といっても、石油・天然ガスなどのいわゆる掘削による開発と、マンガン団塊などの浚渫による開発とでは、国際管理の方式にもかなり本質的なちがいを必要とするであろうことも考えておかなければならないであろう。

4　大陸棚の範囲

深海海底の国際管理をいうとして、その深海海底とはどの範囲か。この節のはじめに、大陸棚以遠を深海海底と呼んだ。問題は大陸棚の外縁にかかってくる。一九五八年の大陸棚条約に照らして大陸棚の外縁は何かということは、今日もはや古典的な問題である、筆者も、その『海の国際法』下巻（初版）、（昭和三四年）において、あるいは又「大陸棚問題の新しい発展」において論じつくし、Columbia Journal of Transnational Law, vol. 7 (1968) においては、「大陸棚条約改訂の提案」を述べた。改めてこの問題に深入りするつもりはない。

問題は、まず大陸棚条約の第一条、「大陸棚とは、(a)海岸に隣接しているが領海の外にある海底の区域の海床及び地下であって上部水域の水深が二〇〇メートルまでのもの又はその限度をこえる場合には上部水域の水深が海底の区域の天然資源の開発を可能とするところまでのもの」がどう解釈されるかである。そこにいわれる「開発可能性」の基準の解釈によって、世界の海底はことごとく、法的な意味における大陸棚となってしまうであろう。筆者は世界の海底がそれぞれの「最深部において」分割されてしまうとし、アメリカのクリスチーなどは「中間線」によって分割されてしまうと述べたのであるが、いずれにしろ、こうした大陸棚条約の論理的帰結に対する批判から今日の深海海底論が展開してくるのである。

そうして今日、大陸棚条約の前記の規定の改訂の必要について疑うものはなく、大陸棚の範囲は、むしろ立法論の立場から述べられる。もっとも、大陸棚が少なくとも水深二〇〇メートルのところまでをふくむことに現在全く異論はない。問題は、大陸棚がそこにとどまるか、あるいはそれ以遠をもふくむかにかかっている。アメリカの石油業界、あるいはそれをバックとするアメリカ法曹界は、「開発可能性」ということから、大陸棚は当然に、continental land-mass をふくむべきであるとし、概ね二、五〇〇メートル程度の水深を考えている。その見解によれば、大陸棚をそれ以内のせまい範囲に限定することは、まさに既得権の放棄であるとさえ言うのである。アメリカの石油業界のこうした見解は、アメリカ国内において極めて力強いものがあったと言えよう。そうして、内務省がこれを支持してきたことも周知の事実である。しかし、こうした考え方に対する反撥もまた各方面に見られるのである。

その第一は、国際社会における後進国、なかんずくアジア・アフリカの国々からのものであろう。もっともこれも心情的なものが多いとも見られる。なぜならば、広い大陸棚は必ずしも先進国としてのアメリカを利するものではなく、むしろ地理的に有利なアメリカの石油業界に支えられているものであり、広い大陸棚は、それが後進国であれ、ひろい海岸線をもち、有望な沖合油田の望みのある、いわば地理的に有利な国にとっては同様にのぞましいはずである（大陸棚の開発はすべて自国の資本と技術で行なわなければならないのではない以上、このことは当然のことであろう）。しかし、理くつぬきに、アジア・アフリカの後進諸国は、海底を国際管理のもとにおき、それを人類全体、なかんずく後進国のために開発しようとする構想に共感を惜しまない。そのためには、大陸棚の著しい拡大――少なくともアメリカ石油業界の考えるような――には批判的である。

第二の批判は、アメリカの内外における少なからぬ民間団体、学術集会から寄せられる。ここでは、既に、「深海海底制度論の系譜」で詳述した個々の構想にふれる余裕はない。しかし、そこでは多かれ少なかれ国際主義が頭をもたげ、なるべく広い海底を深海海底として国際管理のもとにおこうとし、大陸棚をたとえば水深二〇〇メートルと距岸五〇ないし六〇マイルのくみあわせで限定しようとする試みが行なわれるのである。この数字は場合によっては、五〇〇ないし六〇〇メートル、あるいは一〇〇マイルとされる場合もあるが、いずれにしろ、アメリカ石油業界の支持するような広大な大陸棚は考えられていない。

第三の批判は、むしろアメリカの国防省すじからのものである。アメリカが国防上の理由から狭い領海をのぞんでいることは、筆者のくりかえし指摘してきたところであり、本稿においてもすでにこれを述べている。大陸棚ないし海底の問題が直ちに領海に結びつくのでないことは十分に承知しつつ、しかし、ひとつの管轄権の拡大がやがては包括的な管轄権の拡大へと発展してゆくこと、いわゆる creeping jurisdiction の可能性を警戒するのである。

一方において、大陸棚をひろく、大陸斜面、continental rise をも含ましめようとする石油業界とそれにつきあげられる内務省、他方において、沿岸国管轄権を狭く、できるだけ公海自由の余地を残すことを国防上の至上課題とする国防省、アメリカ政府部内においてこのふたつの意見の対立はかなり公然の事実であったと言えよう。この間にあって苦慮する国務省も、ニクソン政権の成立以来日も浅く、断定的な態度をとることなく日を送るが、最後の決断は遂に本年五月に下された。しかし、それにふれる前に、広い大陸棚と狭い大陸棚の相対立する考え方の妥協として提出された中間地帯ないし緩衝地帯（intermediate zone or buffer zone）に触れておかなければならない。

5　中間（緩衝）地帯の構想

中間地帯ないし緩衝地帯の考え方がもっとも早く提起されたのは、筆者の知る限りでは、コロンビア大学の附属施設であるAmerican Assemblyが一九六八年五月に行なった「海の利用」の会議においてではなかったかと思われる。ここに提出されたコロンビア大学教授Henkinのペーパーのなかで、狭い――たとえば二〇〇メートルの水深――にプラスするに緩衝地帯（距岸Xマイル）が提案され、その地帯は深海海底のレヂームに従うが、しかし開発は沿岸国によってあるいはその同意があってはじめて行なわれるべきことが述べられている。その後、ヘンキンは、大統領の諮問機関であり、副大統領を長とする海洋資源・技術開発審議会の要請によって作成したリポートのなかにもこの考えを述べている。そうして、同じく法律によって設立された海洋学・海洋技術・海洋資源委員会は、一九六九年一月、その大統領および議会に対する答申「わが国と海」のなかで、正式に、中間地帯の設立を示唆するのである。

すなわち、水深二、五〇〇メートル又は距岸一〇〇マイルの地点までである。ここでは、沿岸国あるいはそのライセンスを受けたものだけが鉱物資源の探査・開発を行なうことができる。その点を除けば、中間地帯の探査と開発は、深海海底のための制度によって規律されることになる。すなわち、この地域における生産からの利益は国際基金を通じて国際社会目的のためにつかわれるのである。二、五〇〇メートルというのは世界の大陸斜面continental slopeの基底部の平均深度であり、一〇〇マイルというのは大陸棚及び大陸斜面の平均の幅であるという。ヘンキンの示唆がそのままここに生かされていると見るべきであろう。

こうした中間地帯の構想に対して、筆者は一九六九年夏のヘーグ国際法アカデミーの講演において、これを支持しうるものとして、次のようにのべた（Recueil des Cours, vol. 127（1969））。「もしこの提案を正しく理解するならば、大陸棚の開発の場合と同じく、沿岸国のみが中間地帯の開発を規制する排他的権利をもつが、――そうしてこの点で大陸棚との類似は終わり――この中間地帯の開発から得られる利益の一部は国際社会の利益のために保留される。各沿岸国の排他的利益とすべての人のための社会利益との間の妥協が、中間地帯あるいは緩衝地帯の概念のなかに見出されるように思われる」、と。

ついで、アメリカの国連協会の外廓団体たる平和機構研究委員会は、一九七〇年二月のその第二一次報告「国連と海底」のなかで、簡単にこの中間地帯に言及し、もしこの地帯が設定されるならば、その探査・開発は国際機関によって規制さるべきであることを強調している。

6　アメリカの決断――第二のトルーマン宣言(五月二三日)

さて、再びアメリカの政策にもどろう。今年二月一八日のニクソン大統領の議会への教書は、「人類の海洋利用が増大するにつれて、国際法はそれと足並をそろえなければならない」と述べた上で、「われわれは、大陸棚と深海海底の間に国際的に合意された境界を画定する方向に向かい、また深海海底資源利用のための制度に関して、並行的な進展を遂げることも重要だと信じている」と言っている。もっともここでは深海海底制度につきそれ以上の具体的な政策の表明は行なわれていない。又、その同じ日の国務省法律顧問スティーブンソンの講演においても大陸棚の範囲についてアメリカの決定的政策は述べられていない。それまでのいろいろの提案が紹介されるにとどまるが、ただ困難を解決するために、大陸棚斜面及びcontinental rise(水深二、五〇〇メートルないし四、〇〇〇メートル)を中間地帯とする提案もあることが遠慮がちに述べられている点が注目された。

この点に関するアメリカの基本方針は、ようやく本年五月二三日、ニクソン大統領によって明らかにされることになる。すなわち、ニクソンはその「アメリカ海洋政策に関する声明」において、水深二〇〇メートル以遠の海底の天然資源に対するすべての国のクレームを放棄し、これら資源をもって「人類の共同遺産(common heritage of mankind)」とみなす条約をすみやかに締結すべきことを呼びかけている。この条約によって設立されるべき海底資源開発の国際レジームは鉱業利権料を集めて国際社会目的のため、とりわけ後進国への経済援助のために用いることを内容とし、又海洋の他の利用への不当な妨害の防止、海洋の汚染からの保護、開発に必要な資本の保全、紛争の平和的かつ強制的解決に関する一般ルールを設定すべきであるとしている。

更に注目すべきは、国際信託地帯(international trusteeship zone)設定の提唱である。これは明らかに、海洋学・海洋技術・海洋資源委員会の答申に見る中間地帯の構想の採用である。もっとも、ニクソン声明においてはその範囲は数字で明示されてはおらず、水深二〇〇メートル以遠のcontinental marginとされるのみである。この地帯において、沿岸国は国際社会の信託者として行動するが、その地帯からの国際収益の一部を自ら受けとることができ、更に望むならば附加的な課税を行なうこともできる。なお又、こうした制度について合意ができるまでの間、水深二〇〇メートル以遠の海底の探査・開発がさしとめられてはならず、しかし、こうして与えられた許可は将来の国際レヂームに従うべきことが提案されている。

この五月二三日のニクソン大統領の声明は、深海海底制度に関し、国内的にもかつ国際的にもきわめて注目すべきアメリカ政府の決断であった。恐らくは一九四五年のあの有名な大陸棚に関するトルーマン宣言にも比肩し得るものであったろう。深海海底の内容については、その大勢の赴くところ大きな疑義はなかったが、大陸棚⇕深海海底の境界は、責任を伴わない民間諸団体のプロジェクトは別として、政府にとっては、まさに国家百年の大計ともいえるものであった。アメリカ政府が、国内的には、狭い大陸棚の国防省と広い大陸棚の内務省とを押えて、海洋学・海洋技術・海洋資源委員会の答申にその妥協を見出したのは、――すでに予想されたこととはいえ――やはり歴史的な決定であったといえよう。

この国際信託地帯の構想に対する筆者の評価は、さきにもふれたヘーグ国際法アカデミーにおける講演でも示したとおりである。筆者なりの理解に従えば、海底は(イ)開発の権限も利益も沿岸国に独占される大陸棚、(ロ)開発の権限は沿岸国に独占されるが、利益の一部は国際社会に提供される国際信託地帯、(八)そうして、開発の権限は国際機関の許可のもとにおかれ、かつ利益の一部が国際社会に提供される深海海底、の三つに分けられることになろう。

今年の三月二七日、ウォールストリート・ジャーナルは「ニクソンは、世界の貧しいものを助けるために海底石油のいくらかを譲るべく、要請されている——当局は沖合の権利は国連に帰属すべしと述べ、これに対し石油業界は憤慨の態」といった見出しの下に、論説委員ランドーアの記事をのせた。この新聞の性格から、当然に石油業界の声を反映する。その同じ記者は、五月二四日、ウォールストリート・ジャーナルにおいて、ニクソンは、海底石油の信託計画を提案——尨大な埋蔵に対するアメリカの権利放棄」と題した。大陸棚条約のもとですでにアメリカの既得権となっているものの放棄であるという発想は、まさに石油業界のそれであったのである。アメリカ政府の決定に対するアメリカ国内の今後の動きが注目される。

又、ニクソン声明の国際的な反響は大きく、来る八月ジュネーヴにおける国連海底平和利用委員会においてはげしい議論の対象となるであろう。

いずれにしろ、しかし、アメリカが少なくともこの段階では、そのいわゆる国際信託地帯の外縁を明示することを避け、**continental margin** という地理学的にも必ずしも明確ではない概念を持ちこんだことは、一九五八年における大陸棚外縁の不明確さが今日の混乱をもたらしたその前車の轍をくりかえすことになりはしないかが懸念される。更に、この国際信託地帯における沿岸国の権利内容については、徹底した究明が必要になろう。

おわりに

以上で、領海一二マイルの制度化への動きと大陸棚以遠の深海海底開発に関する新しい事態の展開を見た。「激動する海洋開発の国際法」という表題が羊頭狗肉であったかどうかは読者の御判断にまつほかはない。

〔追　記〕

アメリカのニクソン大統領が提唱した国際信託地帯につき、この六月二八日——七月三日、マルタにおいて開かれた「海の平和」会議において、アメリカのSohn, Friedman, Henkin 各教授と私との間で議論が行なわれた。ここにソーン教授の示した図と私の図（これは会議で説明したものに、パルド大使、フリードマン教授、アメリカ国務省サッチャーなどとの個人的な討議を終えて修正したものである）をかかげておきたい。

<table>
<tr><td rowspan="8">国家</td><td rowspan="8">二〇〇〇メートル</td><td colspan="6">国際海底地帯</td></tr>
<tr><td colspan="6">国　際　制　度</td></tr>
<tr><td colspan="6">海　底　条　約</td></tr>
<tr><td colspan="6">共　通　基　準</td></tr>
<tr><td colspan="6">統一的な利権料等</td></tr>
<tr><td rowspan="2">国際管理</td><td rowspan="3">マージン</td><td colspan="4">国際マシナリー</td></tr>
<tr><td rowspan="2">規則</td><td>管　理</td><td rowspan="2">協同</td><td rowspan="2">援助</td></tr>
<tr><td>沿岸国管理</td><td>スポンサー国による国家管理</td></tr>
</table>

第一図　Sohn 教授作成

<table>
<tr><td colspan="2"></td><td>大陸棚</td><td colspan="2">国際信託地帯</td><td>深海海底</td></tr>
<tr><td colspan="2">レヂーム</td><td>大陸棚条約</td><td colspan="3">新海底条約</td></tr>
<tr><td colspan="2">利益</td><td>国</td><td colspan="2">国及び国際</td><td>国際</td></tr>
<tr><td rowspan="2">ライセンス発行</td><td>機関</td><td colspan="3">国</td><td>国際</td></tr>
<tr><td>基準</td><td>国</td><td colspan="2">（二つの可能性）</td><td>国際</td></tr>
<tr><td colspan="2">基準（例、労働基準・安全基準）</td><td>国</td><td>国</td><td>国際</td><td>国際</td></tr>
<tr><td colspan="2">海とのかかわり（例、汚染）</td><td colspan="4">国　際</td></tr>
</table>

第二図　小田作成

第二論文　海洋法

——法と政治——

（一九七八年）

【解　題】

海洋法――法と政治（一九七八年）

『社会科学の方法』一〇七号（一九七八年五月号）掲載。いつも「法は技術に過ぎない」とうそぶく筆者の詐術を見抜いた樋口陽一教授が、その主宰する『社会科学の方法』に執筆の機会を与えてくれた。その後、同趣旨をユトレヒト大学法学部でMartens教授の招きで講演した。Netherlands Review of International Law, vol. 25に"The Ocean: Law and Politics"として掲載されている。

一　はじめに――海洋法を支えるもの――

私が国際司法裁判所に選出されたのは、二年余り前、一九七五年秋の国連総会および安全保障理事会であります。さらにその半年ほど前からは、海洋法の第一線からはなれておりました。しかし、今年(一九七七年)の夏、日本からハーグへ帰任の途中、私はニューヨークに寄って、第三次海洋法会議第六会期の終盤戦の模様をかいまみる機会に恵まれました。数日の滞在の間に、アメラシンゲ議長をはじめ、十年にもなる海底平和利用委員会の頃からの親しい友人たちと語り合いました。友人の何人かは、「君は静かな国際裁判所よりも海洋法会議の修羅場の方が向いているのではないか」と冷やかしました。事実、長い海洋法との関わりあいを思うとき、私にとって海洋法への未練は断ちがたいものがあります。

私はニューヨークで公式、非公式の議事をしばらく傍聴していて、議論にほとんど目新しいものがないのに驚きました。私はある友人に、「これなら今日からでも又代表がつとまるなあ」と申しました。彼は「裁判所の任期九年が終ったらもどって来い。まだ同じことをやっているかも知れないよ」と答えました。もちろんこういうやりとりには誇張があります。しかし、各委員会の審議は、私が参加していた数年前に、すでに行きつくところに行っていたのではないかという感じをうけました。

この夏会期で作成された「非公式統合交渉草案」三〇三カ条をそれまでの草案と比べてみると、いろいろつぎはぎの修正がされています。しかし、基本的には以前と変るところ多くはない。しかも、条文に量的なバランスが欠け、あるいは本来条約にはなじまないような内容の条文化などが目につきます。しかも各条文の間に充分な整合性があるとは思われません。各委員会が別個の審議を行なってきた結果がそのまま羅列されている、というのが実情でありましょう。「統合草案」ではなく「寄せ集め草案」というのが実感であります。個々の条文あって全体の条約なく、法律家の批判にたえるには道遠しの感じを避けられません。

しかし、それにもかかわらず、これまでの十年の努力が、そうしてこの分厚な草案が意味をもたないはずはありません。それは法律草案としてよりはむしろ政治の妥協の産物としてではないか。過去数年、海洋法会議においてパッケージということが言われました。法の論理の体系のなかで海洋法が考えられているのではなく、むしろこの草案を支えるものは、パッケージという政治論なのではないだろうか。法の論理は数年前に停滞し、今、海洋法会議はパッケージという名のもとに、政治の土台の上の綱わたりをしている、というのが私の偽らぬ感想であります。進歩が停滞しているとみたのは、法律家としての錯覚であり、間違いかも知れない。事実は、政治の面におけるどろどろとしたよどみ、それがパッケージを形成してゆこうとする。この数年、一方では、この政治的なパッケージを部分的につぎはぎし、補整しようとする。他方、そのつぎはぎ、補整が過度になれば、全体のバランスが崩れるかも知れない。そうした危惧と猜疑心が海洋法会議を支配してきたと思います。北も南も、西も東も、この草案を根本からいじることが出来なくなっている。それは今日の海洋法の状況を示すものであり、海洋法は危い綱わたりの曲芸師のごとく、それに外からの力を与えることは奈落の底への転落を意味するもののように思われます。

「統合草案」の批判と評価は、法的な立場からではなく、むしろ政治的な立場からしか出来ないのではないか。私は、その意味において、日本では海洋法の研究が国際法学者と海洋科学者あるいは技術家によってのみなされ、政治学者の関心が薄いことを大へん不思議に思います。欧米において、今日、海洋法は政治学者のかっこうのテーマになっております。

海洋法会議の結末を草案作成の成功か失敗かの現象面からのみ見ることは正しくありません。パッケージが出来ず草案の採択が失敗に終ったとしても、海は二十年前のジュネーブ海洋法条約の海、かつての海洋国家の海に戻るわけではありません。また、草案が採択されたとしても、政治のパッケージはそれを支える力の動きによってやがて崩れさる日が来る。海洋法会議が表面的に成功に終ったとしても、余りにも人為的なパッケージは遅かれ早かれ瓦解するでしょう。会議が成功しても失敗に終っても世界の流れは変らない。私達は草案作成の作業に目を奪われて、この二十年の間に浮き彫りにされてきた海洋法の流れに盲目であってはなりません。問題は海洋法会議の成功、失敗を論ずることではなく、パッケージを支える国際的な力のバランスを知り、ひとときの政治的な妥協を支えるものは何かを見ぬくことでありましょう。

二　海の資源

海洋法の流れを私たちはどのように見るべきか。第一に資源の側面をとりあげてみましょう。まず海の資源に対する需要の増大とそれに見合う科学・技術の発達という客観的な事実があります。また、発展途上国の急速な目ざめも多くの説明を要しますまい。これらの誰の目にも明らかな事実を別にして、資源の側面で大きなことは、ひとつに海の資源は有限であるという認識が一般化したこと、ふたつに海の資源が陸上資源と一緒に世界的な資源問題、資源政策のわくのなかに組み入れられるようになってきたという事実であります。二十年前には限りある水産資源という認識はきわめて稀薄でありました。その結果、限られた許容漁獲量という概念に気がつかなかった一九五八年のジュネーブ漁業条約は、今日までなにひとつ問題を解決することなく、一度も具体的に適用されたことがありません。さらに当時は、水産資源のみではなく、海底鉱物資源をふくめて、海の資源をめぐって、各国が自己の欲求を充たすのに他国の犠牲を必要としない、逆に言えば、各国は他国による海の資源の開発には無関心であり得ました。さらに又、海の資源が世界の資源問題のなかに位置を占めるようになったということについても、たとえば二十年前の内陸国の海への関心は、貿易を念頭においての海へのアクセスであって、海の資源が陸上産品へもたらす影響などはほとんど意識の対象になりません。これにくらべて、二十年後の今日の状況は改めて説明を要しないと思います。ところで、社会正義、配分的正義の実現していない今日の国際社会において、たとえ他国の犠牲においてでもなお自国の経済的利益を増大したい、という各国の欲求をいちがいに非難することは出来ません。そうした各国の立場はどのように分析されるか。ひとつには各国の排他的利益相互の対立、ふたつには国の排他的利益と国際共通利益の対立、みっつに国際共通利益の内容をめぐっての相剋があります。

1　各国の排他的利益相互の対立

まず各国の排他的利益相互の対立は古くから領海の幅をめぐる争いに象徴的に見られました。本来どこの国にとっても、理想は自己の海が無限に広く、他国の海が極限にまで狭いことであります。しかし、すべての国が同じ理想をもつとすれば、そのバランスは統一的な幅を採用することにおちつかざるを得ない。自らも拡げる、しかし他国も拡げる。各国の自国沖合水域依存度と他国沖合依存度のバランスの上に今日の領海、経済水域の制度がのっていると申せましょう。私はかねて水産業の面において他国沖合水域に対する依存度の圧倒的に高い日本が世界の孤児になるであろうことを警告する一方、アジア、アフリカの場において、自国沖合水域独占という目先の利益の考慮から領海の拡張、経済水域の設定にとびつくことは、発展途上国にとっても、長期的にみて必ずしも得策ではないであろうことを強調しました。所詮は第一次産業である水産業において、今日の後進国は明日の先進国になり得る。それを見ないで目先の利益にとらわれることの愚かしさを説いたのであります。しかし返ってくる答は、「明日の富より今日の糧」でありました。今日、沿岸沖水域の独占によってもっとも得をするのは誰か。実は発展途上国の一時がむしゃらな要求を奇貨おくべしとした長い海岸線をもつ先進国に他ならなかったことは皮肉な話であります。世界でもっともめぐまれた沿岸国はアメリカ、カナダ、ソ連という先進の国々であります。こうした自国沖合利益と他国沖合利益のバランスが将来どのような形で変ってくるか。

2　国の排他的利益と国際共通利益の対立

次に海の資源をめぐる各国の立場のふたつめとして、国の排他的利益と国際共通利益の対立であります。これも又、沿岸国の資源水域の幅の議論となってあらわれています。地理的位置のために海に対する排他的利益、即ち、自国沖合水域が限定される国々は、国際共通利益、即ち、広い共通の海を求めます。具体的には、内陸国であり地理的不利国であります。率直に申して、これらの国々の舞台への登場は遅すぎた。もし彼らが十年早く事態を認識していたならば、今日の二百カイリ経済水域はちがったものであったかも知れない、とさえ私は思います。遅れて舞台にあがる彼等に今与えられようとしているのは、沿岸国が既得権とも考える排他的利益や一部の「おすそわけ」であります。地理的有利国としてはそうでもして内陸国、地理的不利国の沿岸国排他的利益増大への反撥あるいは国際共通利益への指向をさし止めなければならない。今日、広大な大陸棚をもつ沿岸国は開発利益の一部を国際社会に還元しようとも提案しています。又沿岸国がたとえば漁業利益について同一地域の内陸国、地理的不利国に対して示す好意的ジェスチュアには涙ぐましいものがあります。やや弱気を見せるいくつかの発展途上の沿岸国を叱咤して、広い沿岸沖の排他的利益を確立したものにしようとするいくつかの先進・地理的有利国、まさに一幕のドラマを見る思いがいたします。

これら海の資源をめぐっての各国の排他的利益相互の対立と、国の排他的利益と国際共通利益の対立には、過去の実行を土台とし、各国の潜在的利益を考慮しつつ、ひとつの具体的な解決の図式が見られるのかも知れない。それは、沿岸国の排他的利益が実体としては手に触れるものであり、概念としてはほとんどあいまいさの余地を残すことなく、確立しているからであります。

3　国際共通利益の内容——深海海底をめぐって

これに反して、国際共通利益の内容をめぐっての相剋は、今日、深海海底の場において、きわめて混沌としております。国際社会において国際共通利益の概念は伝統的には「自由」という形をとって来ました。海においては公海使用の自由という考え方がこれを代表してきました。漁業については申すまでもなく、海底資源についても大陸棚以遠の海底について、その開発を禁ずべしとする国際法のルールがあったわけではありません。そうした深海海底の自由なあるいは無統制な開発がもたらすであろう混乱を避けようとして、マルタ提案が出され、「人類の共同財産」という言葉が導入されます。しかし、この言葉の内容は何なのか。まだ海底平和利用委員会も初期の頃、マルタ代表パルドはこれを社会主義の理念であると申しました。その時私はある社会主義国の代表に、「働かずして利益を得るのは反社会主義であり、むしろ不在地主の理論ではないのか」と申したことを覚えております。共同財産なのだから働こうが働くまいが同じわけ前に均霑すべきである、というのもひとつの考え方でしょうし、又、共同財産なのだから誰でも自由に開発し、その開発に応じて利益を得べしということだって言える。

「人類の共同財産」をいう国連の一九七〇年の深海海底原則宣言からは、誰がどのようにして深海海底の資源の開発に参加し、誰がどのようにしてその利益に均霑しうるかは明らかではありません。「人類の共同財産」という言葉が先行してその内実はきわめて多義的であります。そこに今日の海洋法会議の混迷があります。自由理念のなかにはおのずからなる法則がはたらきました。しかしこの自由の理念を否定して新しい正義を置きかえようとするならば、ここには新しい理念と法則をつくり出さなければならない。「人類の共同財産」という言葉だけ、また機構をつくることだけでは何の解決にもならない。様々な利益、即ち先進、後進、あるいは陸上資源保有国とそうでないもの、沿岸国と地理的有利国、それらの利害が交錯し、血みどろの葛藤が展開されます。そこにどのような理念と法則が生れようとするのか、「人類の共同財産」という観念的な言葉に実質を与えようとするときに、そこに投影する様々な国家利益の複雑さを思うときに、国際社会は未だ「人類の共同財産」をいうほどには発達していないとさえ思われてきます。なお、これに関して、私は、こうした困難がやがて今日の大洋漁業にも反射して来ることを予測したことがあります。やがて何時の日にか迎える第四次海洋法会議では、この大洋漁業の新しい理念と法則をめぐって、今日の深海海底制度の審議と同じ情景が展開するのではないか、私のひそかな予感であります。

三　海の環境保全

第二の問題として海の環境保全にふれてみたいと思います。海洋汚染について強調すべきことは、海洋法も又「環境と開発」という環境問題一般に共通する基本的課題に直面しているという事実であります。海の汚染を支持する者はひとりもいない。そしてゴミ捨て場として海を利用することが全面的に禁止されるならば、問題は簡単であります。事実は、自然の浄化力は偉大であり、海は一定量の廃棄物を他の使用を害することなくうけ入れることが出来ます。そうして、廃棄物・有毒物質の陸上処理の技術的な難しさ、あるいはそのコストを考えるとき、その海洋処分は産業にとってあるいは地域社会にとってきわめて魅力的であります。海洋処分が安易な廃棄物処理対策にしかすぎないとしても、それを避けるとすれば、社会もしくは産業の発展をとめないかぎり、厖大な出費を余儀なくされてしまう。このことは海運界にとっても同様であります。タンカーにおける専用バラストタンクの設備の義務づけ、安全性の一層の強化は、いうまでもなくタンカーの建造を一層高価なものにします。海の環境保全の理念には一点の疑いを抱かないにしても、きびしい規制に対しては産業界あるいは地域社会からの反撥が予想されます。まさに「開発か環境か」の選択であります。

そして第二に考えるべきことは、汚染防止が開発抑制の犠牲を負担することであると見るときに、そうした犠牲は各産業の間、さらには又各国の間にあってどのように分散されるべきか。許された汚染の限界のなかで、たとえば陸上の開発と海運あるいは海底開発が、どのような比率と順位で開発抑制の犠牲を強いられるのか。さらに国際社会にとってより深刻なことは、各国は、他国との関係で、自国の産業、自国の地域社会にとっての海洋汚染の抑制からくる犠牲の負担を出来るだけ少なくしようとする。これは自然のなりゆきであります。私は二十年前に、「海の資源の配分」をめぐる各国の対立する利益が海を混乱させるであろうと申しました。やがて海洋法は環境保全のための「犠牲負担の配分」の問題に新たに直面するであろうという予感を、私は今日の審議からも改めて感じとり、ここにも未来の海洋法会議の課題を見る思いがいたします。

四　沿岸国の威信

第三に全く次元の異なる問題、沿岸国の威信に簡単にふれたいと思います。一九五八年あるいは六〇年当時、軍艦の自由行動という立湯から六カイリ以上の領海を絶対に認めることが出来なかったアメリカが、一九六〇年代の末に領海十二カイリと抱きあわせて沖合漁業の優先的利益を積極的に提案し出します。この抱きあわせは十二カイリ領海を不可避とみてとったアメリカが国際海峡における原子力潜水艦の自由通航を確保するためのひきかえのエサでありました。しかし、それ以来十年、自らすすんでひろい沖合の資源水域を主張するようになるアメリカにとって、エサはもはやエサではあり得ず、そこにもはや抱き合わせも存在し得ない。原子力潜水艦の海峡通過はそれ独自の問題として解決せざるを得なくなってきています。他方、およそ沿岸国が原子力潜水艦に限らず、外国軍艦の海峡通過に神経質になるのは、それが直接自国に対して現実的な脅威だからではありません。そこにあるのは、沿岸国の国家としての威信であります。軍艦という外国の権威と力のシンボルに対する沿岸国の権威の誇示が、原子力潜水艦あるいは軍艦の海峡通過の規制の問題になってあらわれていると思います。むしろそれだけに、この問題は面子の問題として、実際的な個別的解決のみちをさぐることは可能かも知れません。

沿岸国の威信の問題は、海の科学調査にもあらわれています。沖合水域の資源開発が沿岸国に独占される以上、この水域の科学調査は、誰によるものであれ、沿岸国にプラスでこそあれ、マイナスではないはずであります。これを制限する具体的な理由が沿岸国にあるわけではない。それにもかかわらず、何故沿岸国は沖合の科学調査に神経質になるのか。もちろん米ソの大国の間では高度に政治的な海底の軍事利用の問題があり、沖合海底の軍事調査はそれらの国にとっては相互に重大な軍事的脅威でもありましょう。しかし、多くの国々にとって、海洋の科学調査が実は国の威信という感覚で受けとめられている、ということを無視してはなりません。論理をこえ、現実的利益と次元を異にする問題であるが故に、ここには又それなりの解決の道も見出されるのかとも思います。

五　海をめぐる紛争の解決

私は最後に、海をめぐる紛争の解決を論じてこの論考を終りたいと思います。国際社会において紛争はすべて平和的に解決しなければならない。これは、国連憲章の規定するところでもあります。それでは海をめぐる紛争はどのような形で起りうるのか。まず深海海底開発に特殊な紛争があります。その開発が深海海底機構の特許した区画においてのみなされるものとしますと、競願した申請者の選択に関し、あるいは開発区画の選定あるいはそれらの競合をめぐって、機構と出願者の間、あるいは出願者同士の間に紛争が生じましょう。こうした紛争については深海海底機構に附置される紛争解決機関がよくその解決にあたりうるでしょう。さらに私は、何時の日か大洋漁業の国際管理が言われるようになるならば、大洋漁業についても同じような紛争解決機構が必要になろうと予想をいたします。

しかし、こうして国際的地域における開発の権利の国際機構による附与をめぐる紛争を別にすれば、海をめぐる紛争はどのような形でおこるのか。ひとつにはある国が一方的に海の一定の区域に対し管轄権を主張する。他国はそれを国際法違反であるとして反撥する。大陸棚や経済水域の境界紛争もこの例であります。これは国際法の解釈をめぐるもっともオーソドックスな形の紛争であり、国際司法裁判所あるいは仲裁裁判がもっともよくその解決にあたり得ましょう。ふたつめの型の紛争は、適用される国内法令が果して国際法の個別的な規定に示される要件、より具体的に言えば、採択された新海洋法条約の個別条文の規定する要件に合致しているか否かで生じます。漁業を例にとってみます。たとえば排他的経済水域内の水産資源の最適利用が国際法の規範となり、沿岸国はその漁獲能力を越える余剰部分について他国に入漁を認めなければならないならば、何がこうした余剰部分であるかの点をめぐる沿岸国と他の漁業国の争いがあります。こうした争いの解決のために、いわゆるファンクショナル・アプローチが提案されました。漁業、汚染などそれぞれの分野において専門家を集めた特別委員会こそが各国の国内法令が今日の海洋法の具体的な要件にマッチするか否かをもっとも適切に判断しうるという発想からであります。これが事実、統合草案においては特別仲裁裁判手続きの規定となっております。

他方、この数年、海洋法裁判所の構想が打ちあげられ、かなりの支持を得つつあるかに見うけられます。海洋法裁判所のメリットとして拿捕された外国船の早期釈放を裁判所に命令させるということが言われております。しかし、たとえば排他的経済水域において、沿岸国の漁業規制に違反する外国漁船が沿岸国によって拿捕され、処罰されるのは当然の話であります。もちろんその漁業水域は適法に設定されたものであり、又沿岸国の規制は新海洋法条約の要件に合致していなければなりません。また、たとえば沿岸国の漁業規制や汚染防止規制の違反の場合には、身体刑ではなくて罰金刑に限る、その罰金はいくらを限度とする、あるいは船体の抑留は何日間かに限る、などを統一的にとりきめるのが望ましいかも知れません。しかし、そうしたルールが確立されるならば、沿岸国規制に違反した外国船は、その沿岸国によりそのルールに従って拿捕、処罰される。もちろん、とりしまり官憲が権限を乱用したかも知れない。釈放が不当に遅らされたかも知れない。それはその沿岸国の裁判所において争うべき事項であり、これが拒否されることは、国際法でいう「裁判拒否」であり、それはそれで外交的保護の原因となり、ごく普通の国家間の国際法上の紛争でしかありません。国際司法裁判所への付託をふくむ普通の紛争解決方法によって解決さるべき事柄であります。必要なのはそのルールであって、提案されている海洋法裁判所ではありません。「統合草案」における海洋法裁判所の存在意義を私はとうてい理解することが出来ません。

六　おわりに

この三日間、私達は科学と技術という文明の面における人間の能力の偉大さを教えられました。そうした文明を豊かな社会の実現のために、有効にそして適切に使いうる叡知を私達は備えているのかどうか。今日の講演において、私はあるいはやや悲観的な印象を与えたかも知れない。私はこれからの海が、ひとり海洋法会議あるいは「統合草案」の側面から論ぜられるべきではない。全国際社会の基本的な構造とその未来という視野からでしか見ることが出来ないのではないか、ということを申し述べたかったわけであります。

第三論文　新しい漁業の制度と紛争解決

――第三次海洋法会議審議におけるひとつの盲点――

（一九八〇年）

【解　題】

新しい漁業の制度と紛争解決——第三次海洋法会議審議における一つの盲点（一九八〇年）

『国際法外交雑誌』七九巻四号（一九八〇年）掲載。これはもと一九八〇年ハイデルベルクのマックスプランク外国公法・国際法研究所で行った講演をもとにした。

一　これまでの発展の展望[1]

1　領海と公海の二元主義[2]

国際法の伝統的なルールでは、海は公海と領海に分けられ、それぞれについて別の規定が妥当してきた。海洋資源の開発に関して、沿岸国が自国の領海内で、開発を規制しこれに従事するすべての人間に対して国内法を完全に適用する権限を持ってきたということに疑いはない。沿岸国は、外国人による開発を禁止するのも、したがって自国国民のためにこれらすべての資源を独占するのも自由であった。しかし、公海においては、海洋資源の開発は公海の一般制度の下にあって、いずれの国も少なくとも原則としては外国船舶に対して管轄権をおよぼすことを許されていなかった。この二つの異なる制度の存在、すなわち一方で沿岸国の完全な支配の下にある開発と、他方でいかなる国からの干渉も受けない開発は、これまで海洋資源の開発の基盤である海洋法の基本的な前提であった。

かくて、領海の範囲が沿岸国による海洋資源の独占と一応は一致するならば、領海が沿岸からどこまで広がるべきかを確定することは非常に重要であったわけである。領海の拡張は、公海の部分とみなされていた水域における他国が享受し得たであろう潜在的な権利に対する侵害を意味することになるであろう。どの国にとっても、希望は自国には無限の海を持ち、一方で他国の支配下におかれる海をできるだけ狭くすることである。しかしある国の領海が拡大されれば、他国のそれも拡大されるであろう。それぞれの国が同じ希望を持つことになれば、すべての国に統一した幅を附与することによってのみ、このバランスを保ち得る。かくて、領海に関する各国の政策は、自国の沖合水域と他国の沖合水域におけるそれぞれの漁業利益に対する依存度のバランスに影響されてきた。

2　十二カイリ領海にむけて[3]

一九五八年の第一次海洋法会議で、いくつかの先進国は領海の幅が三カイリから、それよりはるかに広い範囲へ拡張されることに強く反対した。そうして日本はこの立場をとった国のひとつであった。この時日本は主としては、先に述べたような意味での漁業利益を考慮していた。しかし、アメリカは、他の沿岸国の沖合水域における船舶、ことに軍艦の航行の重要性について極度に神経を使っていた。アメリカは他の沿岸国の沖合水域における自国の軍艦の自由通航が保証され得るならば、自国の漁業利益を犠牲にする用意があった。こうしてアメリカは十二カイリの漁業水域をより狭い領海を得るための取引材料にする妥協案を提案した。[4]

十二カイリ漁業水域とより狭い領海をパッケージ・ディールにするというアメリカの考え方は一九五八年の第一次海洋法会議でも一九六〇年の第二次海洋法会議でも実を結ばなかった。しかし安全と軍事的理由のためにより狭い領海の範囲を維持しようとするアメリカの決意は変らないままであった。そうして十二カイリ領海への一般的趨勢の機先を制する方法を見つけるための努力は継続された。しかし、一九六〇年代の後半には、領海拡大への流れをひきもどし、開発途上国に十二カイリ領海設定の一方的立法を撤回するよう説得することがもはや不可能であることは明らかとなった。それではどのようにしてより狭い領海の実質を得ることができたであろうか。戦略的に重要な水域において沿岸から十二カイリの幅での軍艦と軍用機の自由通航を確保することが肝要であると考えて、一九七〇年アメリカは、領海の範囲内で船舶および航空機の自由な通過が確保されるという条件が充たされれば領海の範囲を十二カイリに決定することに同意しうるというキャンペーンを始めた。

この目的を達成するためにアメリカは代償を開発途上国に提供しなければならない。狭い領海としての六マイル領海を認めさせるということが主眼であったその十年前では、開発途上国に対するアメリカの代償は十二カイリ漁業水域を一般制度化することであった。しかし、一九七〇年においては、それはもっと大きいものでなければならなかった。十二カイリ領海内での軍艦および軍用機の自由な通過を認めさせる代償として、アメリカは不平の声が高まりつつある開発途上国に十二カイリ領海以遠での優先的漁業権という概念を提供することを試みた。すなわち、戦略的に重要な海峡における軍艦と軍用機の通過の自由を得るためには、遠洋漁業国の現存の漁業実績を犠牲にしてでも沿岸国の優先的漁業権が提供されたのである。アメリカの試みは、小さいえさで大きな獲物をおびき出すように見えた。

これに反して、開発途上国がとった立場は、第一次海洋法会議以来、それまで大きく変わらなかった。これらの国にとって十二カイリ領海は当然の前提だったのであり、先進国から代償として認められ、もしくは与えられるという性質のものではなかった。そうである以上、あたかも公海であるかのように軍艦や軍用機が海峡を自由に通過するというアメリカの要求は、これらの国には自国の主権の侵害として目に映った。さらに十二カイリ領海以遠の漁業利益は開発途上国にとっては既得権利であり、くりかえし言うように、代償として与えられるべきものではないと考えられてきた。これらの国は沿岸からできるだけ遠くに拡がる漁業水域の制度化を望んでいただけであった。そうして自分たちの要求が、やがては実現されることを確信していた。こうして、開発途上国は、アメリカの考えのもとで与えられるべき何かあいまいな優先的漁業権に期待することはなかったのである。

3　二百カイリ水域への主張

一九七〇年の初めから、漁業目的のための二百カイリの要求は、開発途上国の間で次第に増大してきた。アメリカ、ソヴィエト連邦、日本および他のいくつかの国は、十二カイリ領海以遠における優先的漁業権という考え方を具体的提案に取り入れて、沿岸からより広い管轄水域を広げようとする要求を押えようと努力した。しかし、領海以遠、それもおそらく二百カイリまでの漁業利益は自分たちの既得の権利の範囲内にあると固く信じる開発途上国は、これにほとんど注意を払おうとはしなかった。一九七二年ケニヤは初めて、排他的経済水域についての提案[5]を提出したが、他方で、先進国によるさきの提案は、ほとんど無視された。今日、排他的経済水域の概念は、第三次海洋法会議の結果にかかわりなく、決して放棄されることのないものの一つとなったように思われる。会議が失敗した場合においてさえも、この概念は疑いもなく国際法上、確固たる地位を保有するであろう。

　二百カイリ水域の要求が、それぞれの沿岸国の管轄権に組み込まれるならば、世界の海域は、大きく二つ——排他的経済水域および公海——に分けられるであろう。したがって地球は三つの部分——領域、排他的経済水域および公海——にほとんど等分に分けられることになる。しかし、排他的経済水域という概念から本当に利益を得ることができる国の数は多くない。排他的経済水域から最大の利益を得る国が長い海岸線を持つむしろ大工業国に多いというのは皮肉である。

　第三次海洋法会議を通して、内陸国ならびに地理的不利国は、先進・後進の区別を超え、排他的経済水域への法外な要求に対する抑止力となりつつあった。しかし、これらの国々の登場が余りにも遅かったように思われる。もし仮りにこれらの国がもう十年早くこの状況に気がついていたならば、現在の二百カイリ排他的経済水域は全く異ったものになっていたかも知れない。しかし今や遅れて登場した国を待っているものは、既得の沿岸国の排他的利益の一部を彼らがいくらか分かちとることでしかない。

4　伝統的な公海漁業の基本原理[6]

海の資源が無尽蔵であるという確信、その開発は、規制されるべきではないというそのコロラリーは、戦後の時期の事実によりもはや支持されなくなっていた。莫大な未開発資源がまだ存在してはいるが、海洋の資源の十分な利用を確保しようとするならば、その開発に対するコントロールは必要である。漁業資源の保存の必要はこれまでどの国によっても争われなかった。保存というのは水産学の基本概念であり、反対する国のない概念である。一九五八年の第一次海洋法会議に先立って、いくつかの漁業保存条約があり、そのすべてにいくつかの共通項がある。

　第一に表現の様式がどうであれ、ストックの最大の持続的生産性の維持は、常にこれらの条約の最終目標である。とくに戦後の条約においては、この目標は前文に置くのが普通であった。

第二に、条約は公海における漁業行為の規制という形での効果的な保存措置の適用を明確に規定している。いずれの国も、特別の国際条約により拘束されていない限り公海で自由に漁獲できる、というのは国際法の基本原則だからである。条約の規定あるいはこれらの条約の下で設立された国際委員会により採用されたいかなる措置の実施も、自国の旗を掲げる漁船に関しては、条約当事国それぞれの責任である。この義務は、公海上のいかなる船舶も平時において旗国以外の国の権力から免除されるという公海に関する一般原則から引出される。

第三に保存措置のもっともオーソドックスな型において漁業制限はすべての加盟国に等しく課される。それぞれの国は、保存のためにすべての加盟国に統一的に適用される漁業方法に関する同じ制限に従う。漁業の競争が科学的根拠に基づく保存を促進するために定められる制限内では否定されていない以上、各国が漁獲しうる漁獲量を定めるのは各国の漁業技術もしくは経済力の事実上の差異でこそあれ、なんらかの法的制度であったわけではない。漁業に対する平等なアクセスならびに漁業に対する平等な制限という考え方は、理論的にはそれぞれの条約において規定される保存計画の基礎であった。他の多くの分野と同じようにこの分野においても、自由競争という根本的原理は、近代の歴史により保証された基本的価値のひとつであったのである。

しかし、この点において、やがていくつかの根本的変化が避けられなくなってきた。国家間の自由競争は、漁業資源についての要求が許容漁獲量を枯渇させない場合、保存措置が許容された漁具、漁期もしくは漁区についての制限という形をとる場合にのみ妥当した。この事情が根本的に変わるならば、それぞれの国はこれらの資源の優先的配分のためには理由付けの如何を問わず自国の犠牲を最小にし、漁業資源の自国への配分を最大にしようとすることは疑いない。こうなると、漁業資源の保存が望ましいという点について同意する二つの当事国の間でも争いが避けられなくなるであろう。自国の技術および経済にたよって、より大きな資源の分け前を得ることのできる国は、公海における漁業の自由競争の伝統的な議論に執着するであろうし、恒常的な――なるべく大きな――資源の分け前を確保しようとする国は、いかなる論法に訴えてでも、自国にとってもっとも重要と考える水域の関係から競争国を排除しようと試みるであろう。漁業抑制のわりあてに内在する問題は、漁業資源の保存を極めて深刻に憂慮する国の間でさえ、相争う国家利益を妥協させることを困難に、あるいは恐らく不可能にしてきた。

この型の事例として、一九五二年の日本、カナダ、アメリカの間の北大平洋漁業条約ならびに一九五六年の日本およびソ連の北西太平洋漁業条約が挙げられる。この二つの条約の詳細を説明する必要はないであろうが、これらの条約で自由競争の原則は、もはや支持されていなかったし、それぞれの条約ごとにちがう漁獲の任意の配分措置が適用された。これらの条約で表わされたわれわれが直面する公海漁業の基本問題は、単に漁業資源の保存にあるのではなく、要求が無限である国の間に、限られた漁業資源を配分するためにはどういう原則を提案しうるかにある。公海漁業に関する一九五八年の条約は、これらの問題に何ら解決を提供しなかった。[7]

第一次海洋法会議で採択された公海漁業条約にはいくつかの主要な性格があった。第一に、この条約に本質的な保存の概念がある。この条約では、その国民がいかなるストックの漁業に従事している国も、自国の国民に対してこのストックの保存の措置をとることとし、二以上の国民が同じストックの漁業に従事している場合には、これらの国は、それぞれの国民に対してストックの保存のために必要な措置を命ずる合意に達するために交渉に入るものとすると規定している。第二に、この条約は、沿岸国の特別利益という新しい概念を導入した。その国民が国家管轄権の外の沖合で漁業に従事していない沿岸国も、他の漁業国と共に沖合漁業に適用される保存措置に参加する権限が与えられる。第三に、この条約は漁船はその自国の法のみに従う必要があるという公海自由の確立したルールを排除しなかった。

沿岸国はある事情の下で一方的な保存措置をとる権限が与えられてはいるものの（第七条1項）、「一方的の保存措置をとる」という条文上の表現は、沿岸国が他の国の国民に直接に支配を拡大することを可能にしていると解釈してはならない。漁業国は場合によっては沿岸国が一方的に採択した措置を自国漁船に適用するという義務だけを負ったのである。

この二十年間、この条約は事実上ほとんど無視されてきた。そうしてこの条約に言及した国際条約あるいは国内立法の例はほとんど存在しない。これはこの条約が、公海漁業に関して現在直面しなければならない真の問題点、すなわち各国とも疑いもなく自国のためより大きな配分を要求するのが現実の漁業資源配分問題に対してなんらの解決を提供しようとは試みなかったからに他ならない。

二　新しい排他的経済水域概念

1　排他的経済水域の内容

第三次海洋法会議が用意すべき新しい海洋法条約の基礎となる非公式統合交渉草案[8]（以下ＩＣＮＴと記す）には排他的経済水域という新しい概念を規定する第五部の二十一の条文がある（第五十五条―第七十五条）。

排他的経済水域は **sui generis** な制度であり、これが依然として公海の一部であるかどうかの議論は無意味なように思われる。二百カイリ排他的経済水域において、沿岸国は資源開発の限定的な目的に関して主権的権利を行使するが（第五十六条1項）、他国は公海において享受しえたような他の権利は依然として持ち続けることができる（第五十八条1項）。生物であれ、鉱物であれ、天然資源開発に関する限り、排他的経済水域内で沿岸国が行使する権限は性格的には領海内で行使するそれと同様である。沿岸国は自国国民であるか外国人であるかを問わず、すべてのこれらの活動に管轄権をおよぼし、沿岸国はすべての人にこれらの活動を規律する自国の法律を適用するであろう。これらの法律に違反した漁船は沿岸国によって拿捕され、その船主あるいは乗組員は裁判にかけられ、もし有罪ならば、処罰されることに疑いない（第七十三条1項）。しかし、排他的経済水域における沿岸国の権限には制限がある。ひとつには排他的経済水域において沿岸国が施行適用する規制の内容についてであり、ふたつには規制の施行の態様についてである。

2　漁業規制の制約——あいまいな「許容漁獲量の余剰部分へのアクセス」

排他的経済水域における漁業に適用される法規の制定にあたって、沿岸国は漁業資源の保存と最適利用に対して、責任を負わされている(第六十一条、第六十二条)。第一に、生物資源の保存についての言及が、排他的経済水域を領海ならびに一九六〇年代に制度化された漁業水域の概念と異なるものとしている。この考え方は、排他的経済水域についていくつかの草案が提出された初期には見られないものであった[9]。たとえば、一九七二年のケニヤの提案[10]ならびに一九七三年のカリブ三カ国の提案[11]では、沿岸国の義務について規定するところは何もなかった。沿岸国の保存義務を言うのは一九七四年の東欧六カ国の提案[12]および同年のアメリカの提案[13]がはじめてであった。それまで二百カイリ水域の提案に消極的、むしろ反対でさえあったアメリカをふくむ先進諸国は、排他的経済水域に対する一般的趨勢を無視することができない以上は漁業資源の保存の義務を沿岸国に課そうとしたのであった。

排他的経済水域における生物資源の許容漁獲量という考え方は、高度回遊性魚種を除き、年間許容量は生物資源の各魚種について決定しなければならないと規定するさきの一九七四年の東欧六カ国提案に見られる。ＩＣＮＴにおいては「各魚種について年間許容漁獲量を決定する」という考え方が落とされ、かわってより詳細な規定がおかれている。「沿岸国はその排他的経済水域内における生物資源の許容漁獲量を決定し(第六十一条1項)」、および「適当な保存および管理措置を通して、排他的経済水域内における生物資源の維持が過度の開発によってあやうくされないよう確保しなければならない。」(第六十一条2項)　しかし事実は、漁業資源の保存措置は年間許容漁獲量の限定というかたちでのみ取られるのではなく、それは漁期、漁区、および漁具の制限も含みうる。沿岸国は排他的経済水域内における生物資源の許容漁獲量を決定することを常に要求されるというのは適当ではなく、この義務を適正に遂行するのは著しく困難であると思われる。

第二に、領海と異なり、漁業資源の適正利用を促進するというもうひとつの新しい概念が二百カイリ排他的経済水域に導入されている。ＩＣＮＴは次のように言っている。「沿岸国は、排他的経済水域の生物資源を漁獲する自国の能力を決定しなければならない」が、「沿岸国が全許容漁獲量を漁獲する能力を有しないときは、協定または他の取極を通じ、他国に許容漁獲量の余剰分に対し、アクセスを与えなければならない。」（第六十二条2項）第一次海洋法会議と第二次海洋法会議で提案された十二カイリ漁業水域の場合には、伝統的な外国漁業は保証されたが、沿岸国の裁量によって与えられる利権という形で保証されるのでなければ、これは遅かれ早かれ、フェーズアウトするべきものであった。しかし、二百カイリ排他的経済水域の場合には、沿岸国が「全許容漁獲量を漁獲する能力を有しない」ときには、沿岸国の許容漁獲量の余剰分に対して外国漁業が制度的に保証されることになる。

しかし、排他的経済水域にきわだっている、沿岸国に課せられる漁業資源の最適利用促進の義務という考え方は、それがいかに理想的であっても、現実にその実行にあたっては多くの困難に直面せざるを得ない。すなわち、各国の生物資源の漁獲能力は、自国の資本と技術にのみ拠っていることを必要としないということは重要である。沿岸国は外国資本を導入することも外国の技術援助を受けることも自由であり、その漁獲を自国民の消費につかう意向はなくとも、自らがえらぶ外国あるいは外国企業に利権を与えて漁業を許し、全漁獲量を自らに確保することも自由である。そうだとすれば、もっとも開発の遅れた国でさえも全許容漁獲量に達する漁獲能力を常にもつと考えることができる。それでは「漁獲する能力を有しない」という表現は、「漁獲する意図がない」ということを意味するというのがこの規定の趣旨であろうか。漁業は沿岸の漁村の生活のためだけに、あるいは沿岸国国民の動物蛋白の供給のためだけに行なわれるのではなく、それは国の産業の一部であり、沿岸国の労働政策、社会政策の視点からも見なければならないものである。こうしてみれば、もっとも開発の遅れた国といえどもその全許容漁獲量を漁獲する能力がない、あるいは意図がないと、どうして言えようか。

さらにまた、他国は「協定または他の取極を通じ」てのみ漁獲許容量の余剰分に対しアクセスを与えられているが、これら協定または他の取極の締結は極めて困難であろう。沿岸国は一体どのような「他国」とこれら協定または他の取極を結ぶべきか。ＩＣＮＴはこの点について「すべての関連要因を沿岸国は考慮しなければならない」ことに言及し（第六十二条3項)、いくつかの具体的な要因を列挙している。「自国の経済および他の国家的利益に対する同水域の生物資源の重要性、〔内陸国および地理的不利国に関する〕第六十九条および第七十条の規定、その余剰の一部を漁獲するその小地域または地域の開発途上国の要求、ならびにその国民が同水域において常習的に漁業を行なってきたかまたは魚種の調査および同定に関し実質的に努力を払ってきた国における経済的混乱を最小限にする必要性」などが、他国に入漁を認めるに際して沿岸国によって考慮されるべき関連要因としてＩＣＮＴでは述べられている。しかし、沿岸国の経済および他の国家的利益に対するこの水域の生物資源の重要性が余剰分の多国間の割りあてにどれだけ関連するというのであろうか。また沿岸国はこれらの関連要因をどのように考慮し、どの「他国」と、そしてどのような「協定または他の取極」を結ぼうとするのか。「全許容漁獲量を漁獲する能力を有しない」沿岸国がこのような複雑な作業を行なう能力を持つとは考えられない。

さらにまた、許容漁獲量の余剰部分に対するアクセスは、特に内陸国および地理的不利国、とりわけそれらが開発途上国である場合に保証されている(第六十九条、第七十条)。先進国と開発途上国との間に線を引くということの技術的な困難を別にしても、この規定の適用は、同じ小地域または地域の内に複数の沿岸国が存在する場合に極めて困難になる。これらの内陸国あるいは地理的不利国は複数の沿岸国の排他的経済水域の開発に参加する時、どの排他的経済水域に参加する権利をもつか、あるいは二つ以上の国の排他的経済水域の開発に参加する場合どのような比重で参加するかを見出さなければないであろう。「衡平な基礎で参加する権利」の保証(第六十九条、第七十条各1項)は、他国へのわりあてと等量の漁獲量の分け前を保証するものではないであろう。しかし二つ以上の内陸国あるいは地理的不利国が二つ以上の沿岸国の排他的経済水域に参加するという場合に考えられるべきさまざまな要因を思えば、衡平の適用は事実上容易ではない。参加の条件は、関係国により決定されなければならないというが、「すべての関係国の関連の経済的および地理的関連事情を考慮」することによっても、どの国が「関係国」であるのか決定するのも容易ではない。内陸国の例をとってみよう、内陸国スイスにとっては、西ドイツ、フランス、イタリアは隣接沿岸国ではあるが、北海の沿岸に位置する西ドイツと地中海に面しているイタリアが、内陸のスイスの生物資源開発への参加について地域的あるいは小地域的なレベルで交渉することはまず考えられない。加えて、内陸国と地理的不利国の「参加の条件と態様は協定によって関係国によって設定されなければならない」（第六十九条2項、第七十条3項）ということは、これらの国のこの権利の行使が関係隣接国の同意にかかっていることを意味するものと考えられる。

さらに余剰部分の適当な部分の開発に参加する内陸国と地理的不利国の権利を「賃貸または認可により、合弁共同事業の成立によりまたはそのような譲渡の効果をもつ他の方法によって」第三国またはその国民に譲渡することを制限する規定（第七十二条）がＩＣＮＴに見出されることに驚かされる。生物資源の開発におけるこれらの国の参加は、本来賃貸または認可、合弁共同事業の成立によっても許されるべきものではなかったのか。内陸国および地理的不利国の生物資源の開発への参加がこの権利の譲渡の制限という条項によって制限されるのをみると、それらの国が漁業に参加を希望するのは、それら国民の動物蛋白供給のためばかりでなく、むしろ国民に就業の機会を与えるために、またその国の産業の一環のためであることを考えるときに、これらの国々の特殊な地位について規定した条文の存在理由は極めて疑わしいものになるであろう。

3　漁業規制違反への措置――あいまいな「遅滞なき釈放」

沿岸国が制定した排他的経済水域内における漁業規制に違反した外国船舶の拿捕、その船主、乗組員の処罰についても沿岸国の権限には制約が課せられる。第一に、沿岸国は拿捕した船舶または抑留したその乗組員を「適当なボンドまたは他の担保の供託により遅滞なく釈放する」ことが義務付けられている（第七十三条2項）。第二に、沿岸国はその司法手続きにおいて拿捕した船舶につき、その船主あるいは乗組員に対する刑に体罰を含んではならない（第七十三条3項）。罰金刑に限られるべきものとみてよい。

前者は不当に引きのばされた拿捕や抑留が漁業に対してはかり知れない損害を与えかねないことを考慮したためで

あるが、この考え方はもちろん、その船主や乗組員がやがては裁判を受けるために沿岸国の法廷の前に戻ってくるという前提があってのことである。しかし、事実はかれらが拿捕した国の司法手続の前に再びあらわれるという可能性は少ないように思われる。それにしても、拿捕された船舶および抑留された乗組員の遅滞なき釈放は沿岸国に課せられた義務である。そうして沿岸国はこの基本的義務を守らない以上は責任を負わなければならない。しかし釈放の前提としてのボンドまたは他の担保の供託についてどれだけの額が適当であるかはＩＣＮＴに示されておらず、また客観的見地から証明はできないであろう、ということを指摘しておかなければならない。実際には、その額は恐らくはその沿岸国が将来課すであろう罰金額の前取りという形で、それに準じて沿岸国がこれを定めるであろう。しかも、そのような罰金刑についてももちろん国際基準があるわけではない。そうしてさきにも述べたように、その罰金刑の額の決定は、国際法で他の定めがない限り、もっぱら各沿岸国の国内管轄に属すると思われる。この問題は後に説明する紛争解決のために設立される裁判所機構の機能と相まって困難な問題をひきおこすのである。

三　公海漁業の地位

1　公海漁業における沿岸国の地位に関する理解の混乱

漁業の自由は疑いもなく、幾世紀にもわたって公海の基本的な自由のひとつと考えられてきた。しかし、今日公海における漁業には制限が課せられ、第三次海洋法会議において漁業を公海自由のリストから削除しようとする提案が行なわれた。ＩＣＮＴは公海の六つ目の自由のひとつとして、漁業の自由をあげているが、これは公海の生物資源の管理と保存を定める条項の条件に服することとされている(第八十七条1項)。一九五八年の公海漁業条約も新しいＩＣＮＴも同様に、「自国の国民が公海において漁業に従事する権利」を規定している(それぞれ第一条1項および第百十六条)。

しかし、第一に、一九五八年条約は領海をこえる公海に適用さるべきルールを規定しているのに、新条約の下における漁業の権利は沿岸から二百カイリに及ぶ排他的経済水域以遠の水域に適用される。かくて、排他的経済水域の設定によって公海の範囲は狭められ、公海の大きさは一九五八年のそれと同じではない。実際には唯一の公海漁業資源として残るのは高度回遊性魚種であり、公海において漁民に残された魚種は多くはない。

第二に、「本条約に規定される沿岸国の利益および権利に従う」一九五八年条約の下における漁業の権利は、ＩＣＮＴにおいては、「とりわけ第六十三条2項および第六十四条から第六十七条に定める沿岸国の権利および義務ならびに利益」に従うというように変更されている（第百十六条(b)）。「とりわけ」という表現を用いていることは、上記の規定に規定されているもの以外にＩＣＮＴに認められている沿岸国の他の権利、義務ならびに利益があるかを疑わせるものである。管轄権水域の概念を認めることはなかったが、しかし沿岸国は沿岸沖合において特殊なあるいは優先的な権利を与えられていると規定した一九五八年条約と、ＩＣＮＴとは本質的に異なることに注意しなければならない。ＩＣＮＴにおいて、第六十三条から第六十七条に明示的に述べられているいくつかの魚種の場合を除けば、沿岸国は排他的経済水域を越えて漁業についてのなんらの特別な権限ないし権利をもっているわけではない。そうである以上、「とりわけ」という表現は、この規定の背後にある真意を疑わせるものである。

さらにまた、一九五八年条約はすべての国に平等に課せられる保存のための一般的義務を除いて沿岸国の義務に触れるところはなかった。たしかにＩＣＮＴはこれに反して排他的経済水域とそれを越える公海を移動する魚種をも扱い、これらの魚種に関して沿岸国に課せられるいくばくかの義務を含んでいる（第六十三条2項）。しかし、「すべての国は沿岸国の…義務…に従うことを条件として…自国の国民が公海において漁業に従事する権利を有する（第百十六条）」という表現を正しく理解することは困難なように思われる。

2 公海漁業資源の管理と保存に関する国の協力

ＩＣＮＴは「公海における生物資源の管理および保存」に関する国の相互の協力を示唆している(第百十六条)。生物資源の「管理」ということにはいくらかの説明が必要である。この規定のきっかけになった一九七四年のアメリカの提案[14]は、実は生物資源保存と並んで「開発」に関する国の協力に言及したものであった。「開発」が「管理」に置きかえられたことはきわめて重要に思われる。この事情は会議の公文書では明らかにされてはいないが、これは排他的経済水域の制度においては生物資源の適正利用が特に述べられているという事実に刺激されたものと思われる。しかし、事実は公海漁業に関連してＩＣＮＴは管理の実体についてなんら具体的に述べているわけではない。しかもこの規定における義務はむしろ抽象的であるように見受けられ、国際協力が公海漁業資源の管理の保存のためにどのように具体的な方法で行なわれ得るかについてなんらの規定もない。さらに驚くべきことには前記の条文の第二文においては管理の概念は無視され、それを受ける第三文における小地域漁業機関はまさに保存のためだけに存在するとしか解釈されない。前記条文の作成はきわめて不正確であったと思われる。

しかも、ＩＣＮＴのなかには「公海における生物資源の許容漁獲量を定め、また他の保存措置を定めるにあたって、国は…」という規定が見出される(第百十九条1項)。「許容漁獲量を定める」という語は、公海漁業における許容漁獲量という概念がこの規定でのみはじめてあらわれていることに照らして、きわめて不可思議である。許容漁獲量の決定が公海漁業の保存措置のひとつであるべきであるとする考え方がまず述べられるべきではないか。この規定の基礎となった一九七四年のアメリカ提案[15]では、「国は個別的におよび地域的および国際的漁業機関を通して保存措置を適用する義務をもつ」として、保存措置のひとつとして、許容漁獲量の決定が言及されていたのである。こうした起草経過を見ると、この規定が不完全なことが分る。

「関係国は保存措置およびその実施がいかなる国の漁民に対しても、形式上または事実上の差別をしないことを確保しなければならない」という規定(第百十九条3項)も全く明確さを欠いている。同様の規定は、一九五八年条約において見られたが、そこでは領海外で沿岸国がとるべき一方的措置が問題であった。これに反して、排他的経済水域がひとたび新条約（＝ＩＣＮＴ）で制度化される以上、公海で沿岸国がとる一方的措置という事態は想定されていない。新条約において肝心なのは、二カ国以上の漁船が公海で漁業に従事している場合の保存措置は関係国の合意によってのみ取り得べきであり、公海におけるこれらの保存措置は各漁船の船籍国によってのみ取られるべきことであろう。この規定は事態の幻想と誤解から生じたもののように思われる。

３　公海漁業資源の配分

すでに述べたように、私たちが直面する公海漁業の基本問題は、限りある漁業資源を限りない要求をもつ国の間で配分するについてのひろく合意されうる原理を提案することにある。一九五八年条約が国の間の漁業資源の配分について解決を与えず、かくて具体的なケースに適用され得なかったと同様に、ＩＣＮＴも国の間の保存のための協力を示唆するだけであって、配分という基本的問題の重要性を見落としている。海底鉱物資源については、深海海底の新しい国際制度が、人類の共通財産という概念に基礎を置いてこれらの資源を国際的に規制しようとする議論が第三次海洋法会議を通じて生れてきた。大洋の漁業についても同じ傾向が続かないと誰が言えよう。たしかに海洋漁業の場合は海底開発で直面する問題と異なり、ある国々は長期にわたる漁業活動によって得た漁業権を既得のものであると主張するかも知れない。しかし、これらの先進国は数においてきわめて限られている。現在海底鉱物資源についての議論にみられるように海洋漁業に適用される新しい人類共同の財産という概念についての議論がやがて行われるようになるかも知れない、ということを誰が否定し得よう。[16]

四　漁業をめぐる紛争の解決

1　非公式統合交渉草案における一般的わくぐみ

第一次海洋法会議においては、紛争解決のための選択議定書が四つの海洋法条約と平行して準備された。加えて公海漁業条約の下では漁業紛争については特別委員会の考えが提案された。しかし、ＩＣＮＴは紛争解決について包括的な規定をもうけ、第十五部の二十カ条がこれにさかれている(第二百七十九条―第二百九十八条)。基本的な原則として、新条約の加入国は国連憲章に規定する平和的手段によって、その条約の適用あるいは解釈に関する紛争を解決することが要求される(第二百七十九条)。加入国は自らの選ぶ平和的手段によって紛争を解決することに同意する権利をもち(第二百八十条)、もし予め受諾しているならば、国際的、地域的あるいは特別のとりきめに紛争を付託することを義務付けられる(第二百八十二条)。紛争が起れば、加入国は紛争を善意の交渉により、あるいは他の平和的手段によって解決することに関して意見を交換することを速やかにはじめなければならない(第二百八十一条1項)。

さらにＩＣＮＴにおいては調停手続が規定されている。アドホックに構成され国連事務総長が作成し維持する調停委員リストのなかからえらばれる原則として五人からなる調停委員会は当事国を聴取し、その主張、反対を審査し、友好的な解決に達するよう当事国に提案を行なわなければならない(第二百八十四条および第五附属書)。

これらの手続いずれによっても新条約の解釈、適用に関する紛争が解決されないときには一方の当事国の要請によって裁判所への付託が行なわれる(第二百八十六条)。この裁判所としてＩＣＮＴは四つの機構――海洋法裁判所、国際司法裁判所、仲裁裁判所、特別仲裁裁判所――をあげている。新条約(＝ＩＣＮＴ)の加入国は新条約の署名もしくは批准にあたり、あるいはその後いつでも、紛争解決のためにこれら四つの機構の一もしくはそれ以上を選ぶ自由をもつこととされる(第二百八十七条1項)。国際司法裁判所は別として、海洋法裁判所、仲裁裁判所、特別仲裁裁判所についてはそれぞれの附属書に詳細な規定がおかれている(第六、第七、第八各附属書)。このそれぞれについてここに記述する限りではないが、海洋法裁判所は国際司法裁判所に見られるような常設性と機構を与えられていること、また特別仲裁裁判所は、海洋環境保全、海洋科学調査、航行とならんで、新条約の漁業に関する条文の解釈と適用に関する紛争の解決を意図するものであることは指摘しておかなければならない。専門家リストのなかから選ばれる五人からなる特別仲裁裁判所は調査を行ない、漁業紛争をひきおこした事実を確定する。もし紛争当事国が要請するならば、この特別仲裁裁判所は勧告を作成する。この勧告は決定という性格をもつものではないが、関係当事国が紛争をひきおこした問題を再検討する基礎をなすものである。

紛争当事国がさきの四つの裁判所手続のなかで同一のものを受諾しているならば、紛争はその手続のみに付託される(第二百八十八条4項)。しかしそうでなければ、紛争は原則として仲裁裁判手続に付託される(第二百八十七条5項)。これら四つの裁判所は新条約(＝ＩＣＮＴ)あるいはそれと抵触しない国際法の他のルールを適用することとし、紛争当事国が同意するならば、「衡平と善」による決定を行なうことができる(第二百九十三条)。加入国間の紛争は国際法の要求する地方的救済が尽くされた後でのみこれらの制度に付託されるものである(第二百九十四条)。

さて、それでは漁業をめぐる国家間の紛争はどのようにしておこり、それに応じてどのような紛争解決の方法が用意されているであろうか。

2　漁業に関する沿岸国の規制の内容に関する紛争

さきに述べたように、領海におけるのとは異なり、沿岸国はその排他的経済水域において、全く自由な漁業規制を行なうことが許されているわけではない。沿岸国は、排他的経済水域において適用される漁業規制を定めるにあたって保存のために許容漁獲量を決定し、漁業資源を漁獲する自国の能力を決定し、また許容漁獲量の余剰部分への他国のアクセスを認めるなどの義務を負わされている。筆者はさきに許容漁獲量の決定、余剰部分の他国のアクセスというプロセスを実施に移すのは事実上は著しく困難であることを述べた。紛争はまず、沿岸国の排他的経済水域における許容漁獲の決定あるいはその余剰部分に対する他国のアクセスの許容のありかたに他国が反対することから生じうるであろう。

ところで新条約の下ではこれらの紛争はさきに述べた四つの裁判の制度の下における義務的解決からは除外されている。すなわち、「沿岸国は、許容漁獲量、自国の漁獲能力、他国への余剰部分の配分および保存・管理規制において定められる条件の決定についての沿岸国の裁量的な権限をふくみ、排他的経済水域における生物資源に関するその主権的権利あるいはその行使に関する紛争」を義務的解決に付託するようには義務づけられていない（第二百九十六条3項(a)）。もっともこれらの紛争は、当事国の合意する手続きに付託して解決されるのでなければ、紛争の一方当事者の要請により、先に触れた調停手続に付託されなければならない（第二百九十六条3項(b)）。しかし、調停委員会はその裁量をもって沿岸国のそれに代えることはできず（第二百九十六条3項(c)）、またいずれにせよ、委員会の起草する報告書は本来拘束的ではあり得ないことに注意しなければならない。それにもまして、前にも述べたような沿岸国の漁獲能力を超える許容漁獲量の余剰部分という概念のあいまいさ、他国のアクセスの基準の欠如という、新条約（＝ＩＣＮＴ）におけるいわば実体性の欠落は、こうした紛争の解決を著しく困難にしているものと言わざるを得ない。

3　排他的経済水域において拿捕された外国漁船の速やかな釈放に関する紛争

さらに紛争は、沿岸国の漁業規制に外国漁船が違反したという理由による漁船拿捕に引き続く事態からもおこり得よう。沿岸国の排他的漁業水域における外国漁船が沿岸国の漁業規制に違反するならば、その漁船が拿捕され、船主が沿岸国当局によって処罰されるのは当然のことである。しかし、沿岸国官憲による拿捕などの権限行使が正しくは行なわれなかったという、いわば拿捕の違法性をめぐって、外国漁船側の主張からの紛争は避けられない。こうした訴えは一時的には沿岸国司法当局において争わざるを得ないことは地方的救済の原則の当然の帰結でもあり（第二百九十四条）、またこの紛争は新条約において義務的解決の対象でもない（第二百九十六条3項(a)）。

しかし、ＩＣＮＴにおいて特異なことは、「拿捕された船舶およびその乗組員の遅滞ない釈放」という義務を沿岸国に課していることである。この規定が排他的経済水域における沿岸国による権限行使に対する外国漁船側の利益の保護になっているという長所は疑いもない。それにもかかわらず、実際はこの規定の実行が考えられるほど容易でないことに気付かないわけにはいかない。

「適当なボンドまたは他の担保の供託」にもかかわらず、沿岸国が拿捕船舶およびその乗組員の速やかな釈放という規定に従うことを怠たり、あるいは拒否した、と拿捕された船舶の旗国が主張するならば、「抑留からの釈放の問題は、（沿岸国と拿捕漁船の旗国とによって）合意された裁判所に付託され得る」ことが規定されている（第二百九十二条1項第一文）。しかし、当事国によって合意される裁判所というのはどういうものであろうか。理論的には沿岸国の国内裁判所を考えることも可能であろう。しかし、拿捕船舶の釈放の権限は多くの場合に沿岸国の第一審裁判所にあるならば、このケースを沿岸国の他の国内司法手続に持ってゆくということはきわめて非現実的である。加うるに、当事国間の合意に達するために提案されている期間である拿捕以後十日というような短い期間内に新しい裁判所を設立することもまた極めて非現実的である。そうしてそのような合意が拿捕以後十日以内に得られないならば、釈放の問題は沿岸国が受諾したさきにあげた四つの裁判所のうちの何れにか、あるいは当事国が他に合意しなければ、海洋法裁判所に付託されうる（第二百九十二条1項第二文）。

ところでこれらの四つの裁判所は、沿岸国の漁業規制が新条約（＝ＩＣＮＴ）の要求に合致しているかどうか、あるいはまたその規制に違反したとして外国漁船を拿捕したことが国際法上正当化されるかどうか、というような実質についての判断を期待されているのではない。そうではなくて、それらには拿捕された船舶の速やかな釈放を命ずることだけを期待されているのである。この点で拿捕された船舶あるいはその乗組員の速やかな釈放を扱う条文の規定（第七十三条2項）は、起草過程において混乱しているように見受けられる。もし外国漁船が沿岸国当局によって拿捕抑留され速やかに釈放されないならば、たとえ拿捕はいかに正当化されようとも、釈放しないというそのこと自体がもっぱら沿岸国による新条約の規定の違反そのものであるか、そうでなければ、沿岸国が適当であるとして要求したボンドあるいは他の担保を、拿捕船舶の側は適当ではないという理由で供託しなかったという事態であろう。前者の場合は、単純なそうしてカテゴリカルな条約違反であるが、後者の場合に裁判所が判断を迫られるのは沿岸国が課したボンドないし他の担保が適当であるか否かということにつきるであろう。

筆者はさきに多くの場合、沿岸当局の要求するボンドまたは他の担保の額は、排他的経済水域における沿岸国規制の違反についてやがて課せられる罰金と結びつけてほとんどそれに見合うような額とされるであろうと述べた。外国漁船による沿岸国規制の違反に対して課せられる罰金についての共通な基準を示唆する国際法のルールは存在しない。むしろ罰金刑の金額は各国の国内管轄に属するとみられる。そうだとすれば、同様にボンドまたは他の担保の国際的な客観的な基準がなく、罰金刑に見合うように沿岸国の裁定で定められるであろうということに照らして、供託されるべきボンドないし他の担保が適当かどうかを決定することは裁判所にとっても極度に困難になろう。しばしば示唆されるように、海洋法裁判所がこのことについて重要な役割を果し、さらに海洋法裁判所という新しい機構の設立の理由がこれによって正当化されると信ずることは、幻想以外の何ものでもないであろう。

かくて拿捕船舶またはその乗組員の遅滞なき釈放が新条約に忠実な沿岸国によって速やかに行なわれることが望ましいとしても、一旦ボンドまたは保証金の額についての紛糾が起るならば、付託された裁判所は事実上はきわめて困難な問題に直面しないわけにはゆかないであろう。

4　公海漁業をめぐる紛争

公海漁業についてのいかなる措置も当事国によって合意されなければならない。いかなる国の漁業規制も公海においてはその国の旗をかかげる漁船にのみ適用され、施行される。国の権力は他国の旗を掲げる船舶に行使されることはあり得ないのである。このことは新条約の下においても変わりはないはずである。かくて、排他的経済水域の場合と異なり、公海漁業に関する限り、特定の国の権限ないし管轄権の行使に由来する紛争が起きることはほとんどあり得ないであろう。あるとすれば、それはその国の公海自由原則の違反でしかあり得ない。

もし公海漁業に関して国家間で見解の相違があるとすれば、それは第一には漁業資源の保存に関する各国間の協力のあり方をめぐってであろう。一九五八年条約においては関係国の交渉義務を規定するばかりか、交渉が成立しなかった場合の一種の調停委員会の制度も定められていたのに対し、ＩＣＮＴにおいては紛争解決という形でこれに応えている。しかし、紛争解決手段にいたる交渉の不成立というのをどこで誰がいつ認定するか、さらにまた、資源保存に向けての交渉が成功に至らないとしても、それをもって「紛争」であると認識するようなインセンティヴは当事国には期待し得ないのではなかろうか。

第二に国家間においてこの限りある再生産可能な資源を配分する図式の採用をめぐっての意見の相違が考えられる。一九五八年条約は公海の漁業資源の配分の哲学という複雑かつ困難な問題に解決を与えなかった。新条約（＝ＩＣＮＴ）のもとでの事情は一九五八年の時と異ならない。紛争解決の制度が、もし公海漁業の保存に関しての決定を迫られるならば、いや応なしに漁業資源の配分の哲学というこの困難な問題に直面せざるを得ない。筆者がくりかえし述べるように、漁業は漁民の自らの消費のためのみではなく、国の財政的利潤あるいは社会的・政治的利益のために行なわれるものであること、限定された再生産可能の資源の保存――水産学の課題であるが――ということだけではこの政治的、社会的課題の指導原理になりうるものではないことに充分注意しなければならないであろう。そうだとするならば、未だに何一つ指導原理を示されていないこの分野での各国の意見を調整することは外交交渉の力を借りる以外には考え得べくもないのである。

新条約（＝ＩＣＮＴ）において、公海漁業に関する紛争は、排他的経済水域における漁業紛争の場合と異なり、義務的解決から除外されるべきものとはなっていない。しかし、ここに述べたような関係国の意見の対立はその間の合意の成立を困難ならしめる反面、裁判所に付託される性質の紛争とはなり難いのである。

五　むすび

以上に海洋漁業をめぐる国際法の本質がどこにあったのか、そうして国際法のルールが第一次海洋法会議の時から今日までどのように変ってきているかを概観した。過去五年をこえる第三次海洋法会議は国際法史上まれにみる変革を海洋法の分野にもたらそうとしている。一見技術的ともみえる漁業問題にも国際法の基本構造が投影する。その底に流れる価値の転換について、とりわけ一九七四年の諸国家の経済権利義務憲章を契機とするＮＩＥＯ(新国際経済秩序)の考え方がどのように作用しているかなどの分析は未だ筆者のよく為しうるところではない。しかし、それにしても変わりつつある漁業に関して第三次海洋法会議が充分に対応しているとは言えない。第三次海洋法会議がまもなく成功に終るにせよ失敗に終るにせよ、その本質と展望について私たちは確固たる認識を持ちたいものである。

[注]

1　この節に述べたことは、これまでに筆者がいろいろな機会にくりかえし力説してきたこと以上のものではない。一番最近のものでは、小田、『海洋法』上巻(昭和五十四年)、あるいはOda, International Law of the Resources of the Sea, reprinted edition with supplements, Sijthoff &Noordhoff,1979.

2　領海制度をこうした立場から分析した筆者の最初のものは、「領海制度の現実的意義——漁業独占水域としての領海について」(昭和二十九年五月)、小田『海洋の国際法構造』所収。英文では、Oda, The Territorial Sea and Natural Resources, International and Comparative Law Quarterly, Vol. 4 (1955), pp. 415-425.

3　十二カイリ領海に対するアメリカの立場を分析した筆者の比較的初期のものは、「深海底制度論の系譜」(昭和四十五年五月)、小田『海の資源と国際法Ⅱ』所収。あるいは「転換期にたつ海洋法」(昭和四十七年一〇月)、小田『海洋法研究』所収。

4　十二カイリ漁業水域の概念についての筆者の分析は、「十二マイル漁業水域」（昭和四十三年二月）、小田『海の資源と国際法Ｉ』所収。

5　A/AC.138/SC.II/L.10.『海洋法研究』二一八頁、参照。

6　この点についての筆者の最初の見解は「遠洋漁業の国際的規制について」（昭和二十九年二月）および「日ソ漁業条約の成立」（昭和三十一年六月）、小田『海洋の国際法構造』所収。英文で初期のものは、Oda, New Trends in the Régimes of the Sea, Zeitschrift für ausländisches öffentliches Recht und Völkerrecht, Bd. 18 (1957), pp.61-102, 261-286.

7　公海漁業条約の筆者の分析は、「漁業および公海生物資源保存に関する条約――その効果と限界」（昭和三十四年五月）、小田『海の資源と国際法Ｉ』所収。英文では、Oda, The 1958 Geneva Convention on the Fischeries; its immaturities, Die Friedenswarte, Bd, 55 (1960), pp. 317-339 ; Oda, Recent Problems of International High Seas Fisheries : allocation of fischeries resources, Philippine international Law Journal, Vol. 1 (1963), pp. 510-519.

8　非公式統合交渉草案（ＩＣＮＴ）の作成過程は、『海洋法』上巻、七十三頁以下参照。最新のテキストはA/CONF. 62/WP.10/Rev. 2 (11 April 1980) である。以下の本文において、ＩＣＮＴを「新条約」と表現しているところがある。これはＩＣＮＴの個々の条文に言及するのではなくて、出来上がった新条約体系を表現する必要からである。しかしその内容はＩＣＮＴそのものあるいはそのさらに改訂されたテキストを意味していることは言うまでもない。

9　前出注４の拙稿。

10　前出注５。

11　A/AC. 138/SC.II/L. 21. コロンビア、メキシコ、ベネズエラ三カ国の提案であり、patrimonial sea という概念の先駆をなすものである。『海洋法研究』二百三十二頁参照。

12　A/CONF. 62/C. 2/L. 38. ブルガリア、白ロシア、東ドイツ、ポーランド、ウクライナ、ソ連の提案である。『海洋法』上巻、百八十四頁参照。

13　A/CONF. 62/C. 2/L.47.『海洋法』上巻、百八十四頁参照。

14　前出注13。

15　A/CONF. 62/C. 2/L. 80.『海洋法』上巻、二百五十五頁参照。

16　こうした考え方は筆者がしばしば述べたところである。「今日の海洋法の問題」、『海洋技術と法』（第二回国際海洋シンポジウム議事録（昭和五十二年））、英文ではOda, The Ocean : Law and Politics, Netherlands International Law Review, Vol.25 (1978). pp. 149-158.

第四論文　国連海洋法条約の裁判付託条項の考察

（一九八六年）

【解　題】

国連海洋法条約の裁判付託条項の考察（一九八六年）

本稿はもとLachs判事の記念論文集Essays in International Law in honour of Judge Lachs（1984）に英文で寄稿したものの邦訳である。『宮崎繁樹先生還暦記念』（一九八六年）に掲載の際に、その編集部で邦訳された。

はじめに

一九八二年十二月十日のジャマイカにおける国連海洋法条約の署名は、国際法史上記念すべき出来事であった。三二〇カ条の規定からなるこの条約は、その範囲においても、また多年にわたり多数の国家が注いだ努力の点においても、他の国際法文書とは比較にならないものである。私は一九五八年および一九六〇年にジュネーヴで開催された第一次および第二次海洋法会議と同様、第三次国連海洋法会議にもその初期の段階で参加する機会を得たこともあり、新条約における紛争解決に関する規定を読んでの私のいくらかの印象を述べておきたい。

第十五部（第二七九条〜第二九九条）および附属書ⅤからⅧに規定された紛争解決方式に関しては、議論すべき多くの問題があるが、本稿では、便宜上、第一に国際司法裁判所と重複する権限が与えられる新たな裁判所の設立、第二にこの条約における海洋紛争の強制的裁判手続の範囲、の二つの問題に限定する。

一　問題をふくむ国際海洋法裁判所

1　国際海洋法裁判所とは

海洋法に関する事項についての広い管轄権をもつ新しい特別裁判所設立の可能性が最初に議論されたのは、一九七五年三月、第三次海洋法会議第三会期がジュネーヴで開かれる数日前、ロックフェラー財団の後援で、法律専門家がモントルーに集った時であった。その会議で、何人かの参加者は、一定の形態の海底紛争をその目的のために特別に設立される新しい機構が取扱うことに完全に同意しながらも、海洋法全般にわたる包括的な管轄権を有する裁判所の設立には反対した。何人かの参加者の反対にもかかわらず、「海洋法裁判所」(Law of the Sea Tribunal)という広い名称が、しばしばこの新しい機構を示すのに提案された。[1]

第三次海洋法会議議長であった故アメラシンゲ大使は、一九七五年七月に作成された紛争解決についての私案(A/CONF.62/WP.9.)において海洋法裁判所の設立を提案した。この裁判所は海洋法条約の解釈あるいは適用に関するいかなる紛争に対しても管轄権を有することとされ、その裁判所規則は詳細に規定されて附属書として加えられていた。もちろん彼は、仲裁裁判所やこの条約の締約国の宣言によって管轄権が認められる国際司法裁判所への提訴の可能性に言及することを忘れなかった。

非公式単一交渉草案(A/CONF.62/WP.9 Rev.1: 一九七六年五月)に始まり、改訂単一交渉草案(A/CONF.62/WP.9 Rev.2: 一九七六年一一月)に引き継がれ、最終的に非公式統合交渉草案(A/CONF.62/WP.10: 一九七七年七月)にまとめられた紛争解決の方式として、締約国は、(i)海洋法裁判所、(ii)国際司法裁判所、(iii)仲裁裁判所、(iv)特別手続システム、の中から裁判による紛争解決の方式を自由に選択することができる、という提案が行なわれた。

海洋法裁判所の機能と構成については、これら一連の草案や一九七九年以降の非公式統合交渉草案の修正にあたっても大きな変更がなかった。もっとも海洋法裁判所の名称は、第三次海洋法会議再開第九会期(一九八〇年)の審議過程で、国際海洋法裁判所(International Tribunal for the Law of the Sea)と変更された。議長は、「海洋法裁判所という名称は重みがなく、この条約の下で設立されるべき裁判所の国際的地位と威厳を表わすのに適切ではない」と説明した。[2]この名称の変更は、海洋法条約草案(非公式草案)(A/CONF.62/WP.10 Rev.3: 一九八〇年九月)に取り入れられた。

第三次海洋法会議再開第八会期(一九七九年)において、オランダとスイスの代表は、締約国によって選択される紛争解決手段を記載するのに国際司法裁判所を海洋法裁判所の前に置くべきである、という共同提案を行なった。国際司法裁判所を最初に記載する理由としてそれが国連の主要な司法機関であると説明されたが、議長は海洋法全般に対し包括的な管轄権を有する新たな司法機関を設立する以上その機関が最初に記載される必要がある、という議論がその説明に優るという考えに明らかに立っていた。オランダとスイスの共同提案は撤回された。[3]
このようにして、新条約第二八七条の現在の本文は、一九七七年以降、変更されることはなかった。

「第二八七条　手続の選択
1　いずれの国も、この条約に署名し、これを批准し若しくはこれに加入する時に又はその後はいつでも、文書による宣言を行うことにより、この条約の解釈又は適用に関する紛争の解決のための次の一又は二以上の手続を自由に選択することができる。
(a)……国際海洋法裁判所
(b)……国際司法裁判所
(c)……仲裁裁判所
(d)……一又は二以上の種類の紛争のために……設置される特別仲裁裁判所」

後の二つの裁判所は前二者とは異なる機能を有するものとして設立され、そうして特に特別仲裁裁判手続は、漁業、海洋環境の保護および保全、その他一定の事項に関する紛争を扱うために、特別に予定されたものである(附属書Ⅷ第一条)。

2　機能的アプローチの意義（一）

私は、海洋紛争のうちいくつかの特別な形態のものは特別の目的のため考えられた手続によって適切に解決されうる、ということに同意する。たとえば、漁業を例にとってみよう。排他的経済水域における資源の最適利用が国際法のルールとなり、沿岸国が他国に対し、資源の余剰分に対する漁業権を認めなければならない(第六二条2項、第六九条1項、第七〇条1項）とすると、沿岸国と他の漁業国との間に「余剰分」をいかに決定するかについて紛争が生じるであろう。あるいは汚染を例にとってみよう。沿岸国が船舶に対し、国際基準に合致する汚染防止処置を講ずることを要求する法令を定めることが認められている（第二一一条4項、5項）とすれば、沿岸国のそうした立法が汚染防止のための国際基準に合致するか否かの問題が生じるであろう。

このような紛争の解決のために機能的アプローチが提唱されてきたし、漁業や汚染あるいはその他の分野の専門家による特別委員会は、それぞれの国内法令が海洋法に規定された条件に合致するか否かを評価するのに最も適した立場にあるであろう。その意味で「(i)漁業、(ii)海洋環境の保護及び保全、(iii)海洋の科学的調査、又は(iv)航行（船舶からの汚染及び投棄による汚染を含む）」のそれぞれの分野についての適切な名簿から選ばれる五人の特別仲裁人の構成する特別仲裁裁判所（詳細は附属書Ⅷに規定）は、紛争解決の観点からは確かに歓迎すべきであろう。

3　機能的アプローチの意義（二）

加えて、深海底の開発が国際海底機構（International Seabed Authority）の指定する区画においてのみ認められるべきものであり、かつ機構自体によるのでなければ、機構との契約によってのみ行なわれるべきものである（第一五三条）以上、開発区画の選択について、機構と申請者との間、あるいは申請者間にしばしば紛争が生じるであろう。このような紛争は国内の鉱業権に関する紛争や利権の付与から生じる紛争と対比できる。また、同様の紛争は国際電気通信条約に基づく回線の配分に関しても見られる。機構との契約内容についても申請者によって争われることがあろう。これら機構との契約締結に関する紛争は適切に解決されなければならず、それらは機構自体内部の手続によって効果的に処理されるであろう。

こうして、機構の行政的な決定を取扱うための裁判所を設置するという考え方は推奨に価する。その意味で、新条約の第十一部（深海底）の第五節に基づく国際海洋法裁判所海底紛争裁判部（Seabed Dispute Chamber）の設立は、歓迎されて然るべきである。この裁判部は次の種類の紛争に対して管轄権を有するとされている（第一八七条）。

（a）〔第十一部〕及び、〔そ〕の部に関連する附属書〔附属書ⅠからⅣ〕の解釈又は適用に関する締約国間の紛争

（b）締約国と機構との間の紛争であって次の事項に関するもの

（i）〔第十一部〕、〔そ〕の部に関連する附属書〔附属書ⅠからⅣ〕又はこれらに従って採択される機構の規則及び手続に違反すると申し立てられる機構又は締約国の作為又は不作為

（ii）機構の管轄権の逸脱若しくは権限の濫用と申し立てられた機構の作為

（c）締約国、機構、エンタープライズ又は第百五十三条２(b)に規定する国営企業、自然人若しくは法人である契約当事者間の紛争であって次の事項に関するもの

（i）関連する契約又は業務計画の解釈又は適用

（ii）……契約当事者の作為又は不作為……

（d）機構と……契約予定者との間の紛争であって、契約の交渉において生じる法律問題又は契約の拒否に関するもの

（e）機構が附属書Ⅲ第二十二条に規定する責任を負うと申し立てられる場合における機構及び締約国並びに……締約国によって保証される国営企業、自然人又は法人との間の紛争

（f）……」

私は、その管轄権が第十一部（深海底）に関する紛争に限定されている限りにおいて、また、そのような管轄権が第一八七条の海底紛争裁判部のように詳細に規定されていることを条件として、重ねて海洋法のための新しい裁判所を歓迎する。

4　機能的アプローチの問題（一）

しかし、国際海洋法裁判所が海洋法全般にわたる包括的な管轄権を有する新たな司法機関として設立されるべきであるというならば、私個人としては、なお異論がある。深海底の開発――これは国際海底機構の専属管轄下におかれるものである――のための開発契約締結に関する紛争は別にして、他の海洋紛争は、過去に国家間における国際法の解釈の違いの結果生じた紛争と異なるものではない。海洋法は、総体としての国際法の欠くことのできない部分であったし、これからも常にそうであることを見落してはならない。海洋法は、国際共同体における法の統一的発展の見地から解釈されなければならず、断片的な方法で扱われてはならない。

前に述べたとおり、私は、海洋に関するすべての種類の紛争が国際司法裁判所によって取り扱われるべきである、と主張するつもりはない。しかし、新条約の下における最近の海洋法の発展が現在の方向、すなわち国際法の一般ルールからこの法の部分を切り離し、別の司法機関の管轄下におく方向に進むならば、それはまさしく国際法の基礎の破壊に導くように思われる。新しい海洋秩序にとって重要かつ不可欠なことは、海洋利用に適用しうる確立された法のルールが国際法の不可欠の部分として存在することである。繰り返し述べるように、法の統一的発展に基礎づけられた法の支配は国際司法裁判所の役割の強化によって最もよく確保されるのであり、国際共同体の司法機能を様々な機関に拡散することによって確保されるものではない。

5　機能的アプローチの問題（二）

国際海洋法裁判所は、船舶や乗組員の速やかな釈放(第二九二条)との関係で特に言及される。[4]

「第二九二条　船舶及び乗組員の速やかな釈放

1　締約国の当局が他の締約国を旗国とする船舶を抑留した場合において、抑留する国が合理的な供託金の支払又は他の金銭上の保証の提供による船舶又はその乗組員の速やかな釈放に関するこの条約の規定に従わなかったことが申し立てられているときは、釈放の問題は、紛争当事国が合意する裁判所に付託することができる。抑留時から十日以内に合意がされない場合には、釈放の問題は、紛争当事国が別段の合意をしない限り、抑留する国が第二百八十七条の規定により受諾する裁判所又は国際海洋法裁判所に付託することができる。」

実際上、この規定には見た目ほどのものはないであろう。

事実、沿岸国は、沿岸漁業法規違反を理由に抑留された船舶とその乗組員を、妥当な供託金の支払又は他の金銭上の保証の提供の後に速やかに釈放する義務を負っている(第七三条2項)。この構想は、漁船の不合理に長期にわたる抑留は国家の漁業に重大な損害を生じさせる、との考慮から導入された。外国漁船による沿岸国漁業法規の違反の理由が何であれ、これら外国船舶の長期抑留はそれ自体条約違反であり、沿岸国は条約不履行の責任を負うということになる。十日以内に合意が成立しない場合、釈放の問題は、別段の合意がなければ第二八七条に基づいて抑留国の承認した四つのうちのいずれかの裁判所または国際海洋法裁判所に付託されるものとこの条約は定めている。

この場合、裁判所は、沿岸国法規違反を理由とした外国船舶の拿捕が国際法上正当かどうか、あるいは沿岸国法規がこの条約の要求するところに調和するか否か、といった実質問題についての宣言を求められているのではない。そうではなく、単に拿捕された船舶の速やかな釈放を命じることを求められているにすぎないのである。拿捕された船舶が沿岸国当局によって拿捕されたのち速やかに釈放されない場合は、拿捕がいかに正当なものであろうとも抑留が沿岸国による条約違反となるか、そうでなければ沿岸国が合理的なものとして要求した供託金もしくは他の金銭上の保証を拿捕された船舶が供託していないという理由で正当化されるか、のいずれかである。しかし、このような供託金の不払いも、要求された額が実際に合理的ではなかったという理由で弁護されるかも知れない。このことは、国際海洋法裁判所が沿岸国が要求した供託金または他の金銭上の保証が合理的か否かの決定を求められているにすぎないことを示唆することにもなろう。

このように、一九八二年の国連海洋法条約に忠実な沿岸国は拿捕した船舶とその乗組員を速やかに釈放することを求められているが、供託金や他の金銭上の保証の額から生じる紛争は、国際海洋法裁判所を含めたあらゆる裁判所の機能との関連で明らかに困難な問題を引き起こすであろう。さらに、拿捕された船舶は、その船長または所有者が後に沿岸国裁判所に出廷するという了解を前提に速やかに釈放されなければならないものである。しかし、拿捕された船舶の船長や所有者が、後になってその船舶を拿捕した沿岸国の司法手続のために立ち戻ることは、実際上ほとんどありえない。

加えて、何が「合理的な供託金又は他の金銭上の保証」であるかは、この条約からうかがい知ることはできない。供託金または他の金銭上の保証の合理性は客観的見地からは容易に立証できるものではない、ということを指摘しなければならない。したがって、供託金または他の金銭上の保証の額をそれぞれの沿岸国は、実際には訴訟の段階でその裁判所が科すであろう罰金と等しい額に、決定するであろう。言いかえれば、出廷のために沿岸国に戻って来そうになくても、速やかに釈放しなければならない拿捕船舶に対する供託金または他の金銭上の保証として、実際には、最終的な刑罰として科される罰金が「先取り」されることになるであろう。

事実、国際法には、外国船舶による沿岸国法規違反に科される罰金についての普遍的な基準を示す規則は存在していない。そのため、たとえ国際海洋法裁判所であれ、また他のいかなる裁判所にとっても、供託すべき供託金その他の金銭上の保証の合理性を判断することは非常に困難なことであろう。

二　制限的な強制的裁判手続

1　その射程

第二に述べなければならない点は、国連海洋法条約の解釈および適用から生じる多くの主要な海洋紛争は、国際司法裁判所によるものであれ、他の裁判所によるものであれ、強制的な裁判手続から除外されているという事実である。確かにこの条約は紛争解決のための包括的な規定を有しており、この問題のため第十五部の二十一カ条があてられている。この点、紛争解決のための選択署名議定書を並行して別の形で用意した一九五八年のジュネーヴ海洋法条約と大きく異なる。これら四つの条約は一九六二年から一九六六年の間に順次発効していったが、選択署名議定書はわずかな批准しか得ておらず、この二十年間、一度も適用されることはなかった。

しかし、詳細な紛争解決条項を含むこの新条約においても、強制的裁判手続は条約規定の解釈および適用に関するすべての紛争をカバーする程広くはない。むしろ、第二九七条および第二九八条は、非常に詳細に強制的裁判手続に対する制限と選択的除外を規定しているのである。

2　義務と例外

実際には、第三次海洋法会議第三会期に際して会合を開いた紛争解決に関する非公式作業グループの三人の共同議長――オーストラリアのハリー大使、エル・サルバドルのガリンド・ポール大使、ケニアのアデデ氏――によって起草された紛争解決に関する最初の草案は、原則として強制的紛争解決を提案し、例外として沿岸国の主権的もしくは排他的権利の行使から生ずる紛争の場合に沿岸国はその除外を主張できるものとした。強制的裁判手続の対象となる紛争を拾い出すという形で起草された現在の方式は故アメラシンゲ議長の一九七五年の私案(A/CONF.62 / WP. 9)において提案された。この規定の方法は、一九八〇年特に海洋の科学的調査に関する紛争について若干の変更が加えられた(A/CONF. 62/ WP. 10./Rev. 2)ものの、最後まで保たれた。こうして、拘束力ある決定を課する強制的裁判手続を扱う第二節の第二八六条、そうしてその節の適用についての制限と除外を扱う次の第三節の第二九七条および第二九八条で、強制的裁判手続に関する方式が規定されている。

裁判手続の義務と例外がそこでどのように規定されているかを示すとすれば、全体の概要は次のようにまとめられるであろう。

「第二節　拘束力を有する決定を伴う強制的手続

第二八六条　この節の規定に基づく手続の適用

第三節の規定に従うことを条件として、この条約の解釈又は適用に関する紛争……は、いずれかの紛争当事国の要請により……裁判所に付託されなければならない。」

「第三節　第二節の規定の適用の制限及び除外

第二九七条　第二節の規定の適用の制限

1　……に関する紛争は、次のいずれかの場合には、第二節に定める手続の適用を受ける。(a)…、(b)…、(c)…

2　(a)……に関する紛争は……第二節の規定により解決する。ただし、……

3　(a)……に関する紛争は……第二節の規定により解決する。ただし、……

第二九八条　第二節の規定の適用に対する選択的除外

1　……いずれの国も……次の種類の紛争の一又は二以上について、第二節に定める手続の一又は二以上を受諾しないことを……宣言することができる。(a)…、(b)…、(c)…(傍点筆者)」

3　除外された紛争

海洋紛争がどのようにして生じ、それらのうちどれが真に新条約における強制的裁判手続によって解決されるのかが問題にされ得よう。この条約のこれら二つの節で、強制的裁判手続の対象として、特に言及された海洋紛争の種類、そしてそれから除外されるものとして明確にされた海洋紛争の種類は、次のように分類することができる。

Ⅰ「この条約に定める主権的権利又は管轄権の沿岸国による行使についてのこの条約の解釈又は適用に関する紛争」

A　強制的裁判手続の対象となるもの

(i)「第五十八条に規定する航行、上空飛行若しくは海底電線及び海底パイプラインの敷設の自由及び権利又は他の国際的に適法な海洋の利用」に関するもの（第二九七条1項(a)(b)）。

(ii)「海洋環境の保護及び保全のための特定の国際的な規則及び基準」に対する沿岸国の違反（第二九七条1項(c)）。

B　強制的裁判手続の対象とならないもの

A(i)(ii)以外の紛争

Ⅱ「海洋の科学的調査についてのこの条約の解釈又は適用に関する紛争」

A　強制的裁判手続への付託を義務づけられているもの

B(i)(ii)以外の紛争

B　強制的裁判手続への付託の受諾を義務付けられていないもの

(i)「第二百四十六条の規定に基づく沿岸国の権利又は裁量の行使」（第二九七条2項(a)(i)）。

(ii)「第二百五十三条の規定に基づく調査計画の停止又は終止を命ずる沿岸国の決定」（第二九七条2項(a)(ii)）。

Ⅲ「漁業についてのこの条約の解釈又は適用に関する紛争」

A　強制的裁判手続への付託を義務づけられているもの

B以外の紛争

B　強制的裁判手続への付託の受諾を義務付けられていないもの

「排他的経済水域における生物資源に関する自国の主権的権利（漁獲可能量、漁獲能力及び他の国に対する余剰分の割当てを決定するための裁量的権限並びに保存及び管理のための自国の法令において定められる条件を決定するための裁量的権限を含む）又は主権的権利の行使」（第二九七条3項ⓐ）。

Ⅳ「海洋の境界画定に関する……規定の解釈若しくは適用に関する紛争又は歴史的湾若しくは歴史的権原に関する紛争」

国家は強制的手続を「受諾しない、ことを……宣言することができる」（第二九八条1項ⓐⅰ）。

Ⅴ「軍事的活動に関する紛争並びに〔上記⑵および⑶A〕から排除される主権的権利又は管轄権の行使に係る法律の執行活動に関する紛争」

国家は強制的手続を「受諾しない、ことを……宣言することができる」（第二九八条1項ⓑ）。

Ⅵ「国際連合憲章により国際連合安全保障理事会に委託された任務の同理事会による遂行に関する紛争」

国家は強制的手続を「受諾しない、ことを……宣言することができる」（第二九八条1項ⓒ）。

以上に掲げられた海洋紛争、言いかえれば、第十五部（紛争解決）の第二節と第三節で言及された海洋紛争を見ると、国の主権的権利もしくは管轄権の行使に関する紛争あるいは海洋の科学的調査および漁業に関する紛争は、おおむね強制的裁判手続から除外あるいは免除されている。このような紛争で強制的裁判手続に服し得るのは、排他的経済水域における「航行、上空飛行若しくは海底電線及び海底パイプラインの敷設の自由及び権利又は他の国際的に適法な海洋の利用」に関する条約規定に対する違反など紛争の範囲は非常に限定されているのである。

第三節の第二九七条と第二九八条で述べられている以外の海洋紛争は強制的裁判手続に付託しうるであろう。しかし、これらの紛争はその範囲が極端に限られている。たとえば公海漁業である。この分野においては規制措置について多くの不一致が生じよう。しかし、公海漁業のためとられる措置は関係国によって合意されるべきものであり、他国の旗を掲げる船舶に対して国の権力を行使してはならない以上、公海漁業に関する限り国の権限もしくは管轄権の行使についての紛争はほとんど生じないであろう。

国家間に公海漁業についての意見の相違があるとすれば、それは単に、漁業資源の保存について国家間の協力、あるいは国家間でのこれらの限定された再生産可能な資源の配分のための方式の採用に失敗した場合であろう。しかし、国家間の意見の根強い確執は相互に満足する解決を困難にはするが、この問題に関する紛争は司法機関に付託するのに適するほどに法的な性格を有するものではない。ひとたび資源学的な保存が合意されれば、それから先の公海漁業の国家間の競争の規制は、現在の制度の下では明らかに政治的関心事であって、法的関心事ではない。公海漁業のための共同措置についての合意に到達するため、紛争解決手続に訴えようとする誘因が国家にあるか否かは疑わしい。

4　国際紛争と強制的裁判手続

われわれは、国際連合総会が一九七四年決議三二三二(第二九会期)によって、条約の解釈もしくは適用から生じる紛争の国際司法裁判所への付託を規定する条項を条約に挿入することが有益であることに国家の注意を払うべきことを提唱したことを、思い起こすことができる。しかし国際司法裁判所への紛争付託条項を有する最近の多数国間条約の数は、実際にはそれ程多くはない。過去二十年間に作成されたもので、次の条約のみがその例としてあげられる。――一九五九年南極条約、一九六五年国家と他の国家の国民との間の投資紛争の解決に関する条約、一九六七年難民の地位に関する議定書、一九七〇年航空機の不法な奪取の防止に関する条約、一九七一年民間航空の安全に対する不法な行為の防止に関する条約、一九七三年外交官を含む国際的に保護される者に対する犯罪の防止および処罰に関する条約、一九七五年改正麻薬単一条約。

国際司法裁判所の強制的管轄権を認める多数国間条約が非常に少ないことを考えると、新海洋法条約が完全なタイプの強制的裁判義務を規定できなかったこと、言いかえれば、海洋紛争が生じた場合の裁判による解決について非常に限られた手続しか提供していないからといって非難することはできない。実際、まさに国際司法裁判所の強制的管轄権の受諾がこうして限定されていることが司法的解決一般に対する諸国の一般的態度を反映しているのであるから、――第十五部が見せかけに規定した幅広い司法的機関や権能にかかわらず――この条約の強制的裁判手続の範囲が狭いということは、海洋法の現代的状況と、各国が丹精こめて考え出した新しい制度に対して今日の世界の各国が取った立場を反映しているとも言える。

[注]

1　筆者も、このモントルー会議において海洋法のすべての問題に対して包括的な管轄権を有する司法機関の設立に留保を付した一人である。小田『海洋法二十五年』(有斐閣、昭和五十六年)五三〇頁参照。

2　UNCLOSIII, Official Records Vol. XIV, p.132.

3　*Ibid.*, Vol.XII, p.110.

4　拿捕漁船の釈放の問題はかつて別に論じたことがある。小田「新しい漁業の制度と紛争解決―第三次海洋法会議審議におけるひとつの盲点―」『国際法外交雑誌』第七十九巻四号一頁。本書第三論文(四一頁)。

第五論文　海洋法研究回想

（一九八八年）

【解　題】

海洋法研究回想（一九八八年）

『横田喜三郎先生鳩寿記念論文集』（一九八八年）のなかの一編である。

はじめに

一九五〇年代の初めの若い国際法学徒としてアメリカで海――とりわけその資源――の法理に着目して研究を始めた私は、一九五三年以来一九六〇年代にかけて、国の内外で海洋法に関する論文を書き、またいろいろな形で外務省の海洋法対策に参加する機会を与えられ、一九五八年の第一次、一九六〇年の第二次の国連海洋法会議には日本代表団の一員であった。海洋法理論の形成に、そうしてまたその当時の日本の海洋法政策の策定にいくらかの寄与をしたともいえる。他面、それなりの責任も負わざるを得ないであろう。海洋法が全く新しい局面を迎えた今日、三十年も以前の私個人の海洋法研究の軌跡を自らの筆でたどることに内心忸怩たるものを感じるが、ある意味では戦後二十年間の世界の海洋法の状況を示すことにもなろうかと思う。

一　一九五〇年代初期の私の海洋法理論

1　海の資源への関心

私が海洋法に関心をもち、なかんずく将来の海の問題が資源にあることに気がつくのは一九五二年はじめのアメリカ留学中のことである。第二次大戦が終わり、国連の成立後未だ日浅く、国際法の研究も多くは国連の機構や機能あるいは安全保障論に向けられていた当時であった。海に関して国際法学界が関心を寄せた問題があったとすれば、一九四五年九月戦争直後のアメリカの大陸棚そうして漁業政策に関する二つのトルーマン大統領宣言とその数年後につづくラテン・アメリカ諸国の二〇〇カイリ海洋主権の宣言であった。そうして一九五〇年代はじめ、発足間もない国連国際法委員会は公海制度を優先議題として、それとの関連で大陸棚あるいは漁業問題に関心を払い始めていた。

エール大学法学部博士課程での一年半の研究の後、私は一九五三年春、*Riches of the Sea and International Law*という表題の博士請求論文をまとめ、同年六月エール大学から法学博士の学位をうけた。欧米を通じて英語で書かれた海洋法での博士論文の第一号である。この論文はエール大学に登録はされたものの、そのまま公刊されることなく、私は約十年を経た一九六三年、その間の二度の国連海洋法会議をふくむ海洋法の発展をふまえて*International Control of Sea Resources*の著書とした。[1] しかしその十年の間に、私はさきの学位論文を基礎として個別的テーマにつき多くの論文を書いた。一九五三年夏の帰国から一九五六年夏再びエール大学に留学するまでの三年間に書いたものをまとめて一九五六年に有信堂から出版したのが『海洋の国際法構造』である。[2] この本はやや内容を代えて、一九八八年秋に刊行される予定である。

2　漁業独占水域としての領海という理解、そして独自の接続水域論

一九四〇年代後半のラテン・アメリカ諸国の海洋主権の主張と一九五二年の韓国の李承晩ライン設定とが私の領海と接続水域に対する問題意識をかきたてた。アメリカから帰国の翌年、一九五四年春の国際法学会で報告の機会を与えられた私は「領海制度の現実的意義」と題して報告し、これが一九五四年七月に『法学』の論文「領海制度の現実的意義――漁業独占水域としての領海について」になった。[3]

「公海および領海の併立が不可避的に存在する今日の実定国際法体系において、海の資源の開発利用が領海制度との関連なしに行なわれるものであろうか」（二〇頁）という問題意識にもとづいている。過去の先例の分析を通じて「領海範囲に関する国際法の原則が明確ではないということ、あるいは領海範囲についての統一的な慣行が確立していないという事情」（二八頁）を踏まえ、「さてそれならば……領海範囲に関する立法あるいは法典化ということは、なに故に成功しないのであろうか。統一的な法規をみつけるばかりでなく、望ましい規制を提案することさえ困難なのであろうか」（三三頁）と設問し、次のように述べた。「結論的に言えば、領海範囲をめぐる問題の焦点は単純に三カイリ主

義の拡大か三カイリ主義の維持かという点にあるのではなくて、自国領海拡大への一般的な傾向と他国領海拡大防止の欲求との相対立するモメントのなかに存在している。したがって問題は、いかなる目的が自国領海を拡大せしめようとするのか、いかなる要素が他国領海の拡大を阻止しようとするのか、言いかえれば他国が領海を拡大することによって失なわれる利益は何か、この二つの点を極めることによって、明らかにされるものと考えられよう」(三四頁)。

ここで私は「沿岸国は継続追跡あるいは接続水域という制度のもとにその管轄権行使の範囲を拡大することが一般に認められている。しかもなおそのような事情にあっても、領海三カイリ主義は多くの海洋国によって今日ますます強く固執されている。沿岸国はその自らの利益を保護するためにその管轄権を拡大することがある程度許されるというのに、なに故に領海の拡張は困難な問題を引き起こすのであろう」(三七頁)という問題を提起し、「もっとも本質的なことは領海は沿岸国領域の一部であるということである」(三八頁)。そうして「領海はその沿岸国の領域の一部であるならば、沿岸国がその水域において資源を独占しうることは疑いのないところであろう。そのことはあたかも国内陸上資源におけると同じである」(四〇頁)とした上で、「領海においてもある条件のもとでは外国船舶の自由な航行すなわち無害航行を許さなければならない以上、領海内において沿岸国が維持すべき合法的な利益は、主として漁業もしくは資源開発の排他的権利の問題であると言えよう。沿岸国は領海以外の制度のもとで独占的な資源開発を要求することはできないのである」(四一頁)と結論する。

「接続水域あるいは継続追跡の制度の本質が、その利益を侵害する目的をもって航行していたり、あるいはその領海内において犯罪行為を犯して逃亡しつつある外国の船に対しては沿岸国が公海上においても例外的に管轄権を行使し得るところにあるとすれば、他の国々は沿岸国のその限度の管轄権行使に対しては無関心であり得よう。沿岸国が広い水域にまで管轄権を拡張することによって得る利益は、他の国々がそれによって被る不利益とは比較にならないほど大きなものである。これに反して、いずれの国も他の沿岸国の排他的な資源開発水域の拡張によって自らの利益が縮小されるに至ることに寛容であり得ないのは自明の理である」(四二頁)。「経済的実力と発達した技術をそなえた海上国は、公海における資源の自由な開発によって充分な利益を享受し得るはずであり、そこにおける資源開発の既得の権利を放棄することはできないであろう。これに反して、そのような自由競争に望みない国々は、なんらかの法的な制度に頼って自らのために資源を可能なかぎり留保しようとするであろう」(四三頁)。

領海制度の結論を私は次のように述べた。「領海範囲統一への障害は、それのみではないにしても、主としては沿岸国がその領海内において持ちうる経済的な権利に関している。厳格な公海制度を沿岸国のために緩和しようとする接続水域の概念は、明らかに漁業の問題を含み得るものではないのである。領海範囲について妥協を得ることの困難さは、領海の外にあり、理論的にはあらゆる人々の近づきうる漁場における対立する利益に結びついているものと言えよう。以上述べたことから次のことが結論され得よう。三カイリ主義は、領海制度に関して超歴史的に成立したものでも、また一般に認められた規則でもない。しかし、それかといって、いかなる国もその領海を拡張したり、また接続水域の制度によって資源の独占開発までも含ましめることは許されない。けだし、そのような試みは公海上において他国のもつ権利を侵害することになるからである」(四四頁)。

こうした領海との対比における接続水域についての理解は当時私独自のものであったが、そのような立場にたってみれば、私には一九四〇年代後半のラテン・アメリカ諸国の海洋主権の主張や一九五二年の韓国の李承晩ラインの設定が余りにも国際法を無視した違法のものに思われた。さきの領海論に先立ってすでにエール大学留学中に最初に活字にしたのは一九五三年四月の『ジュリスト』の「日韓漁業紛争をめぐって」であった。[4] その六月に帰国した私は、追いかけるようにして一九五三年十月の『法律時報』に「李承晩ラインの違法性」を書いた。[5]

もちろん同一線上のものであったが、言いたいことは、「公海自由の原則は、他ならず……［他国による］権力行使を禁ずることに意義をもっている」(五九頁)、「公海は場所として、いかなる国の排他的支配のもとにも立ち得ない。それこそが公海自由の基本である。その意味からすれば、李ラインの設定、あるいはそれにもとづく韓国の実行自体が公海自由の否定であることは、あまりにも明らかなのである」(六〇頁)ということであった。一方において「他国の漁業を侵害するような形で領海を拡大することが許されない」(六三頁)とした上で、他方公海上における管轄権拡大は絶対に許されていないのではなく、接続水域などはその例であるが、接続水域の法理は漁業のための管轄権行使に適用され得ないことを繰り返し述べたものである。戦前のアメリカ太平洋岸アラスカ湾の管轄権拡張の動きにふれて、「沿岸国の立場からは管轄権拡張による漁場独占がのぞましいにしても、管轄権拡張ということは国際法の容認するところではない」(七三頁)とした。

戦後のラテン・アメリカあるいは韓国などの漁業管轄水域拡大の動きは私にとっては領海論、接続水域論の絶好の応用問題であったし、また逆にいえば、それが私の領海および接続水域に対する問題意識をかきたてたものであった。そうした私の基本的認識はその後一貫し、*The International and Comparative Law Quarterly*の一九五五年の論文"The Territorial Sea and Natural Resources"と一九六二年の論文"The Concept of the Contiguous Zone"はこれを述べたものであった。[6]

3　公海資源の保存と配分

アメリカ留学中の私が公海漁業について深く考えさせられたのは、一九五一年十二月に占領中の東京で仮署名され、平和条約の発効をまって一九五二年五月に正式署名された日米加漁業条約であった。この条約にはいわゆる「抑制の原則」という、まさに資源「保存」とは異質の、いわば「配分」に関する目新しい理念がもちこまれていた。率直にいって、この点の本質を見抜いていた学者は当時絶無であったと言うべきであろう。全くの一学生としてワシントンの国務省に乗り込んで条約作成会議のアメリカの首席代表に議論をもちかけたのは今考えてみると全く若気の至りであるが、そこで抱いていた問題意識が私の公海漁業論をその後一貫して流れるのである。[7]

アメリカ滞在中の一九五三年四月に書いた『ジュリスト』の「日韓漁業紛争をめぐって」でもこの点を問題にしたのであるが、さらに一九五四年二月の『ジュリスト』の「公海漁業の統制――資源の保存と独占」において次のように述べた。[8]「〔日米加漁業〕条約の根本的な考え方は、資源の保存が主としては特定国の漁業の権利の行使の『自発的抑止』によって行なわれるとするにある。……この条約に本質的なことは、それが従来の一般の国際漁業条約とは根本的に異なり、本来各国に自由とされていた公海漁業が平等な形で制限されているのではないということである。もとより、ある魚種についてその保存の必要が認められる場合、『自発的抑止』の義務を負わない国はひきつづき保存措置を実施する義務を負う。言いかえれば、この条約の締約国には自発的抑止の義務か保存措置実施の義務のいずれかが課せられる。その意味において、この条約は片務的条約ではないというようにしばしば主張される。……資源は利用されることによってのみ価値をもつのであって、利用をともなわない資源の保存は無意味である。今までの漁業条約において、公海漁業は漁業資源の最高度の利用のための保存措置によって制限されてきた。……本来国際社会共同の利益と考えられた資源利用を完全に拒否するという形で資源保存が企図されたことは絶無であったと言ってもよいであろう。すくなくとも一九五六年の今日において、この条約にもとづき日本がある種の漁業の『自発的抑止』を行なうということは、日本のその資源利用の完全な否定に他ならず、アメリカあるいはカナダにとってはその最高度の利用である」（一〇七～一〇九頁）。「この条約を貫いているものは、他国の権利の行使を『自発的に抑止』せしめることによって反射的にある種の漁業を特定国に独占せしめようとする思想である。それはたしかに地理的な意味での漁場分割そのものではないにしても、魚種にもとづく海洋分割のきざしと見ることができよう」（一〇九頁）。

つづけて私は次のように述べた。「さらに重要なことには、この条約はたんにひとつの不平等条約というにとどまるものではない。たんに内容の不平等ということならば、とくに珍しいことではないであろう。しかしこの条約は、漁業条約の常として、その条約内容に違反した人または漁船がある場合には、その『所属する締約国の当局のみが違反を裁判し、かつ、これに対する刑を科することが出来る』と規定する。……公海において漁業に従事する自国民を日本はなに故に処罰しなければならないのであろう。資源保存の秩序を乱すからであろうか。繰り返し述べるように、資源の保存はその最高度の利益の享受のためにこそ意味があるのであって、利益の享受が否定されて資源の保存を行なうことはまったく無意味であると言わねばならない。日本はまさに公海漁業の利益を否定するということのために、自国民の処罰をもしなければならないのである。さらに言えば、アメリカもしくはカナダの独占的利益を保護するために、それを犯す自国民を処罰するのである。公海における漁業が国際社会共通の利益であるという観念はここに影をひそめて、他国の漁業独占を日本は自らに価値あるものとして保護しなければならないのである。そこにこそこの日米加漁業条約の本質はひそみ、この条約が公海制度史上に画期的な意義をもつものとして特筆されなければならない意味があるのである」(一一一頁)。

日米加漁業条約に触れてさらに次のように続けている。「これは三国の自発的意志にもとづく合意でありながら、特定国の権利抑制という形で他方の漁場独占を確立し、しかもそれが受益国の管轄権拡張という形ではなく、漁船の所属国の管轄権行使という伝統的な公海自由のわくのなかで行なわれたところに、問題の表面はカムフラージュされている。しかし本質的には、自国の漁業否定、他国の漁場独占を自らの利益として自国民に強要する。そこには公海漁業は共同の利益であるという観念の本質的な転換が行なわれている。われわれが公海漁業の規制を見る場合に、たんに管轄の一方的拡大というあまりにも明瞭に公海自由を否定する一部の現象にのみ注意を奪われて、実は他面においては、漁業条約という合法的手段のもとにおいて公海漁業の基本的な利益の否定が行なわれていることを見落としてはならないのである」(一一四頁)。私はこの日米加漁業条約論は今日顧みても公海漁業の基本問題を投げかけたものであったと思う。

私の公海漁業論の基本は次のとおりであった。「公海自由という実定国際法上の原則が、その歴史的かつ社会的基盤として海洋漁業の自由を前提としていたことは、ここに改めていうまでもない。……しかし、水産資源に対する需要の飛躍的増加と漁業技術の進歩の結果は、漁業の自由放任がその資源の枯渇をもたらすに至るかも知れぬ段階を招来した。また遠洋漁業の技術の発達は、それぞれの漁場における諸国の利益の交錯をもたらした。ここになんらかの国際的規制が行なわるべきことが要請される。その形態として漁業条約こそが典型をなすものである」(八〇頁)。「条約によって考えられ、そうしてまたそれぞれの国際委員会のとった資源保存の措置は、たとえば、年次漁獲量の制限、漁具の制限、産卵場あるいは幼魚のいる水域における禁漁、産卵期その他禁漁期の指定、あるいは漁獲の許される最小体長の制限などであった。この場合にきわめて重要なことは、公海における漁業のこのような制限は締約国に平等に課せられることである。もとより同じ水域で同じ期間に同じ漁具などの制限を受けて漁業を行なったとしても、漁獲量が国によって異なることは当然である。漁業資源に対する当事国の需要の違いや漁業技術の差によって、漁獲量の優劣は決定されるであろう。年次漁獲量が限定されている場合に、ある国がすぐれた漁業技術によっていち早くその大半を占め、他国の漁獲量が少ないままに漁業が中止されてしまうこともあろう。しかしこれはあくまで事実の不均等であって、権利の、あるいは権利行使の制限の不平等ではない」(八六頁)。

北太平洋のオットセイ捕獲や南氷洋捕鯨についての分析も行なった私はさらに次のように述べた。「……漁業条約も、……捕鯨条約も、根本的な考え方は、本質的には無制限である公海の漁業が、資源保存の見地からなんらかの統制が施されねばならないとするならば、その権利の行使は条約締結国の間において平等に抑制されねばならないということ、言いかえるならば、実際の漁獲高の差は権利の異なった制限によってもたらされるものではなく、各国とも同じ条件の下であったら同じような漁獲をあげ得たような権利能力の同一性が保障されてなければならないとすることにあったと言えるであろう」(八七頁)。

漁業についてはその後一九五六年六月に『ジュリスト』に「日ソ漁業条約の成立——条約を読んでの感想」を書いた。[9]一九五六年のこの条約はソ連の一方的なサケ・マス漁業制限措置を契機としたものであって、「日本には今日ことさらに合意にもとづく漁業統制を行なうべきなんらの積極的根拠もない。ただソ連の漁業規制強行の結果予想される漁船拿捕を恐れた日本政府の申し入れによって、漁業会談は開始されるに至るのである。このことはソ連の国際不法行為を排除し救済するに足る外交的実力をもたない日本の悲劇であり、ここに日ソ漁業条約の本質が規定されていると見なければならない」(一三六頁)と述べた。

再び漁業条約の本質に触れて、次のように述べた。「漁業条約は公海自由原則を修正することなく、その原則のわくのなかで資源保存の現実的要請を充足せしめ得るし、今日までその伝統は維持されてきたのである」(一四一頁)。「漁業条約が漁業資源の保存のために締結されるものである以上、漁業になんらかの制限が課せられることは言うまでもない。漁場の限定、漁期の指定、漁具の制限、あるいは幼魚の保護などである。しかしそうした漁業行為に対する制限は締約国の間に平等に課せられる。この制限を担いつつ、締約国は漁業の自由競争を行なうであろう。あるいはまた資源維持との関連において、許容される漁獲の絶対量が科学的に算定され得る場合には、その絶対量が指定され、その範囲において締約国は漁業を自由に競う。……締約国がどれほどの漁獲量を上げ得るかは、資源保存の目的のための科学的な限定を別にするならば、まったく各国の自由競争に委ねられているのであり、実際には各国の水産業に対する依存度および経済実力によって決定されるものであったと言い得るであろう。資源の適正な配分が保証されていない現在の国際社会において、公海における生産の自由競争はまさに本質的なものであったというべきである」(一四三頁)。

こうした一九五〇年代初めから半ばにかけての私の公海漁業制度論は全く独自のものであった。当時国連国際法委員会では海洋法の審議が始まっており、大陸棚と関連して公海漁業も扱われていたが、委員会ではとても問題の掘り下げを行なうには至っていない。一九五七年に私のそれまでの全思想を投げこんで書いたのが*Zeitschrift für ausländisches öffentliches Recht und Völkerrecht*の“**New Trends in the Regime of the Seas—a consideration of the problem of conservation and distribution of marine resources**”である。[10] 将来の公海制度において困難な問題になるであろう漁業資源配分を展望した野心的な長編であった。二回に分載されたが、ドイツのこの雑誌においても創刊以来の長編のひとつである。配分——**distribution**——という言葉を用いたものとして欧米でも最初の論文である。

公海漁業については、後にも述べるように、一九五八年の国連海洋法会議以後においても国の内外において私は繰り返し漁業資源配分の問題の重要性を述べた。

4　大陸棚制度論

一九四五年のアメリカのトルーマン宣言以来、大陸棚の制度については欧米の少なからぬ学者が注目をはじめていた。しかし一九五〇年代始めには、二、三の例外を除いて本格的な理論研究が行なわれていたわけではない。そうしてまた、当時国際法委員会が、その任務からくる制約によってか、問題の根本を掘り下げることなく、大陸棚の資源開発のための沿岸国の管轄権を当然なものとして認めようとしているのであった。その当時の海底制度に関するすべての学者の理論を検討し終えてエール大学の学位論文のひとつの柱とした私は、一九五四年から一九五五年にかけて『国際法外交雑誌』に「大陸棚の法理」を四回にわたって連載した。[11] それまでの「考え方はすべて、海底地殻に対する無批判な仮定のうえに立つことにおいて共通している。すなわち、それが無主地であると考えられるにせよ、本来的な領域であると考えられるにせよ、大陸棚は少なくとも国家の独占支配の対象となり得る陸地の類推によって語られている。もっとも、今日まで公にされたおびただしい学者の見解は、この点をはっきり意識してはいない。大陸棚が **ipso jure** に沿岸国に属することを言い、占有を語り、また接続性の法理を述べ、一方的宣言による慣習法の成立を説きながら、しかし自己の立つ前提、すなわち海底地殻の陸地による類推を疑ってみようとはしないのである」（二一四頁）。

こうした認識に立って次の議論を展開した。「事実は大陸棚、まして公海の海底地殻一般は、ごく最近まではほとんど国際法学の対象としては考えられなかった。それは現行国際法秩序のなかにすでに与えられた独自の地位をもっているものではなかった。したがってそれがまったく国際法秩序の外に置かれていたものではなかったとすれば、国際法社会における基本的な二つの秩序、すなわち無主地であれ、すでに国際領域であれ、国家の独占支配の対象となるべき陸地か、あるいは国際社会の共同利用の場として意識されて来た海洋か、そのいずれかのアナロジーによって理解されざるを得ない」（二一四頁）。「大陸棚の問題がクローズアップされる以前にも、海底が無主地であるというような陸地の安易な類推はかなり一般的であった」（二一五頁）としながらも、「少なくとも当時の意識の問題としては、海底がたんなる占有によって取得され得る **res nullius** とは考えられていなかったことを示しているものと言えよう。かくて海底地殻を陸地の類推によって考えなければならない理論的根拠は存在しないばかりか、むしろそのような考え方はこれまでの一般的な概念にも反するものと言わなければならなかったのである」（二一八頁）。

私の提言は次のとおりであった。「海底地殻は、それほど意識的ではなかったにせよ、むしろその上部海洋と同じ秩序のもとに立つと従来考えられて来たことが知られる。国際法秩序における二つの基本的な場、国家の独占支配の対象か、あるいは然らざるかの両極にあって、海底地殻を前者のアナロジーによって説明さるべき必然性が存在しないばかりか、むしろ伝統的な観念においては、そのことは否定されてきているのである。海底地殻がこのようにして海洋のアナロジーによって考えられる以上、大陸棚あるいは海底地殻を公海、領海の制度とは別のものとして扱って来た今日のほとんどすべての国際法学者の見解は、根本的な誤解にもとづいているものと言わなければならない」（二一八頁）。「国際法社会の制度は今日依然として公海・国家領域の管轄権の分配によって規定されているのであって、国家領域をこえた場における資源開発行為の独占支配の権利の要求は現行国際法秩序と正面から衝突せざるを得ないのである」（二一九頁）。

「もとよりわれわれは、この空間が国際社会共通の場としての秩序を担ってきたということが、超歴史的・普遍的な妥当性をもつと言おうとするのではない。すでに陸地の分割によって各国の独占支配の場が明確に限定された今、海洋およびその地殻の独占が新たな歴史的意味をもつと指向されるにいたったことは無視し得ない。とくに海洋の場合にはまさに利用の独占を禁じ自由を確保するものとして公海自由の原則が成立しているのに対して、海底地殻の制度はそのような必然性によってではなく、むしろたんなるアナロジーによってそれが説明されているものであっただけに、その独占への指向が一層強く露呈して来たと思われる。しかしそれだからと言って、『アメリカが宣言し、仲間が「従い」、「科学」が承認し、ここに規範が生まれる』というような形で、大陸棚理論が充分の検討を経ずして受け入れられ海底分割が達成されることに、われわれは急であってはならないのである」(二二〇頁)。

こうした私の大陸棚制度に対する基本的な考え方が、当時国際法委員会を中心にして動いていた大陸棚制度の立法の流れとは全く異質のものであることを私は百も承知していた。しかし、当時一般に見られた安易な大陸棚制度論が国際法の発展に禍根を残すという考え方が私の頭を去らなかったのである。一九五七年十一月ルイジアナ州立大学での講義をもとに、その年の *Tulane Law Review* に、"A Consideration of the Continental Shelf" を書いた[12]。日本で著わした大陸棚論と異なるものではないが、大陸棚の制度はけっして従来の海洋法体系のなかのものではなく、これがやがて海洋分割の可能性をはらむことを警告し、その立法化に一層の慎重さをもとめたものである。しかしこういう論文が注目を引くには当時の流れは既にほとんど無批判な大陸棚制度化に傾いていたのである。

5　定着漁業論

定着漁業はチュニジア沖、セイロン、バハレンなど古くからの伝統があり、国際法の古典でも論じられてきている問題であった。それが戦後とりわけ問題になったのは日本とオーストラリアのアラフラ海真珠貝漁業紛争を契機としてであった。一九五〇年代のはじめ国際法委員会において大陸棚との関連で定着漁業が触れられることがなかったのではないが、オーストラリアに示唆された国際法委員会のイギリス委員ローターパクトはこの定着漁業を大陸棚制度に持ちこもうとする。私は定着漁業が大陸棚制度との関係でとりあげられ、その一環として論じられることに危機感をもったのである。私は一九五三年十一月の『ジュリスト』の「定着漁業の法理――アラフラ海の真珠貝採取をめぐる問題」でこれを論じ[13]、一九五四年十一月の『国際法外交雑誌』の「大陸棚の法理」でもこの問題に言及した。

私は国際法古典の検討を通じて、それまでの学者の「言うところはまったく同一なのではないけれども、海底面に定在する資源が海底あるいは海底面に対する権利と本質的な関係をもつと理解している点において、共通の点をもっている。定着漁業をこうして海底との関連において理解することには、国際法の学説の上においても根強い伝統があったというべきであろう」(一六三頁)としながらも、私の理解では「沿岸をかなり離れた場所で行なわれる定着漁業が、しばしば一般漁業とはまったく別なものと考えられるということがなかったのではないが、その現実的課題は歴史的な定着漁業の保護にあり、あたかも歴史的湾の事例におけると同様に、個々の具体的な事例について一般海洋制度の例外が言われるべきであった」(一六八頁)。「定着漁業という言葉で真珠貝採取というようなものを意味するならば、それが一般漁業と区別さるべき論理的かつ歴史的根拠がないにもかかわらず、一般漁業と分離し、または海底と関連づける定着漁業の今日の理解は、施設性という定着漁業そのものに対する特殊な認識を無意識のうちに受け入れているところに由来するというべきであろう」(一七二頁)。

結論として私は次のように繰り返した。「われわれがこの論文のはじめにおいて問題にしたのは、真珠貝漁業などによって代表される海底定着物の採取であった。……イギリス国際法学の一般的な支持にもかかわらず、定着漁業をそのようなものとして理解するかぎり、それを海底と関連づけることは困難なのであり、それを一般漁業から区別すべき理由は存在しないのであった。……よしんば大陸棚に沿岸国の権利が及ぶことが是認されるとしても、なおそのことは真珠貝漁業などにはまったく無縁のものであると言わなければならない」(一七四頁)。

定着漁業の大陸棚制度からの分離論はさきの一九五七年の*Tulane Law Review*でも述べたが、私のこの理論は一九五八年の国連海洋法会議でも日本の対処方針となり、その後もながく日本の政策となる。

6　公海自由論

公海自由は私としても領海制度との関連で、すでに議論ずみではあった。一九五四年太平洋ビキニ環礁におけるアメリカの水素爆弾実験は第五福竜丸の被災をもたらし、放射能に汚染された太平洋マグロのために日本の水産界に大きな打撃を与えた。この問題は日本の国際法学界においても公海の自由の本質をめぐって多くの議論をまきおこしたのである。私の考え方は少数説ではあったが、私としては自分なりの公海自由論を展開した。最初の論文は一九五四年八月の『ジュリスト』の「ビキニ水爆実験と国際法の立場——水爆実験は純然たる不法行為」であったが、その後参議院水産委員会のその年の十一月十日の鑑定人意見をへて、十二月には『ジュリスト』の「再びビキニの水爆実験をめぐって——水爆実験と公海の自由」となり、後に一九五六年二月十一日の『朝日新聞』論壇、一九五六年四月の『ジュリスト』の「水爆実験の法理」となった。[14]

「権力不干渉をその内実とする公海自由原則そのものは、公海におけるあらゆる非権力行為に寛容でなければならなかった。そこに公海自由原則の限界があるのではあるが、しかし公海制度の本質はそこに尽きるのではない。……公海においては何をすることも自由であったわけではなく、航海や漁業こそが国際社会において保護されるべき利益であり、それを侵害するような行為が違法と考えられた。公海上に効果を及ぼす水爆実験は、まさにそうした他国の航海あるいは漁業の利益を損なう限りにおいて、不法行為としての損害賠償責任を生ぜずにはおかないのである」(二四五頁)。

なお一九五五年十月『法律時報』に書いた「海洋自由の法構造」が私の海洋自由論の総括である。[15]「公海には、いずれの国の地域的な支配からも自由な空間としての地位が保証されているのである。実定法規範としてのこの原則は、いずれの国も公海上における他国船舶に対しては国家権力を行使し得ないこと、すなわち、公海上において他国船舶を拿捕・抑留してはならないことをその内容としている。これが公海制度に関する実定的な一般国際法規である。しかしこのような規則は、公海上においてなされる一般の行為について、なんらかの法的な評価を与えるものではない。……もちろんこの公海自由原則はたんなる抽象的な論理の産物ではない。あらゆる法原則がそうであるように、そこには保護に値する一定の社会的な価値が歴史のある段階において前提とされていたことは言うまでもない」(三〜四頁)。「公海における航行と漁業は、国際社会の価値として他国権力の干渉から保護されなければならない。これが公海自由原則の社会的な、そうしてまた実質的な意味でもある」(五頁)。

「航行および漁業という国際社会の価値は、けっしてひとり外国権力の干渉によってのみ侵害されるのではない。

したがって、権力不干渉の義務のみを規定した公海自由原則は、この価値を保護するのに充分なものではあり得ない……〔が〕、公海をめぐる国際法の秩序は、さらにこの価値の保護を軸として考えられなければならない」(一一頁)。「一般に公海においてその価値を侵害した行為、すなわち国際法上違法の行為は国家責任を媒介にして国際不法行為となるのである。……それが国家機関の正当な権限内においてなされるならば、逆の証明がなされぬ限り、ただちに国際義務の違反にもとづく国際不法行為責任を成立せしめるであろう。……ビキニの水爆実験は国家機関がその正当な権限内において行なったものであり、その結果が国際義務の違反として具体化された以上、そこにアメリカ合衆国の不法行為責任を見ることができるであろう」(一二〜一三頁)。

このビキニ水爆実験論を私は一九五六年の*Die Friedenswarte*に"The Hydrogen Bomb Tests and International Law"として発表した。[16]

二　一九五八年の国連海洋法会議を迎える情勢の分析

1　国連海洋法会議の招集

一九五一年に始まった国連国際法委員会における海洋法審議は一九五六年の海洋法草案に結集された。そうしてその年の国連総会は、海洋法に関する条約を作成するための国連海洋法会議が一九五八年春ジュネーヴに招集されるべきことをきめた。一九五六年に国連に加盟した日本も当然にこれに参加する。そうして私もいろいろな形で、日本の対処方針の策定に参加することになった。

一九五六年夏以来二度目のアメリカ留学中であった私は外務省条約局の示唆により一九五八年二月一月帰国、外務省における海洋法会議の対処方針作成会議に出席して、二月から四月にわたるジュネーヴのこの会議には随員として参加した。この会議における日本の対応が他国から際立ったことのなかには、正しかったにせよ、間違っていたにせよ、それまでの五、六年間にわたる私の海洋法研究の蓄積がその一部に反映していたことは否めないであろう。この会議にむけて一九五七年に外務省に提出された私の二つの意見がある。

2　一九五七年のラテン・アメリカ八カ国出張報告

一九五六年夏からアメリカに二度目の留学中であった私は、一九五七年二月の『ジュリスト』に「ラテン・アメリカ諸国の領海拡張について」を書いた。[17] そうして外務省条約局の委嘱により一九五七年春ラテン・アメリカの国々をまわってそのいわゆる海洋主権の実態と意義を探ることになった。その翌年に予定された海洋法会議への日本の対応を練る上での一つの布石である。一九五七年四月二日にニューヘヴンをたち四月三十日にもどるまでの四週間、ワシントン、マイアミに立ち寄った後は、キューバ、メキシコ、コスタリカ、パナマ、エクアドル、ペルー、チリ、アルゼンチンの八カ国である。これらの国々は全く私の選定である。この出張報告は五月十日付で外務省に提出された。[18] かなり長編のものであるが、その「むすび」の一部をここに引用する。

①……今日、国際社会において、いかなる国も抽象的な法の原則のみに頼ろうとしているわけではない。現実政治の問題としては、『公海自由』をいう側にしたところで、それをたんに抽象的な法論理の問題として扱っているのではなく、その法原則が自国の経済条件にもっとも有利なものと考えているに他ならない。そうだとすれば、私達は法の既存の論理を離れても、自国の経済的条件を語らざるを得ない国々の立場をも充分に理解しておかなければならない。

②二〇〇カイリ水域を領海とよぶか資源保存水域とよぶかは言葉の問題にすぎない。もちろん、それらの法の概念をゆるがせにすることの不当なことは言うまでもないとしても、そうした厳密さをラテン・アメリカ諸国に求めることはいささか無理であろう。そうして私達はそれら諸国の真意を把握するにつとめなければならない。

……中南米水域において、一般的にいって、直ちに資源保存が必要なまでに漁業生産が行なわれているわけではない。ラテン・アメリカのある国々の一方的主張は、むしろ自国に対する必要量資源の確保と自国民生業の保護の意図から出発している。……

③……沿岸国が管轄権拡大をいう真意は自国への資源確保に他ならない。事実こうした適例はアメリカ合衆国にみる。すなわち、戦前のアラスカにおける管轄権拡大への執拗な動きは、一九五二年日本がある種の漁業について一〇〇％手を引くことによって終止符を打ったのである。……『抑止の原則』が管轄権拡大を阻止する安全弁であったことはたしかである。……『抑止の原則』を認めることは従来の国際法の論理からは著しく異なっている。しかしながら、現実は新しい社会体制との対決を迫られている。一方においては、海洋資源を自己の経済力・技術力によって、他国にうちかって自らのものとなしうる国。他方においては、他国と平等な基礎の上に争う実力なく、なんらかのインスティテューションに頼って、自己に資源を確保せざるを得ない事情に追い込まれている国。漁場が交錯する今日において、この対立は世界における社会構造的なものとなっている、ということを真に理解しておかなければならない。この構造的な対立が妥協を許さないまでに発展するか、それとも完全に解決されるかは、世界における海洋資源の分布、各国の海洋資源に対する依存度、陸上資源による代替可能性、各国の国内経済発展度その他もろもろの経済社会的要素を検討した上で考えられるべき事柄で、一法律家の負担をはるかに越える問題である。

④一九五六年の国際法委員会案(海洋法草案)はもっとも本質的な管轄権を回避している。すなわち、最近の顕著な傾向は、沿岸国が資源の取得配分において特殊性を主張しようとしているのに対し、この案は、資源保存における沿岸国の特殊性をもって応えている。これではなんらの解決をも提示したことにはならないであろう。……沿岸国が欲しているのは、資源保存措置に参加するとか、あるいはまた漁業を規制し違反外国漁船を裁判するというそのことではなくて、資源取得配分の上になにほどかの優越的地位を確保するということに他なら

ないからである。国際機関における指導原理として資源配分における沿岸国の優越が保証されないかぎり、こうした試みをもって妥協出来るとは考え難い。

⑤海洋資源の保護規制の問題は、今なお一般国際法によって解決されうる事柄ではないのではないか。かつて、一九三〇年の国際法法典編纂会議のための専門家委員会の質問に答え、日本とイギリスが海洋資源の問題は一般国際法の問題ではないとあえて反対の意見を述べたことは、今にしてもなお卓見であったとも思われるのである。

⑥私は、国際海洋制度の本質は法律問題であると同時に、むしろそれ以上に国際社会そのものの問題であることを認識する必要があると思っている。このように言うことは、国際法の権威を傷つけることでも、また厳密な実定法の究明をゆるがせにしてもいいことを意味するものではない。あらゆる社会的な決定に権威を与えるものは法の機能であり、その社会的な決定は、場合によっては、既存の法との距離によってその価値を規定される。その意味において、厳密な海洋法の論理体系を追求することは一層に必要である。しかし、妥協を許さぬ法の論理の追求がなされる一方において、動揺する法体系の背後にある国際社会の体制が充分に理解されなければならないであろう。

3　国連海洋法会議の見通しに関する一九五七年の意見書

一九五七年十月留学中のエール大学に私は外務省滝川正久法規課長の訪問を受け、その席での討議をもとにして外務省に提出された十月二十八日付の意見書がある[19]。

①接続水域につきましては……日本は、この際従来の否定的な態度を一擲すべきだと思います。なおこれに関連し security zone の観念がアメリカ代表あたりから提起される可能性を考えておく必要があると思います。

②jurisdiction の観点から国際法委員会リポートで問題になるのは……既存の措置がある場合の新参国の扱いと、緊急かつ特別の状況下にある沿岸国の機能であります。……右の二つの条項、即ち五十三条と五十五条――それ自体が甚だあいまいなのですが――を除いては、海洋資源について国際法委員会リポートは全く territorial jurisdiction の問題を扱っていないことは御承知の通りであります。……漁船が公海上において他国官憲によって拿捕された上、その国で処罰されることはないと考えて差し支えありません。しかし御承知のように、これでは骨抜きではないかという考えが中南米、さらにアメリカ合衆国のなかにもかなり強くなっており、これに対応する日本の法理論を上手に構成しておくことは、会議に際して不可欠のことと思われます。

③特別利益の問題についても従来の一般の理解は杜撰であります。この利益はいうまでもなく、生産性の維持、つまりは資源保存に関することであって、特定国の territorial jurisdiction の問題、あるいは資源配分に関するものではありません。……「資源保存の特別利益」と、「資源の分け前にあずかる特別利益」とでは意味が違うのです。……この問題については、各国、各学者とも同床異夢であり、勝手な解釈を述べています。

④……今日資源保存が必要になって来たし、そのことを原則化しなければならないということの意味は、科学的な生産許容量が各国の総需要量を上回るということに他なりません。例えをとりましょう。もし前者が科学的に一〇〇であるとされるときに、後者が一五〇であるとすれば、その五〇はどこかで抑えられねばならない。一〇〇という数字を出すことは水産学者の科学的客観的な判断であって、むしろ容易なことです。しかし問題はそのような資源保存の必要とか科学者の知識より一歩さきのところに横たわっています。五〇の犠牲をどこにもっていったらいいかということです。……誰が犠牲者になるかという答には二通りあります。(a)科学的にきめられた総量一〇〇のなかでは強いもの、早いもの勝ちの自由競争にまかせる方法です。……(b)もうひとつの方式というのは総量一〇〇をなんらかの人為的な方法で各国に割り当てる方法です。……人為的な割り当てという観念は、一九五二年以来各国の政府、学者の間に徐々に浸透しつつあると見なければなりません。右の

観念は日本にとって不利でしょうし、他方中南米諸国はこれを会議でもち出すと見られる根拠があります。これに対する理論的対策の確立が必要であります。特にアメリカの政府関係者、学者のからくりにまどわされてはなりません。と申しますのは、アメリカはもちろん一九五二年以来……その実績にふれて、自分が今まで自らを抑制して資源保存にあたって来たと繰り返し申しております。その観念はローマ会議にあらわれ、国際法委員会リポートのコメントにもあらわれていること、御承知のとおりであります。しかし、アメリカが自分が抑制して来た、犠牲を払って維持して来たということで、他国に恩を着せる筋合いはありません。何故ならばその抑制、犠牲は、他ならぬ自己の最大限利用のためになされたものに過ぎないからであります。自分が今迄一〇〇％とって来たのだから、他のものには今後もやらないという考えは、実は日本にとって他の地域ではかえって好都合なのかも知れません。私はその点の事実について疎いのですが、それにしてもこの問題の本質をしっかり把握しておかなければいけないと私は考えます。

⑤今日の漁業問題の本質は、〔これまで〕述べて来たところにあると確信いたします。そうして、この問題の解決なくして、漁業紛争の解決は望めません。……限られた資源をどのように分けるかについて、従来の早いもの、強いものの勝ちに対する反撥が強まりながら、それに替わるプリンシプルがないからです。……甚だ極端だと思われるかも知れませんが、国際法委員会リポートは漁業問題に関する限り解決の道を提供しておりません。しかも現実の問題は解決を迫っているのです。ジュネーヴ会議において必ずやリポート条文をはなれてこの問題が提出されてくることは眼に見えています。……国内社会であったら社会立法で貧しいものには物を潤沢に、富めるものには少なくということだって出来ます。しかし、今日の国際社会はそんな状態にはなっていない。国家利益の増大を犠牲にしてもいいというような国はどこにもありはしません。私は、早いもの、強いもの勝ちの自由競争がもたらす害を知らないではないのです。しかし、それに替わる新しい原則が今度のような一つの会議で生み出せるものでしょうか。それがない以上、日本はやはりこの次善の方針をジュネーヴ会議でも貫

ぬくべきではないでしょうか。……条文をはなれて御考慮をわずらわしたいことです。

⑥漁業問題でまた問題になる可能性のあるのは、公海および領域内を流動する魚種に関する規制であります。……領域内に繁殖し公海に出る魚種については、なんらかの特別な問題が会議において提起されることも予期せねばなりません。私もはっきりした結論は持たないのですが、沿岸国がその種族の繁殖に犠牲を払っている、あるいは投資をしている場合には、その国にいくらかの補償的な意味での特別利益を認めるべきでしょうか。……なお、これにいくらか関連しますが、日本、カナダは事実上オットセイの捕獲をすることなく、捕獲物の分け前をうけています。しかし、この日加両国の潜在的利益と全く締約国以外の国々のそれをどう区別するべきかについて理論的な対策が必要であります。

⑦漁業資源の保存については問題が多いが、大陸棚については国際法委員会のリポートを支持しても差し支えない、というのが今日大体の傾向であることを私は否定いたしません。しかし、実は、この大陸棚についても、なおきわめて問題が残っていることを知らなければなりません。そうして、その問題点が主としてヨーロッパの国々から明るみに出されるであろうことも予期されます。……いわゆる大陸棚理論の言わんとしているのは、公海における territorial jurisdiction の一つの形態であるという本質点をぼかしてはいけません。……大陸棚に対する claim が合法かどうかということは理論的には興味のあることですが、ここではそれをとばしましょう。……海底資源の開発が技術の進歩につれて可能になって来たから大陸棚の主張を制度化すべきであるというような考えほどいい加減なものはありません。……そうしてその資源をとるためには、何も新しい claim や制度を必要としません。この点に対する意識的か無意識的かの誤解はひどいものがあります。資源をとるということと、それを特定国の利益とするということとは別の問題であります。そうして大陸棚の claim の意図は後者でありながら、それを理論づける時には前者の問題にすりかえようとします。こんなずるいことはありません。……重ねて申しますが、大陸棚理論の現象的な意味は海底資源の分割であり、そのための公海における

territorial jurisdiction 行使の承認であります。……私がここで言いたいのは、大陸棚の問題を何やかやと他の問題にすりかえてはいけない。本当に海底資源の決定的な分割が望ましいのかどうか、という見地から論ずべきだというのです。

⑧私は、海底資源開発が可能になって来た意義を過小評価しはしない。また現実に紛争が起こる前に法をつくっておこうとする態度も悪くはない。しかし、それと大陸棚を各国に分割ということでは話が違います。今まで長く公海において、航行も漁業も自由でした。あたりまえのことですが、自由であったということは、法がなかったということではありません。私達にとって今日必要なのは、海底資源開発に関する法でありましょう。ちょうど船舶の標識などに関する規制、海難救助等々、多くの技術的規則が一般化されているように、海底資源開発の技術規制も一般条約で採択する必要があります。しかし、そうした現実の必要をたくみにすりかえて、開発の自由を否定してしまう、沿岸国に大陸棚を配分してしまう、という考えはもっと本質から考えてみなくてはなりません。もっとも、右の事情を百も呑みこんだ上で、アメリカは厖大な石油をふくむ大陸棚を自分のものにする、ある国はほとんど利用価値のない狭い大陸棚を得たにすぎなかったというような結果になることを、皆が皆それでよいというのなら私も文句はありません。そうして事実日本は四面海の島国ですから、これでいいのかも知れません。しかし、事情をもっとよく知れば、ヨーロッパなどでは必ずや大陸棚理論に対する反対が出てきます。今はまだ各国とも、また大抵の学者も調子にのって大陸棚のオミコシをかついでいるだけで、問題の意味を知っていないという段階です。

三　ジュネーヴ海洋法条約批判

1　条約の解説と批判

一九五八年ジュネーヴにおける国連海洋法会議において、横田喜三郎教授とともにその代表団に加わった私は、主として第三委員会(漁業)と第四委員会(大陸棚)をカヴァーした。そうしてその翌年一九五九年には横田教授の『海の国際法』(上巻)、私の『海の国際法』(下巻)が有斐閣から出版された。[20] この二巻あわせて五〇〇頁をこえるジュネーヴ条約の解説、コメンタールは今日まで欧米においてもこれに匹敵するものは出ていない。英文で出版すべきものであったろう。もっとも上下二巻ではその論調ががらりと変わっている。横田教授の上巻がその対象が伝統的な海洋法体系のものであっただけに、その記述はきわめて客観的な叙述とオーソドックスな理論に裏づけられている。これに反して、漁業と大陸棚については、さきにも述べたように、もともときわめて批判的であった私の記述であるだけに、制定経過の客観性には心掛けたものの、解釈については私の理念が色濃くだされ、世界の学界の通念を打ち出したものではなかった。

この著書とは別に、次に述べるように私は一九五九年の『国際法外交雑誌』で漁業条約と大陸棚条約のそれぞれについての論文を寄稿した。その後これらの意見は外国語でも発表した。国連海洋法会議に先立ってしばしば述べていた海の資源をめぐる重大な問題点がこれらの条約によっても解決されていないことを述べたものである。二つの条約に対するこうした批判は学界においてもまったく異色なものであった。

なおこのジュネーヴ漁業条約に触れて改めて公海漁業論を展開し、一九五九年春の国際法学会でも報告した他に、国の内外で意見を述べる機会があったが、これについては後の第五節で述べる。

2　ジュネーヴ漁業条約の批判

一九五九年の『国際法外交雑誌』の「漁業および公海生物資源保存に関する条約」には、副題として「その効果と限界」というタイトルを付けた。[21] この論文は条約解説であるよりは条約批判であったが、その最終章のタイトルを「資源の保存よりはその配分が国際漁業の基本的課題である——残された課題」として、次の私の主張で終わっている。

「海洋の生物資源が適切に保護されなければならないということ、言いかえれば、ジュネーヴ条約の第二条がいうような、資源の適正な持続的生産を可能にしなければならないという目標に異存のある国はない。そうしてそのためには関係国が協力しなければならないことも疑いはない。……だがしかし、われわれがこれまでの国際漁業の問題を振り返ったときに、その社会的な意義はこうした漁業の保存にあったと言い得るであろうか。……過去十年余りの……紛争のどれひとつとして、適切な、真実の保存措置をめぐっての意見の対立であったわけではないように思われる」(八〇～八一頁)。

「海洋資源を分割してしまおうという要求も、また保存の考慮から限定される一定許容量のなかで最大の分け前を要求する沿岸国あるいは実績国の主張も、それぞれに社会的な必然性をもってあらわれて来ていることは否定出来ない。もちろんそれを支えるものは、主張する国々の国家利益に他ならなかったであろう。ジュネーヴ会議は、正面から、あるいは間接的にこれを取り上げた。会議はある場合にはこれを回避し、ある場合にはこれを拒否した。しかし、拒否したことによっても問題は解決したわけではなかった。問題はそのまま残されてしまったのである」。

「日本は資源保存を充分に尊重しながらも漁業の自由を基本方針とする。私は今の段階においてそれを全面的に支持したいと思う。さきのような考え方や主張が自由競争の欠点を是正することにはならないからである。しかしながら、他方、漁業の自由の主張も万古不易の真理なのではなく。日本あるいは海洋国の基本的利益を支えるひとつのドクトリンとして歴史的意味を担うものであることに目をつぶってはならない。私は本稿において問題解決のための具体的な提案を行なったわけではない。しかし、われわれは今、世界の海洋資源の配分をめぐる国際社会の体制の問題に対決させられているという認識を欠いてはならないことだけは断言出来そうである」(八七頁)。

この論文を英文にしたのが一九五九年の*Die Friedenswarte*の論文である。[22]

3　大陸棚条約の批判

「つくられた大陸棚制度」という副題をもつ一九五九年の『国際法外交雑誌』の「大陸棚に関する条約」は、それまでの私の大陸棚理論の上に書かれたものである。[23] この論文のなかの「いそぎすぎた大陸棚制度の確立」という節のなかで次のように述べた。「われわれが至急に決定を迫られていたのは、海底資源開発のための海洋の使用をめぐってのルールであるはずであった。海洋のための自由との関連における公海制度の問題であるはずであった。……国際法委員会はこの道を正しく歩んだのではなかった」(二六八頁)。

「明確を欠く大陸棚上部水域の地位」(二七三頁)を指摘したのち、大陸棚の範囲として第一条がいう「開発可能性」の概念の曖昧さにふれ、「ここにいう開発可能性は常に世界の最高水準である、と理解しなければならないのではなかろうか。逆に言えば、公海海底の開発を試みることは、常にその海底の隣接する沿岸国に独占されることを意味することになるであろう」(二七八頁)と指摘した。こうした解釈が十年近くも後のマルタなどの深海海底に関する提言の引き金の一つとなるのである。

また大陸棚資源のなかに定着魚種をふくましめた第二条4にもふれて、「事柄の本質から言っても、たんに海底に静止しているということによって定着種族の採取が一般漁業の制度から分離され、大陸棚制度に結びつけられるべき積極的根拠は乏しいと思われる」(二八三頁)と述べた。他方、この条項が採択されてしまった以上、私はやがてアメリカ、ソ連はタラバガニを大陸棚資源としてアラスカ湾、カムチャツカ沖で日本漁業の排除に着手するであろうことを予感した。一九五九年十一月十五日付の中里文夫水産庁海洋一課長あての書簡で次のように述べた。

「〔条約作成の〕経過から推して、全く二つの相反する解釈が可能かと思われます。エルサルヴァドルやまたソ連などにしてみれば甲殻類は除くという観念が否定された以上、甲殻類は大陸棚資源に含まれると解釈するでしょう。これに反してイギリス側はむしろ出来上った条文を理由に、浮游魚類も甲殻類も明記していないのだから大陸棚資源に入らないと主張するでありましょう。このような水掛論の結末として出てくるのは条文の明文であります。そうすれば contact with the sea-bed が唯一の頼りになりましょう。私としては、甲殻類だから全部大陸棚資源に入るとか、あるいは逆に全部除かれるとは断定できない。結論的に申せば甲殻類のうちのあるもの、すなわち、右の条件に合するものは大陸棚資源に入るという解釈はかなり強いかと思います[24]」。

一九五九年の『国際法外交雑誌』の論文は次の言葉で終わっている。「大陸棚に関する条約は、国際法の漸進的発達の促進、あるいはその法典化のために必然的に要請せられたものではなかったようである。私は海底資源が人類の為に利用されることを期待する。しかし、ただでさえ事実上の優位にたつ沿岸国の利益のために海底資源を分割してゆく法体制——大陸棚制度——をつくるには、いくつかの沿岸国の抱く利己的な政策、それにつづく惰性、そうして必ずしも充分ではなかった学者の検討をもっては納得しうるものではなかったはずである。資源の開発ということが資源の分割・独占にすりかえられ、余りにも結論を導くに性急すぎたように印象づけられる。しかも出来上がった大陸棚に関する条約はそれ自体少なからぬ矛盾をはらみ、不足を露呈している。私はこの条約が将来どのように運営されて行くか、危惧なしとはしないのである」（二八四頁）。なおまた先に述べた定着漁業に関する私の予感は一九六〇年代のアメリカ、ソ連との北洋カニ漁業交渉で適中した。

一九六〇年にマドリッドで行なった私の同趣旨の講義をもとにして*Rivista Española de Derecho Internacional*にスペイン語の論文がある[25]。

四　第二次国連海洋法会議の見通しとその失敗の評価

1　第二次国連海洋法会議の招集

一九五八年の国連海洋法会議はジュネーヴ海洋法条約と呼ばれる四つの条約を作成したとはいえ、領海範囲の統一には失敗した。漁業水域がらみの問題であった。この領海範囲統一だけのためにのみ二年後の一九六〇年には第二次国連海洋法会議が予定された。この五週間にわたる会議にも私は日本代表団の随員として参加した。それに先立ち、一九五九年と一九六〇年のそれぞれに外務省に提出された私の意見書がある。なお、第一次の海洋法会議のあとのこの段階で、私には六カイリ以上の領海が実現すればアメリカ海軍の行動は著しく制約され、その防衛力は重大な脅威にさらされるものであり、アメリカは他のいかなる犠牲を払っても領海六カイリ以上を認めないという確信があった。[26]

2 「抑制の原則」に関する一九五九年の意見書

一九五九年十月付で外務省に提出された私の「抑制の原則について――その一」は、アメリカが日本漁業を意識しつつ固執するいわゆる「抑制の原則」が他国漁業の――全面的とまではゆかなくても――排除の結果に期待される自国漁業の優越にあることは疑いないことを指摘して、日本政府の対応にひとつの警告を発したものである。[27] 非常に長文のものであるが。その「むすび」にあたる最後の節の「六　『抑制の原則』の問題点」で次のように述べた。

①アメリカが日米加条約の時以来その制度化を期待していた「抑制の原則」は否定され、また、主として後進国の推す沿岸国の優越的配分の観念も、事実上骨抜きになった決議を残してことごとく否定されてしまった。しかし、問題はこれによってなんら解決されたことにはならない。アメリカをして「抑制の原則」を言わしめ、後進国をして優越的な配分を固執せしめるような事情はなくならないどころか、ますます顕著になりつつあるからである。

②もとより、単純な漁業独占への指向はここでは論外である。しかし、「抑制の原則」などは単純な資源の独占要求から出てきたのではなかった。アメリカが繰り返し力説してやまなかったように、あるストックの魚類について、漁業努力の増大が年々維持される生産量の実質的な増加をもたらさないほどの強度ですでに漁業が行なわれている、ということが基本的な条件となっている。このような事情から、漁獲許容量の頭打ちの状況であ

るとすれば、それ以上の漁業の要求は当然に抑制されなければならない。このような意味で、漁業の抑制はまさに資源学上の要請として科学の領域にあると言うことができる。

③しかし問題は右のような普遍的な合理性のさきにある。すなわち、問題は資源の保存ということにとどまらずその配分という社会政策の分野に属するというべきであろう。ここで考えられるみちはいくつか挙げられようが、基本的には、ここでもなお自由競争の理念を貫ぬくか、それとも配分になんらかの人為的に制約を加えるかということになるであろう。これを図式化すれば次のとおりである(別表)[28]。

④アメリカが日米加漁業会議において主張した観念は、まさに(3)と(4)によって、アメリカと日本の漁業を(カナダは一応考慮の外におく)一〇〇%とゼロとに規定しようとすることであった。会議における日本の強い反対にあって(4)は撤回された。しかし(3)によってその意図する一〇〇対ゼロの関係は決定づけられたのであった。(3)の観念は多くの後進沿岸国の支持を受ける可能性はない。けだし、実績をいう国に対して不利な地位に立つのは他ならぬ後進国だからである。このことは、日本代表も海洋法会議で警告したところであった。アメリカは、その説く「抑制の原則」を、(3)の観念に加うる沿岸国の利益との妥協をもってして、世界諸国の多数の支持を受けようとしたのであった。これとは別個にアイスランドによって(4)にもとづいて自国に有利な人為的配分を確保しようとする主張が強く提示された……。実は、海洋法会議において正面から提案されたわけではなかったが、日米加、日ソの両漁業条約において、サケに関する限り(5)の観念が底を流れていることも否定することは出来ない。アメリカもソ連も、自国領域に繁殖するサケに対して自国が権利をもつが故に、その漁業に対して発言権をもつと考えていると思われる。

別　表

最大の持続的生産によって規定される漁獲総量の限定
- (1) 自由競争
- (2) 人為的配分(広義の「抑制」)
  - (3) 実績国の優位―新参加国の排除(アメリカのいう「抑制の原則」)
  - (4) 沿岸国の優先割り当て
  - (5) ストックの繁殖、成長する領域国の優先
  - (6) その他

⑤いずれにしても総漁獲量もしくは漁業強度の限定が必要であるという場合、不平等配分を「正当化」するような要因は決して一、二にとどまらない。アメリカの専売品と考えられた「抑制の原則」（図式の⑶）はその一つに過ぎないのである。図式のなかの⑵の下に分類されている⑶⑷⑸⑹は本質的に共通なものをもってつながっている。このことはさきにも述べたように、筆者が日米加条約締結当時から繰り返して警告したところである。他方、一九五六年の国際法委員会では、メキシコのバディヤ・ネルヴォはむしろこれを積極的に肯定することによって、自国の有利に展開せしめようとしたのである。

⑥図式の⑴、すなわち、限定された漁獲量がどのように関係国によって取得されるかを全く当事国の自由競争に委ねようとする方法は、おそらくこれまでの伝統的な考え方にもっともよく合致し、きわめて公正であるかの如くに考えられる。しかし、この自由競争の勝敗は各国の水産経済力の強弱によって決せられるであろう。自由競争は後進国に多くをもたらさない。制度的な自由や平等が実は社会的正義に反すると言われることにも一理は認めなければならない。それればかりではない。先進海洋国においても、出来ることならば競争を避けて多くを自らに確保しようとするのも当然である。自由競争方式の典型であると考えられた南氷洋捕鯨においても過去数年国別割当の観念が抬頭し、その具体的配分に関してなお意見の一致を見ないことは周知のとおりである。眼を北太平洋オットセイに転じてもよい。現在これらに利益をもち、その配分を得ているのは日米加ソ四カ国であるが、もし他の国々がこれに利益を主張するようになるならば、日本もまた、その伝統的方針たる自由競争にもとづいて他国がここに割り込むことを許容するよりは、むしろその歴史的利益を理由に他国の進出を拒否するに至るかも知れないという事情を考えておかなければならない。

⑦繰り返して言えば、海洋法会議において、アメリカの主張する「抑制の原則」は是認されるには至らなかった。むしろ海洋法会議は一般に資源保存の問題を論ずるにとどまって、資源の配分は回避した。しかし、われわれはいや応なしに資源配分の解決を迫られている。そうだとすれば、これからも常に「抑制の原則」は繰り返し国

際会議の舞台に登場してくるであろう。われわれはまだ問題の出発点に立たされているに過ぎない。

3　漁業水域に関する一九六〇年の意見書

一九六〇年一月付で外務省に提出された私の「漁業専管水域の法的性格及びその領海ないし接続水域との関連等について」は第二次国連海洋法会議前の問題状況と私の見解を示したものである。[29]第一次の会議において最後まで問題であったアメリカ案とカナダ案の十二カイリ漁業水域が審議のスタートになるはずであった。私の意見書はかなり長編のものであるが、ここにはコメントを除外して本文部分のみを引用する。

①カナダ案、アメリカ案にいう十二カイリの漁業水域においては、沿岸国は漁業に関する国内法令を施行し、外国船によるこの違反行為に対して警察権力を行使し、かつその行為を理由にあらゆる国内法上の制裁措置(司法罰、行政罰)を行なうことができる。このような国内法が特に制定されていない場合にも、この水域内における外国船の漁業行為を阻止し、かつその船舶を拿捕することは出来る。

②右の水域において航海に対する沿岸国のいかなる妨害も許されない。漁業目的のためであれ、外国船舶航行禁止の水域の設定は認められない。衝突は公海における衝突として処理される。漁業水域と接続水域とは積極的にも消極的にも抵触関係はない。

③アメリカ案にいう実績国の漁船の権利の尊重という条項は、沿岸国の管轄権は及ぶが実績国漁船の入漁権が認められるという意味に解するのがもっとも妥当であると思われる。しかし法的にはかなり不明確な点を残し、よしんば右の趣旨を認めるとしても、条文作成の技術としてはなお多くの検討の余地を残すであろう。

④カナダ案が採択された場合、日本は諸外国の十二カイリ内の漁業を権利として主張することは出来ない。

⑤アメリカ案が採択された場合、日本がどの水域において実績を主張し得るかは事実問題であるが、これまでも

条約によってその国の十二カイリ水域内の漁業を抑制していた場合には、その国に対して実績を主張することは出来ない。

⑥アメリカ案が採択された場合、これまで十二カイリ水域に管轄権を行使してきた国に対して実績を主張するのには、原則的にはその管轄権行使の主張が行なわれる前の実績をもって足りる。しかしこの場合にもかなり多くの問題がある。

⑦カナダにとっては、十二カイリの漁業水域が本質的であり。領海六カイリは単に海洋国への譲歩にすぎない。カナダはいわゆる沿岸国グループと同調する可能性は大である。

⑧アメリカにとって十二カイリの漁業水域は沿岸国グループへの妥協であり、実績尊重は会議を成功に導くための漁業国説得のためのタクティクスであり、あくまで固執するものかどうかは予断を許さないと思われる。

⑨公海漁業における沿岸国の特別利益の観念は多義であるが、しばしば漁業管轄水域の正当化の根拠に利用されてきた事実を度外視してはならない。またジュネーヴ漁業条約は沿岸国の規制の可能性を認めてはいないが、その解釈が法的に未熟な後進諸国にどれほど徹底しているかは疑問であり、そこにいわれる「沖合水域」が「漁業管轄水域」に転化する可能性は少なくはない。カナダ案、アメリカ案のいずれが採択されるにせよ、それは公海から漁業権利を沿岸国管轄権という形で沿岸国に組み込んだものであり、その意味でこの水域外における管轄権行使が許されぬことを、少なくとも決議の形で確認することはわが国にとって不可欠のように思われる。

⑩アメリカにとって本質的なのは漁業利益ではなく、国防上の安全である。領海拡張によって中立水域の増大することを恐れるアメリカは、おそらくは領海の六カイリ以上の拡大には絶対に譲歩しないであろう。

⑪航海上の利益の見地から領海を狭くしておこうというのは、イギリスの伝統的立場であるが、アメリカもこの点をかなり重視している。

⑫第二次海洋法会議におけるカナダ案、アメリカ案の運命を予測することはもとより私の任ではない。しかし、

以上の①〜⑪の分析を通じて考えられることは、カナダは現在のカナダ案より更に後退して単純に十二カイリ領海に同調する可能性が見られ、アメリカは領海六カイリのためには、アメリカ案の線から、現在のカナダ案の線まで後退することもあり得ることである。これらはまさに会議の動向如何によるわけである。⑬領海の拡張あるいはそれへの反対、十二カイリの漁業水域、それらが日本の水産業、海運、国防などにどのような影響を及ぼすかは、事実問題として充分に科学的な検討を行なう必要がある。抽象的な公海自由論、あるいは伝統的な三カイリ主義ということだけでは、沿岸国グループはもちろんのこと、いわゆる海洋国側からもソッポをむかれてしまう危険性は決して少なくない。

4　第二次国連海洋法会議の失敗の評価

第二次国連海洋法会議も失敗に終わった。私は一九六〇年の『国際法外交雑誌』の「第二次国際連合海洋法会議について——領海幅員統一の失敗」で次のような指摘をした[30]。「今日、領海範囲に関する国際法を語ることの困難さは、海洋法会議以前と異ならない。むしろ各国の対立がますます顕在化して来ただけに、その困難は一層その度を強めているとも言えよう。一体それならば、現実問題として、将来、領海をめぐる紛争はどのような形で起こるであろうか」(二九六頁)と設問し、一般の商船の航行について紛争が生ずることは多くはないが、軍艦の外国沖合接近が問題を引きおこす可能性は少なくないとした上で、しかし「何にもましてもっとも考えられるのは漁業紛争である」(二九七頁)とした。「私はかつて、領海範囲が今日意味をもつのは主として漁業独占に関連してであることを指摘した。この事情は今日なお変わっていないと思われる。そうして、漁業をめぐる国家利益の対立が容易に解消し得ない今日において、領海に対する各国の態度の相違が多くの紛争を招くであろうことは想像に難くない。第一次……第二次海洋法会議の経過を見るときに、沖合漁業に対する沿岸国の主張は、強まることはあっても、近い将来に弱まることはないであろう。他方、伝統的と考えられている三カイリの漁業独占水域を貫くことはほとんど望みがたい」(二九七頁)。

その当時の新しい傾向を見、さらに「事実十二カイリの漁業水域への譲歩はすでに今日、イギリスによって二カ国条約の形で行なわれている」(二九八頁)とした上で、「先進漁業国の一つであり、かつ漁業に関しては日本とほぼ同様な立場にあるイギリスが、十二カイリの漁業水域を認めることを内容とする二カ国条約を相次いで結んだことは、きわめて注目すべきことと言わなければならない。このことが直ちにイギリスによる十二カイリ漁業水域の一般的承認を意味するものではないことは言うまでもないとしても、少なくともその方向への第一歩であることは否定しがたい事実である」(二九八頁)。

五　第二次国連海洋法会議の後に来るものへの懸念

1　一九六〇年代のはじめに

一九六〇年の第二次国連海洋法会議が失敗に終わったのは偶然ではない。国際社会の直面する問題について各国政府も未だ対応するに充分な認識と用意がなかったからである。私はそれまでの自分の理論の再検討の上に新しい体系をつくる必要を感じていた。一九五三年のエール大学の学位論文の内容はそれぞれ個別に日本あるいは欧米で世に問うていたし、むしろそれをまとめるために一九五六年からは二度目のエール留学をしていたのである。しかし一九五八年と一九六〇年の二度の国連海洋法会議の日本代表団への参加などでその仕事が中断されてはいたが、一九六〇年から一九六二年にかけて最後の仕上げに精根を傾けた。

私の *International Control of Sea Resources* がオランダの Sijthoff 出版社から刊行されたのは一九六三年春のことである。[31] 私なりの海洋資源の国際法理の総決算であった。その構成は次のとおりであった。

第一部　国際漁業の基本問題

この著書は二十五年を経た今、ナイホフ出版社から複刻版として出版される予定である。これより先、一九五九年には国際法委員会の委員であったキューバのガルシア・アマドールが同じ出版社から*The Exploitation and Conservation of the Resources of the Sea*を出版し、一九六二年にはマクドゥーガルとバークの共著の*The Public Order of the Oceans*がアメリカで出版されていた。[32]

2　漁業水域の是認と漁業配分論の問題提起

第二次国連海洋法会議が失敗に終わって後、アメリカの軍事的理由にもとづく強い領海拡大への反対にもかかわらず、もはや三カイリ領海が世界に通用しなくなるであろうこと、日本として沿岸十二カイリ以内における沿岸国の漁業独占の趨勢に抵抗することは無意味であろうことは私には明らかであった。一九六八年『国際法外交雑誌』にのせた

「十二マイル漁業水域」では「狭い領海の一般制度化を同意させるために後進沿岸国に与えるべき餌であった十二カイリ漁業水域は、もはや今後はそのような餌であり得なくなったことは事実である。狭い領海との抱き合わせと考えられていた十二カイリ漁業水域は、いわばひとり歩きを始めたのである」(一三二頁)ことを指摘し、世界の十二カイリ漁業水域への動きを詳細に分析した。[33]

そうして私の提言は次のとおりであった。「十二カイリ漁業水域は決して資源保存という共通の利益のためのものではなく、もっぱら沿岸国漁業利益を確保するためのものに他ならない。十二カイリという数字自体に合理性があるわけではなく、また、理念的には領海をはなれた漁業水域の積極的必要があるわけではない。さきに筆者は十二カイリ漁業水域を現行国際法のものであるとすることはためらった。しかし、制度としての十二カイリ漁業水域確立への一般的な趨勢に目をつぶることは許されない。われわれの今後の課題は、むしろ十二カイリ以上への漁業管轄権の拡大を阻止し得るか否かにある」(三七九頁)。

私の主唱してやまぬ漁業論については一九五八年の国連海洋法会議の翌年、一九五九年春の国際法学会で公海漁業資源配分論を述べ、同年の『水産界』の「海洋生物資源保存の基本問題」の論文となった。[34] これはその後、一九六二年マニラのフィリッピン国際法学会の報告の基礎ともなり、その年の*The Philippine International Law Journal*の"Recent Problems of International High Seas Fisheries : allocation of fisheries resources"となった。[35] 短編ではあったが自分では野心的な作品であった。一部の人々に注目されたが、雑誌が世界の学界では知られていないものだけに、一般の目に触れることは少なかった。

その後さらに一九六七年ロードアイランド海洋法協会第二次年次大会で「公海資源の配分――自由競争か人為的割り当てか」を論じた。[36] *Proceedings of the Second Annual Conference of the Law of the Sea Institute*の"Distribution of Fish Resources of the High Seas : free competition or artificial quota?"である。

3　大陸棚概念の再検討の提案

一九五八年の国連海洋法会議のあと、大陸棚制度、とりわけ大陸棚条約の大陸棚の外縁の規定にいう「開発可能性」が無限のひろがりをもち、やがて世界の海底はことごとく分割されるにいたるという私の解釈はこの条約成立以後の私独自の主張であったが、そうした可能性を排除するためにもこの大陸棚条約の改正を私は提言した。一九六八年の *Columbia Journal of Transnational Law* の"Proposals for Revising the Convention on the Continental Shelf"である。[37] この論文で「開発可能性」の修正、大陸棚条約からの定着魚種の除外、さらに大陸棚上部水域への接続水域に類似の制度の導入、大陸棚境界画定についての衡平の原則に立つ割合の概念の導入を提案したのであった。

これより先、一九六七年六月のカリフォルニア州ロングビーチにおけるアメリカ法曹協会の海洋資源研究集会に招きを受けた私は、「(1)大陸棚条約における大陸棚資源は鉱物資源と定義し直されるべきである。(2)大陸棚条約の『開発可能性』の規定によれば、大陸棚の限界は無限に拡大してゆくものと解釈され得る。深海海底の存在を論ずるためには、『開発可能性』の条項の改訂が必要である。(3)大陸棚上部水域には接続水域制度のアナロジーが用いられるべきである。(4)領海条約における接続水域の規定を修正し、沿岸国はこの水域設定の目的をそこなう行為をする外国船舶に対する管轄権を行使し得るようにすべきである。(5)一方的な漁業管轄の拡大を防ぐために、十二カイリ漁業水域を一般制度化すべきである」ことを提言した。これは一九六八年の *Natural Resources Lawyer* に"The Geneva Conventions on the Law of the Sea : Some suggestions for their revision"として収録されている。[38]

一九六七年十一月一日、国連総会においてマルタのパルド代表は深海海底の国際管理を訴えるに至る。新しい海洋秩序の夜明けである。パルドは数カ月前のロングビーチの私の報告を名指しで挙げて、このような解釈を封ずる必要を述べたのである。[39]

むすび

以上で一九五〇年代から一九六〇年代にかけての私の海洋法論を振り返ってみた。深海海底の開発がようやく人々の関心を引き、国連がこの問題に取り組もうとする前のことである。私の書いたものは英独仏などいずれの言葉で書かれたものを含めて量的にはきわだって多かったし、内容的にはいろいろな意味で世界の学者のなかで異端であった。今振り返ってみると、思索の足りなかったこと、社会の発展に対する認識に欠ける点のあったことなど不満が残る。しかし、それがいささかながら日本の戦後の海洋法政策の理論的裏付けにもなったことを思い起こしつつ、海洋法の将来を見つめた若き日々に歩んだあとを、いささかの甘い感傷とともに思い起こすのである。

[注]

1　*Oda, International Control of Sea Resources*, 1963, Sijthoff.
2　小田滋『海洋の国際法構造』(昭三一・有信堂)。さきに雑誌に発表した論文をこの著書に収録するに際しては若干の手を加えている。以下本節で引用している邦語論文のページ数はこの著書のものである。
3　『法学』一八巻三号(昭二九)。
4　『ジュリスト』三二号(昭二八)。
5　『法律時報』二五巻一〇号(昭二八)。
6　*The International and Comparative Law Quarterly*, Vol.4, No.3 ; Vol.11, No.1.
7　小田『海洋法二十五年』(昭五六・有斐閣)　一二頁参照。
8　『ジュリスト』五一号(昭二九)
9　『ジュリスト』一〇八号(昭三一)。

10 *Zeitschrift für ausländisches öffentliches Recht und Völkerrecht*, Bd.18, Nr.1,2.
11 『国際法外交雑誌』五三巻三号、四号、五四巻四号、五号（昭二九〜三〇）。
12 *Tulane Law Review*, Vol.32, No.1.
13 『ジュリスト』四五号（昭二八）。
14 『ジュリスト』六四号・七二号（昭二九）。『朝日新聞』昭三・二・一一、『ジュリスト』一〇三号（昭三一）。
15 『法律時報』二七巻一〇号（昭三〇）。
16 *Die Friedenswarte*, Bd.53, Nr.2.
17 『ジュリスト』一二四号（昭三二）。
18 小田『海洋法二十五年』四一頁。
19 同前・三二頁。
20 横田・小田『海の国際法』上下巻（昭三四・有斐閣）。
21 『国際法外交雑誌』五八巻一・二号（昭三四）、小田『海の資源と国際法Ⅰ』（昭四六・有斐閣）所収。
22 Oda, "The 1958 Geneva Convention on the Fisheries : its immaturities," *Die Friedenswarte*, Bd. 55, Nr.4.
23 『国際法外交雑誌』五八巻一・二号（昭三四）、小田『海の資源と国際法Ⅱ』（昭四七・有斐閣）所収。
24 小田『海洋法二十五年』四九頁。
25 Oda, "El Convenio de Ginebra sobre la Platforma Continental," *Rivista Española de Derecho Internacional*, Vol.12, Nr.1-2.
26 注30の拙稿参照。
27 小田『海の資源と国際法Ⅰ』（昭四六・有斐閣）所収。
28 この図表はいくらかずつ表現を替えてではあるが、後の機会に用いた。たとえば一九六七年のロードアイランド海洋法協会第二年次大会。Oda, "Some Observations on the International Law of the Sea," *The Japanese Annual of International Law*, No.11 (1967) ; "Distribution of Fish Resources of the High Seas : free competition or artificial quota?", *Proceedings of the Second Annual Conference of the Law of the Sea Institute*, 1967.
29 小田『海の資源と国際法Ⅰ』所収。

30 『国際法外交雑誌』六一巻一・二号（昭三七）、小田『海の資源と国際法Ｉ』所収。

31 Oda, *International Control of Sea Resources*, 1963, Sijthoff.

32 Garcia-Amador, *The Exploitation and Conservation of the Resources of the Sea*, 1959, Sijthoff ; McDougal = Burke, *The Public Order of the Oceans*, 1962, Yale University Press.

33 『国際法外交雑誌』六六巻五号、六号（昭四三）、小田『海の資源と国際法Ｉ』所収。もとの論文ではマイルという言葉を使っているが、本稿では表題を除き、カイリに書き換えた。

34 『水産界』昭和三十四年六月号、小田『海の資源と国際法Ｉ』所収。

35 *The Philippine International Law Journal*, Vol.1, No.4.

36 *Proceedings of the Second Annual Conference of the Law of the Sea Institute*, June 26-June 29, 1967.

37 *Columbia Journal of Transnational Law*, Vol.7, No.1.

38 *Natural Resources Lawyer*, Vol.1, No.2.

39 UN Doc., GA Official Records, 22nd Sess., First Committee 1515th meeting, p.9.なおこの経緯については、拙稿「人類の共同財産としての深海海底—発想のはじまり—」、海洋時報四八号（昭六三）参照。

第六論文　国家実行に照らした国連海洋法条約の現実性に関する疑問[1]

（一九九〇年）

【解題】

国家実行に照らした国連海洋法条約の現実性に関する疑問(一九九〇年)

アメリカのヴァジニア大学の海洋法、海洋政策センターが一九九〇年、ポルトガルのカスカイスに一〇名ほどの国際法学者を集めたコロキウムで行った報告である。Center for Oceans and Policy, University of Virginia School of Law, Fourteenth Annual Seminar: State Practice and the Law of the Sea Convention (1990). もともと英文のテキストであるが、東北大学助教小野昇平博士の翻訳を煩わした。記して謝意を表したい。

一九六三年に初版が出版された"International Control of Sea Resources"の一九八九年増刷版において著者は、海洋資源の法に関して、そして排他的経済水域、公海漁業、大陸棚に関して三つの主要な疑問を提示したが、一九九〇年のヴァージニア・グループの会合でのスピーチにおいて著者は、特に国家実行に照らした、一九八二年海洋法条約の実現性との関連で思索していたいくつかの疑問を議題に挙げた。著者の発言は、まず排他的経済水域、二番目に大陸棚、そして最後に海洋紛争の解決に関するものであった。

一　排他的経済水域

1　交渉と妥協の産物としての排他的経済水域の概念

最初に、排他的経済水域についての疑問から始めることとする。この排他的経済水域は、制度としては事実上異論のないところであると考えられている。国際法上の概念において、国家実行の蓄積の結果ではなく、単純に国際会議においていくつかの国家の代表が提示したアイディアの追認として、これほど早く(二、三年の期間で)成立した概念はほとんど無い。

この概念の背景にある動機が、沖合二〇〇海里の海域における漁業から得られる利益を独占しようとする沿岸国の要望以外の何ものでもないことは疑いなく、このような限界は第二次世界大戦以降幅広く認められているところである。沿岸国の管轄権を確定する必要性についての認識を促進したのは、二つの主要な要因であった。一つは、沿岸漁業利益および資源の独占を維持するための沿岸国管轄権のさらなる拡大の要請であり、もう一つは、二、三の大国が、他の沿岸国の管轄権によってカバーされていない海洋における自国艦隊や航空機の移動の自由を確保するために、他の沿岸国の管轄権を狭い海域に限定することを必要としていたということである。

この点との関連で、第三次国連海洋法会議(UNCLOS III)において提唱されたパッケージディールについて二、三の点を付言しておく。一九七〇年二月一八日(このとき、ニクソン大統領が外交政策についての報告書を提出し、その中で、海洋に対してエスカレートする国家の権利主張の脅威を阻止するために領海の幅員についての合意に至ることの必要性は、海洋法が直面するもっとも差し迫った問題であると述べている。)、当時アメリカ国務省の法律顧問であったJohn Stevensonは、フィラデルフィアにおいて海洋に関する国際法についての講演を行った。その中で彼は、国際海峡の通過の自由、および慎重に策定された沿岸国の優先的漁業権が認められることを条件に、領海を一二海里に設定する新たな国際条約を締結することについて機が熟したとするアメリカ政府の考えを述べた。翌年、一九七一年七月三〇日の国連深海底委員会の会合において、アメリカ政府は領海の幅員および海峡ならびに漁業についての条文草案を提出した(U.N. Doc. A/AC.138/SC.II/L. 4)。これは、前年のStevenson氏の発言をより具体的に起草したものであった。この提案は、国連深海底委員会における審議の土台の一つとなった。一二海里の領海が国際海峡の軍艦の自由通航と関連付けられているということと、このときこの一括提案(package)の中に深海底の問題は含まれていないということは、最初から明らかであった。

もしいくつかの主要な海軍国家(naval States)の必要性に合致した形で、領海が三、六あるいは一二海里の狭い範囲に限定されたならば、いくつかの沿岸国は、少なくとも漁業の目的のため、広く拡大された沖合海域への自国管轄権の拡張を求めたであろう。自らの意見を実現させるための数の力に依拠して、主に技術的、経済的に発展途上の国々からなされた主張の結果、二〇〇海里以内における生物資源の独占の主張は一九七〇年代初頭には一般的な潮流となっていた。

しかしながら、国際社会一般の支持を得るためには、それらの開発途上国は一般的な性格の制限を受け入れる必要があった。それは、社会のすべてのメンバーの共通利益のために、漁業資源の保全およびその最適利用の確保の義務として課されるものであった。さらに、沿岸海域(coastal sea areas)の拡張によって何の直接的な利益も得ることのできない内陸国や地理的不利国の支持を得ようとするためには、これらの開発途上国は自国の沿岸において漁業を行う権利をこれらの内陸国および地理的不利国に認めなければならなかったのである。

これらのことから、一九八二年国連条約の下での排他的経済水域は、一方で沿岸漁業に関して優位にいる国家と、他方で不利な立場にある国家との交渉および妥協の過程において形作られたのである。

2　固有の(*sui generis*)海域としての排他的経済水域

一九八二年条約において規定された固有の海域、すなわち公海とも領海とも異なる海域としての排他的経済水域の実質的な概念は、争いのないところであろう。しかし、この制度の法的地位に関しては、ある程度の不確実性の存在は避けられない。

排他的経済水域に関して考えられる基本的な疑問の一つは、この海域が、領海のように沿岸国領域の不可分の一部として沿岸国に属するのか、そしてそれゆえ排他的経済水域としてのその地位を確保するためにいかなる特定の権利主張も必要とされないのか、それとも、それぞれの沿岸国による当該海域に対する一定の権利主張が必要とされるかという問題である。この基本的な疑問ですら、いまだ答えが得られていないようである。

実行においては、いくつかの国家は排他的経済水域を一方的に設定する特別な法律を制定しており、そして実際にはほとんどの国家はこれまでこれに異議を唱えていない。しかしながら多くの国々は、排他的経済水域が法的に(*ipso jure*)存在するという前提に基づいて排他的経済水域を設定する個々の権利主張を行っているようには思えない。

この点との関連で、私との最近の文通(correspondence)の中で、Derek Bowett教授が私の一九六三年の著作の再版についてコメントをした際に述べた以下のようないくつかの疑問を紹介したい。

「偶然の一致だが、最近の私の興味を引きつけているこの発展の一側面がある。これは、沿岸国が自らの主張を、最初は一二海里領海へ、そして次に二〇〇海里排他的経済水域または排他的漁業水域へと拡大する傾向であり、そして、これらの国が他の国家に対して、国際慣習法または、さらに問題であるが、従来の漁業協定に基づく彼らの漁業権を段階的に廃止するか、少なくとも再交渉するよう要求していることである。この点の証拠を得ることは困難であるが、従来の漁業協定を終了、段階的廃止、または再交渉することについては、アメリカ、カナダそしてEEC諸国がこれを行っていると思われる。

このことは、いくつかの興味深い疑問を生み出す。すなわち、

1．条約上の権利は慣習法上の権利（例えば、従来の「公海」）に優先するのか、そうであるならばそれはなぜか。

2．従来の漁業協定を終了させるかまたは再交渉することを要求する法的な根拠は何か。一二海里あるいは二〇〇海里のルールというものは、現実的に強行規範とはなりえない。漁業協定は、それ自体の性質として、合理的な通告があれば終了させることができるものなのか。」

この書簡でDerek Bowettは、会って話す機会を得る前に、私にすぐに返事をすることを求めていないと明らかにしていたし、また私もこの時には詳細な回答を行う準備ができていなかった。しかしながら私は、しばしば漁業資源の保全や乱獲防止のための活動規制などの理由で規定される制限に服する漁業の自由が、公海のレジームから排他的経済水域のレジームへ移行することにより、二〇〇海里以内において完全に廃止されたと考えている。一九六〇年代の様々な漁業協定、または一九六四年のヨーロッパ漁業条約などのような二国間または多数国間の漁業協定によって保証されていた他国沿岸の一二海里以上の沖合の海域における一国の漁業権は、排他的経済水域の制度が確立するとともに廃止されるであろうし、将来における外国の漁業権は二〇〇海里排他的経済水域の新たなレジームの枠内で決定されるであろう。排他的経済水域の概念は、まさにこの目標を目指していたのである。Bowett教授が示唆していたように、慣習法や従来の漁業協定に基づく漁業権のいかなる問題も残されていないと思えるのである。[2]

3　国際社会に対する義務という形で沿岸国に課された制限

排他的経済水域制度の根本である国際社会に対する義務とは別に、排他的経済水域を設定した国家は、最近の実行が示すように、一九八二年条約（六一条および六二条）において規定が作成された漁業資源の保全（preservation）または最適利用を促進するための制限を快く受け入れてはいない。言葉を変えれば、ほとんどの国は、資源保存（conservation）の観点から設定される自国の排他的経済水域における漁獲可能量も、当該海域の漁業資源についての自国の漁獲能力（capacity to harvest）も決定していないのである。ほとんどの国は、他国に対して、自国排他的経済水域における漁業から得られる利益の配分を受けさせる用意をしていないのである。

このことは、実際には、排他的経済水域が主張されるのは、その当初の目的、すなわち沿岸国による二〇〇海里以内の海域における漁業利益の独占のため以外の何物でもないということではないのか。実際の慣行においていくつかの沿岸国が漁業利益の独占の権利のみを主張しているという事実から、私は排他的経済水域設立の背後にある真の動機を見出せるように思う。

この点との関連で、今日いくつかの国が自国沿岸から二〇〇海里の距離まで自らの「漁業水域」を拡大しているという事実を見過ごすことはできない。「漁業水域」の概念は、漁業資源の保全または最適利用を確保する義務とも、他の国家または国際社会全体の利益とも全く関連していない。排他的経済水域の概念とは全く関連性がないというだけでなく、このような漁業水域は国連条約にいかなる根拠も有していないのである。

仮に、現在、排他的経済水域の制度が国際慣習法上の制度となっているとしたら、上述の「漁業水域」は違法とされなければならない。一方、仮に排他的経済水域（いまだ実効的ではない概念であるが）が、（国連海洋法）条約が発効し、国際法上の制度としての地位を確立した後に、二〇〇海里「漁業水域」を主張する国々は当該漁業水域の存続をあきらめ、より制限的な排他的経済水域に転換する用意があると推測できるだろうか。

4　排他的経済水域概念の適用における技術的問題

排他的経済水域概念が履行される際に生起されるであろう問題は、評価の許されないようなものであろう(such as to defy evaluation)。沿岸国によって課される義務はいくつかの技術的側面においてあいまいなままである。一九八二年条約第六九条および七〇条の規定に従って内陸国または地理的不利国がその隣国の排他的経済水域において漁業に参加する権利は、いかにして保護されうるのであろうか。そのような内陸国や地理的不利国は、どの隣国に対して漁業に参加する権利を主張しうるのであろうか。フランスやイタリア、西ドイツはスイスの漁業権を保証するであろうか。条約第七〇条の地理的不利国とはどのような基準にしたがって定義されるものなのであろうか。これらの国々がどのような態様で隣国の排他的経済水域において漁業に参加できるのかは、十分に決定されていないように思える。

排他的経済水域制度の履行に関しては、もう一つ問題がある。すなわち、国連条約において定義されているような漁業資源の保存や最適利用の要請を履行するために必要な科学的能力(scientific ability)を有する国は多くないのである。沿岸国はそのような措置をとることができるとしても、内陸国や地理的不利国の漁業権は、必然的に彼らとその隣国との間の漁業資源の分配または割当の問題を含むのである。漁業資源の保存は客観的に決定されうる科学的認識の事項(matter of scientific knowledge)であるが、漁業資源の分配または割当は客観的な基準のみに従ってなされるものはありえない。資源の分配または割当に適用される原則をどのようにすれば決定しうるだろうか。

私は、排他的経済水域の概念を支持することにためらいはない。この制度は、自国沿岸における漁業資源に対する沿岸国の排他的利益と、それらの資源の保存と最適利用という国際社会の共通利益を調和させようとするものである。しかしながら、この概念を種々の実際の状況下において実効的に適用することはまったく簡単なことではない。

5　拘束漁船の早期釈放の要請

条約第七三条は、沿岸国に対し、自国の排他的経済水域において沿岸国の漁業法令に違反した疑いのある外国漁船を拿捕した際に、合理的な額の保証金またはその他の保証の提供を受けた後に、当該漁船および乗組員を速やかに釈放する義務を課している。この拘束漁船の早期釈放の概念は、非合理的に長期化される沿岸国による漁船の拘束が、他国の漁業に対し甚大な損害を与えうることを懸念して導入されたものである。

信義誠実に基づき、一九八二年条約に十分な考慮を払って行動する沿岸国は、拿捕した漁船および乗組員を速やかに釈放することが求められる。仮に拿捕された漁船が沿岸国当局により拘束され、速やかに釈放されなかった場合、――当該拿捕の根拠がいかなるものであっても――これは沿岸国による条約の実際の違反を構成し、沿岸国は条約に従うことを怠った責任を負う状況となる。その代わりに、拿捕漁船の長期の拘束は、釈放の前提となる沿岸国当局が合理的とみなした保証金やその他の保証が提供されていない場合には正当化される。そのような保証金の不提供は、要求された保証金の額が実際に合理的な額ではなかった場合に正当化される。

条約は第二九二条において、一〇日以内に合意できなかった場合、釈放の問題は、第二八七条に基づいて拘束国が受け入れている四つの裁判所（courts or tribunals）のいずれかに付託されうると述べる。これらの裁判所とは、国際海洋法裁判所、国際司法裁判所、仲裁裁判所および特別仲裁裁判所の四つである。両当事国が別段の合意を行わない限り、紛争は国際海洋法裁判所に付託される。

このとき当該裁判所は、沿岸国法令の違反の容疑による外国漁船の拿捕が国際法上正当化されるかどうか、または沿岸国法令が条約の求めるところに合致しているかどうかという本案について判断することを求められない。逆に、裁判所は拘束されている漁船の速やかな釈放を命じるよう求められているのである。裁判所は、沿岸国によって設定された保証金またはその他の保証の額が実際に合理的な額であるかについて判断することを求められるであろう。しかしながら国連条約は、何が「合理的な保証金またはその他の保証」であるかについて一切示していない。さらに、外国漁船による沿岸国法令違反に対する罰金の額についての普遍的な基準となるような国際法の規則も存在しないいため、裁判所にとって、これは国際海洋法裁判所であっても、提供された保証金またはその他の保証の額が合理的であったかどうかを判断することはきわめて困難であろう。

拘束漁船の早期釈放の問題のもう一つの側面として、次のことが指摘されよう。すなわち、保証金またはその他の保証の額の合理性が客観的な観点から証明されえないにもかかわらず、実行においては、保証金またはその他の保証の額は、沿岸国によって、後の段階で司法裁判所(judicial court)によって課されるであろう罰金と同等の額に設定されていくであろう。拿捕された漁船の船長または船舶の所有者は、いずれ沿岸国裁判所において訴追されるという理解の下、速やかに釈放されるであろう。実際には、現状では、拿捕された漁船の船長または船舶の所有者が、漁船を拿捕した沿岸国の司法手続に参加するために戻ってくることはとても考えられないにもかかわらずである。言い換えれば、最終的な罰となる罰金は、実際には、裁判所に出廷するために戻ってくることは考えられないにもかかわらず、速やかに釈放される拿捕漁船のための保証金またはその他の保証という形で「先取りされる」(pre-empted)のである。

6　海産哺乳動物および定着性魚種(sedentary fish)

ここで、いくつか別の類型の海洋生物資源について述べておく。海産哺乳動物および定着性魚種である。

まず、海産哺乳動物に関する状況を概観することから始める。鯨およびオットセイについては、相当の期間特別の国際条約の対象となってきたが、一般国際法の対象として考慮されてはこなかった。一九五八年の漁業および公海の生物資源の保存に関するジュネーブ条約は、海産哺乳動物の捕獲について法制度を規定していなかった。第三次国連海洋法会議においては、アメリカがこの点に関する提案を行った。この提案は活発な議論の対象とはならなかったが、最終的に、排他的経済水域に関する条約の第五部において海産哺乳動物についての規定が作成された。しかしその規定は、非常にあいまいなものである。沿岸国に対しその排他的経済水域において海産哺乳動物の保存または最適利用を促進する何らの義務をも課しておらず、第六五条において規定されている「沿岸国…が海産哺乳動物の開発についてこの部に定めるよりも厳しく禁止し、制限し又は規制する権利」がどのような権利であるかは不明確である。

この点との関連で、公海における海産哺乳動物についても言及しておきたい。公海における海産哺乳動物の管理に関する第一二〇条は、起草過程における明らかな混乱の表れであり、奇妙で無益な規定以外の何ものでもないように思える。排他的経済水域のレジームと異なり、締約国の相互協力の義務を除き、一九八二年条約は公海における生物資源に関して「資源の管理」の概念についての規定を有さないのである。

次に、定着性魚種に関して、私は一九五八年以来ずっと、定着性魚種は沿岸国の排他的支配の下に置かれる大陸棚の資源の類型に入れられるべきではなく、むしろ漁業資源の保存および利用の問題として扱われるべきであると述べてきた。しかしながら実際には、第三次国連海洋法会議において定着性魚種に関する議論はほとんどなされず、大陸棚資源（一九五八年大陸棚条約の下では定着性魚種資源も含む）の定義の問題は何の議論もなしに一九八二年条約に繰り越されたのである。二〇〇海里以内に存在する定着性魚種を、沿岸国に対し資源の保存と最適利用の促進の義務が課される排他的経済水域のレジームではなく、大陸棚のレジームの下に置くことが適当であるかという点は注視されるべきである。

二　大陸棚

1　大陸棚の概念と排他的経済水域の概念の相互作用

一九五八年条約において定義された大陸棚の概念は、「沿岸国は、大陸棚を探査し及びその天然資源を開発するため、大陸棚に対して主権的権利を行使する。」という限りにおいて、一九六〇年代にはすでに国際慣習法となっていたと言えよう。しかしながら、大陸棚の地理的限界は一九五八年条約においては詳細に定められていなかった。海底を掘削《くっさく》する技術的能力が狭い沖合の海域に限られていた時代においては、この確立した定義の欠如は重要であるとは考えられていなかった。

一九八二年国連条約は、伝統的な水深二〇〇メートルの基準(これは、「開発可能性」という曖昧な概念と相まって、海洋地質学特有の基準である)が二〇〇海里の距離という明白な基準に取って代わったことに伴い、大陸棚の限界について変化を示した。一九八二年国連条約は、沿岸国による天然資源の独占を二〇〇海里以内の海域に限定したことに傑出した価値を有すると考えられている。この独占は、しかしながら、「開発可能性」に関連する一九五八年条約の規定に従ってどこまででも(*ad infinitum*)拡張されうるのである。定義に関するこのような変化は、継続する国家の実行から生じる「慣行」から遠く離れ、単に排他的経済水域概念に関連する二〇〇海里の距離の出現の結果であった。

このように変更された大陸棚の定義は、すさまじいインパクトを有するものであった。二〇〇海里限界内の海底は、いまや排他的経済水域に吸収されたと思われる。この海域においては、当初漁業についてカバーすることを目的としていた新たな排他的経済水域という概念が、下層土(subsoil)の天然資源の開発を含むようになったのである。沿岸国による二〇〇海里限界内における沖合の天然資源の探査および開発について適用されるのは、大陸棚と排他的経済水域のどちらのレジームなのか、という疑問が呈されなければならないであろう。

排他的経済水域についての第五部中の第五六条は、排他的経済水域における「…海底及びその下の天然資源…の探査、開発、保存及び管理のための(沿岸国の)主権的権利」を規定しており、また、これらの権利は大陸棚に関する第六部の規定により行使されると規定している。実際には、第六部にはそのような主権的権利が大陸棚の探査および資源の開発との関連でどのように行使されるのかについての規定はない。一方で国際慣習法に起源を持つ大陸棚のレジームと、他方で全く異なる動機に起源を有する排他的経済水域のレジームが、両方とも二〇〇海里限界内の天然資源の探査および開発をカバーすることを目的としている状況において、これら二つのレジームの調和的な現実的適用(harmonious practical application)を得るための方法について、私は全く確定的な指摘を行うことはできない。

2　大陸棚と排他的経済水域の並行的境界（parallel boundary）？

同一の海底およびその下部の資源の開発に関して、大陸棚と排他的経済水域の二つのレジームが重複していることは、もう一つ難しい問題を提起する。ある海域が一国の大陸棚に属するが、同時に他国の排他的経済水域の範囲内でもあるということはありうるのであろうか。

この問題は、海洋の境界画定に関する現代的な問題に関連する。隣接しているかまたは向かい合っている国との排他的経済水域の境界は、大陸棚の境界と異なりうるのか、あるいは同一であるべきなのか。国際司法裁判所のチュニジア／リビア大陸棚事件における判事として両当事国の代理人にこの点の質問を行った時、私はこの点についての疑問を呈した最も初期の人物の一人であったであろう。[3]

排他的経済水域の場合と大陸棚の場合についての一九八二年条約の文言（第七四条一項、第八三条一項）は実質的に同じであり、「向かい合っているか又は隣接している海岸を有する国の間における…境界画定は、衡平な解決を達成するために…国際法に基づいて合意により行われる。」と規定する。仮に両者の境界が同一である必要がないとすれば、同一の海域がある国の排他的経済水域の範囲内であり、同時に他の国の大陸棚でもあるという状況が生まれる。一方の国が自国の排他的経済水域であると主張し、他方の国が自国の大陸棚であると主張する特定の海域において、海底資源の探査および開発を行う権限を有するのはどちらの国であるかを決定することは、しばしば困難となるであろう。

他方、仮に両者の境界が同一であるとすれば、当該海域の境界線を引く際に適用される「衡平」基準について難しい問題が生じるであろう。なぜならば、このような基準はそれが国連条約の大陸棚に関する規定と排他的経済水域に関する規定のどちらから導かれたものであるかによって変わるからである。

3　大陸棚の外側（outer continental shelf）という人工的概念

大陸棚の新たなレジームのもう一つの側面は、それが（二〇〇海里を超えて広がっているであろう）地理学的意味での大陸棚と斜面の下に存在する海底石油鉱床(submarine oil deposits)について、一方で海底石油資源の開発から得られる利益を国際社会に還元するという考えを明確に述べていながら、これを沿岸国が排他的に処分できるようにしていることである。このレジームの下では、地理的に有利な沿岸国は自国沖合の海底(offshore seabed)を有さない他の国から異議を唱えられることを回避することができる。同時に、当該海域における海底石油資源を国際社会の管理下に置くことで、先進国の石油会社は、沖合における自らの商業活動が沿岸国当局、特に開発途上国の当局によって国有化や収用される可能性を排除することができるのである。

それでも、二〇〇海里限界の外側の新たな大陸棚レジームの発展は、一方で自らの大陸棚としてより広い海底のエリアを主張することを望むいくつかの沿岸国と、他方で深海底(deep ocean floor)を人類の共同財産(common heritage of mankind)と定める新制度を望むいくつかの開発途上国との間での、第三次国連海洋法会議における交渉と妥協の産物以外の何ものでもない。大陸棚の外側に関するこの新たなレジームは、国際慣習法としての地位を有していなかったが、一九八二年条約の枠組みに編入されたのであり、従って条約自体の適用以外に国際慣習法としてのいかなる根拠をも適切に有しえないのである。

三　海洋紛争の解決

1　紛争解決の新たな案に対する評価

海洋紛争のいくつかの類型については、その特定の目的のために設置された手続により適切な方法で解決されるであろうことについて、私は同意する。

漁業を例にとってみよう。仮に、排他的経済水域における資源の最適利用が、沿岸国に対し余剰分についての漁業権を他国に与えることを求める国際法の規則となったとすると、沿岸国と他の漁業国との間に、何が「余剰分」を構成するかについての争いが生じるであろう。また、汚染の問題を例にとってみると、沿岸国が国際基準に合致した汚染防止措置を講じるよう船舶に要求する国内法を制定することが許可されている状況において、沿岸国によるその後の国内法制が実際に国際基準に合致したものであるかを決定する必要が出てくるであろう。

そのような紛争の解決については機能的なアプローチが支持され、たとえば漁業や汚染に関する専門家の特別委員会が、当該国内法制が海洋法に規定される特定の要求に合致しているかを確かめるのに最適な地位にあると思われる。この点、以下の分野について、適当な名簿から任意に(preferably)選ばれる五人のメンバーによって構成される特別仲裁が紛争解決という観点から最も歓迎されるフォーラムの一つであろう。すなわち、(i)漁業、(ii)海洋環境の保護および保全、(iii)海洋の科学調査、(iv)航行(船舶起因汚染および海洋投棄を含む)の分野である。

さらに、国際的な深海底の開発は国際海底機構によって決定された鉱区においてのみ許可され、あるいは機構自体ではなく、機構と契約を行った主体によって実行されるものであるため、開発鉱区の選別を巡り、機構と申請者(applicants)またはそれぞれの申請者同士の間で紛争が頻発するであろう。機構との契約の内容も申請者によって争われうるかもしれない。機構との契約締結をめぐるそのような紛争は、適切に解決されるべきであり、機構自体の内部にある手続によって実効的に処理されるであろう。機構の行政的決定を、ある裁判所に処理させるというアイディアは私も支持するところであり、従って、国際海洋法裁判所の海底紛争裁判部の設立の提案は受け入れられるだけの価値がある。

2　国際海洋法裁判所についての疑念

しかしながら、国際海洋法裁判所が、仮に海洋法のすべての側面に関する包括的な管轄権を有する新たな司法機関としてとして設立されるとしたら、私はいくつか留保を付すことになる。国際深海底区域における開発についての開発契約の締結をめぐる紛争——これは国際海底機構の専属管轄に服することになるだろう——を除き、その他の海洋紛争は、国際法の解釈についての相違の結果として過去に国家間で生じていた争い(controversies)と類似するところがあるであろう。海洋法は、これまでもそしてこれからも常に、国際法全体の不可分の一体であるということは心に留めておくべきである。海洋法は、国際社会における法の統一的発展(uniform development of jurisprudence)に照らして解釈されなければならず、断片的な方法で扱われてはならない。

海洋に関するすべての種類の紛争が国際司法裁判所によって扱われるべきであると述べるつもりはない。しかし、現在の一九八二年条約の下での海洋法の発展が今の方向で、すなわち国際法の一般的規則からこの分野の法を分離し、別個の司法機関の管轄の下に置く方向で進んでいくとしたら、国際法の根本を破壊することにつながりうるのではないかという恐れを感じることを述べざるをえない。海洋の利用に適用される確立された法の規則は国際法の不可分の一体として存在し続けるべきであるということは、海洋の新秩序にとって決定的な重要性を有する。法の統一的発展に基づく法の支配は、国際社会の司法機能をいくつもの散乱する機関に分散させることではなく、国際司法裁判所の役割の強化によって最適に確保されるのであるということをここで繰り返し述べておく。

3　強制的解決からの除外

さらに、海洋紛争の解決のもう一つの側面をここで指摘しておく。それは、この条約の解釈適用から生ずる多くの主要な海洋紛争は、国際司法裁判所およびその他の裁判所による強制的解決義務から除外されているのである。

一九八二年条約における紛争解決に関する詳細な規定において、紛争の強制的解決の義務はこれらの規定の解釈適用に関するすべての紛争をカバーするところまで拡張されていない。逆に、第二九七条および第二九八条は、強制的解決手続に対する制限および選択的例外についてきわめて詳細に規定している。

拘束力ある決定を伴う強制的手続について規定している一九八二年条約第一五部第二節および第三節の適用についての制限と除外を規定する第三節の規定において列挙されている海洋紛争をみると、海洋の科学調査および漁業、または国家の主権的権利または管轄権の行使に関連するすべての海洋紛争が、強制的解決手続から除外または免除されており、そのような手続に服しうる海洋紛争は、航行、上空飛行、海底ケーブルおよびパイプラインの敷設または排他的経済水域におけるその他の国際的に合法的な海の使用の自由および権利に関する条約規定の違反をめぐる紛争のみであるということがわかる。このような紛争の範囲は、きわめて制限されたものである。

一例として、公海漁業をめぐる潜在的な意見の相違(disagreements)を考えてみよう。公海漁業の分野については、そこに付随する規制措置について多くの意見の相違が存在しうることは想像に難くない。しかしながら、公海漁業に対してとられる措置は関係国によって合意されなければならず、また他国の旗を掲げる船舶に対して国家は権限を行使しえないのであり、公海漁業に関する限り、ある特定の国家の権限または管轄権の行使をめぐる紛争はほとんど生じないであろう。公海漁業について国家の間で意見の不一致が存在したとしても、それは単に、漁業資源の保存について協力できなかったか、あるいは関係国家間でこれら有限の再生可能な(limited renewable)資源の分配についていかなる枠組みをも合意することができなかったためであろう。国家間の継続する見解の相違は、相互に満足できる解決に達するという作業(task)を複雑なものにするが、この点についての紛争は、司法機関に付託されることに適するような、主として法的な性格(predominantly legal a character)のものではほとんどない。保存が確保されれば、公海における漁獲競争の規制は、現在のレジームの下では、確実に法的と言うよりも政治的な性質のものとなる。公海漁業のための合同の措置について合意に達するために紛争解決手続に依拠しようとする動機を有する国家が存在するのであろうか。

一般的に、国際司法裁判所の強制的管轄権を規定する多数国間条約は数の上では少ない。この状況を受けて、一九八二年条約が完璧な強制的紛争解決の型を提供することができないこと、言い換えれば、海洋紛争について非常に制限されたものに過ぎない強制的解決手続しか提供できないことは、本来批判されるべきではないかもしれない。さらに、国際司法裁判所の強制的管轄権を受諾している国が限られていることが国家の司法的解決全体に対する一般的な態度を反映しているように、一九八二年条約の強制的解決手続の狭小な範囲も——第一五部が表面上規定している司法機関および方法(judicial organs and competencies)の幅広い一連の装置にもかかわらず——海洋法の現状および、世界中の個々の国家が協力し、非常に苦心して(painstakingly)考案した新たなレジームに対するこれらの国家の立場を反映しているのである。

[注]

1　一九九〇年四月一九～二二日にポルトガルのカスカイスにおいて開催された、Center for Ocean Law and Policy (University of Virginia School of Law)の第一四回年次セミナーにおいて読まれた原稿である。

2　Derek W. Bowett氏から小田滋判事への書簡(一九八九年四月一二日)。

3　I.C.J. Pleadings, Continental Shelf (Tunisia/Libyan Arab Jamahiriya), Vol. V, at 245-46:「小田判事：質問Ⅳ　…私からの質問は以下の二つの質問に分けられます。

1.　両当事国は、排他的経済水域の限界となる二〇〇海里の範囲内において、これら二つの海域の境界は異なりうるのか。あるいは逆に、異なるべきではないと考えているのか。

2.　本年の条約草案においてすべての「関連する(relevant)」「一般的な(prevailing)」状況についての言及が削除された。これらへの言及がなされていた第三次国連海洋法会議における以前の条文案の解釈において、両当事国は、境界画定に際して考慮されるべき状況は大陸棚の場合と排他的経済水域の場合とで異なりうると考えるか、異なりえないと考えるか。

第七論文　一九七〇年のアメリカおよび一九七一年の日本による一二海里領海に関する提案（一九九一年）

――その含意と帰結――

【解　題】

一九七〇年のアメリカおよび一九七一年の日本による一二海里領海に関する提案（一九九一年）

　アメリカのロードアイランドに発足した海洋法研究会での報告で、もと英文であるが、東北大学助教佐俣紀仁博士が邦訳した。同じ一二海里領海を言いながら、日本の関心は専ら漁業であり、アメリカはとりわけ軍艦の海峡通過が関心であることを指摘しようとしたものである。Proceedings of the 24th Annual Conference of the Law of the Sea Institute, pp. 159-171. Ocean Development and International Law, vol. 22 (1991), pp. 189-197.

アメリカと日本は、長きにわたり領海を三海里とするルールを固守してきた二つの大国であった。この状況は一九七〇年代初頭から変化した。アメリカは、沿岸国の水域(領海、海峡等)においてアメリカ海軍船舶の自由な航行を認めさせることと引き替えに、将来的にはより広い範囲の領海(一二海里)を受け入れる用意があることを表明した。他方で、日本も、沿岸国に対しては一二海里の範囲を超えて優先的な漁業権が与えられるべきであること、そしてこの漁業権は沿岸国の管轄権の拡大を意味するものではないことを唯一の条件として、将来的に領海の拡張(一二海里)を受け入れる余地があることを明らかにした。自国の沿岸漁業を海外船舶による「侵略」から守るためにこうした方針転換を行った日本は、一九七七年に国内法を制定して一二海里領海を採用し、さらに、二〇〇海里の漁業管轄権を自国が行使しうることを主張した。沿岸国が広範な漁業管轄権拡大を支持するという急激な展開を踏まえて、アメリカもまた、一九八三年に二〇〇海里の漁業水域を支持することを表明した。しかし、同国が一二海里領海を採用する国内法を制定したのは、他国の領海(群島および海峡)において自国海軍船舶の自由通航が保障されることに確信をもった、一九八八年になってからであった。

はじめに

一九五八年のジュネーブ国連海洋法会議で、筆者は、海洋法に関するジュネーブ四条約が採択されたことととももに、領海に関する三海里規則の採択が失敗に終わったことを目の当たりにした。この会議以来、筆者は、海洋法の発展にとって際だった重要性をもつ歴史的な場に立ち会う機会を与えられてきた。今日、限られた時間ではあるが、一九七〇年前後に生じた二つの出来事をとりあげることとしたい。これらは、アメリカと日本――両国は領海を三海里とする伝統的な規則を強固に支持する国として知られていた――が、新たに一二海里領海へと移行する用意があることをそれぞれに表明した、というものである。二〇年前に二つの海洋国家によってなされた海洋政策における重大な変化の含意と帰結は、いくら強調してもしきれないものであった。

一　一九七〇年のアメリカによる提案――軍艦の海峡通航権と引き替えの一二海里領海

1　アメリカによる一二海里領海に関する海洋政策の表明

まず、一二海里領海に関するアメリカの発表を振り返ることにしたい。ニューヨークの国連本部のある会議室で――当時、筆者はそこでユネスコの政府間海洋学委員会(Inter-governmental Oceanographic Commission)の法律作業部会の座長を勤めていた――、アメリカの国連代表で筆者の親しい友人でもあるBernie Oxmanから二つの文書を手渡されたのは、一九七〇年二月一八日金曜日の夜のことであった。これらの文書は筆者の興味を強く惹きつけた。

一つは、同日ワシントンで発行された「一九七〇年代に向けたアメリカの外交政策：平和への新戦略」と題された、ニクソン大統領が議会に対して提出した報告書のコピーであった。[2] この報告書で、大統領は、海洋に対する諸国の権利主張が急激に高まりを見せているという脅威に鑑みて、海洋法の直面している喫緊の課題として、領海の幅に関する合意の形成が必要であると述べていた。

他方の文書は、「国際法と海洋」と題された、当時の国務省法律顧問John R. Stevensonのスピーチの予定稿であった。[3] このスピーチは、同日夜のフィラデルフィア世界問題調査会およびフィラデルフィア法律家協会の共同会合において行われる予定のものであった。この中で、Stevensonは、新たな領海幅の拡張に関する広範な合意形成が望ましいということについて、過去二年間にわたりアメリカが多数の国家と折衝を重ねてきたことを明らかにし、さらに、領海の幅を一二海里に設定することについて多数の支持があったことを指摘していた。彼は、アメリカ政府が領海を一二海里とする新たな国際条約締結の機が熟したと確信していることを明らかにしていた。

Stevensonの文書の中で最も重要な点は、しかしながら、一二海里領海に向けた彼の訴えに不可分の要素として付されていたいくつかの条件であった。彼は、諸国による一方的な管轄権拡大の主張を予防するために、領海の幅を一二海里とする条約が国際海峡における航行の自由を定め、また、沿岸国の公海上での優先的な漁業権(preferential fishing rights)を注意深く規定するべきである、と主張していた。[4]

一九七〇年二月一八日のStevensonのスピーチ原稿は、領海の幅について三海里から一二海里へと転換していくことも含めて、新たな海洋政策へと向かうアメリカ政府の第一歩であったとまさに評価されるべきであろう。その夜、直ちに外務省に外電で報告書を送信しようとしたことをよく覚えている。おそらく筆者は、アメリカの政策におけるこの歴史的な変革を真っ先に理解した一人であったろうと思う。この変革が、やがて一二海里領海の採用へと結びつくことになる。

数カ月後の一九七〇年五月二三日、ニクソン大統領は、一二海里領海に関する海洋政策を「海底に関するアメリカの政策」という声明において再確認した。その中で、彼は次のように述べている。

「自由で調和的な海洋の利用は、商業および輸送の手段として、そして食糧の源として、等しく重要である。このため、現在アメリカは、他の諸国とともに新たな海洋法条約を実現するために努力をしている。この条約は、領海の範囲を一二海里とし、国際海峡における自由な通航を規定するであろう。また、公海における生活資源の保存および利用に関する途上国および他の諸国の問題にも、この条約が対応していくであろう。[5]」

一年後の一九七一年七月三〇日、一二海里領海と国際海峡の通航および沿岸国に対する優先的な漁業権とを抱き合わせる案は、三箇条からなる条文草案の形式でアメリカにより国連海底平和利用委員会に提案された。これらの条文は、領海、海峡、そして漁業権の範囲をそれぞれ取り扱っていた。[6]

2　アメリカの発表の狙い

一九七〇年および一九七一年のアメリカによるこれらの公式発表をより理解するためには、その背景を説明する必要があるだろう。一九五八年の第一次国連海洋法会議(UNCLOS Ⅰ)および一九六〇年の第二次国連海洋法会議(UNCLOS Ⅱ)を通じて、先進国の中でも特に強固に伝統的な三海里領海を支持していたアメリカは、たとえ漁業水域を一二海里に拡張するという主張を受け入れられたとしても、領海を六海里以上に拡張することを認めてはいなかった。この理由は実に明白である。アメリカは、自国の軍用船舶および飛行機を運用する際に、世界中の戦略的に重要な海峡での自由な通航が保障されることを望み、また、領海が一般的に拡張されることの結果として、沿岸国により境界線が引かれようとすることで、これらの海峡が徐々に沿岸国の領海の一部となっていくという可能性を排除したかったのである。

他のNATO加盟諸国およびソビエト連邦との間で一九六〇年代後半に数度の非公式的な交渉をもった後、アメリカは、一二海里領海の承認と引き替えに、戦艦と軍用機の自由通航が国際海峡において保障されうるということに確信をもつようになった。言い換えれば、アメリカは一二海里を領海の幅として選択したが、この選択は軍艦および軍用機の国際海峡における自由通航という見返りのためだけになされたものであった。

一二海里領海の提案がそれと切り離すことのできない次のような当然の結果を採用することなくしてありえなかったということは、いくら強調してもしすぎることはない。つまり、軍艦および軍用機は、拡張された一二海里の領海に含められうる国際海峡においても自由な通航を保障されなければならなかったのである。さもなければ、アメリカといくつかの大国は、一九七三年に第三次国連海洋法会議を開催することに合意しなかっただろう。そして、この第三次国連海洋法会議が、最終的には一九八二年の国連海洋法条約の締結に結びついた。[7]

アメリカにとって一二海里領海を認めることは譲歩であった。しかし、途上国の視点から見れば、一二海里の領海は既に慣習法の規則であったものを認める以上のものではなく、それゆえに、当該規則の承認は無条件でなされるべきものであった。一二海里の領海は、国際海峡における自由通航の見返りとしての交渉材料にはなりえなかった。沿岸に位置する発展途上国の利益のための譲歩または穴埋めとして、アメリカは、領海の範囲を超えた優先的な漁業権という魅力ある条件を提示しなければならなかったのである。

他の沿岸国の沖合におけるアメリカ漁民の利益は、アメリカにとっては副次的なものと見られていたことは明らかである(これは既にUNCLOS Ⅰ およびUNCLOS Ⅱの時には明らかであった)。そしてこうした利益は、戦略的海峡における戦艦の自由通航という最も本質的な安全保障上の利益と引き替えに犠牲となった。

3　国連海洋法条約における領海レジームの示唆

このような背景なしには、一九八二年の国連海洋法条約における一二海里領海の新たなレジームは理解されえない。国際航行に利用されている海峡の通過通航に関する同条約第三八条がこうした文脈に照らして解釈されるべきか否かは、条約法の規則、より具体的にはウィーン条約法条約第三一条に規定された諸規則によって決定される。しかし、少なくとも筆者の目には、一九八二年条約のこの条文を、いかなる種類の軍艦も——海上であれ、海面下であれ、または通常兵器を登載するものであれ、核兵器を搭載するものであれ——国際海峡の通航が保障されているという意味に解することは、極めて自然に映るのである。

二　一九七一年の日本による漁業管轄権の最大限度としての一二海里領海の提案
――領海の幅を超えた優先的な漁業権との交換条件――

1　日本による一二海里領海に関する海洋政策の公表

二つめの主題である、日本による一二海里領海の表明に移ることとしたい。

一九七一年一月、セイロン（現在のスリランカ）のコロンボで開催されたアジア・アフリカ法律諮問委員会（Asian-African Legal Consultative Committee（ＡＡＬＣＣ））は、初めて海洋法をその議題として取り上げた。この議題のために、加盟国およびオブザーバー国双方からの参加者はそれまでの会期に比べてはるかに多数となった。日本政府の代表代理としてこの会議に参加していた筆者は、日本政府に代わって海洋法に関する新たな提案を行った。ここで筆者は、長きにわたり強固に「三海里」論者であると信じられてきた日本は一二海里領海を受け入れる用意がある、ということを初めて発表するという光栄にあずかった。[8] 日本の海洋法政策に関するこの発表は、当時の外務省の条約局法規課長であり、その後外務事務次官となる栗山氏とともに筆者が入念に準備したものであった。

一九七一年の日本政府による一二海里に関する提案は、二つの条件が付されていた。つまり、海峡の通航の自由、そして、領海の範囲を超えて沿岸国に優先的な漁業権を認めるということである。日本の観点からは、その提案は前年にアメリカがとった立場と同じものと見えるかもしれない。しかし、次の点には留意するべきである。つまり、アメリカは主として海峡における自由通航に関心があったのに対して、日本の意図は、沿岸国の漁業管轄権を一二海里に制限し、その引き替えとして、途上国に対して領海の範囲を超えた場所での優先的な漁業権を与えるという点にあったのである。

日本とアメリカの差違は、戦後日本の海洋における主たる利益が沿岸国の管理の対象とならない可能な限り広い漁業水域を確保することにあった一方で、アメリカの利益は、自国の軍用船舶が展開する際の自由を確保することにより安全保障を促進する必要があるという認識に基づいていた、ということを考えれば容易に理解できるだろう。アメリカにとっては、漁業利益は二次的な重要性を持つに過ぎなかった。

2　日本の提案の結末

一二海里領海の範囲を超えた優先的な漁業権に関する日本の提案は、一九七一年一月のコロンボでは、多くのアジアおよびアフリカの発展途上諸国にとって容認できるものとは受け取られなかった。むしろこれらの諸国は、大部分の漁場をカバーするために、おそらく二〇〇海里まで、管轄権を単純に延長することを受け入れる用意があったのかもしれない。

コロンボで設立された六名の海洋法に関する作業部会が、一九七一年六月下旬にはニューデリーに集った。そこで筆者は、日本政府に代わって、「漁業に関するワーキングペーパー」を提案した。[9] このペーパーもまた、筆者と栗山氏が水産庁との緊密な協力のもとに作成したものであり、海洋政策、より具体的には漁業政策に対する日本の哲学を反映しているものとして、我々が大変誇りに思ったものであった。ニューデリーでの筆者の使命は、インドのJagota、ケニアのFrank Njengaといった作業部会の同僚を説得し、彼らが数カ月前のコロンボで主張していた漁業管轄権の二〇〇海里までの拡張を思いとどまらせることであった。本会合の記録によれば、筆者は、日本の基本方針に沿ってまとめあげるために、彼らを説得しようと延べ五時間にわたり発言を行っている。他方で、Frank Njengaは二〇〇海里の漁業管轄権案を広めようと動いていた。

それから数週間後の一九七一年七月、ＡＡＬＣＣの海洋法に関する小委員会は、国連深海底委員会の直前にジュネーブで会合をもった。そこで筆者は、優先的な漁業権というアイデアを沿岸国の管轄権拡張の代わりに再度主張した。しかしながら、海洋法に関する会合に初めて出席したアジアおよびアフリカ諸国の代表にとっては、沿岸部の漁業水域に対する管轄権の単純延長というFrank Njengaの提案の方がより魅力的であった。

一九七一年夏の国連深海底委員会では、一二海里領海と引き替えに沿岸国に対して優先的な漁業権が付与されるという発想は、ケニアによって推されていた二〇〇海里の漁業水域という考え方に対して支持が増大する中では、特に途上国の興味を引くものではなかった。

一九七二年一月のＡＡＬＣＣにおいて、筆者は、日本政府の代表として、「公海での漁業に関するレジーム案」という文書を提出した。[10] その他に提出された文書の中には、Frank Njengaによって準備された「排他的水域概念（The Exclusive Zone Concept）」と題されたものがあった。[11] これら二つの提案は、その後修正され、日本による「公海における漁業レジームに関する提案」[12]およびケニアによる「排他的経済水域概念に関する条文草案」[13]として、それぞれ国連深海底委員の一九七二年夏会期に提出された。

ケニアが提示した二〇〇海里の排他的漁業水域というわかりやすい概念は、多数の途上国の支持の下に勢いづきはじめていた。他方、アメリカと日本が一二海里領海を承認することと引き替えに提案していたような、一二海里領海の範囲をこえた優先的な漁業権という考え方は、一九七二年の夏以降はもはや議論の対象ではなく、一九七四年に第三次国連海洋法会議が始まるときには完全に姿を消していた。この考えの成否は、アメリカにとっては大きな関心事項ではなかったが、当時の日本の海洋漁業権益にとって重要な影響を持っていたということは必至であった。

3　沖合漁業における共通利益の高まり——排他的経済水域概念の出現

しかしながら、途上国は、地理的に不利な諸国やいくつかの主要な先進国の間で支持されていた強固な反対意見に直面し、沿岸水域における自身の排他的な漁業利益のみにこだわることが困難となった。[14] 途上国は、近隣の内陸国または地理的に不利な諸国の利益、そして国際共同体全体の利益を認めて、共通利益という概念を受け入れる必要があった。

一九七四年、第三次国連海洋法会議のカラカス会期において、ケニアは、その他のアフリカ諸国とともに、既に触れた一九七二年の提案を修正し、内陸に位置する途上国および地理的に不利な諸国の利益への配慮を取り込んだ。同時に、「沖合の漁業資源の保存および最適利用(preservation and optimum utilization of the offshore fishery resources)」という概念が、ソビエトおよびその他の東欧諸国の「経済水域に関する条文草案」[15]、欧州共同体の八カ国による「漁業に関する条文草案」[16]、そしてアメリカによる「経済水域および大陸棚に関する章の条文草案」[17]というそれぞれの提案によって導入された。

一九七五年から一九八二年までの第三次国連海洋法会議の会期での非公式的な協議と交渉を経て、国連海洋法条約の最終条文は、二〇〇海里水域において内陸国の権利(第六九条)と地理的不利国の権利(第七〇条)を保障することとなった。より重要なのは次の事実である。つまり、「生物資源の保存(第六一条)」および「生物資源の利用(第六二条)」という概念が、今や排他的経済水域レジームの本質的な部分を構成している。これは、排他的経済水域という概念がひとたび国際法において受け入れられれば、いかなる沿岸国も二〇〇海里水域における漁業資源の排他的な利用を許されない、ということになる。こうした排他的な利用は一九七〇年代初頭にケニアがなした元々の提案では許容されていたし、ケニア案は地球規模の共同体および近隣諸国の利益のための沿岸国に課される義務を一切規定していなかった。

三　アメリカおよび日本による一二海里領海および二〇〇海里漁業管轄権の立法化

1　日本による一九七七年の立法とアメリカによる一九八八年の一二海里領海に関する声明

国連海洋法条約は、一一九カ国によって一九八二年一二月一〇日にジャマイカのモンテゴベイで、第三次国連海洋法会議の締め括りとして採択された。第三次国連海洋法会議は一〇年近くもの間継続していたのだった。アメリカも日本も、その日には署名をしていない[18]。二カ月後、日本は条約に署名したが、未だ批准書を寄託していない。同条約は、発効に必要な六〇カ国の批准がないために、未発効である[19]。

一九七一年に、一二海里が漁業管轄権の限界でもあることを条件として一二海里の領海を受け入れる用意があるとした日本は、第三次国連海洋法会議が開催されていた一九七七年五月二日に既に、「領海法」を公布していた。この法律は、日本の一二海里の領海を定めていたが、別途領海に含められたいくつかの海峡を例外とするばかりか、そこには「当分の間」三海里の範囲が維持されるものとされた。[20]「当分の間」という文言は、「国際海峡の通航に関するレジームが確立されるときまで」を意味するものとして解釈されていた。[21]「非核三原則（一九六八年以降、核兵器の製造、保有を禁止し、またそれらが日本の領域内に持ち込まれることを防ぐために支持されている政治的な原則）」を考慮して、日本政府は、核兵器を搭載した軍艦が自身の領海に含まれうる海峡を通航することについて大変心を砕いていたように思われる。

他方で、アメリカが三海里のみを認めるというそれまでの政策から一二海里領海へと転換したのは、一二海里の幅を承認する用意があることを初めて発表してからおよそ二〇年を経た一九八八年一二月二七日のことであった。[22]アメリカは、次のように述べている。

「一九八二年の海洋法条約の適用可能な条項に反映された国際法に従い、アメリカの領海内において、全ての国家の船舶は無害通航の権利を、そして全ての国家の船舶及び航空機は国際海峡における通過通航の権利を享受する。[23]」

軍艦および軍用機の国際海峡の自由通航が承認されているということについて、もはやアメリカはなんら疑いをもっていないように思われる。

数カ月後の一九八九年九月二三日、アメリカは、「伝統的な海洋の利用に関するいくつかの国際法的な観点、特に航行に関する友好的かつ建設的な協議」を経て、ソビエトと共同で「無害通航を規律する国際法の諸規則の統一的解釈」と題された声明を公表した。ここで、両国は共同で次のように宣言している。

「全ての船舶は、戦艦を含め、積荷、武装または駆動の方法を問わず、国際法に従って領海においても無害通航の権利を享受する。この通航に関して、事前の通報または許可は問わない。[24]」

国際海峡の通過通航に特に言及はされていないが、しかし、右に宣言された原則がこの問題についても準用されてきたであろうことは明白であると筆者は考える。

アメリカによって公表されている資料によれば、一九八九年一二月三一日の段階で、一二海里領海はアメリカおよび日本を含めた一一〇もの諸国で採用されている。とはいえ、一方で、一七カ国が、二〇〇海里を含めて、一二海里よりも広い領海を主張し、他方で、一六カ国が未だ伝統的な三海里、四海里、または六海里の幅を維持している。

2　一九七七年の二〇〇海里漁業管轄権に関する日本の立法と、一九八三年の排他的経済水域に関するアメリカの宣言

一二海里領海の明文化に関連して、日本は、一九七七年五月二日、「漁業水域に関する暫定措置法」を制定し、自国の沖合二〇〇海里に対する漁業管轄権を主張した。[25]こうした事態は、一二海里以上に漁業管轄権が拡大することを防ぐという点に日本の漁業政策の基本的な目的があった数年前では、考えられなかったことであろう。このような日本の漁業管轄権に関する海洋政策の急激な変化は、次のような事実によってよく説明できるであろう。すなわち、長きにわたって日本の最優先事項として主張されてきた海洋漁業の権益が途上国の漁業産業の急激な発展に直面して衰退しはじめ、日本政府は、先進国および途上国双方の外国漁船の侵略から自国の沖合の漁業権益を保護する必要があるという立場におかれ始めたのである。

二〇〇海里「漁業水域」を設定しているのは、カナダ、デンマーク、西ドイツ、日本、オランダそしてイギリスを含む一六カ国である。これらの諸国、特に日本は、たとえ領海が三海里から一二海里に拡張されようとも、領海の範囲

を超えて沿岸国が沖合で漁業管轄権を行使することに強固に反対してきた。次の点は繰り返されなければなるまい。国連海洋法条約の下では、二〇〇海里という距離を主張することは排他的経済水域に関してのみ許容されており、排他的経済水域では、世界のその他諸国の共通利益、つまり、漁業資源の保存と最適利用に対して適正な配慮が払われることになっている。このような二〇〇海里もの漁業水域に関連する条文は、国連海洋法条約中には全くないのである。

一九八三年三月一〇日、レーガン大統領の宣言によって、アメリカも二〇〇海里の「排他的経済水域」を採用した。[26] 既に、排他的経済水域概念の下で課される義務をアメリカが真に想定していたか否かは、現時点では不明確である。筆者は以下の点を指摘しなければなるまい。名称の差違にかかわりなく、これらの諸国によって主張されている海域は、多くの場合、アメリカの一九八三年の宣言も含めて、国連海洋法条約第五部に定められている概念と一致する。これらの主張は、条約が求めるような漁業資源の保存および最適利用といった共通利益への配慮を全く含んでいない。

なぜ漁業を目的として、「漁業水域」という根拠のない概念を適用するのか、または「排他的経済水域」を装ってこれらの西側の漁業先進国が二〇〇海里水域をしばしば主張する傾向にあるのか、筆者は理解に苦しむ。これらの漁業水域は、元々は戦後期に多くのラテンアメリカ諸国によって主張されていたが、二〇〇海里の排他的経済水域という現在の共通概念によって破棄されるべきであった。二〇〇海里「漁業水域」が二〇〇海里の排他的経済水域という固有概念のための第一歩であるべきだ、というしばしば提案されるような考えは誤りである。漁業水域または排他的経済水域とさえ表現されている排他的な漁場の利用がひとたび主張されることになれば、国連海洋法条約が発効したときに、排他的経済水域の本来の概念にしたがってこれらの諸国が共通利益概念を徐々に取り入れるということは、ほとんど想定し難いだろう。

四　結論

最後に、本稿の考察が、過去二〇年間の海洋法および政策の急速な変化に対する筆者の個人的な見解に過ぎないということを強調しておきたい。アメリカおよび日本という三海里政策の二つの強固な支持国は、一九七〇年代の初頭に、それぞれの条件を付して、一二海里領海に与する用意があることを示した。一方で、これまでアメリカは、領海または外国の国際海峡を軍艦に自由に通航させるという方法で、自身の安全保障上の利益を保障することに成功している。他方で、日本は、二〇〇海里の範囲で沖合の漁場を排他的に管理することを主張し、事実上、その伝統的な海洋政策を完全に方向転換している（このような転換をアメリカもまた行っている、と付言できるかもしれない）。

［注］

1　Paper read at the 24th Annual Conference of the Law of the Sea Institute (The Law of the Sea in the 1990s) in Tokyo on 25 July 1990.

2　*DSB*, Vol. 62 (1970), p. 273.

3　*Id.*, p. 339; *AJIL*, Vol. 64 (1970), p. 634.

4　一週間後の一九七〇年二月二五日、Stevensonのスピーチ原稿は、国務省の発表で以下のように確認された。「合衆国は、一二海里の範囲を最も広く受け入れられたのもとして支持する。ただし、これは、国際社会の広範な支持を得て、国際海峡の自由な通航を保障する条約が交渉されうる場合に限られる。同時に、合衆国は、沖合の漁業資源について沿岸国の利益を調整することを目指す。」*DSB*, Vol. 62 (1970), p. 343.

5　*DSB*, Vol. 62 (1970), p. 737; *AJIL*, Vol. 64 (1970), p. 930.

6　UN Doc. A/AC. 138/SC.II/L4 (1971).

7　この関係で、一九八二年条約の深海底に関する条文が海峡の通過通航の問題と関連づけられるべきである、としばしば主張されることを付言しておく必要がある。しかし、私見では、通過通航の議論と関係があるのは、一二海里領海に関する承認がある場所のみに限られる。

8 AALCC, *Report of the 12th Session* (1971), p. 283; *JAIL*, Vol. 23 (1979), p. 93.

9 このペーパーに代えて、後に筆者は、「公海での漁業に関するレジームの提案」と題する文書を一九七二年の一月にＡＡＬＣＣの一三会期で提出した。

10 AALCC, *Report of the 13th Session* (1972), p. 131: *JAIL*, No. 24 (1980), p. 52; Oda, *The International Law of the Ocean development: Basic Documents*, Vol. 1 (Leiden: Sijthoff, 1972), p. 222.

11 AALCC, *Report of the 13th Session* (1972), p. 155.

12 UN Doc. A/AC.138/SC.II/L.12 (1972).

13 UN Doc. A/AC.138/SC.II/L.10 (1972).

14 UN Doc. A/CONF.62/C.2/L.82 (1974).

15 UN Doc. A/CONF.62/C.2/L.38 (1974).

16 UN Doc. A/CONF.62/C.2/L.40 (1974).

17 UN Doc. A/CONF.62/C.2/L.47 (1974).

18 一九九六年六月二〇日、日本政府は国連海洋法条約の批准書を国連事務総長に寄託した(訳者追記)。

19 一九九四年一一月一六日、国連海洋法条約は発効した(訳者追記)。

20 *JAIL*, Vol. 21 (1977), p. 92.

21 Statement by the Director-General of the treaties Bureau, Ministry of Foreign Affairs, before the House of Representative, April 19, 1977. See, also Yanai and Asomura, "Japan and the Emerging Order of the Sea: Two Maritime Laws of Japan," *JAIL*, VOl. 21 (1977), p. 48.

22 *ILM*, Vol. 28 (1989), p. 284.

23 *AJIL*, Vol. 83 (1989), p. 349.

24 *ILM*, Vol. 28 (1989), p. 1446.

25　*JAIL*, Vol. 21 (1977), p. 100.

26　*ILM*, Vol. 22 (1983), p. 461; *AJIL*, Vol. 77 (1983), p. 619.

第八論文　日本の歩んだ新海洋法への道

（一九九五年）

【解　題】

日本の歩んだ新海洋法への道(一九九五年)

日本海洋協会が主催した国際海洋シンポジウムにおける招待講演である。『季刊海洋時報』七六号(一九九五年)に掲載された。

一　戦後の日本と私

一　敗戦後の荒廃した日本、そうして食料難の頃のことは、もはや昔物語に過ぎませんが、その時代に、「われわれ自らの手で動物タンパクを」、というのは国民全体の切実な願いでもありました。

一九四五年敗戦の後、日本の水産業は——内水面漁業を除いて——進駐軍命令により文字どおり禁止されることになりました。日本の漁場は少しずつ拡大されていったとは申せ、それはわずかばかりの周辺近海に限られておりました。戦前から日本人の摂取動物タンパクの九〇パーセントは水産物であったと言われます。「戦前の夢よもう一度」と北太平洋のサケ、タラバガニ漁業復活の願いは、公海と称される広い海における「自由な漁業」への願いであり、それが戦後の約四半世紀、一九七〇年半ばまでの日本の海洋政策の基本であったといって過言ではありません。

二　戦後五年余りの頃、東京で国際法研究を終えた私は戦後のアメリカ留学一期生としてエール大学に学んでおりました。そうして一九五二年のはじめころには国際法の分野での博士論文に取り組むことになりました。私の指導教授マクドゥーガルは「空か海の国際法を開拓しては」とすすめてくれました。当時すでに月への人類の到達が予見されていました。しかし容易に月に手は届かない、やはり目の前に広がる海だと思いつきました。数カ月エール大学法学部の図書館にこもって海を扱った英米独仏の法律の論文を手当たり次第読みました。

そうして気がついたことは、それまで海が国際法の立場で扱われるのは、いわば「海運の海」でしかなかった、これからは「資源の海」ではないだろうかということです。今にして見れば、とりたてて申すほどのことではありません。しかし当時にあって私が「資源の海」に着目したことはやはり新時代への一歩であったと思います。

三　アメリカでの勉強中に、そもそも国際法で「領海の幅」が前世紀から現実的な問題になるのは、「船の運航」に関連してではなく、それが沿岸国による漁業独占水域という以外には意味はないということに気がつきました。私は一九五三年夏「海の資源と国際法」という論文で得た博士号を土産に三年ぶりで帰国しました。朝鮮動乱が終わり、朝鮮特需のブームで日本は好景気に沸いておりました。そうして私の帰朝第一回の一九五四年の国際法学会報告はまさに「漁業独占水域としての領海について」という表題であり、これを翌一九五五年私の最初の外国語論文としてイギリスの雑誌に発表致しました。

続いて私の次のイギリスでの論文、一九六二年の「接続水域の意義」があります。接続水域という既存の概念で沿岸の排他的漁業を拡大を正当化することは許されないという理論であります。この論文は今でもしばしば外国で引用されます。いかなる口実のもとでも、三海里領海以外に沿岸国の漁業支配は及ぶべきではない、具体的には一九五二年の韓国の李承晩ラインや一九五六年のソ連のブルガーリン・ラインなどによって日本漁業が排除されるに至ったことを念頭においたものでありますが、言ってみれば、沿岸国の支配からは自由な広大な海への「日本漁業の復帰進出」が目標でした。そうして日本政府の戦後二、三十年の海洋基本政策は私のこうした理論に裏打ちされたものであったと申せば余りの尊大と受け取られましょうか。

二　戦後の日本を取り巻く漁業

一　これよりさかのぼりますが、敗戦後の日本が初めて、そうしてしかもまだ平和条約の前の占領下において結んだ国際条約の最初が、他ならず日本とアメリカの間の漁業条約であったということはきわめて象徴的であります。一九五二年、日本とアメリカ、それにカナダを加えた漁業条約が日本がなお占領下にある時期に締結されました。日本では朝野挙げてこれを歓迎し、日本が資源保存に目覚めた国際協力の戦後はじめての「平等条約」だと言われました。

しかし事実は、この日米加北太平洋条約は、「アメリカは北太平洋のさけ漁業を〈保存のルールに従って行う〉、日本は〈さけ漁業を行わない〉ことによって資源保存に協力する」という、日本が自ら名付けた「抑止の原則」が本質であります。事実はこうして日本はアメリカの言う資源保存の名のもとに北太平洋漁業からは排除されました。これがどうして平等条約と言えましょうか。保存は資源利用があってこそ意味があることです。

アメリカがいかなる手段をつかっても戦後の日本水産業の北太平洋への復帰を阻止しようとしたという事実を無視してはなりません。一九四五年九月の国際漁業政策に関するトルーマン大統領宣言があります。これは戦後の漁業資源保存政策の高い理想を掲げたものと一般には受け止められておりますが、実はこの宣言は、戦後に予想される日本水産業の復活をいかなる手段をつかっても事前に阻止しようとしたアメリカの北太平洋の自国沖沿岸漁業独占政策の伏線に過ぎなかったという事実を認識しないわけにはゆきません。

ソ連もまた「ソ連領内の川のさけは自らがコントロールする、その余剰部分についてのみ公海における日本のさけ漁業が許される」という方式を強行して一九五六年の日ソの条約が成立します。私は当時、「魚に国籍があるのか、パスポートがあるのか」と皮肉を述べて、「平等な漁業」という立場からは容認出来ないこの条約を批判しました。

二　公海漁業の自由を旗印に、漁業専管水域――当時そういう言葉を使っておりました――拡大には強い反対をする日本が、ひとたび資源保存の錦の御旗が出てくると、その背後に隠されている相手国の戦略を見失って自らの主張を後退させる。日本は必ずしも国際漁業の本質を充分理解していないのではないかという印象を私は深めておりました。

私が「海洋資源の保存と配分」という論文をドイツのハイデルベルグの大学の雑誌に発表するのは一九五七年のことでありますが、今では誰もが疑わない公海漁業資源の「保存と配分」という概念を出したのはこれが最初であります。今で言えば、「環境保全と国家利益」ということになりましょうか。「資源保存の制約のなかでの自由競争」というのが私の理念であり、水産国日本にとってはもっとも望ましい理念であったはずであります。

漁業資源保存のための同じ漁具、漁区、漁期の制限のもとでの自由競争が望ましい、南氷洋捕鯨を「捕鯨オリンピック」と名付けたのも私でありましだが、私は限られた資源の保存の枠内での自由競争こそが国際漁業の理想ではないかと説いてやみませんでした。もちろんその背景には世界の自由競争に打ち勝つ日本漁業の実力がありました。

三　戦後の海底資源の問題

一　もうひとつ海底資源の問題がありました。ここにもアメリカが、あるいはアメリカのみが主導権を握ります。一九四五年にはメキシコ湾における海底石油開発の可能性を認識して、アメリカの沿岸神海底資源の独占を指向するトルーマン大統領の大陸棚宣言があります。当時それに反対する動きはありません。これは沿岸国沖海底を事実上開発する実力と利益がアメリカ以外にはなく、それは敗戦国日本は申すに及ばず、途上国のみならず先進国にとっても大きな関心事ではなかったからであります。基本的に漁業と異なり、そこには海洋の自由を言うべき具体的なインセンティヴは初めからなかったからでもあります。
ただ私には伝統的な国際法から言って、海底鉱物資源に限って見ても、大陸棚理論が本当に正しいありかたであったのかどうか、本来領海の外の公海は人類共通のもので特定国の独占には馴染まないものであるべきではなかったのか、私の一九五三年の学位論文はそうした考え方で貫かれています。これが本来はもっとも海洋法のオーソドックスな考え方であり、日本政府が一九五八年の国連海洋法会議まで取った方針であります。

二　その点は措いて、ここでアメリカがもっとも巧妙であったのは、当時誰もが関心をもたず、したがって抵抗もなく受け入れられる素地のあった大陸棚理論に海底生物資源を滑り込ませたことにあります。アメリカが考えていたのはアラスカ沖のタラバガニであり、戦前の日本の北洋タラバガニ漁業の閉め出しが、海底定着生物資源を大陸棚資源と見るこの第二のトルーマン大統領宣言の真意であります。アメリカのアラスカのタラバガニ独占、日本排除の方針は大陸棚宣言にカムフラージュされて成功します。そうしてこの問題は視点をかえての日米加条約のわくのなかで、日本閉め出しのかたちでアメリカの成功裡に終わります。

さらに定着漁業については、日本は一九五〇年代のはじめに別の問題に直面しました。戦前からの日本のアラフラ海真珠漁業の復活を阻止しようとするオーストラリアはこれを大陸棚資源と称して日本を排除します。一九五〇年代なかば日本政府は問題の国際司法裁判所への付託を真剣に考え、私は外務省に籍をおいてこの準備に没頭いたしました。真珠貝は海底の大陸棚資源ではなく、海洋漁業資源であるという私の持論は政府方針に完全に反映します。このオーストラリアとの紛争はいわば和解で国際司法裁判所提訴に至りませんでしたが、この基本方針はその後、国連海洋法会議にも貫かれ、第三次国連海洋法会議でも日本はこの立場をとり続けました。

三　私は自らのことを語り過ぎたかも知れません。しかし、戦後十数年の日本の海洋政策にかなりに私の意見が反映した、あるいは控えめに申せば、日本の海洋政策と私の意見が一致したと申せましょう。

そうしてやがて一九五八年春ジュネーヴに招集された——史上最大の国際法法典編纂会議であった——国連海洋法会議があります。再びエールにあって海洋法研究を続けていた私は外務省の求めに応じて、その直前の一九五七年には中南米諸国を歴訪して、彼らの言う二〇〇海里の海洋主権の狙いは専ら自国沖合の漁業を自らの独占利益にするということに尽きることを承知しました。

一九五八年初め、外務省の招きで研究を途中で打ち切ってアメリカから帰国、その三月からの国連海洋法会議に向けて、訓令あるいは対処方針作成会議のすべてに外務省サイドに加わりました。各省と論議をかわし厖大な対処方針に私の意見がひろく受け入れられたのは当時の外務省の理解の賜物でありますが、私の研究がある種の真実を突いていたと申せば過言になりましょうか。

四　一九五八年と一九六〇年のジュネーヴ国連海洋法会議

一　一九五八年のジュネーヴ国連海洋法会議において、領海と公海についてはこれまでの伝統的な海洋法を大きくはずれるものではありません。領海の問題は「沿岸国漁業独占」と「公海における漁業の自由」との限界をどこに位置付けるかに他なりません。「ゆらぐ領海三海里」に徹底的に固執し、公海漁業の自由を金科玉条と考えるのは日本政府の方針であり、思想でもありますが、背景には、「漁業について沿岸国による資源独占を排除して自由な競争を」という私の思想が流れておりましたし、何よりも日本の水産業界の実力がありました。

このジュネーヴ会議において領海幅については妥協が成立しないものの、しかしもはや三海里はまったく問題になりません。問題は「領海十二海里」が成立するかどうかでしかありませんでした。

結果的には「十二海里領海」も否決されて、領海幅の制定には失敗するわけであります。伝統的な領海三海里について協調していた日米が会期半ばで反目するのが目に見えておりました。それは、日本が三海里を言うのは、まさに外国沖合三海里までに迫っての「漁業の自由」を自らに確保しておきたいという理由以外の何ものでもありません。これに対して、すでにそれまでに日本の漁業排除には成功していたアメリカは他国沖合の自国漁業は事実上断念しております。漁業などに大きな関心はなくなっておりました。

そもそもアメリカは終戦直後から日本の「漁業自由」にはなんらの理解も同情ももっていなかったことを、当時日本としては充分認識すべきであったと思います。むしろアメリカは国際海峡が他国の領海幅の拡張によって自らの軍艦、軍用機の通航が阻害されることには絶対に承服出来ません。アメリカの問題はなるべく広い海域におけるアメリカ海軍の軍事行動の自由行動でした。

二　このジュネーヴ会議において、私は主として漁業と大陸棚を扱った第三、第四の委員会における条約作成に参加しました。この問題について日本のとった態度には先に述べたような方針が色濃く反映しております。というよりは当時、海洋の一般制度ほどには漁業、大陸棚を重要視していなかった政府は、かなり私の自由にさせてくれたとも申せます。

公海漁業条約には、主としてはラテンアメリカ諸国の意見を色濃く反映して、領海外の沿岸国漁業優先の思想が支配します。あくまで領海以遠の漁業の自由を信ずる日本はこの条約の表決には棄権しました。また、この会議において大陸棚条約は大多数により採択されましたが、日本はドイツと共にわずか三カ国の反対国に入りますが、この背後にはさきに述べてまいりました私の当時の思想が潜んでおりました。

三　一九六〇年の第二次国連海洋法会議はこの「領海幅の決定」のためだけの会議でありましたが、またしても失敗に終わります。一九六〇年会議での問題はもはや「三海里の領海」ではありません。「十二海里の沿岸漁業独占」を領海の名のもとに認めるか、それとも新しい漁業水域という概念を認めるかでしかありません。この段階においてアメリカは漁業独占について言うならば沿岸水域十二海里にコミットしており、その趨勢に取り残されていたのは世界で日本だけであるという認識は日本政府にはまだありませんでした。

大事なことは同じ「狭い領海」を言いながら日本とアメリカの間には雲泥の隔たりがあったのです。海軍の軍事行動の自由を確保出来るならば、漁業利益は物の数ではなくなっていたアメリカを理解出来れば、日本は十二海里漁業水域にあくまで抵抗して世界に孤立する理由はなかったのです。

五　一九六〇年代の海洋制度の底流

一　この二度の海洋法会議の後には海洋法はしばらく静かな時が過ぎます。「領海幅」は未決定のままというものの一九五八年の四つの海洋法条約は次々に発効し、またたく間にその内容はほとんど慣習法的な意味をもって考えられてきました。

「狭い領海三海里」が、漁業との関連で意味をもつなどとは考える余地もなくなっておりました。

二　その頃、一九六〇年代における日本にとっての大きな動きと言えば、ニュージーランドによる十二海里の漁業水域設定に対する反対があります。三海里の領海の外は公海であって沿岸国の排他的独占支配は及ぶべきでないという立場を維持し続ける日本は、ニュージーランドとの紛争を国際司法裁判所に提訴することに致しました。私は再び外務省に籍をおいてこの準備に没頭し、欧米を飛び回りました。

そうしてこの間に世界の海洋法は大きく変わろうとしていました。十二海里の漁業水域は世界の常識になろうという趨勢でありました。私もこのことを深く自覚するに至っていましたし、私が「十二海里漁業水域論」を出版したのは一九六八年のことです。私はニュージーランドとの紛争が事実上の和解で解決したことを喜びました。

三　日本はその地理的環境から近海の大陸棚開発には具体的興味を示さず大陸棚条約には加入しておりません、私自身は大陸棚に反対し続けることが得策ではないことを自覚するようになっていました。そうして私は一九六〇年代の後半、西ドイツとデンマーク・オランダの北海大陸棚事件の国際司法裁判所における西ドイツ側弁護人を引き受けます。大陸棚条約に日本とともに反対した西ドイツはすでにこの制度を前提として北海における隣接国との海底区画確定に乗り出してきていたわけであり、その制度に反対であった私個人がその弁論を引き受けるというささか皮肉な状況でありました。

この大陸棚境界をめぐる紛争で西ドイツの弁護を引き受けた私は境界における「マクロ地理的」見地を主張し、いわゆるファサード論を展開しました。この概念も用語も私の創意でありますが、国際司法裁判所は基本的にはこれを受け入れて、西ドイツの勝訴に終わりました。線引きはともかく、大陸棚制度はここで確立したと申せましょう。

私は一九六八年に「海底開発の新時代――大陸棚より広い視野で」という論説を朝日新聞に、一九六九年に「わが国も大陸棚立法を」という論説を毎日新聞に発表しました。そうしてまた日本政府もこの頃には大陸棚制度の問題は「海底生物資源を大陸棚資源に含ましめるべきではない」という点のみに限って反対することになりました。それ以後の日本の大陸棚に対する政策は一貫してその線に沿っております。むしろ一九七〇年頃の隣接国、具体的には韓国との線引きに限られてきます。

六　一九六〇年代後半のアメリカのイニシアチヴ

一　一九六〇年代後半、世界の海洋は新しい展開を遂げようとします。それにはアメリカを取りまくいくつかの社会的・経済的要因がありました。①ひとつには海底鉱物資源の問題であり、②ふたつには資源管轄の名のもとに拡大する沿岸国権限に対してアメリカ海軍の自由行動を軸とするアメリカ国防の利益がますます顕在化してきます。すでに漁業水域の拡大を既成事実と受け止めている世界の多くの国にとっては「漁業」はもはや大きな課題ではなくなって来ていたことは前にも申しました。日本だけが依然として優位にたって世界に雄飛しうる「漁業」を考えていたとすれば、幻想に過ぎませんでした。
一九六〇年代後半から一九七〇年代にかけてのアメリカにとっての海洋法の決定的ファクターは海底鉱物資源に対する利益と軍事行動の自由の利益、この対立する二つにつきますが、これをめぐってのアメリカの現実的利益への考慮がその後の世界の海洋法を形成してゆきます。

二　一九六六年七月ジョンソン大統領は、海洋調査船Oceanographer号の進水式で、深海海底は「人類のlegacy」と述べ、また一九六八年三月には「前例のない歴史的な企て――一九七〇年代の海洋開発の十年」を提案しました。海洋開発へのアメリカの目覚めと理解できます。

アメリカにおいて「海底」資源に対する関心は二つに別れました。①ひとつは沖合水深二〇〇メートルより遠くの海底石油開発の可能性の増大と共に高まるアメリカ石油業界の関心であります。〈二〇〇メートルの水深以遠大陸棚斜面――それは教千メートルの深さに及びますが、――いわば堆積物の層に沿岸国――アメリカには限りません、アメリカが利権をとった国――の石油独占は及ぶべし〉、という一九六八年にアメリカの内務長官の諮問機関である「アメリカ石油審議会」の出した報告書の発想であります。いわば広い大陸棚への要求です。

②ふたつには、これに対立して金属鉱業界の利益が台頭します。陸地の堆積物の終わるところから始まる深海海底に眠る金属鉱物について、アメリカ業界は深海海底が後進沿岸国によって支配されることには到底同調することは出来ず、なるべく「広い海底」におけるアメリカ企業による「自由な」、しかし「安定した」、開発を望むからです。マンガン団塊という言葉が知られるようになるのはその数年前のことでありますが、そうした発想は一九六九年一月のアメリカ大統領の諮問機関である「海洋科学・技術・資源委員会」の報告書に反映します。

こうして、アメリカにおいて一九六〇年代の後半、ひとつには内務長官の諮問機関である石油審議会の答申と、ふたつには大統領の諮問機関である海洋科学など委員会のそれとは海底に対する取り組みにおいて真っ正面から対立します。

三　アメリカ政府としては、遅かれ早かれ、決断を迫られていました。政府部内においても意見の対立があると伝えられていました。一方において内務省は石油業界の圧力の前に、アメリカ周辺の「広い大陸棚」をアメリカに独占することを急務と考え、国防省はその「狭い領海」という政策とパラレルに、さらに拡大してゆく沿岸国の管轄権、いわゆるcreeping jurisdiction、すなわち次第にひろがってゆく海底への管轄権がやがて上部水域に転向して、本来公海たるべき海洋におけるアメリカ海軍の自由な行動を制約するに至りかねないことを懸念して、「狭い大陸棚」を主張します。

国務省もとりわけ石油審議会の答申が他の国の大陸棚の範囲拡張の一方的クレームを奨励するような結果をもたらしかねないことを深く懸念しながら、みずからは大陸棚の範囲を二〇〇メートルの水深以内にとどめようとするに傾いているかに見えました。

しかしなおも「無政策の政策か」と罵られながら、明確な政策を打ち出せないでいるのが一九七〇年までのアメリカの実情でした。ただひとつきわめて明瞭なことは、大陸棚の範囲がどのように定められようとも、またそれ以遠にどのような制度が設定されようと、さしあたり、①アメリカの石油企業による海底の開発は水深二〇〇メートル以遠のところで続けられなければならないこと、②そうして金属事業への投下資本は将来の制度においても保証されなければならないということ、③そうしてまた何よりも軍艦、軍用機の自由な通航は必須の要請であります。漁業はもはやまったくお呼びではなかったのです。

四　「広い沿岸水域への漁業独占の拡大」という戦後一貫したラテンアメリカ、そうしてそれに加わったアジア・アフリカの態度を別にするならば、一九六〇年代後半、新しい海の制度への関心は主としてアメリカだけのものであり、そのアメリカは国内に対立する以上に述べました国家利益のバランスを模索している段階であったと申せます。

七　民間団体の動き

一　一九六〇年代半ば以後の海の主導権はアメリカが一手に握っておりました。世界の民間団体——と申しましても主体はアメリカであります——が新しく海洋に目を向けるのも一九六〇年代もなかばを過ぎてからであります。そのほとんどに招かれて私は出席することになりました。ロードアイランドに海洋法研究集会——現在ハワイに移っている団体であります——が旗揚げするのが一九六六年六月であり、また一九六七年六月ロングビーチにおけるアメリカ法曹協会の海洋法集会があります。アメリカにスタートした「海に平和を」Pacem in Maribusは私も発起人として一九七〇年にマルタに第一回の会合を行いました。

イギリスにおいても民間は海洋法に注目を始めております。一九六七年四月にはイギリスのケンブリッジで大陸棚の法的諸問題のシンポジウムが開かれ、一九六九年九月にはディッチレーで海洋法コロキウムが開かれました。スエーデンのＳＩＰＲＩ(平和紛争研究所)は一九六七年の小人数のコロキウムを開き、また一九六八年以来ローマで構想を練ったイタリア国際問題研究所もまた私を議長団の一人として一九六九年に会合を開きました。国際法協会が深海海底開発委員会を発足させたのは一九六七年のことであります。

それらすべての会合の席上で私が述べて来た内容はここで省きます。一言で言えば、漁業の国家利益を考えて「広い公海、狭い領海」を言う時期ではなくなってきていること、世界の海は鉱物資源であれ、漁業資源であれ、限られた全体のなかに国家がどのように一国の利益を反映させてゆくか、とりわけ漁業資源については、その「最大持続的生産性」(maximum sustainable yield)のなかでどのようにして自国に有利な配分を確保して行けるのかが今後の問題ではなかろうかということであります。

民間においてもすべてに模索の時代でした。アメリカのリーダーシップをどのように形成するか、あるいはアメリカ主導の海洋法の動きにどう対応して行くか、これら民間団体の任務でした。

二　それでは当時日本国内では海に対してどのような対応をしていたか。日の丸をひるがえしての世界の海に雄飛する日本漁業のイメージは変わっておりません。もちろん日本も新しい海洋技術、とくに大陸棚掘削の進歩を知らないではありませんでした。

この頃には日本の民間団体なども新しい海洋制度への模索を初めておりました。Ocean Age、月刊海洋開発、海洋科学などの雑誌が次々に創刊され、海事産業研究会、海洋開発協会、海中開発技術協会などが発足し、読売新聞は一九七〇年に山中湖で海洋国際シンポジウムを開催します。しかし率直に申して、日本では、この面では未だ科学技術が先行して、「海洋の国際的な制度が新しい変革を迫られている」という認識はほとんど無かったと申してもよいと思います。

当時の日本の科学者あるいは実業界に世界の海洋制度論を期待するのは無理であったようです。まだまだ日本の対応が明確に見えてくるという状況ではありませんでした。山中湖のシンポジウムで私が「アメリカは国際的な規制のなかでどうすれば自国の権益が採用してもちえるかといった政治問題として海洋開発をとらえている。わが国はまだ技術問題を議論しているが、それでいいのでしょうか」と問い、「わが国の海洋開発への関心はまだまだ低い、アメリカに比べ関心の高まりは甘くみて二年、辛く採点すれば五年の遅れがある」と述べたと読売新聞は報じました。

八　日本政府の対応

一　政府レベルの対応として、日本政府は海洋技術科学についての長期政策の策定のための、「海洋科学技術審議会」を発足させておりました。一九六八年「海洋開発のための科学技術に関する開発計画について」の諮問を初めて受けて、私は専門委員の委嘱を受けましたが、海洋制度論の審議が項目に入っていない審議会では私の参加は無意味であると抵抗を試みました。答申は一九六九年に出ましたが、ここではまだ国際的な視野での展望が充分に行われていたわけではありません。

二　この審議会は一九七一年に改組されて、首相の諮問機関として「海洋開発審議会」として発足し、私は委員としてその国際分科会長をつとめることになりました。

この国際分科会の報告書「海洋開発における国際法上の問題点」は一九七三年の審議会答申に付されております。事実上私の起草でありますが、「領海についての国際合意は十二海里で落ち着く可能性がもっとも大きい」、「領海をこえる海域における沿岸国の漁業管轄権の主張については世界的に認められる傾向にあり、このような情勢に対し反対の態度を維持することは困難な状況にある」、「大陸棚については早急に利害得天についての幅広い検討を行い、国際的には距離基準を重視する傾向が強まりつつあることを考慮の上、わが国の取るべき立場を明確にする必要がある」などのこの報告書の内容は、今日から見ればなんら目新しいことではありませんが、今から二十数年前の当時としては勇気のいる提言でありました。

九　動き出す国連

一　これより逆上りますが、その間の、国連での動きを見てみましょう。国連も一九六〇年代の後半には海洋の資源に着目しております。一九六六年一二月には国連総会で「海の資源」と題する決議があります。この決議に基づいて国連は一九六七年、「海洋学・海洋技術専門家グループ」を任命致しました。

その前年国連事務局に入ったレヴィー（現・国連海洋法部長）がこのグループ事務局のスタッフであります。国連はこのグループ唯一の法律家として私を任命しました。しかしこの海洋に関する初の国連のグループの任務がやはり「海洋の技術と科学」であった、いわば「海洋制度」を扱う姿勢がなかったことは、国連にとっても象徴的であります。

このグループが一九六八年四月に作成した海洋開発に関する調書「海洋学および海洋技術」をもとにして、一九六八年に経済社会理事会と総会はそれぞれ海に関する決議を採択しておりますが、これまでの海洋法を見直すという姿勢はありません。

二　ユネスコの下におかれていたＩＯＣ（政府間海洋学委員会）が法律部会をもうけたのが一九六八年、私がその部会長に推されますが、これは二年後には幕を閉じます。本来海洋学という科学を主体とするこのグループでは海洋制度論を探求するには無理があったようです。またＥＣＡＦＥ（国連アジア極東経済委員会）の下にありましたＣＣＯＰ（沿岸沖探鉱調整委員会）も一九六九年には私を法律顧問に指名して制度論を展開しようとしましたが、所詮海洋地質の専門家のこの集まりにこうしたことを期待することは難しく、二、三年で興味を失ってゆきました。

三　これよりさき、一九六七年秋の国連総会にマルタは「海底平和利用」の議題の上程を求め、代表パルドは第一委員会において一一月一日の午前、午後、三時間に及ぶ演説で、「大陸棚条約を放置すれば、世界の海はことごとく各国によって分割されるに至るであろう」という、先に触れたこの年六月のアメリカ法曹協会ロングビーチ集会における私の発言を名指しで悪しき学説として引用して、これを阻止するために深海海底を国際海底にすることを訴えました。

「人類の共同財産」という発想であります。パルドの発想は「大陸棚条約の解釈によっては大陸棚の名のもとに無限に広がって行きかねない沿岸国の支配」に歯止めをかけて、「広大な海底の国際管理を図らなければならない」とすることにありました。このパルド演説二十年の祝賀が一九八七年マルタで開かれ、私はその席ではじめてジーザス氏とお会いしたことを思い出します。

四　翌年一九六八年春から三十五カ国の海底平和利用委員会が始まりました。新しい深海海底制度の夜明けでありました。セイロンのアメラシンゲを委員長として、それから三年間、私も事実上の日本代表として会議運営の一端を担いました。東京にあっては対処方針作成もほとんど一任され、リオデジャネイロ、ニューヨーク、ジュネーヴの現場で発言し、交渉し、訓令なしで会議で対応することも少なくありませんでした。

この意味で海洋法の形成初期に私は責任を負わなければなりません。他方、一介の学者に過ぎない私にほとんどの全権を託した外務省が、実はこの委員会の重要性を認識してはいなかったお陰とも言えるかも知れません。

五　ただしこの一九七〇年末までに至る海底平和利用委員会は今から思えば、いわば相撲の仕切り直しのようなもので、そのあとに来る激動期の前潮のようなものでありました。この委員会の議論は「深海海底の範囲＝大陸棚の限界」に限ろうとしました。一九七〇年八月アメリカが厖大な国際海底地域条約案を提出しましたが、当時はまだ途上国の声は大きくはありません。せいぜいが海底開発のモラトリアムを言い、先進国による早急な海底開発によって自らがまさに利益を享受しようとしている「人類の共同財産」が撹乱されるのを防ごうとするのが精一杯であったとも申せましょう。三年かかって出来たのが、一九七〇年の国連総会決議となった深海海底平和利用宣言でしかありません。

一九六八年から一九七〇年までの海底平和利用委員会今まで海洋法の視野に入って来なかった深海海底の理念についての抽象論理であり、またしかし深海海底の開発については国際機構の行うライセンス発行ということまではほぼ合意されるに至りましたが、具体的な内容にまでは至っておりません。

六　一九六九年代末、海洋法での主導権を握るアメリカは、最大の課題である戦略的海峡と群島水域の軍艦、軍用機通過についてＮＡＴＯ諸国およびソ連との諒解に達し、これら水域における軍艦行動の自由について自信をもつに至りました。私の理解する限り、アメリカはこの協議に日本を加えていなかったと思います。漁業にのみ目を奪われていた日本の宿命であったのかも知れません。

アメリカは一九七〇年二月一八日ニクソン大統領の外交白書において、海洋法においてもっとも緊急な課題は領海範囲であるとし、その日の夕方、国務省法律顧問スティーヴンソンは「軍艦、軍用機の自由を条件として」、十二海里領海に踏み切る用意のあることを述べました。この背後には途上国によって保証された軍艦通航の自由が隠されていたのであります。一九七〇年二月一八日は領海制度史にとってはまさに銘記すべき日なのであります。

なお、ニクソン大統領はその年五月の「アメリカ海洋政策に関する声明」において、水深二〇〇メートル以遠の海底の天然資源に対するすべてのクレームを放棄し、これら資源をもって「人類の共同財産」とみなす条約をすみやかに締結すべきことを呼びかけました。もっともそれ以遠の大陸斜面を国際信託地帯として開発は継続されるという巧妙な考え方を含みます。

こうして沿岸国の管轄権の三海里以遠への拡大に反対するのはもはや日本の水産業だけであった、まさに孤立する日本であった、というのが一九七〇年代初めの状況でありました。こうした事態の変化を日本がどれだけ見抜いていたかは問題でありました。

一〇　アジア・アフリカ法律諮問委員会

一　海洋法の新しい展開を理解するのにアジア・アフリカ法律諮問委員会（ＡＡＬＣＣ）の審議を見逃すことはできません。一九五〇年代インドのネルーの主唱のもとに発足したいわばアジアのシニアな法律家を集めたサロンのような性格をもっていたＡＡＬＣＣが一変するのが一九七一年一月のコロンボ会期であります。この会期で、それまで国連で動きはじめていた海洋法が取り上げられることになりました。海峡問題、群島問題に深い関心をもっていながらこれまで国連海底平和利用委員会の構成国ではなかったインドネシアの発意であったことは極めて注目すべきことでありました。

各国とも海洋法を意識しての代表団編成となりました。この時期は拡大された海底平和利用委員会が一九七一年春に発足するわずか数カ月前のことであります。当時ＡＡＬＣＣの加盟国は十九に過ぎませんが、このコロンボ会期への出席国が前年にくらべて飛躍的に、増加したこと、また、アメリカをはじめ、域外国からのオブザーヴァーのすべてが海洋法を意識してのものであったことは、①ひとつには海洋法についてのアジア、アフリカなどの途上国の発言が無視し得ない力をもちはじめていたこと、②ふたつには、それまでの国連海底平和利用委員会の審議がもっぱら海底に限られており、他方、世界は新しい海洋法への動きをすでに予見していたからであると申せましょう。

二　コロンボでの日本の主眼はやはり漁業をめぐる管轄権問題であったことは否めません。海洋法審議は日本の提案から始まり、私は、漁業管轄を拡大しない条件づきで十二海里領海を受ける用意があることを表明しました。伝統的な三海里国の日本のこの政策転換ののろしを挙げる光栄を私は担いました。しかしここでは同時に一方的な沿岸国の管轄権の拡大が無法の状態をもたらすものであり、十二海里以遠の沖合漁業については資源保存を基調としつつ、途上国が沿岸国である場合には領海外の漁業について優先的漁業権が認められるということを述べました。これが翌年の日本公海漁業ペーパーに結実するのであります。

三　ＡＡＬＣＣにおけるほとんどすべてと言ってよい途上国の委員たちの発言はかなり急進的な内容をもちはじめておりました。「既存の海洋法が先進国寄りであり、新しい海洋法制度は途上国の利益を充分に反映したものでなければならない」ことは、彼らの一様に説くところでありました。インドネシアやフィリッピンが「群島理論」の承認をもとめ、オブザーヴァーに過ぎなかったラテンアメリカの国々が「二〇〇海里領海」をもとめました。領海であるかどうかは別として主として漁業のために排他的漁業管轄水域の設定を不可欠とするこれらアジア、アフリカの国々とラテンアメリカとの間には確実に共通性が見られ、その間の取引が急速に成立します。

アジア・アフリカのなかにあって、ただ一人の少数者であった日本であります。「三海里ボーイ」などと揶揄されながら、私どもはことごとに少数者としての釘を刺すことを忘れてはなりませんでした。漁業管轄の一方的拡大に対して、私はかつては李承晩ラインなどによって沖合水域の抱え込みをはかった韓国が二十年後の今もっとも漁業先進国として世界の漁場に雄飛する例をあげながら、目先の利益にまどわされて、一方的に管轄権を拡大することの愚を説いたりしました。しかしアジア、アフリカ諸国が一片の理念よりも、目の前に見える沿岸国利益に傾くことを押さえることはもはや不可能でありました。

このセイロン会期で海洋法作業グループが設置され、セイロン（現在のスリランカ）のピント、ケニヤのニジェンガ、私など数名が核となって、その初夏にはニューデリーに集まって将来の海洋法の枠組みを議論しました。ピントは深海海底条約草案を提出し、インドネシアは群島概念を提出しました。しかし、資源保存と途上国の優先漁業権をからませた日本の漁業哲学を述べた日本ペーパーがこの作業グループでは主題であり、この説明に私が要した時間は五時間にも及びました。しかし漁業管轄権ではなくて、優先漁業権を途上国に提示しようとする日本の努力は実を結びません。曖昧な優先漁業権よりも、目に見える漁業独占が——よしんば近視眼的なものであろうとも——途上国にアピールすることは目に見えておりました。

四　一九七二年のラゴスにおけるＡＡＬＣＣ会合において日本の練りに練った「公海漁業制度案」が提示されました。「沿岸国の優先漁業権」、「漁業資源の保存」などの部をふくむ三十四ページからなる大作であります。私どものこの会期における努力はこの売り込みに向けられました。沿岸国の漁業管轄を十二海里に押さえ、その外には沿岸国の漁業優先を認めながら資源保護によって世界の有効需要を満たそうという、それなりに漁業については日本の高い理想でもありました。

私の次ぎに発言したのはケニヤのニジェンガでしたが、排他的経済水域の概念が公式に提案されたのはこの時が初めてであったと思います。ユーモアのセンスに富む彼は次ぎのように発言しました。「私の常に尊敬する小田教授はこれまでいつも私の教師でした。その提案した優先漁業権の考えには全く同感であり、一〇〇パーセント受けいれられる。しかしそれは二〇〇海里の排他的経済水域の外で適用してもらうことが条件です……」。日本は言うまでもなく「十二海里」を考えているのであり、会場がドッと来たことはいうまでもありません。二〇〇海里排他的経済水域はこの時に始まったと申せましょう。あっと言う間に参加国の承認を得てしまう勢いでありました。

五　会議ではインドネシア、フィリッピンの持論である群島理論にアジア・アフリカとして反対する理由はなく、むしろ二〇〇海里排他的経済水域と群島水域とが抱き合わせになってアジア、アフリカの支持を得る、そうしてアメリカはこの群島水域において軍艦、航空機の通航に保証が得られるならば、日本のいう漁業の利益などは眼中にはなかったのであります。

二〇〇海里排他的経済水域と群島理論はこのようにして、アジア、アフリカ主導のもとにＡＡＬＣＣの場で現実化してしまいます。これら制度に関する限り、その後の海底平和利用委員会においては、これを追認するという以外にはなかったと申しても言い過ぎではないと思います。

漁業について二〇〇海里排他的経済水域によって痛撃を受ける水産業は日本だけなのであり、また他方においては日本が慎重に考えた資源保存の論理は、当時ではまだアジア、アフリカの途上国にとってはなんら切実な問題とは考えられておりません。当時として日本の漁業哲学がアジア・アフリカに受け入れられる素地はありませんでした。そうしてまたオブザーヴァーとして来ていたアメリカなどにも訴えるところはひとつもない。日本は孤立無援であります。

実はしかし、奇しくも、この日本の公海漁業ペーパーと二〇〇海里排他的経済水域の思想が結び付いて、現在のナンダンを議長とする国連公海漁業会議にいたるのではないかとさえ思います。この点はもう一度振り返って見ます。また、これに引き続くナンダン氏のご高説も拝聴したいと思います。

二　一九七〇年代の第三次国連海洋法会議

1　一九七一年、それまでの四十二カ国の海底平和利用委員会はその構成も、八十六カ国に増やし、シンガポールのコー、インドネシアのモクタールなどが加わり、一九七二年には九十一カ国となって、フィジーのナンダンなどが加わってきます。そうしてその付託事項もこれまでの深海海底以外に海洋法一般や汚染、科学、科学調査が加わって、「海底平和利用委員会」という名前にもかかわらず、事実上は全ての海洋法を包括する会議の準備段階の様相となりました。

深海海底については、さきのアメリカ案の他に、日本その他からも深海海底制度案などの提示もありましたが、一般的にいまだ抽象的な「人類の共同財産」という理念が先行して、「深海海底・レジームとマシナリー」のリストなどの観念的論議であり、具体的な内容にまではまだ時間があり、とりわけ途上国にはまだこの問題に立ち向かう準備が充分ではありません。日本としてはすでに関心をもち初めていたタヒチ沖のマンガン開発の確保とその将来にむかっての安全が関心事であり、将来を展望しての制度論を考えつくまでは至りません。

一般海洋法については、いわゆるレジーム論の名のもとに、これまた厖大な項目の海洋法リストが用意されますが、実質審議には入り得ない。むしろ例外的に二〇〇海里排他的経済水域について、そうして群島水域については、すでにリードをとったアジア・アフリカの活躍の場であるＡＡＬＣＣで交わされた議論が、いわばすでに既成のものとして妥当してゆきました。一般海洋法はすでに伝統と慣習の上に成立していると見られ、他方いまだ理念さえ定かでない環境汚染、海洋科学調査などは具体性がありません。

二　海の環境保全、海洋科学調査など、そうしてその後の中心課題になってきた深海海底などの問題は、第三次海洋法会議が一九七四年夏カラカスに十一週間にわたる実質的には初の全権会議を開いた時からであり、新しい海洋法の動向は、この会期と翌一九七五年のジュネーヴ会期でほとんど決定的になったと申せます。

一九七四年のカラカス会期に日本の代表のひとりとして、私はとりわけ第三委員会、環境と科学調査を担当し、また紛争解決に関与しました。

海の環境保全にせよ、海洋科学調査にせよ、その目標に異存のある国はありません。問題はこうしたことへの沿岸国の権利を、またその介入をどこまで認めるかだけにあったと申せます。海洋法一般については若干の問題を除いては、急速に新しい制度が成立しつつありました。というよりは、排他的経済水域についてもまた大陸棚についても、あるいはまた群島や国際海峡の通航についても、ほとんどが既成の事実、法原則として基本的な点についての問題の余地はなくなっておりました。

強いて言えば、議論の対象になったのは、排他的経済水域や大陸棚の制度ではなくて、それぞれの境界が問題でした。等距離原則か衡平か、各国はそれぞれ自分の置かれている地理的状況を念頭におきつつ、もっともらしく法理論の主張をするだけであります。日本もまたその流れにもはや逆らうこともなく流されてゆきます。これは所詮は衡平原則の問題でありました。

三　アメリカについて言えば、一九七〇年代のはじめには、もはや漁業利益は捨てたといってもよい、なによりも海軍の軍事行動が優先であり、しかしそれは確保される見通しが立っています。沿岸沖の石油開発はすでにみずからが一九四五年に言い出した大陸棚理論で確保されています。よしんばそれが他の途上国沖合のものであっても、その自らの資本力によって利権を獲得してその体制も万全と言って差し支えありません。

アメリカにとってのこの時点での最大関心事は将来に予想される深海海底についての金属鉱物開発についての自己の優位でしかありません。すでに一九七一年末頃にアメリカは「国際制度成立までの深海資源の開発促進のための国内法モデル」という構想を持ち始めていました。いつ出来るとも分からない国際制度の成立まで深海開発をさしとめるべきではなく、他方、開発に着手する先進国同士は、同様な国内立法を制定して、これを相互に尊重することによって、海底開発の抵触、衝突を避けようとするものでした。まったく新しい制度、そうしてそこにはすでに「人類の共同財産」といういわば途上国寄りの理念が成立しているとすれば、その具体的制度化にアメリカ企業の不利に働く途上国の恣意を許すわけにはいかない、というのがアメリカの方針であります。

第三次海洋法会議では実際には一般海洋法の制度化は既成のものとなり、一九七四年から七五年にかけてのカラカスとジュネーヴの会期以後はまったく深海海底開発の態様に向けられたといっても過言ではありません。

一二　日本の対応

ひるがえって日本の対応を見てみましょう。外務省に海洋法本部が新たに設けられたのは一九七三年のことであります。日本の一般社会にとっては、急速に力をつけてきたタヒチ沖のマンガン団塊の探査の問題を別にすれば、海はまだ自由な魚の海でしかなかったのです。排他的経済水域の名のもとに行われる沿岸国管轄権の拡大も、それが広い海における自由な漁業の進出を阻害するものとしか写りません。

「自由な漁業」はすでに時代遅れになっていると考える私のジュネーヴ、ニューヨークにおける発言が国内では「小田の越権である」と水産界の不評を買い、また「魚だけの海ではない」と述べた私のその部分の発言だけが増幅されて一部の水産界を激昂させました。翌一九七四年から実質的に始まる第三次海洋法会議の代表のひとりに私を推す外務省に水産界が反対していることが耳に入って来ます。「ああまだ日本の海洋法への意識はこんなものか」というのが私の実感でありました。

二　主としては魚の海としかとらえぬ日本の体質が急速に変貌するのは、ようやく一九七〇年代なかば、すでに第三次海洋法会議の大勢がきまってからのことであります。

政府も新しい潮流に向けての布石は打ちつつありました。一九七六年内閣法制局長官は、領海十二海里というのは国際法には現在なっていないと思うと言いながら、「我が国が十二海里を先取りしたからといって違法だとは思わない」と述べて伏線を引きました。そうして翌一九七七年十二海里領海を国内立法によって採用しました。領海法の成立であります。

すでに十二海里漁業水域が既成の事実として妥当するようになっており、狭い領海を言うことによってもはや何かの代償も期待できない以上は、そうしてまた事実、戦後日本の旗をひるがえして世界の太洋に乗り出して行った日本の攻める漁業が、今や一転して韓国、ロシアなどの漁業の攻撃を受け身に変わった、いわば産業としての水産業の斜陽の時期に差し掛かった日本は、自ら先進国の間では率先して十二海里領海に打って出たのであります。ある意味では一九七七年は日本の海洋法にとっての大転換期でありました。

しかしなお日本は津軽、宗谷、対馬などの狭い海峡が日本の十二海里領海に覆われることによって、外国軍艦、軍用機、わけても原子力潜水艦のこの日本の領海通過で起こしかねない新たな問題を懸念しなければなりませんでした。これらの水域においては「領海三海里」を維持することによって妥協を図ろうとしました。

三　ここまで来れば、自由な漁業の日本は完全に転換して沿岸漁業国に転換します。同じ一九七七年に日本は二〇〇海里漁業水域をみずからの立法で制定しました。日本は一夜にして一九四〇年代の後進ラテンアメリカの漁業独占指向に転向します。これはまことに驚くことであったと申す他はありません。日本の突出した行動はまさに「攻める漁業」の日本からようやく脱出しようとした徴候であったと言えなくはありません。アメリカが軍艦、軍用機の自由の確保の保証を得て領海十二海里を言うのは日本に遅れること十年余、一九八八年のことであります。

同じ領海十二海里でも、一方日本にとっては自己の漁業中心の海洋政策のコペルニクス的展開であり、他方アメリカは戦後一貫してとってきた海軍事行動自由の伝統的政策の踏襲、実現であったという本質的な違いをよく理解することが海洋法理解に重要なことであります。

一三　第三次国連海洋法会議の終末

一　一九七五年のカラカス会期から一九七六年のジュネーヴ会期で海洋法の大枠がいささか安易に、途上国主導のもとにつくられました。そのあとは境界画定などの問題があるとは言え、焦点はもっぱら「深海海底開発」に移ります。軍艦・軍用機の海峡通過の実質的保証を得たアメリカの海の関心はすでにその数年前からもっぱら深海開発にのみ向けられてきました。マンガン開発に主導権を握るアメリカとそれを取り巻く幾つかの先進国——日本もそうでありますーーと、いわば海底開発に自らの利益を大きく反映させようとする途上国との間の争いと申せましょう。

①技術的な水準の高い先進国が開発するのか、②途上国が強く介入する国際機構が開発に当たるべきか、③開発から得た利益は開発者のものか、それともいわば人類の共同財産として途上国に分与されるべきか、④途上国の参加が望ましいとして先進国の技術が安直に途上国に移転されるべきか。

第三次海洋法会議は、深海開発をめぐる先進国と途上国の対立が解けぬまま、「人類の共同財産」という美名のみにつられて、最終の一九八二年一二月のジャマイカ署名会期に突入します。当時、条約は一一九カ国により署名されました。アメリカはほとんどソッポを向き、ほとんどの先進国は署名することを控えました。主たる理由は深海海底開発のレジームが途上国主導で形成されたことにありました。

二　国連海洋法条約はその後、発効に必要とされる六十カ国の批准を得るまでに十二年に近い歳月を要したこと、そうして先進国の多くの抵抗にあって、結局、国連事務総長などの仲介もあり、準備委員会における深海海底制度の手直しによってようやく発効することになったこと、この点は準備委員会の議長として尽力されたジーザス氏以外によく語りうる人はいないでしょう。

三　大変長くなってしまった私の話もここで打ち切らなければなりません。二十年前、海の現場を去って国際司法裁判所に赴いてからの私にとって新しい海の問題を論ずる資格はありません。多くの見当違いを述べたかも知れません。ただ最後に二つの点だけを申し述べたいと思います。

ひとつはこの国連海洋法条約はその準備に要した厖大な歳月にもかかわらず、先進、後進の政治的妥協の産物であり、必ずしも法的論理を詰めた上で出来上がったものとは言えないものがあります。法は所詮は政治の産物であるとすれば、妥協は避けられません。しかしこの三百数十か条に及ぶ国連海洋法条約を見るときに、①排他的経済水域、あるいは海峡あるいは群島水域通過の不透明さといい、②海域境界における衡平の問題の不明確さ、③あるいは紛争解決条項の不完全さと言い、これらのどれひとつとっても、この条約の適用に将来なお多くの問題を残しています。

海洋法の不磨の大典である「海洋憲法」であるかの如くに見ることに私は同意することはできません。私はこの点を更に論ずる誘惑に駆られます。しかし、残念ながら、この点は今日の私の課題ではありません。ただ繰り返しになりますが、国連海洋法条約は今後の慣行の積み重ねによって、一層磨かれてゆかなければなりません。

四　ふたつはふたたび漁業資源に戻ってまいります。私はかって「海と言えば魚」としか応ずることのない日本の視野の狭さに、「魚だけの海ではない」と述べたことは先に申しました。ひるがえって今日、世間は「深海海底の海」だけを論ずる感があります。

今から四十年前の一九五七年に私がドイツで提起した公海漁業配分論があります。資源保存と有効利用という科学的な枠のなかで、各国がその取り分をmaximizeすることが国際漁業の問題点であることを述べました。そうしてその後、私が海を去って、国際司法裁判所に赴任してから後のことでありますが、ニューヨークにおける一九八一年の講演で、「深海海底討議の後に、今度は世界の漁業が人類の共同財産と言われる日が来ないと誰が言えよう、それを第四次海洋法会議に期待しよう」と述べました。これにはいちはやくボルゲーゼ夫人が共感を示しました。

先程も申しあげましたが、一九七二年、ＡＡＬＣＣのラゴス会期で日本が「十二海里の漁業独占の外」では沿岸国の利益に考慮を払いつつも世界的な視野での資源保護をと述べたときに、ケニヤのニジェンガは「二〇〇海里の外」でと答えて一場の爆笑を買いました。当時は笑い話であったこのことは今ではもっとも重要な問題になろうとしております。「漁業の独占か、自由か」は別として、「保存と有効利用」についての日本の当時の英知が再認識されなければなりません。

実はこのことが、今ナンダン氏を議長とする国連公海漁業会議の主題なのではないかと考えることは突飛なことでしょうか。日本のかつて二十年前に理想と掲げた公海漁業哲学に日本は自信を持ってよいのではないでしょうか。

第九論文　国際海洋法秩序の五〇年

（一九九七年）

【解　題】

国際海洋法秩序の五〇年（一九九七年）

世界法学会の三〇周年記念大会（一九九七年）における招待講演である。『世界法年報』一七号（一九九八年）に掲載された。

一　はじめに

一　世界法学会の記念すべき第三〇回研究大会において講演の機会を与えられますことは、私にとって大変名誉なことであります。

「二一世紀の海洋秩序と日本」をテーマにするこの記念大会に、私が「基調講演」をというお招きを受けたのは、八カ月以上も前の昨年（一九九六年）夏の終わりの頃でした。半世紀近くも前、一九五〇年代初頭のアメリカにおいて、海洋法研究をスタートした私は、その後二〇年間世界のほとんどの公私にわたる海洋法の会議に連なり、戦後の海洋法の形成のほとんどに積極的に参加する機会を得て来たことをひそかに誇りとしてまいりました。[1]

しかし、今から二〇年も前になりますが、ひとつに『海洋法』上巻（のちに『注解国連海洋法条約』（上巻）として増補改訂）というコメンタリーと、ふたつに『海洋法二五年』という回想の出版によって、戦後から一九七〇年代の半ばまでの海洋法を総括し、[2]海洋法と訣別をして、国際司法裁判所に職を奉ずることになりました。

それからの二〇年余り、裁判実務に振り回されて、私はほとんど海洋法の勉強らしい勉強はしておりません。にもかかわらず、世界法学会はあえてこの機会に、私にとっての空白の二〇年に何程のものかを描かせてやろうという親心であったのだと思います。

二　私自身も、お招きを受けて半年の余裕を与えられれば海洋法の全貌を久々に展望するよい機会でもあろう、と快諾致しました。しかしそれは私の計画の見込み違いでした。裁判所は昨年（一九九六年）の秋はアメリカ軍によるイラン民間航空撃墜事件の管轄権訴訟、そうして今年（一九九七年）になってからはハンガリーとスロヴァキアのダニューブ川ダム事件の本案審理で寧日なく、お招きを受けた昨年夏以来一日として海洋法の勉強をする余裕は与えられませんでした。準備不足の弁解をしようとしているのではありません。しかし、そうした不勉強にもかかわらず、海洋法は私の故郷のようなものであります。

私は今でも、二〇数年前の一九七五年、国際司法裁判所選挙の候補者になって海洋法を去るに当たって、世界の海洋法の多くの同僚たちに、「裁判所の仕事が終わったらまた海に戻って来い、きっとわれわれはまだ同じことをしているよ」、と言われたジュネーヴでの日のことを思い出します。

三　この二〇年余りの私の冬眠中に、一九八二年には三二〇カ条の国連海洋法条約がモンテゴベイで署名され、それが一九九四年には発効しました。しかし私が懸念しておりますのは、この条約を「海洋憲法」と位置付け、これを不磨の大典であるかのごとく、その条文の解釈にのみ走ることの愚かさであります。

私は第一次、第二次、そうして海底平和利用委員会を経て第三次までのすべての海洋法会議において、日本にあっては政府部内の訓令作成に直接参加し、現場では各国との駆け引きの交渉を行い、とりわけ一九八二年条約の基礎を固めた一九七四年のカラカス会議では日本政府代表のひとりとしてつぶさに外交戦場の修羅場を体験しました。

そこで感じたことは、国際会議は物事の本質を見抜いている一握りの賢者たちと問題の背景を知らず自国の利益以外には思いが及ばない多数の者の戦いの場で、交渉の底辺には法の基礎にある社会と政治の考慮がうごめいているということであります。一九七〇年代の初め、率直に申しまして、ヒョウタンから独楽のようにして出てきて充分な討議も経ない、この、時には支離滅裂ですらある条文を、後々の国際法学者はさも意味ありげに解釈しようと無駄な努力をするのか、という思いにとらわれて会議議場に座っていたことを思い出します。

四　一九五八年のジュネーヴ海洋法条約の方はまだましであります。それはなんといっても、その条約草案が国連国際法委員会の綿密な討議を受けてきております。一九八二年モンテゴベイの国連海洋法条約にはそれがありません。事実、一九五八年のジュネーヴ海洋法体制の総括見直しなどは一九七〇年代に入るまでほとんど考えられることもありませんでした。しかも本来は深海海底制度から始まった国連の深海海底平和利用委員会が、当時急速に力を増してきた開発途上国の数――知恵ではありません――に押し切られて海洋法全体を一気に取り扱うようになる。そこに支配するのは法の論理、倫理ではなくて、彼らが海の資源に対して無限に抱くバラ色の夢とその数の力です。もちろんそこに理性の働く余地がなかったというのではありません。しかし、ばらばらに別れてお互いの連携もなく、しかも審議を尽くすこともなくコンセンサス方式という、率直に申してきわめてルーズな手続きによって急速に三二〇の条文が作られました。

一九八二年の国連海洋法条約は、(i)旧態のままの制度をほとんど手直しをすることもなく、議論もまた全体からの展望もなく、そのまま引き継いで導入したもの、(ii)新しい課題を担って、それなりの制度を作り上げてきたもの、(iii)海洋利用の本質につながる問題の解決を模索しながら、明らかな展望もないままに条文だけは文字にしてあるもの、などからなります。これらの異質なものが必ずしも調和がとれたものではないだけに、この一九八二年条約の各条文の調和、調整は極度に困難になります。

コンセンサス方式と言われましたが、条文によっては議論も問題提起もなく、ご都合主義によって思いのままのアイデアが条文に取り入れられる結果になって、実際は三二〇カ条を矛盾衝突もなく解釈しようなどとはもともと不可能なことであります。私たちにとっての問題とは、一九八二年海洋法条約の文言を解釈することではなく、その背後に潜む問題の真実を究明することにあると思います。

五　一九八二年一二月この条約署名式がジャマイカのモンテゴベイで開かれました。私は国連事務総長の招きで、第一次海洋法会議の生き残りとして、数人の古い友人たちとオブザーヴァーとしてこの光景を見る機会を得ました。そうしてこの三二〇カ条を、その署名の同じ日に、一番乗りを称して批准書を寄託した南太平洋の国フィジーがあったのには驚かされました。この条約をそれほど安直にしか見ていない国がある、ということに私は将来の懸念を感じました。

この条約のはらむ矛盾、未熟性、そうしたことは一昨年(一九九五年)一月外務省が催したシンポジウムの基調講演でも申しました。[3] 私が異端の徒と見られるであろうことは周知の上のことでありました。

また海洋法の紛争処理条項を審議した最初は、Louis Sohn、Eli Lauterpachtや私を含む、わずか数名の一九七四年のカラカスでの集まりであります。それが翌一九七五年春のジュネーヴでは三、四〇名の作業グループになりました。Law of the Sea Tribunal (LOST)、「LOST should be lost : LOST は葬れ」と主張した西欧の数名の国際法学者と私に対して、議長のAmerashingheはそれならばとLOSTをInternational Tribunal of the Law of the Sea (ITLOS) と名前を変え、条約案テキストにおいては、スイスやオランダの反対を押し切って、このITLOSをICJの前に置きました。[4] 当時私はその秋に予定されていたICJ選挙の候補者になっていました。「君はハーグに行くからいいだろう。しかしハーグにゆく機会のない私たちはどうしてくれるのだ」という親しい法律家の友人たちの反響に撫然たる思いでありました。私の一貫した海洋法裁判所限定機能論は一昨年のロンドンの雑誌にも掲載され、[5] 関係者周知のことでありますが、このことは現在裁判官の任にある方々への誹謗を含むものでは全くないことは申すまでもありません。あくまで理論的な制度論であります。そうしてこれまた異端の説であることは承知の上のことです。

六　こうした私なりの前提の上に、海洋法が戦後の五〇年を経て直面している問題について、この二〇年の空白で最近の発展も知らない私が何ほどのことを述べられるか。今日のあふれるような情報のなかで、私の話は如何にも時代遅れと映るかも知れません。「三〇年前の小田のままではないか」とご批判も受けることにもなりましょう。しかし私は今、海洋法で培ったこれまでの交友と一世代前の海洋法を思い出しつつ、海洋法がこの期間にどれだけの発展をしたのかを私なりに検討し、海洋法がどのような方向に向って進んでゆくのかについて不勉強ながら少しく考えてみようかと思います。基調講演ではなく、「体験の海洋法」であり、「海洋法OBの老いの繰り言」であるとお聞きください。

二　沿岸国管轄権と沖合資源の独占

―― 一九三〇年国際連盟法典編纂会議から一九五八／六〇年ジュネーヴ海洋法会議へ ――

七　二〇世紀前半、つまり二つの大戦の間の期間にあって海洋法の立場でなによりも注目すべきは、国際連盟が招集した一九三〇年の国際法典編纂会議であります。そこでの問題のひとつが領海制度であったことは注目すべきことであります。

無害通航を軸とする領海制度自体は、その内容もまたそれがもつ具体的な意味もさほど論議の的になるようなものではありません。領海制度はその範囲こそが伝統的な課題であり続けましたが、実際には三カイリの原則化が最大の問題であったと申せます。

八　第二次大戦直後の海洋法に関する問題と言えば、アメリカの北太平洋での日本漁業の復活への懸念と、それの阻止を法制度化し、正当化することでした。あの有名な一九四五年九月、戦争直後の漁業政策に関するトルーマン宣言が、そのカムフラージュのかげに、アメリカの沿岸沖合漁業独占への指向があったことは明らかでありました。

そうしてこの法の仮面をかぶったアメリカの漁業政策が中南米の二〇〇カイリ海洋主権を、あるいはアジア、とりわけ韓国、中国でのいわゆる漁業専管水域の概念を触発し、これを導入させ、少なからぬ国々の自国沖合の排他的漁業の道を開きました。

九　「沖合漁業水域の拡大か、それとも広大な自由の海での自由な漁業を維持すべきか」という対立が、結局は急激に増える開発途上国の数の前に沿岸水域の拡大に傾くのは見易い道理であります。事実は、「自由漁業」がもつ意味が海洋法のなかで重要性を喪失しつつありました。沿岸漁業のため水域拡大はいずれ世界の多数の国々が不可避的にたどる道であったわけであります。それに逆らったのは一握りの当時の漁業先進国でしかありませんでした。

漁業水域の拡大が領海の幅の問題を抱えて展開したのが一九五八年と一九六〇年のジュネーヴの第一次と第二次の海洋法会議であります。この二回の会議は領海の幅の通念であった三カイリから拡大することで一致は出来ませんでした。実は、それは漁業問題に原因があったからではありません。この点についてはまた後に触れることになりますが、ただ当時やはり「漁業の海」にこだわり続けたのがほとんど日本など数える国々でしかなかったことは記憶されなければなりません。6

一〇　国連のもとで成立した国際法委員会が一九三〇年の国際連盟法典編纂会議を引き継ぐような形で、国際法の法典化を図ろうとして取り上げた問題のひとつがまた海洋法であったことも、きわめて注目すべきことでした。かつて一九三〇年には領海制度、とりわけその範囲が考えられたのに対して、国際法委員会においては大陸棚がクローズアップされました。

もともと当時、大陸棚は全くアメリカだけの関心事でした。一九四〇年代の主としてはメキシコ湾における海底石油開発の可能性に触発されて一九四五年九月のアメリカのトルーマン大陸棚宣言になります。大陸棚も所詮は沿岸国による沖合資源管轄権の問題であります。アメリカとしてはあの時期に何をその宣言によって期待したのでしょう。アメリカのイニシアチヴによって大陸棚という、それまで国際法にとって全く未知の問題が海洋法のなかに忍び込んできた、という事態を想起しなければなりません。ようやくアメリカのメジャーの石油業界にとってのみ可能になってきた海底石油について、アメリカの利益と衝突するようなものはありません。「大陸棚の開発は国際法上許されるのだ」という姿勢をとりますが、実際は「その独占を他国に認知させる」ことに主たる意味があったとも申せましょう。アメリカと競合する国などは未だ存在しない一九五〇年代、一九六〇年代のことであります。

一一　海洋法にとって全く新しい大陸棚の問題は、むしろ理念が先行したと言えるでしょう。また必ずしも必然性のない一九五〇年代、国際法委員会の花形テーマとして注目を浴びたこの海洋法の問題を、いわば国際立法のひとつのひな型として条約化することは、設立間もない国際法委員会の悲願でもあったでしょう。漁業水域の拡大とは異なり、対抗利益がないままに、一国の利益がこのように法制度に反映し、ほとんど異論もないままに成立していった注目すべき、あるいは驚くべきケースがこの大陸棚制度であったと言えると思います。

そうして一九五八年の大陸棚条約で成立した大陸棚制度の実体そのものは、一九六六年のこの条約の発効を俟つまでもなく、一九六〇年代はじめには定着してしまいました。

一二　一九五八／一九六〇年のジュネーヴ海洋法会議は伝統的な領海と公海の制度を成文化し、全くこれまで未知の大陸棚を、実はほとんどアメリカの利益のままに成立させました。四つのジュネーヴ海洋法条約は一九六〇年代半ばまでには相次いで効力を発生します。しかしこれらの会議における懸案の領海幅の決定の失敗については、それが実は沖合漁業独占水域の拡大の実現過程にあることを示したものであります。

こうした一九五八年／一九六〇年の第一次、第二次の制度大系が、第三次海洋法会議ではほとんど審議の対象になることもなく、そのまま一九八二年条約に移行します（海洋法条約第二部〔領海および接続水域〕、第六部〔大陸棚〕、第七部〔公海〕）。この点がはっきり認識されなければなりません。

つまり第三次海洋法会議は大陸棚を既成の海洋法制度と考え、こうした既存の制度と新たな問題とを無原則のままに放り込んで、その間に十分の調整を行うこともなく、一九八二年条約をつくりました。一九八二年条約の脆弱さの根源のひとつはここにあると思います。

三　一九七〇年前後の軍艦、軍用航空機の自由な行動の保証

一三　一九六〇年代、第二次海洋法会議のあとしばらくの間は海の安定があります。常に見過ごされてきたことですが、資源目的、それが漁業水域であれ大陸棚であれ、沿岸管轄権水域の拡張ということが、すでに一九六〇年の第二次海洋法会議までに、あるいはその直後の期間に、事実上は決着が着いていたという現実がありました。あくまで漁業に利益の重点をおいてきた日本を、すでに一九五八年にアメリカは見捨てております。そうした事情の変化に、当時の日本は必ずしも充分にはついてゆけませんでした。

他方、アメリカ政府は、自国の漁業界、石油業界などにある程度のリップサーヴィスをしながら、何よりもその世界戦略から来る国防政策が、一九五〇年代からアメリカの隠された最大の海洋政策として、底流にありました。因果を含めて水産業界をだまらせたのは、アメリカ国務省であり、国防総省であります。一九六〇年代末期、アメリカは

――私の知る限りはもっぱら漁業マインドの日本を蚊帳の外に置いたまま――ＮＡＴＯ諸国、そうして実にソ連との密かな交渉を続けて、ようやく一二カイリ領海の合意に達します。

一四　問題の焦点は世界的な戦略的意味をもつ他国の海峡において自国の原子力潜水艦の潜水航行を制度的に如何に確保するかにあったわけです。日本と違って、アメリカなどには領海あるいは沿岸水域が持っていた外国沿岸国の「漁業独占水域」の意味、あるいはそのもつ脅威にもはや関心はありません。アメリカをふくむＮＡＴＯ諸国は、ソ連の合意を得て、国際海峡の制度化の見通しも出来、また群島国家を称するインドネシア、フィリッピンなどとのある程度の諒解を得た上で軍艦行動の自由が確保される以上は、「漁業の独占あるいは支配」のために開発途上国の領海が一二カイリに拡大されようが、沿岸水域が設定されようが、問うところではありません。

なんとしても自国軍艦、軍用航空機の世界の隅々における自由な通航、通過を考えれば、それまでは絶対に他国の領海六カイリ以上を容認することが出来なかったアメリカが、背後にはさきの先進国合意の成算があって、いわば条件つきで領海一二カイリを打ち出すことが出来たのは一九七〇年二月のことであります．

本来領海内では航行の浮上を義務づけられる潜水艦が、国際海峡になっている一二カイリ領海内では潜航のままの通航が認められるという大国間の合意、そうしてそれを開発途上国の海峡国に押し付けることが出来ることに確信をもったアメリカの巻き返しでありました（海洋法条約第三部第二節〔通過通航〕：第四部〔群島国〕）。

一九七〇年二月の外交白書においてニクソン大統領がこれまでの「無策の策」を転換して大陸棚と深海海底の明確な分離を述べ、深海海底制度の確立をよびかけるのに呼応して、その同じ日、スチーヴンソン国務省法律顧問は一二カイリの領海論を打ち出しました。それはその頑なに拒否してきた、領海一二カイリへの転換でありました。さきの海峡国、群島国との暗黙の諒解があり、成算が立ったからであります。

一五　群島という概念はすでに一九五八年の第一次海洋法会議から出ております。とくにフィリッピンが主張しておりました。群島の場合に、その内部水域は公海ではなく、そこに領海制度を適用するか、内水制度を適用するのかという意味で議論されました。しかしそれが第三次海洋法会議の過程を通じて問題になってくるのは、領海範囲が一二カイリという形で固定し、その結果二〇〇カイリ漁業水域がひろく言われるようになる結果であります。

群島国家はせいぜい四、五カ国であります。地理的に当然に漁業水域あるいは排他的経済水域として主張しうるかに見えるこの海域を、自国の領海あるいは内水と認めよ、いわば国家領域の一部の位置まで引き上げよと主張する。他方、フィリッピン、インドネシアなどの東南アジアの水域がいかに米ソの戦略にとって重要であったか。これらの水域における船舶の通航、とりわけ軍艦、潜水艦、軍用機の通航の問題が米ソなどの大国間での調整を必要としました。一方で米ソは群島通航路通航権（海洋法条約五三条（群島通航路通航権））を確保し、他方でフィリッピン、インドネシアを中心とする群島国家の概念（海洋法条約四六条以下（用語の使用、群島基線など））が成立します。それはまさに海軍大国との駆け引きの所産であります。

一六　これによって一九七〇年代の初めには、軍艦、軍用航空機に関しては海洋の制度が確立したと言えましょう。もちろんいろいろな手直しはあるにせよ、一九七〇年代前半には当時の国際安全保障を反映した新しい海洋制度が確立した、ということは言えると思います。しかしそのために先進国側が考慮を払わなければならなかったのはむしろ開発途上国寄りの排他的経済水域、群島国家の概念であり、また広がり行く沿岸国の海洋資源独占を容認するという犠牲はやむを得なかったものであります。

四　沿岸国資源独占に対するささやかなアンチテーゼ
――一九七〇年代前半の排他的経済水域の制度化と大陸棚の二〇〇カイリ以遠――

一七　戦後の次第に拡大してゆく沿岸国漁業管轄主張の傾向、それは自由な漁業の対抗概念として沿岸国の利益のために出てきました。領海幅の拡大、二〇〇カイリの海洋主権、漁業専管水域のかたちでこれらを設定した国々はひたすらに管轄権の拡大を図ります。第一次、第二次海洋法会議を経て、もはやその趨勢を止めることはできませんでした。それは先進国対開発途上国の対立の構図をとります。

しかし所詮漁業は原始産業であります。先進国もいつまでもそれにしがみつくばかりが能ではありません。世界の海で攻勢一点ばりであった日本漁業が中進国、後進国に追われ、アメリカからまたアジアから追われて、一転して守勢に変わります。領海三カイリの日本が二〇〇カイリ漁業水域を設定して世界を驚かせるのはだいぶ後、一九七七年のことでありますが、世界的に見て漁業管轄について言えば、二〇〇カイリの勝負は一九六〇年代初めには着いていたとみなければなりません。もっとも二〇〇カイリ「漁業水域」という概念は一九五〇年代から一九七〇年代までの間で、いろいろの国によって主張されましたが、「排他的経済水域」とは別個のこの水域が国際法で一般に認められたというようなことはありません。この点についてはしばしば誤解がありました。その意味では日本が一九七七年、一二カイリの領海とならんで二〇〇カイリの、排他的経済水域ではなくて、「漁業水域」を設定したことが私には大変不思議なことに思われました。

一八　漁業についてはなぜ沖合水域が二〇〇カイリであり、それ以外ではあり得なかったのか。一九五七年私が第一次海洋法会議を前にして中南米諸国をまわり、その主張する二〇〇カイリ海洋主権を尋ねたときに、ペルーの外務省首脳が、ペルー沖を流れるフンボルト海流が二〇〇カイリ幅であり、今後はそれをペルー海流と呼ぶのだと述べたことがあります。たいした根拠のあることではありますまい。しかし漁業について二〇〇カイリ以上が言われたことはありません。多くの国がこれをもって利己的な自己の主張の限界と考えたものでもありましょう。二〇〇カイリの距離だけを唯一の制約として漁業管轄が考えられます。二〇〇カイリに及ぶ漁業のための水域——もっともそれは沿岸国の排他的漁業のための水域という以上に明確な意識はありません——ほど実は安直に一九七〇年代で認められたものはありません。ほとんどまともな議論もなく、あたかも既成事実であるかのごとく受け止められました。そうして本来は漁業管轄を目的としていたはずのこの概念に、さまざまな沿岸国権限が付け加えられます。現在の海洋法条約の排他的経済水域の条項に規定されるような様々な沿岸国権限が、まともに審議を経ることもなく、いわゆる海洋法会議における手続としてのコンセンサス方式によって一九七〇年代初期に追加されていったわけです（海洋法条約五五条〔排他的経済水域の特別の法制度〕、五六条〔排他的経済水域における沿岸国の権利、管轄権および義務〕）。

一九　ただそれを制約するものとしては僅かに沿岸漁業利益を独占する沿岸国に対する地理的不利国（とりわけ内陸国）の海洋への関心の目覚めがあります。いわば、これまでの先進国対開発途上国の対立の構図に地理的有利国と不利国の対立の構図が交錯します。これの分析は、かつて私が一九六九年、ディッチレーの会議で最初に図式を用いて説明した概念でありますが、[7]決して数少なくはない地理的不利国の同意を得て、広い漁業水域を一般制度化するには、いわゆる沿岸国側はなにものかを地理的不利国に提供しなければなりません。かつては増大する沿岸国管轄を制約するものが先進国の自由な漁業への関心だけであったとすれば、いまや先進、後進ふくめて束になって沿岸国利益を言う沿岸国に対抗できる抗弁は「地理的不利国」の概念だけであった、と申せましょう。

排他的経済水域は広い沿岸国の漁業水域に何程かの他国――あるいはそれが国際社会の利益と呼ばれることもあります――の利益をリンクさせるものに他なりません。この随想が一九七〇年代のはじめアジア・アフリカ法律諮問委員会（ＡＡＬＣＣ）において、ほとんどひとり狭い領海のためにたたかった日本への対抗概念として、私とケニアのNjengaの論争から生まれてきたことを私は感慨深く思い出します。

二〇　沿岸国の排他的経済水域では――単純な漁業水域と違って――沿岸国による資源の恣意的な処分が許されるわけではなく、資源保存と資源の最適利用の理念に支えられなければならない。そうしてまた沿岸国の完全な独占が許されるわけではなく、とりわけ地理的不利国へのいわゆる配分が認められなければなりません。

しかし、一体こうして出来た排他的経済水域とは法制度的には何物なのか。これは領海と同じように国家領域の一部と見なされるべきなのか。それともこれは国家の、そのためのclaimによってはじめて設定されると考えられるのか。事実上は排他的経済水域の制度と競合する面を持ちながら、すでに疑われることなく成立していた既存の大陸棚概念との調整はほとんど行われることなく、排他的経済水域は思いのままに一九八二年条約の条文のなかに投げ込まれております（海洋法条約第5部〔排他的経済水域〕）。

二一　ここでふたたび資源管轄のひとつとしての大陸棚に戻って見ます。大陸棚も排他的経済水域も、同じ海洋における沿岸国による沖合資源規制の問題であります。対象物が海底に埋蔵されている石油資源か海洋を浮遊する生物資源かの違いはあるとしても、人間による海洋での開発行為にかわりはありません。大陸棚の場合は、それが正しかったかどうかは別にしても、一九四五年のトルーマン宣言から一九五八年大陸棚条約の流れのなかで、陸地の不可分の一体としてipso jureの付属物であります。国家はそれを改めてのclaimなしに主張をしております。

その範囲の問題はまたあとで別の関連で触れますが、常識的には二〇〇メートルの水深までと考えられ、それがcontinental slopeまでも入るように考え直され、一九五八年大陸棚条約ではそのように規定されました。もっともこの点、私もいささか関与したICJの北海大陸棚事件を経て、第三次海洋法会議では領土の「自然の延長」のcontinental marginの外縁までと考えられました（海洋法条約七六条〔大陸棚の定義〕）。

しかし海洋法会議は沿岸国でありながら地質構造上大陸棚に恵まれない沿岸国のために、自然科学上の大陸棚が二〇〇カイリに達しない場合はその距離までとされますが、広い大陸棚によって膨大な利益を受ける沿岸国は、ようやく高まってきた大多数の国々への配慮に妥協しなければなりませんでした。二〇〇カイリを超えるcontinental marginについては、そこにも「国際社会の利益」の構想が挿入されることによって国際社会への利益の拠出が規定されることになります（海洋法条約八二条〔二〇〇カイリを超える大陸棚の開発に関する支払および拠出〕）。単純に無制限な沿岸国利益を許さないという意味では排他的経済水域の概念の影響を受けたともいえます。

五　排他的経済水域と大陸棚をめぐる混迷
――海の資源境界線の問題――

二二　同じような海域を取り扱うものでありながら、問題はとりわけ大陸棚と排他的経済水域との関連であります。

このふたつが沿岸資源の問題でありながら、それがまた別々の系譜をたどって成立して来ただけに、これらを調和させるのは容易なことではありません。国連海洋法条約はこの点を全く解決してはおりません。そうして大陸棚よりは遅れて登場した同じく資源管轄の二〇〇カイリの排他的経済水域。同じく資源管轄でありながら、二つの異なった制度を成立させて（海洋法条約第5部（排他的経済水域）、第六部（大陸棚））、その間の調和、調整について考えることのなかったのはこの海洋法条約のひとつの重大な欠陥というべきでありましょう。

二三　それぞれの外縁は別として、隣接国同士でそれぞれの境界は別個でありうるのか。条約ではもちろんこの二つは全く別個の制度として規定されています。しかし本当にそれが資源管轄を扱う上で正しかったのかどうか。第三次海洋法会議はまったくそのような問題に取り組もうとはしませんでした。条約はこの点を不明のまま残しております。制度としての大陸棚と排他的経済水域の理論上（とりわけ条約五五条、五六条）、実際上の矛盾と抵触を海洋法条約は全く未解決のまま残しております。それもまたこの条約の欠陥でもありましょう。

二四　また隣接国の排他的経済水域と大陸棚の境界が同じであるべきかどうかは別として、それぞれの境界線はどのようにして決定されるのか。一九八二年条約はそれぞれに別の条文で「衡平な解決を達成するために国際法にもとづき合意で行う」という同文の規定をおいていますが（海洋法条約七四条（隣接または相対する国の間の排他的経済水域の境界画定）、八三条（隣接または相対する国の間の大陸棚の境界画定））、それぞれに考慮される「衡平」の概念は同じではないでしょう。これをどのように理解し、解決するのか。国際司法裁判所はチュニジア／リビヤ（一九八二）、リビヤ／マルタ（一九八五）の大陸棚事件において、またエルサルヴァドル／ホンジュラスの海陸の境界紛争（一九九二）、ヤンマイエン事件（一九九三）においてこの問題に直面しました。もとめられて具体的な線引きを行った裁判所は、明らかに本来の司法機関としての権能を逸脱していると私は思います。そこに見られるのは決して客観的な法の原則ではなくて、「衡平」原則であることに気がつきます。境界画定は司法決定の問題ではありません。このいずれの事件においても反対意見あるいは個別意見を書いた私は、これらがすぐれて調停にふさわしいと申しました。というのはこうした線引きが司法的解決の対象になる問題とは考えられなかったからであります。

日韓、日中の大陸棚あるいは排他的経済水域の境界の問題があります。もちろん衡平を規律する法の理念はあります。しかし具体的に何をもって「衡平」と考えるべきか、交渉当事者の説得の技術にかかってきましょう。そうしてそれを第三者機関に付託するとするならば、結局は、「どの第三者機関を当事国が信頼するか」のみにかかってきます。

六　大洋の資源——深海海底開発と漁業資源の配分——

二五　一九五八／一九六〇年の第一次、第二次海洋法会議のあとの一九六〇年代のなかばの六、七年間、海洋法には束の問の静謐があります。しかしそれはいわば嵐の前の静けさであったと言えましょう。海洋法に大きな動きをみることなしに事態は一九六〇年代末期を迎えるわけです。この束の間の静けさのなかに何が動いたのでしょう。ひとつは先に申しましたとりわけアメリカを中心とする軍事大国の海軍戦略にかかわる問題ですが、もうひとつの問題は改めて申すまでもなく深海海底であります。

それまで大陸棚の概念で考えられていたのはあくまで石油であって、海底から石油以外の鉱物資源が採取されるとは全く考えられていなかったと言えます。石油は沖合堆積地帯に含まれているわけですが、戦後問もなくのころには二〇〇メートルの水深を越えてまで石油開発が可能であろうとはほとんど考えられてもおりませんでした。一九五八年の大陸棚条約が大陸棚の定義として「開発可能性」を持ち込んだ意味は、石油開発が水深二〇〇メートルよりも深みで可能になるかも知れない、そうなればその開発も禁じられてはいない、許されているのだという単純な意味でしかありませんでした。この問題については利益の衝突は事実上は考えられなかったからです。

二六　一九六八年海底平和利用委員会の発足から事実上は一九七四年に始まる第三次海洋法会議への間、大陸棚の制度それ自体は大きな問題にはなり得ません。これが問題になるのは、もっぱら大陸棚の定義としての「開発可能性」

の概念によります。しかしほとんどの政府も学者もその持つ意味に気づいてはおりません。

しかしここで「開発可能性」の故に世界の全海底は大陸棚であって、世界の海底は中間線によって分割されるというクリスチーの「中間線理論」と、大陸棚はあくまで海底最深部へ向かってそれぞれの沿岸から漸進的に延長してゆくという私の「最深部理論」の対立があります。

しかしこの頃、大陸棚条約が作成された一九五八年の第一次海洋法会議の当時にはまず夢にも考えられなかった大陸棚以遠の金属性鉱物の存在に目が向けられるようになりました。コバルト、ニッケル、マンガンを含むマンガン団塊が有用な資源であるという認識をもたらしたのは恐らく一九六七年の春、ロスアンゼルスの郊外、ロングビーチで開かれたアメリカ法曹協会の会合でのメロの演説がそのはしりであろうと思います。その会合において、「法の論理」としての全世界海底大陸棚論を展開していた私の目の前につきつけられたのは、海底技術者メロが見せた何枚かのスライドによるいわゆる堆積大陸棚の外、深海海底に横たわるマンガン団塊の映像でありました。

一方で堆積物の石油と他方で深海海底のマンガン団塊、この異質な海底資源が第一次、第二次海洋法会議からの一〇年間の海洋法の静謐を破ります。まさにこの深海海底が新しい海洋法を開いたと言えましょう。かくて海洋法は一九六〇年代末期に大きな転換期を迎えるのです。しかし実はこの深海開発は海洋法の一環であるよりは、全く新しい地球上の未知の世界の利用の問題であり、国際法の新地平を開くきっかけをつくったものと言えましょう。

二七　「開発可能性」の概念を軸に無限に広がりかねない大陸棚に歯止めをかけるためにマルタの代表パルドが国連総会第一委員会で一九六七年一一月一日、三時間にわたる長口舌をふるい、「人類の共同財産」としての深海海底を提唱しました。もちろんそれまでには民間団体の動きがあります。またパルドがそのニューヨークの演説で悪しき例として引く私のロングビーチの全世界海底大陸棚論はその半年前のことであります。[8]

ともかくメロが新しい深海の世界を紹介し、パルドが人類の共同財産を提唱する。そうして国連が一九六七年秋の総会で海底平和利用委員会の設立を決議し、その委員会が発足するのが一九六八年の春のことであります。一年を予定されたこの深海海底を扱う委員会が三年に延長されました。一九七〇年にかけてまさに人類の共同財産を謳うこの深海海底制度はいわゆる海洋法の一九五八／六〇年体制を揺るがすものでした。

当初、一九六〇年代末、大陸棚以遠などはまだ開発途上国の知識の及ぶところではなかったと言えます。しかし「人類の共同財産」という美名に酔った開発途上国は、いわば「棚からぼたもち」のこの仮想の利益を見逃そうとはしません。当時私は、共同財産であれば、たとえば入会権のように、その必要に応じて自由に利益を享受すべきか、それとも全員が等しく分け前にあずかろうとするのか、パルドはこれを社会主義の理論と言ったが、社会主義理論では「働かざるものは食うべからず」ではないのか、などと各国の代表とこれまた熱っぽい議論をかわした日を思い出します。[9]

水深二〇〇メートル以遠の石油に関心をもち始めた一方アメリカ大手石油業界と、他方、深海海底金属に目を向けはじめてきたアメリカ金属業界との葛藤を背景に、「中間地帯」とか「信託地帯」とかのいろいろの新しいアイデアがアメリカで模索された時期でもあります。しかし、それまで日和見をきめていたアメリカが、一九七〇年二月の外交白書においてニクソン大統領がこれまでの無策の策を転換して大陸棚と深海海底の明確な分離を述べ、深海海底制度の確立を呼びかけてその後の深海海底論の主導権を握ります。

二八　深海海底を開発出来るのは一握りの先進国に過ぎません。深海海底の議論において主導権を握るのはアメリカを中心とするそれらの国々であります。深海海底制度と機構はすでに一九七〇年代前半、第三次海洋法会議の初期の草案において、アメリカのリードで、独自の制度を展開しました。この制度の審議は法律学の審議であるよりは、むしろ経営学のそれであったと言えるでしょう。

「人類の共同財産」の名に酔いしれる開発途上国がそれに加わって、それ自体として事実はひとつの完結した体系をもつことになります。それからの一〇年は開発途上国は実態に対する充分の理解もないままに、この制度の自分たちへの有利な展開を試み、それを承認させることによって先進国に有利な内容と見られる航行制度を中心とする一般海洋法制度を規定する国連海洋法条約を売りつけようとします。この点は先に触れました。

開発途上国の先進国に対する駆け引きの結果、一応の妥協が成立して国連海洋法条約が署名されますが、その開発途上国寄りの企業経営内容にはアメリカを初めとする先進国が容易に同意できるものではありませんでした。ある意味では深海海底制度こそはまさにこの条約を始動させた原動力でありますが、同時にまたアメリカを中心とする反対が、一九八二年に署名された条約の批准を遅らせる原因となりました。先進企業からの圧力を受けて開発途上国による内容の手直しが約束され、ようやくアメリカなどの同意を得て海洋法条約が発効の運びとなるのは、署名後実に一二年、一九九四年のことでありました。

先進国対開発途上国の対立が緩和されて、一九九四年七月にニューヨークで「国連海洋法条約第一一部の実施に関する協定」が締結されました。かくして深海海底制度は海洋法の論理とは分離して独自のレジームを形成します。深海海底王国、の成立であります。

深海海底機構による支配を軸とする深海海底制度はまさに海洋法を成立させるためには先進国が呑まなければならない苦汁でもありました。しかし本質的に海洋法の一部と見なされるものではありません。国連海洋法条約においてもこの深海海底の第一一部は別の扱いであり、それはそれで一種の完結した体系をもつ独自の新制度であり、そうしていわば海洋法とは別世界の経営管理学の問題でありながら、海洋法制度のなかに抱き合わせでしか成立させられなかったところに、深海制度についても、また海洋法一般についても、今後の苦難な道程を覚悟しなければならないのです。

深海海底制度の紛争はまさに国内における行政訴訟に類似してきます。深海海底機構による利権の発給をめぐる紛争がその主たる紛争となるでしょう。そこでは旧来の海洋法の論理が通用する余地はありません。独自の世界がそこに展開するわけであります。国際海洋法裁判所がその存在の意味をもつとすれば、まさにこの一点のみ、その海底紛争裁判部の存在によってであるというのが私の見解です。[10]

二九　しかしマンガンの需要はかつて予想されたほどではないといいます。コバルト、ニッケルなども市場の不況のため、さしあたりはこうした金属鉱物は陸上産品をもって需要を満たすことができます。しかも実際の採掘が行われるのは二一世紀もかなり年を経てからであろうと予測されます。白昼夢でしかなかったかも知れない「人類の共同財産」への途上国の熱意も薄れて来ているとも言われます。深海海底開発が経営の軌道に乗るのは、まだまだ先のことであります。深海海底機構が出来、多くのポストがつくられることで国連事務局が喜び、関係海洋マフィアが喜ぶ、それはそれでよいのかも知れませんが、果たして今後の実情はどうでありましょう。

三〇　海底から海洋に目を転じてみます。一九五〇年代の初め私は、領海の問題をふくめて、海洋法の問題がなによりも海洋資源の問題であることを指摘しておりました。もっともそれは先程述べましたように、広い自由な公海と拡大してゆく漁業管轄との対立の構図としてとらえられて来たものでありますが、一九五七年のハイデルベルグの国際法雑誌における「海洋資源の保存と配分」と題した私の論文も、海洋資源の問題は漁業資源保存もさることながら、むしろ保存の見地から総量が限定される資源を、限りなく増大する各国の要求のなかでどう配分するか、シェアーするかが問題であることを指摘したものでした。保存は自然科学の問題であり、何物もこれに反対することはない。他方国家利益を反映する資源配分の社会科学的な問題をどのように国際法に反映させることが出来るか。こうした視点で海洋問題を論じた始めであったと思います。[11]

三一　「漁業資源の配分(sharing resources)」という概念は、その後、Schachter、McDougalなどが使いましたが、この問題は当事国の交渉能力に委ねられます。漁業条約の成果は交渉当事者の外交交渉能力によります。しかし果たして途上国がそれで満足するでしょうか。

一九五八年の第一次海洋法会議も、そうしてそこで署名されたジュネーヴ公海漁業条約にもまだその問題の意識すらありません。一九七〇年代に入ってからの拡大海底平和利用委員会から第三次海洋法会議の動きのなかにも、国際社会にはまだその意識が芽生えてはおりません。公海漁業に関する限り、こうした「配分の構造」にはほとんどなんらの審議を重ねることなく、また一九五八年条約を踏襲する一九八二年の国連海洋法条約でも、なにひとつ解決はされておりません。

三二　一九五〇年代に多くの資源保護条約があります。しかしそこではまだ資源配分論が明瞭な意識にはのぼって来ない。いわば自由競争論が支配的でありました。漁業資源の保存は、まだある種の一般的な規制――漁期、漁区、漁具――をもってすれば、自由競争によっても損われることはなかったのです。南氷洋の捕鯨を捕鯨オリンピックと名付けたのは私でありますが、一握りの国々が一斉に競争を開始して、許容捕獲総量達成の時期までにその成果を競い合う。漁業はやはり自由であったのであります。この方式に陰りがみえてきましたが、漁業は沖合漁業の独占をもって処理される一方、大洋の漁業は自由競争の原理を資源保存の枠内で維持出来た時期であります。

これが目にみえて崩れて来る。しかしまだ自由にかわる配分の理念がないまま自由競争の原理自体は目にみえて崩れていきました。私が、必ずや来るべき第四次海洋法会議の必要を述べ、かつてパルドが深海海底について主唱した「人類の共同財産」の概念が海底から大洋に及び、大洋漁業の配分原理が問題になるであろうと予測したのは一九八一年のニューヨークにおける名誉学位授与式の講演でのことであります[12]。その予測は的中しました。

三三　一九九二年国連総会により、公海と排他的経済水域にまたがって存在するストラドリング魚種あるいは公海と排他的経済水域を回遊する高度回遊性魚種に関する国連会議が設立されました。議長に推されたのは、一九八二年、海洋法条約の署名と同時に批准を寄託したフィジーのNandanであります。六会期を重ねた末、一九九五年八月、「ストラドリング魚種および高度回遊性魚種の保存および管理に関する国連海洋法条約の規定の実施に関する協定」がこれまたコンセンサス方式で採択されることになりました。

これまでほとんどの開発途上国によっては考えられもしなかったような魚種、そうして一九五八年条約では「保存への協力」しか言われなかったものについての長期的な保存と持続可能な利用が謳われています（実施協定二条）。

かくていわゆる完全な漁業の自由は、国際管理にとって代わられました。もちろんそうした漁業の規制の問題は、基本的な海洋法の原則で律しうるものでありましょう。しかし一九八二年条約あるいは一九九五年協定が公海漁業の問題の本質的な解決になっているのかには疑問が残ります。

本質的な問題は果てしない国単位の漁獲希望量の増大を、この魚種についてどのように規制するか。私がかつて申したのは、深海海底と同じような利権配分の構想が将来に出て来ないであろうか、という点であります。こうなれば問題は法の問題ではなく、仲裁判断に委ねざるを得なくなりましょう。また深海海底の問題と同じように一種の行政訴訟の対象にもなることでしょう。しかしそれはすでに古典的な一般海洋法体系からは大きく踏みはずしたものになるでしょう。

このようにして、自由からいわば「人類共同の財産」に転じようとしているこうした魚種について、その根底にある配分の理念と構造は何なのか。新しい世代の皆様の研究をまちたいと思います。

七　海洋環境の保護——マイナスの負担の配分——

三四　第三次海洋法会議の過程において、一九七〇年代には海洋法の分野に新しく環境の問題が加わりました。海の環境保全とは海洋汚染防止の意味であります。ストックホルムの人間環境宣言は一九七二年のことであります。開発と環境保全、これは盾の両面であります。私も一九七三年、国際法協会（ILA）の発祥の地ブラッセルにおける設立一〇〇年記念の記念講演において、盾の両面としての開発と環境の問題を述べました[13]。その翌年一九七四年には日本国際法学会で、「海洋汚染と国際法」について報告の機会を得ました[14]。

その当時は未だ開発途上国の代表は「自分たちも環境保全ということを言ってみたい。自分たちにはそれよりも開発の方が重要なのだ」と申しておりました。アジア・アフリカ法律諮問委員会（ＡＡＬＣＣ）が一九七〇年代前半海洋法問題の先駆的役割を果たしたのち、当時の事務局長でありました**B. Sen**から私はＡＡＬＣＣが今後とりあげるべきテーマとして海の「環境保全」では如何か、と相談を受けたことがあります。私はほとんどが開発途上国をメンバーとするこのＡＡＬＣＣにおいて、このテーマは時期尚早であろうと述べました。途上国の意識は海の「開発」であって、いまだその「保全」の域には達していなかったというのが実態であったろうと思います。第三次海洋法会議においてはこの問題がやや遅れて登場するのも理解できるところであります。

三五　海洋汚染の原因には陸上汚染源からの汚染、海底開発からの汚染、海洋投棄による汚染、船舶運航からくる汚染の四種類が出てきました。第三次海洋法会議はそれぞれに対応するような汚染の規制に取り組みはじめました。カラカスの会議で私のソ連の友人が「哀れなるかな汚染、お前を味方にするものは誰もいない」と申しました。たいいの制度においてはそれを支持するもの、否定するもの半ばします。こと汚染に関してはいわばすべてのものの憎しみを背負ってそれは厳しい規制の対象とならざるを得ないのです。

しかし海洋汚染は、開発――それが陸上であれ海上であれ――の負（マイナス）の面であります。さきに私は、公海の漁業開発において、科学的な保存の制約のなかでどの国が開発の利益の大きな分け前を得るのか、そうした配分が問題であり、国際法の論理の対象にはなり難いことを申しました。海洋汚染の問題を目の前にして、言わば利益の配分ではなくて、負の分担、マイナスの配分をどのように考えるかが今後の海洋法の問題である、ということを申したことであります。当然と言えば言い過ぎになりましょうが、一九八二年の海洋法条約はこの問題に対する回答を与えてはおりません。

八　混迷の国連海洋法条約――海洋法の混迷――

三六　以上で海洋法の五〇年の動きを見てきました。この二〇年間の私の不勉強がこの展望を全く見当違いのものにしていることを恐れます。またこの半年の裁判所の本務のために余裕不足であったことなどから、数日で書き上げる以外になかったこの講演に充分な自信があるわけではありません。ただある程度の確信をもって言えることは、

Ⅰ　沿岸国の管轄権は資源目的のために拡大の一途をたどりました。一方では沿岸漁業を念頭に三カイリ領海から一二カイリへと拡大し、さらに公海における自由漁業の抵抗を押し切って漁業のために二〇〇カイリまでを沿岸水域化する動きがありました。他方では海底石油を考えたアメリカの意のままに大陸棚制度が成立します。

Ⅱ　しかしそこには三つの問題がありました。(i)ひとつは限りなく拡大する沿岸国管轄権を支える沿岸国利益を阻止する要素、それは漁業については地理的不利国あるいは国際社会の名のもとにおける対抗利益であり、その結果は漁業水域ではなく排他的経済水域として結実します。大陸棚については二〇〇カイリを超える大陸棚の開発利益の国際社会への還元があります。この制度についてはある程度技術的な問題として解決されました。ただそこにも排他的経済水域へのわけても地理的不利国への利益の配分、そうしてまた大陸棚の国際社会に還元された利益がどのように配分されるのか。(ii)ふたつには一方で、いわば ipso jure に国家の appurtenance として存在する大陸棚と、他方で国家の claim としての排他的経済水域があります。地理的にもそれらが一致するわけではなく、その場合にいずれを優先させる意図であったのか。すでにアメリカ主導で成立していた大陸棚制度と開発途上国主導の新しい排他的経済水域はいかようにも調和しません。異質なものを結び付けようとする試みは、それの成立に相互の関連性がなかっただけに、この後どのように展開するのかは予断を許しません。(iii)最後に大陸棚と排他的経済水域の隣接境界を定める法は存在するのか。それをきめるのは法なのか、衡平と善なのか。だがその線引きのルールを海洋法条約が定めていると は申せません。これら多様な問題は個々の紛争として将来の大きな問題になるでしょうが、海洋法は為すすべがありません。

Ⅲ　こうした資源問題を中心に展開した戦後の海洋法問題に大きな問題を投げかけたのは、とりわけ原子力潜水艦を中心とする軍艦および軍用機の海峡あるいは群島水域の通過の問題です。この問題は、軍艦、軍用航空機の通過を国際安全保障上絶対とする一九六〇年代末からの国際情勢を反映して生まれてきたものです。開発途上国への海の資源に対するそのバラ色の夢の提供とひきかえに、軍事大国の海上戦略は海洋法条約のなかにも成文化されることになりました。米ソそうして先進国が得た海軍行動の自由の確保が新しい海洋法のルールの基礎のひとつを形成しています。戦後の最大の課題でもあった軍艦の航行、軍用機の通過は海峡あるいは群島水域でも確保されたと申せましょう。「資源の海」を確保するために開発途上国などが米ソに払った代償であります。「国際安全保障における海」の役割が如何ほどのものであるか、到底浅学の私のよく分析しうるところではありません。

Ⅳ　大洋の海原、少なくとも沿岸国の管轄を越える公海の漁業資源について疑われることのなかった漁業の自由、そうして自由な漁業に開かれていた広大な大洋の資源も限りがあります。しかし問題は資源保存のための規制では済まなくなってきています。「漁業の配分」こそ将来の課題になるであろうと私が申しましたのは四〇年前のことでありますが、今や「人類の共同財産」の思想がここに及び、新たなレジームがここに拡がろうとしています。それは具体的には何か。海洋法はこれに何を寄与しうるのか。

Ⅴ　深海海底は一九六〇年代末からの勢いで、「人類の共同財産」の理念はほとんど疑われることもなく――事実はその現実性がなかったが故に――確立してしまいました。一九七〇年代の深海海底の「人類の共同財産」が開発途上国の儚き夢をかき立て、全く独自の深海海底制度を作り上げて、膨大な権限をもつ機構王国が形成されました。この世界企業の経営理念は何なのか、海洋法はなにひとつ示してはおりません。

Ⅵ　海洋環境の保全、ここにも掛け替えない地球を維持するための汚染許容量はどこにあるのか。さらにそのなかで汚染の許容をどのように配分するか、すなわちいわば開発のマイナスの負担をどのようにするのかの問題があります。このこともまた海洋法の論理を超えた問題といわなければなりません。

最後になります。ばらばらの構想を寄せ集めて一九七四年のカラカス会議が開かれ、内容がばらばらであるだけに総合的統一もないままに一九八二年の第三次海洋法会議最終会期までに至ります。それが部分的には、一九九四年の「第一一部実施協定」、一九九五年の「公海漁業の規定実施協定」によって補われました。

私はこうして第三次海洋法会議の成果の上に今築かれている海洋法秩序が、無意味なものであったと申しているわけでは決してありません。戦後五〇年に近い世界すべての国々の汗の結晶でもありましょう。しかしそれにしても、いわば巨大な海洋法体系の構築を誇るが故に、コンセンサスという安直な方式で組み立てたものにすぎません。それはバラバラの寄木細工でいつガラガラと音を立てて崩れるかも知れない。

このようにして海洋法条約は、その細目の技術的なものは別として、世界の進むべき道を示しているわけでもない、一片の海洋法条約にこれを期待することは所詮無理なことではありましょう。私は世界の賢人たちによって二一世紀の国際社会のなかに占めるべき海洋の地位について高い理想と深い理念が示されることを願いつつ、そうしてまた各国が自制・自律の精神と、また真に国際社会利益の理念に目覚めて、これからの海の慣行を重ねて行くことを願いつつ、この基調報告を終わります。

［注］

1　この報告において、私はこれまでに自分が述べてきた見解にとくに新しい知見を加えたわけではない。私の既刊の『海の国際法研究』全九巻のなかに述べていることなので、ここにはごく例外を除いては脚注を付けない。とくに『海の国際法構造』、『海洋資源と国際法Ⅰ・Ⅱ』、『海洋法研究』、および英文の著書、論文に述べ尽くしている。一九五〇年秋からエール大学ロースクールに留学中、法学修士(LL. M)を終えて、一九五二年初めMyres S. McDougal 教授のもとで法学博士(J.S.D.)号取得に向けての海洋法研究を始めたのが最初である。一九五三年の学位論文は *Riches of the Sea and International Law*、のちに *International Control of Sea Resources*, Sijthoff, 1963としてオランダで出版された。

2　『海洋法』上巻(有斐閣、一九七九年)、三二一頁。これは、後に改訂されて『注解国連海洋法条約』上巻(有斐閣、一九八五年)三四〇頁。；『海洋法二五年』(有斐閣、一九八一年)五四四頁。

3　「日本の歩んだ新海洋法への道」、『季刊海洋時報』七六号(一九九五年三月)、二—一九頁。本書一六一頁。
4　『海洋法二十五年』、五三一頁。なおこのエピソードはAdede, The *System for Settlement of Disputes under the United Nations Convention on the Law of the Sea*, 1987の序文にも記されている。
5　Oda, "Dispute Settlement Prospects in the Law of the Sea", *The International and Comparative Law Quarterly*, Vol. 44 (1995), pp. 853-872.
6　「海洋法あれこれ① 魚だけの海ではない」、『季刊海洋時報』四六号(一九八七年)、二—七頁。本書二五三頁。
7　一九六九年二月イギリスのディッチレー財団の招待の海底資源専門家会議である。Ditchley Paper No.23–The Resources of the Ocean Bed, 1969.
8　ロングビーチにおける講演は次に収録されている。Oda, "The Geneva Conventions on the Law of the Sea : some suggestions for their revision", *Natural Resources Lawyer*, Vol. 1 (1968), No. 2, pp. 103-113・
9　人類の共同財産の概念については「海洋法あれこれ③『人類の共同財産』としての深海海底」、『季刊海洋時報』四八号(一九八八年)、二—九頁。本書二七六頁。
10　同上。
11　Oda. "New Trends in the Regime of the Seas – a consideration of the problems of conservation and distoribution of marine resources", *Zeitschrift für ausländisches öffentliches Recht und Völkerrecht*, Bd. 18 (1957), pp. 61-102, 261-286.
12　Oda, "Sharing of Ocean Resources–unresolved issues in the Law of the Sea", *Journal of International and Comparative Law*, (New York Law School), Vol. 3, No. 1, pp. 1-14.
13　Oda, "Preservation of the Marine Environment", *ILA*, *Recueil des discours et communications prononcés à l'occasion de la célébration du Centinaire, Bruxelles*, 1973, p. 122.
14　「海洋汚染と国際法」、『国際法外交雑誌』七二巻六号(一九七四年)、一—二四頁。

第一〇論文　海の法秩序

（一九九九年）

【解　題】

海の法秩序（一九九九年）

日本学士院では、会員に部会で報告を行う義務が二、三年に一度回ってくる。一九九九年、いまだオランダ勤務であったが、この報告のために帰国して行った報告である。『日本学士院紀要』五三巻三号（一九九九年）掲載。

一　はじめに

一　これまでの与えられた二度の機会には「国際社会における司法の役割」について報告してきた私は、今回は「海」の法秩序が、今日どうして日本の、いや世界の関心事になったか、この「海」の法秩序を国際法の立場から見てみたいと思う。

私が海洋法のことを語ると、実はそれが自らの回顧になり、また自らをひけらかすことになりかねない。この点に自らこだわりを持ちつつ、しかし戦後五〇年の海洋法の歴史はまた私自身の研究史でもあったことは事実である。

私が戦後第一期のアメリカ留学生としてアメリカにわたり、一九五三年にエール大学に提出した学位請求論文は海洋法についての世界で始めての博士論文であった。それからの二〇年余り、現在なおその職にある国際司法裁判所に就任する一九七六年まで、国内では外務省を兼任して、あるいは海洋開発審議会の委員として、政府の海洋政策策定の一端を担い、また国外ではほとんどの海洋法の政府間国際会議に出席し、各国との駆け引きの交渉を行なって、海に関する外交の修羅場を体験する機会を得た。こうして戦後の海洋法の形成に積極的に参加する機会を与えられ、国際場裡において「海洋法マフィア」と呼ばれる一人であったことをひそかに誇りとしてきたのであった。

自らの軌跡を語ることで世界の海洋法を見ようとすることがいかに不遜であるかを心得ながらも、しかしこの稀有の体験をしてきた者として、この点のお許しを願いたい。

二　戦後五年を経た一九五〇年、東京で横田喜三郎先生のもとで国際法研究に一段落をつけた私は、朝鮮戦争勃発の直後エール大学に赴いた。指導教授は「空か海の国際法を開拓しては」とすすめてくれた。当時すでに月への人類の到達が予見されていた。"Who owns the Moon?"という論文が一般週刊誌 Saturday Evening Post に出たのが一九五〇年代のはじめの頃である。しかし月には容易に手は届きそうにもない。やはり目の前に広がる海だと私は思いついた。図書館にこもって海を扱った英米独仏の法律の論文を手当たり次第読み漁った。

そうして気がついたことは、それまで「海」が国際法の立場で扱われるのは、「航行の海」でしかなかった、これから後は「資源の海」ではないだろうかということである。今にして見れば、取り立てて言うほどのことではない。しかし、この発想は当時にあっては新時代への一歩であったと思う。

二　沿岸国管轄権と沖合資源の抱え込み

三　敗戦後の荒廃した日本、そうして食料難の頃のことは、今では昔物語に過ぎないが、その時代に、「われわれ自らの手で動物蛋白を」、というのは国民全体の切実な願いでもあった。戦前、日本人の摂取動物蛋白の九〇パーセントは水産物であったと言われた。

敗戦後の日本の水産業は――内水面漁業を除いて――進駐軍命令により文字どおり禁止され、日本の漁場はわずかばかりの周辺近海に限られていた。「戦前の夢よもう一度」と北太平洋ベーリング海のサケ、タラバガニ漁業復活の願いは、「公海」と呼ばれる広い海における「自由な漁業」への願いに重なる。いかなる口実のもとでも、どの国も三カイリ領海の外に漁業の独占支配を及ぼすべきではない、具体的には、一九五二年の韓国が李承晩ラインによって、一九五六年のソ連がブルガーニン・ラインによって日本漁業を排除すること、に反対する、言ってみれば、沿岸国の支配からは自由な広大な海への「日本漁業の復帰進出」が目標であった。日本政府の戦後二、三〇年の海洋基本政策はこうした理念に裏打ちされたものであった。

四　もうひとつの漁業の問題として、無尽蔵と思われていた漁業資源にも資源保存の必要性が考えられるようになってきた。だれもが反対することのない資源保存の理念である。しかし限られた資源を保存する――Maximum sustainable yield（最大持続的生産性）――、それは自然科学、水産学の問題である。しかしその枠内でどのようにこれを分け合うか、これは社会政策あるいは国際政治の問題になる。私が「海洋資源の保存と配分」という論文をドイツで発表したのは一九五七年のことで、今では誰もが疑わない公海漁業資源の「保存と管理」という概念が出されたのはこれが最初であったと思う。

ここにも日本は独自の路線を歩むことになった。漁業資源保存という共通の理念のもとに、同じ漁具、漁区、漁期の制限のもとでの自由競争が望ましい、限られた資源の保存の枠内での「自由競争」こそが国際漁業の理想ではないかという理念が、水産国日本にとってはもっとも望ましい政策として考えられた。もちろんその背景には世界の自由競争に打ち勝つ日本水産業の実力があった。

しかし世界はもはや強いもの早いもの勝ちの自由競争論には背を向け始めていた。多くの国が、自らの沖合の漁業水域を拡大する制度をつくり出すことによって出来るだけ多くの漁業利益を自国に抱え込もうとする。

五　戦後の時期でもうひとつの「海」の資源として海底石油資源の問題があった。ここではアメリカのみが主導権を握った。メキシコ湾における海底石油開発が現実のものになり、一九四五年九月――終戦の翌月のことである――にはアメリカの沿岸沖海底石油資源の独占への指向を秘めてトルーマン大統領の大陸棚宣言がある。海底地質学のみで知られていた「大陸棚」がはじめて法の用語となった。当時それに反対する動きはない。これは海底石油を開発する実力と利益がアメリカ以外にはなく、それは敗戦国日本は言うに及ばず、開発途上国のみならず他の先進国にとしても大きな関心事ではなかったからである。基本に漁業と異なり、そこには海洋の自由を言うべき具体的なインセンティヴは初めからどの国にもなかったからでもある。

三　一九五八／一九六〇年の第一次、第二次国連海洋法会議

六　国連は一九五八年にジュネーヴに海洋法会議を招集した。八六カ国の代表が参加した。史上最大の規模の国際会議と言われた。国連に加盟して二年目の日本も大きな政府代表団を派遣した。二度目のエール大学留学中の私は呼び戻されて、横田喜三郎先生とともに国際法問題の担当として参加した。

一一週間にわたったこの会議が採択したのが海洋法四条約といわれるもので、領海、公海、公海漁業、大陸棚の四条約、あわせて七五カ条の条文である。国際法のすべての分野を通じて史上初の国際法の法典化条約であった。

七　このうち領海と公海についての規定はこれまでの伝統的な慣習国際法を大きくはずれるものではない。ただ領海の幅が最大の焦点となった。日本が絶対と考えてきた領海三カイリはもはやどの国もまったく相手にはしない。問題は、一二カイリが「領海として」成立するかどうかでしかなかった。結果的には一二カイリの「領海」は否決されて、この一九五八年会議は領海幅の確定には失敗した。

そこでの日本にとっての問題は何であったか。「漁業について沿岸国による資源独占を排除して漁業資源保存の枠内での自由な競争を」という思想が流れていたし、そうして何よりも自由競争によってこそ得るものの多い、強いものが勝つという日本の水産業界の実力があった。これに対して開発途上国のみならず、多くの先進国も自国沖合の漁業独占を制度化しようとする。極端に言えば、当時、日本にとっての「海」は漁業のための、しかも自由な漁業のための海でしかなかった。

八　これに対して、アメリカは、他国沖合の自国漁業に大きな関心はない。そもそもアメリカは終戦直後から日本がいわば公理とでも考えてきた国際法での「漁業自由原則」にはなんらの理解も同情ももっていなかったことを、当時日本としては充分認識すべきであったと思う。所詮、漁業はアメリカにとっては関心の薄い原始産業でしかなかった。

むしろアメリカは世界各地にある国際海峡が領海幅の拡張によって沿岸国の支配が及び、アメリカ自らの軍艦、軍用機の通航が阻害されることには絶対に承服出来ない。アメリカにとっては広い自由な「海」は、けっして漁業のためではなく、アメリカ海軍の軍事行動の自由行動を保証するものでなければならなかった。

現実には、それまでは伝統的な領海論については三カイリについて協調していた蜜月の日米関係がこの一九五八年の会期半ばで綻びはじめるのが目に見えてきた。

九　第二次の海洋法会議が一九六〇年に、事実上は「領海幅の決定」のためだけに、再びジュネーヴで八八カ国を集め六週間にわたり開かれた。またしても失敗に終わる。沿岸水域支配の幅の問題はもはや領海の三カイリではない。漁業について、一二カイリ沖までの沿岸漁業独占を「領海」の名のもとに認めるか、それとも「漁業水域」という概念を認めるかでしかない。その趨勢に取り残されていたのは世界で日本だけであるという認識は日本政府にはまだなかったと思われる。

大事なのは、ここでも一九五八年の第一次のときと同じように、同じ「狭い領海」を言いながら日本とアメリカの間には雲泥の隔たりがあったことである。海軍の軍事行動の自由を確保出来るならば、外国沖合における自国水産業の利益は物の数ではなくなっていたアメリカを理解出来れば、日本は一二カイリ漁業水域にあくまで抵抗して世界に孤立する理由はなかった。漁業のための海という認識しかなかった日本は全く疎外されたとも言える。

四　大陸棚石油資源と深海海底金属資源へのアメリカの関心

一〇　一九五八年と一九六〇年の二度の海洋法会議の後には海洋法でしばらく静かな時が過ぎた。「領海の幅」は未決定のままとはいうものの、一九五八年の四つの海洋法条約は次々に発効し、瞬く間にその内容はほとんど慣習法的な意味をもって考えられてきた。その頃、一九六〇年代における日本にとっての大きな動きと言えば、ニュージーランドによる一二カイリの漁業水域設定に対する反対がある。ニュージーランド沖の赤鯛漁業にニュージーランドの排他的独占支配は及ぶべきでないという立場を維持し続ける日本は、この紛争を国際司法裁判所に提訴することを決意した。しかしこの間に世界の海洋法は大きく変わろうとしていた。一二カイリの漁業水域は世界の常識になろうとしていた。さすがに日本政府も沿岸から三カイリから外はすべての漁業に自由であるとの主張がもはや通用しないことに気づき、ニュージーランドとの紛争は一九六七年に事実上の和解で解決した。言ってみれば、古い日本の敗北である。

他方、日本はその地理的環境から近海の大陸棚開発には具体的興味を示さず大陸棚条約には加入していなかった。私自身は大陸棚制度に反対し続けることが得策ではないことを自覚し始めていた。そうして私は一九六〇年代の後半、ドイツとデンマーク・オランダの北海大陸棚事件の国際司法裁判所におけるドイツ側弁護人を引き受けた。北海油田の石油、天然ガスにつき、これら三国間の境界をどう引くかということである。

ドイツ政府の弁護を引き受けた私は境界におけるマクロな地理的見地(macro-geographical aspect)を主張し、一国の沿岸をひとつのファサードとみるいわゆるファサード論を展開した。田中耕太郎裁判官の前での弁論であった。国際司法裁判所は基本的にはこれを受け入れて、ドイツの勝訴に終わった。大陸棚を沿岸の「自然の延長」と考えた。線引きはともかく、大陸棚制度はここで確立したと言える。

私は海底石油資源開発に日本が受け身であってはならないとして、一九六八年代末期には「海底開発の新時代——大陸棚をより広い視野で」、あるいは「わが国も大陸棚立法を」というような論説を新聞紙上に発表して、日本も早く大陸棚制度を認めるべきことを訴えていた。しかし、むしろ一九七〇年頃の日本の海底に対する関心は、隣接国、具体的には韓国との間の大陸棚の線引きに限られていた。

二　一九六〇年代後半から一九七〇年代にかけて、世界の海洋は全く新しい展開を遂げようとしていた。それは海底金属鉱物資源、マンガン団塊への急速な関心である。

一九六七年七月アメリカのジョンソン大統領は、海洋調査船Oceanographer号の進水式で、深海海底は「人類のlegacy」と述べ、また一九六八年三月には「前例のない歴史的な企て――一九七〇年代の海洋開発の一〇年」を提案した。大陸棚より遠方の深海海底資源開発へのアメリカの目覚めと理解できた。

アメリカにおいて「海底」資源に対する関心は、こうして二つに別れた。①ひとつは海底石油開発が沖合水深二〇〇メートルより遠くで可能になってきたにつれて高まるアメリカ石油業界の関心である。「二〇〇メートルの水深以遠大陸棚斜面――それは数千メートルの深さに及ぶ――に至るいわば堆積層に沿岸国の石油独占は及ぶべし」、という一九六八年にアメリカの内務長官の諮問機関である「アメリカ石油審議会」の出した報告書の発想である。いわば制度的に広い沿岸沖海底――大陸棚――拡大への国の管轄の要求である。②ふたつには、これに対立して金属鉱業界の利益が台頭してきていた。陸地から続く堆積層の体積物の終わるところ、いわば大陸棚の外縁から始まる何千メートルの深海海底に眠る金属鉱物マンガン、コバルト、ニッケルについて、アメリカ金属業界は、なるべく広い範囲と定める深海海底におけるアメリカ企業による「自由な」、しかし「安定した」開発を望むからである。「マンガン団塊」という言葉が知られるようになるのはそのわずか数年前のことであるが、そうした発想は一九六九年一月のアメリカ大統領の諮問機関である「海洋科学・技術・資源委員会」の報告書に反映した。

こうして、アメリカにおいて一九六〇年代の後半、ひとつには内務長官の諮問機関である石油審議会の「広い大陸棚」を求める答申と、ふたつには「狭い大陸棚、広い深海海底」をもとめる大統領の諮問機関である委員会のそれとは、海底に対する取り組みにおいて真っ正面から対立した。

アメリカ政府としては、遅かれ早かれ、決断を迫られていた。政府部内においても意見の対立があると伝えられていた。「無政策の政策か」と罵られながら、明確な政策を打ち出せないでいるのが一九七〇年までのアメリカの実情であった。ただひとつきわめて明瞭なことは、大陸棚の範囲がどのように定められようとも、またそれ以遠にどのような制度が設定されようと、さしあたり、①アメリカの石油企業による海底の開発は水深二〇〇メートル以遠の堆積層でも続けられなければならないこと、②そうして深海海底におけるマンガンなどの金属事業への投下資本は国際的に保証されなければならないということであった。

ようやく、一九七〇年五月ニクソン大統領はその「アメリカ海洋政策に関する声明」において、水深二〇〇メートル以遠の海底の天然資源に対するすべてのクレームを放棄し、これら資源をもって「人類の共同財産」とみなす条約をすみやかに締結すべきことを呼びかけた。

一二　日の丸をひるがえしての世界の海に雄飛し得る日本漁業のイメージは変わっていなかった。日本だけが依然として優位にたって世界に雄飛しうる海における「漁業」の自由だけを考えていたとすれば、幻想に過ぎなかったと言えよう。すでにそれぞれの沿岸国の漁業水域の拡大を既成事実と受け止めている世界の多くの国にとっては「漁業」はもはや大きな課題ではなくなって来ていたことは先に述べた。

一三　世界の民間団体が新しく海洋に目を向けるのも一九六〇年代もなかばを過ぎてからであった。いろいろな海洋法秩序に向けての学会活動あるいは民間シンポジアムがスタートした。なかでも注目すべきものとして一九六八年以来ローマで構想を練ったイタリア国際問題研究所は一九六九年に会合を開いた。国際法学者、経済学者そうして海洋学などの自然科学者を含む **inter-disciplinary** なものであった。また「海に平和を」**Pacem in Maribus**は一九七〇年にマルタに第一回の会合を開いた。スエーデンのＳＩＰＲＩ(平和紛争研究所)も一九六九年には同様の小人数の**inter-disciplinary**なコロキウムを開いた。それでは当時日本国内では海に対してどのような対応をしていたか。もちろん日本も新しい海洋技術、とくに大陸棚掘削の発展を知らないではなかった。この頃には日本の民間団体なども新しい海洋制度への模索を始めていた。海洋開発に関する雑誌が次々に創刊され、またその方面の団体、とりわけペンシルロケットの糸川英夫先生を中心として海中開発技術協会などが発足した。潜水調査船「しんかい」号を進水させた読売新聞は一九七〇年に山中湖で、とりわけ自然科学者を中心にして海洋国際シンポジアムを開催した。しかし率直に言って、日本ではこの面では未だ科学技術のみが先行して、「海洋の国際的な制度が新しい変革を迫られている」という認識はほとんど無かったと言ってもよい。一般にはわが国の国際法制度としての海洋開発への関心はまだまだ低い状況であった。

一四　政府レベルの対応として、日本政府は海洋技術科学についての長期政策の策定のために一九六〇年代には「海洋科学技術」審議会を発足させていた。しかしまだ海についての国際的な視野での展望が充分に行われていたわけではない。この審議会は一九七一年には改組されて、首相の諮問機関として「海洋開発」審議会として再発足した。そこに始めて海洋科学技術から社会問題としての海洋開発への関心の転換があったとも言える。和達清夫先生を会長として、私はその国際分科会長をつとめることになった。

五　登場する米ソの安全保障問題

一五　その時代、一九六〇年代末から一九七〇年代にかけて、海底資源への関心の増大とならんで無視することが出来ないのは、アメリカがその海軍の自由行動を軸とする自国の国防利益をますます顕著にしてきたことである。

この時、海洋法での主導権を握るアメリカが全く新しい視点を提示した。アメリカは最大の軍事的課題である戦略的海峡――たとえばジブラルタル、メッシナ、マラッカ、ロンボクなど、――それと群島水域――たとえばフィリッピン、インドネシアなど――における軍艦、軍用機通過について、先進国仲間であるＮＡＴＯ諸国およびソ連との諒解に達し、これら水域における軍艦行動の自由が確保されたことについて自信をもつに至った。アメリカはこの協議に日本を加えてはいない。漁業にのみ目を奪われていた日本は忘れられた存在であったとも言えるかも知れない。

アメリカは一九七〇年二月ニクソン大統領の外交白書において、海洋法においてもっとも緊急な課題は領海範囲であるとし、また「軍艦、軍用機の通航の自由を条件として」、一二カイリ領海に踏み切る用意のあることを明らかにした。この背後には、二〇〇カイリにまで拡大される沿岸沖の漁業独占の利益と引き換えに開発途上国によってアメリカに保証された原子力潜水艦を含む軍艦、そうしてまた軍用機の他国領海内通航の自由が隠されていたのである。

一九七〇年前後のまさにこの点のアメリカの現実的利益への考慮を無視しては今日の海洋法の形成を語ることは出来ないという点を充分に心に留めておく必要があると思う。

六　深海海底開発に動き出した国連

一六　話をまた数年前の一九六〇年代後半に遡らせよう。国連も一九六〇年代の後半には深海海底資源の開発に着目している。国連総会は一九六六年、「海洋学・海洋技術専門家グループ」を任命した。私がこのグループ唯一の法律家であったことが示すように、この海洋に関する初の国連のグループの任務が、やはり海洋の「技術と科学」であった、いわば法制度あるいは社会制度としての「海」を扱う姿勢がなかったことは、国連にとっても象徴的である。

一九六七年秋の国連総会にマルタ代表は「海底平和利用」の議題の上程を求め、一九五八年の大陸棚条約の解釈によっては大陸棚の名のもとに無限に広がって行きかねない沿岸国の支配に歯止めをかけるために深海海底を国際管理のもとに置くよう訴えた。これが深海海底制度の夜明けと考えられている。「人類の共同財産」というマルタの発想は「広大な海底の国際管理を図らなければならない」とすることにあった。

一七　国連においては、一九六八年春から三五カ国の海底平和利用委員会が始まった。それから三年間、私は事実上の日本代表として会議運営の一端を担った。

一九七〇年八月、アメリカが厖大な国際海底地域条約案を提出した。他方、当時はまだ開発途上国の声は大きくはない。せいぜいが海底開発のモラトリアムを言い、先進国による早急な深海海底開発によって自らがまさに利益を享受しようとしている「人類の共同財産」が撹乱されるのを防ごうとするのが精一杯であったとも言える。

海底が「人類共同の財産」ならば、それはまさに国内法でいう山林などの入会(いりあい)権のように、必要な国がその能力によっていわば自由原則によって資源を取得すべきではないか、いやそうではなく最貧国もそこから得られる利益に均霑するのが社会主義の理念ではないか、などと青臭い議論を交わしていたニューヨーク、ジュネーヴでの日々を思い出す。

七　アジア・アフリカ諸国の海洋法への関心

一八　マンガンなどの深海海底の開発、そうしてアメリカ主導の海軍軍事行動の自由が一九六〇年代から一九七〇年代にかけての海についての主題であったとすれば、一九七〇年代に入ってようやくアジア・アフリカ開発途上国側の利益が投影してくる。そのためにはアジア・アフリカ法律諮問委員会（ＡＡＬＣＣ）の審議を見逃すことはできない。

一九五〇年代インドのネルーの主唱のもとに発足したいわばアジアのシニアな法律家を集めたサロンのような性格をもっていたＡＡＬＣＣが一変したのは、一九七一年のコロンボ会期がそのころ国連で動き始めていた海洋法を取り上げたのがきっかけである。このコロンボを皮切りに、ラゴス、デリーと毎年のこのアジア・アフリカの会議において、私は日本の代表を補佐してＡＡ諸国との協議、交渉を始めた。

一九　ＡＡＬＣＣにおけるほとんどすべてと言ってよい開発途上国の委員たちの発言はかなり急進的な内容を持ちはじめていた。既存の海洋の国際法が先進国寄りであり、新しい海洋法制度は開発途上国の利益を充分に反映したものでなければならないことは、彼らの一様に説くところであった。沿岸沖二〇〇カイリの排他的経済水域の概念が公式に提案されたのは一九七二年のラゴス会期である。またたく間に参加国の承認を得てしまう勢いであった。

インドネシアやフィリッピンがその群島内水域における領域権を主張する「群島水域理論」の承認をもとめ、オブザーヴァーに過ぎなかったラテンアメリカの国々が「二〇〇カイリ領海」をもとめた。領海であるかどうかは別として、主として漁業のために二〇〇カイリの排他的漁業を不可欠とするこれらアジア・アフリカの国々とラテンアメリカとの間には確実に共通性が見られ、その間の取引が急速に成立して行く。

しかし、ＡＡＬＣＣでの日本の主眼は依然としてやはり漁業をめぐる問題であったことは否めない。日本の提案は、一方的な沿岸国の管轄権の二〇〇カイリへの拡大が無法の状態をもたらすものであり、一二カイリ以遠の沖合漁業については資源保存を基調としつつ、途上国の沿岸国の場合には領海外の漁業について優先的漁業権が認められるということである。しかしアジア・アフリカ諸国が一片の理念よりも、目の前に見える沿岸国利益に傾くことを押さえることはもはや不可能であった。

ＡＡＬＣＣでは、インドネシア、フィリッピンの持論である群島水域理論にアジア・アフリカとして反対する理由はなく、むしろ二〇〇カイリ排他的経済水域と群島水域理論とが抱き合わせになってアジア・アフリカの支持を得る、そうしてアメリカはこの群島水域において自国の軍艦、航空機の通航の自由の保証が得られるのならば、日本のいう漁業の利益などは何程のものでもなかったことは、先にも述べた。

二〇　二〇〇カイリ排他的経済水域と群島水域理論はこのようにして、アジア・アフリカ主導のもとにＡＡＬＣＣの場で現実化してしまう。これら制度に関する限り、その後の国連の場においては、これを追認するという以外にはなかったと言っても言い過ぎではなかろう。

漁業について二〇〇カイリ排他的経済水域に拡大された沿岸国支配によって痛撃を受ける水産業は日本だけなのであり、また他方においては、日本が慎重に考えた資源保存の論理は当時ではまだアジア、アフリカの開発途上国にとってはなんら切実な問題とは考えられていない。当時日本の漁業哲学がアジア・アフリカに受け入れられる素地はなかった。日本はその海洋政策において孤立無援であったと言える。

実はしかし、奇しくも、この日本がそのころ考え出した開発途上沿岸国に有利な漁業資源保護という日本の公海漁業ペーパーに二〇〇カイリ排他的経済水域の思想が結び付いて、その後一九九〇年代の国連公海漁業会議――私はむしろこれを事実上の第四次海洋法会議と呼ぶのであるが――に至るのではないかという点を指摘しておきたい。

八　一九七〇年代の第三次国連海洋法会議（一九七四―一九八二）

二一　一九七一年、すでに三年を経ていたそれまでの海底平和利用委員会はその構成が拡大され、「海底平和利用委員会」という名前にもかかわらず、事実上はすべての海洋法の分野を包括する会議の準備段階の様相となった。そうして、かつての一九五八年の第一次、一九六〇年の第二次に続き、第三次の国連海洋法会議が一九七四年夏カラカスに一一週間にわたって全権会議を開くことになった。私は日本の全権代表のひとりとして関与した。

その時の日本の状況はどうであったか。一九七〇年代、日本の一般社会にとっては、急速に力をつけてきたタヒチ沖のマンガン団塊の探査の問題を別にすれば、海はまだ「自由な漁業の海」という意識しかなかったと言える。排他的経済水域の名のもとに行われる沿岸国管轄権の拡大も、それが広い海における自由な漁業の進出を阻害するものとしか映らない。「魚だけの海ではない」と述べた私のその部分の発言だけが増幅されて日本に伝わり、一部の水産界を激昂させた。「ああまだ日本の海洋法への意識はこんなものか」というのが私の実感であった。

二二　深海海底については、一般的にはまだ抽象的な「人類の共同財産」という理念が先行して、具体的な内容の策定までは時間があり、とりわけ開発途上国にはまだこの問題に立ち向かう準備が充分ではない。

アメリカについて言えば、一九七〇年代のはじめには、もはや漁業利益は捨てたといってもよい、なによりも海軍の軍事行動が優先であり、それが確保される見通しが立っている。沿岸沖の石油開発はすでに自らが一九四五年に言い出した大陸棚理論で確保されている。よしんばそれが他の開発途上国沖合のものであっても、その自らの資本力によって利権を獲得してその体制も万全と言って差し支えない。

アメリカにとってのこの時点での最大関心事は将来に予想される深海海底についての金属鉱物開発についての自己の優位であった。むしろまったく新しい制度、そうしてそこにはすでに「人類の共同財産」といういわば開発途上国寄りの理念が成立しているとすれば、その具体的制度化にアメリカ企業の不利に働く開発途上国の恣意を許すわけにはいかない、というのがアメリカの方針であった。一九七四年から七五年にかけてのカラカスとジュネーヴの会期以後は第三次海洋法会議の問題はまったく深海海底開発の態様に向けられたといっても過言ではない。

一般海洋法はすでに伝統と慣習の上に成立していると見られ、他方、排他的経済水域や大陸棚について、あるいはまた群島や国際海峡の通航についても、急速に新しい制度が成立してきていた。というよりは、ほとんどがここ数年に築かれた既成の事実、法原則として基本的な点についての問題の余地はなくなってきていた。これらの問題はこの一九七四年のカラカス会期と翌一九七五年のジュネーヴ会期でほとんど決定的になったと言える。

二三　一九七五年のカラカス会期から一九七六年のジュネーヴ会期で海洋法の大枠がいささか安易に、開発途上国主導のもとにつくられた。そのあとは境界画定などの問題があるとは言え、焦点はもっぱら「深海海底開発」に移った。先にも述べたように、自国の軍艦、軍用機の他国の海峡通過の実質的保証を得たアメリカの海の関心はすでにその数年前からもっぱら深海開発にのみ向けられてきた。マンガン開発に主導権を握るアメリカとそれを取り巻く幾つかの先進国と、いわば海底開発に自らの利益を大きく反映させようとする開発途上国との間の争いと言えよう。

①技術的な水準の高い先進国が開発するのか、②開発途上国が強く介入する国際機構が開発に当たるべきか、③開発から得た利益は開発者のものか、それともいわば人類の共同財産として開発途上国に分与されるべきか、④開発途上国の参加が望ましいとして先進国の技術が安直に開発途上国に移転されるべきか。

第三次海洋法会議は、深海開発をめぐる先進国と開発途上国の対立が解けぬまま、「人類の共同財産」という美名のみにつられて、最終の一九八二年一二月のジャマイカ署名会期に至った。

二四　もうひとつこの一九七〇年代の第三次海洋法会議に出て来た問題に海洋汚染があった。開発と環境保護は盾の両面である。開発の面にのみ関心が向けられて来た海について、その汚染が懸念される事態が生じつつあった。陸上からの廃棄汚染、船の運行からくる汚染、そうして海底開発からくる汚染という様々な形態による海の汚染が問題になってきた。これまでほとんど問題にされることのなかった海洋汚染であるが、こうした複合された形態によって海の汚染がすすみ、環境保全ということが今や焦眉の急になってきた。これをどのように規制するか。それぞれ個別の問題については国際法的規制が策定されるようにはなった。しかし、包括的な海洋汚染の防止にはなんらの法的な手だてはつくられていない。

二五　一九七〇年代のはじめから一〇年にわたった第三次国連海洋法会議は一九八二年の国連海洋法条約の署名によって幕を閉じた。この条約はジャマイカのモンテゴ湾において一一九カ国により署名された。

アメリカはほとんどソッポを向き、ほとんどの先進国は署名することを控えた。主たる理由は深海海底開発のレジームが開発途上国主導で形成されたことにあった。

九　日本の対応

二六　ひるがえって日本の対応を見てみよう。一九七〇年代、日本の一般社会にとっては、急速に力をつけてきたタヒチ沖のマンガン団塊の探査の問題を別にすれば、海はまだ「自由な漁業の海」でしかなかった。主としては魚の海としかとらえぬ日本の体質が急速に変貌するのは、ようやく一九七〇年代なかば、すでに第三次海洋法会議の大勢がきまってからのことである。政府も新しい潮流に向けての布石は打ちつつあった。一九七七年一二カイリ領海を国内立法によって採用した。領海法の成立である。すでに一二カイリ漁業水域が既成の事実として妥当するようになっており、狭い領海を言うことによってもはや何物かの代償も期待できない以上は、そうしてまた事実、戦後日本の旗をひるがえして世界の大洋に乗り出して行った日本の攻める漁業が、一転して韓国、ロシアなどの漁業の攻撃を受ける受け身に変わった、いわば産業としての水産業の斜陽の時期に差し掛かった日本は、今や自ら先進国の間では率先して一二カイリ領海に打って出た。ある意味では一九七七年は日本の海洋法にとっての一大転換期であった。

しかしなお日本は津軽、宗谷、対馬などの狭い海峡が日本の一二カイリ領海に覆われることによって、外国軍艦、軍用機、わけてもアメリカとソ連の原子力潜水艦のこの日本の領海通過で起こしかねない新たな問題を懸念しなければならなかった。日本の非核三原則のためである。日本の領海は今や一二カイリであるとしながらも、津軽、宗谷、対馬の水域においては「領海三カイリ」を維持してそこに公海部分を残すことによって、アメリカ、ソ連の原子力潜水艦が実際には通航を行っていたであろう、たとえば津軽海峡については日本の領海内の通航ではないと考えるという弥縫策でもあった。

二七　ここまで来れば、「自由な漁業」を金科玉条としてきた日本は完全に転換して沿岸漁業国に転換する。同じ一九七七年に日本は二〇〇カイリ漁業水域をみずからの立法で制定した。日本は一夜にして一九四〇年代の後進ラテンアメリカなみの沿岸漁業独占指向に転向する。これはまことに驚くことであったと言う他はない。日本の突出した行動はまさに「攻めの漁業」の日本からようやく「守りの漁業」に転換する徴候であったと言えなくはない。

アメリカが軍艦、軍用機に自由の確証を得て領海一二カイリを言うのは日本に遅れること十年余、一九八八年のことである。三カイリの言わば狭い領海から領海一二カイリへの転換でも、一方、日本にとっては自己の漁業中心の海洋政策のコペルニクス的展開であり、他方、アメリカは戦後一貫してとってきた海軍軍事行動自由の伝統的政策の踏襲、実現であったという本質的な違いをよく理解することが海洋法理解に重要なことであろう。

一〇　第三次国連海洋法会議のあと

二八　国連海洋法条約はその一九八二年の署名の後、発効に必要とされる六〇カ国の批准を得るまでにさらに一二年に近い歳月を要した。先進国の多くの抵抗にあって、結局、国連事務総長などの仲介もあり、準備委員会における深海海底制度の手直しによって一九九四年にようやく発効することになった。日本は遅ればせに批准した。アメリカはまだ加わってはいない。現在一二六カ国が当事国になっている。

一九八二年条約の締結と同時に、深海海底金属資源開発のための海底国際機構などのための準備委員会が設立され、国際海底機構の構成、手続き、財政の協議が行われることになり、そうしてまたマンガン団塊開発に関する先行投資についての保証が行われることが決定された。

深海開発には厖大な資本が必要になる。そうしてそこでは鉱区の調整がおこなわなければならない。四つの国際コンソーシアムが名乗りを上げている。いずれもアメリカ資本が中心になるが、日本からも深海開発株式会社あるいは三菱グループがそれぞれ国際コンソーシアムに加わり、深海海底探査の登録申請に踏み出した。しかしこうした開発レジームに加わるのは一握りの先進国に過ぎない。これに対して深海海底開発の利益のおこぼれに預かろうとバラ色の夢を描く開発途上国の猛烈な反発がある。そうした主としてはアメリカ対開発途上国の一〇年余にわたる調整が難航したあと一九九四年ようやく一九八二年国連海洋法条約の深海海底開発に関する新たな実施協定が作成され、一九九六年七月に発効した。日本をふくむ先進諸国ならびにインド、中国、韓国の投資国としての地位が保全されることになった。

しかし、深海海底のマンガン団塊の開発は今から四半世紀も前の一九七〇年代はじめ当時の意気込みと予想に反して、今では二一世紀に入ってもなおかなり先のことと予測される。それに東西対立のかつての時代と違い、金属資源については陸上産品をもって賄えると考えられる時代になっている。果たして厖大な投資を必要とする深海海底開発のインセンティヴがあるのか。これからの問題といわなければならない。

二九　もうひとつの問題があった。漁業については一九八二年国連海洋法条約で沿岸沖二〇〇カイリの排他的経済水域が制度化された。そうしてまた広い大洋の漁業資源については資源保存の必要が合意されていた。なにが適切な漁業資源保存措置であるかは水産学、いわば自然科学の問題である。しかし私どもが直面する問題は——あえて言えば、私が四〇年前に予見したように——資源保存という共通の理念の枠内で、各国がどのように漁業の分け前にあずかるかにある。

マクロなどの高度回遊魚、あるいはある種の底魚は人間が引いた二〇〇カイリの境界線を知るわけはない。そのように自由に動く魚種について少なからぬ沿岸国は二〇〇カイリの排他的経済水域の線を越えてさらに沿岸国管轄権を拡大しようと考えはじめていた。沿岸国の管轄権の行使をおさえる形で、しかしその資源保存の策定あるいは管理の方式への沿岸国の優先的な参加を認めるような形の新しい公海漁業協定が一九九五年八月に署名された。ただし未だ発効はしていない。

三〇　ここまでが戦後から、一九五八年の第一回海洋法会議を経て今日まで四〇年にわたった海洋に関する国際法制定の動きである。二十数年前、海の現場を去って国際司法裁判所に赴いてからの私にとって新しい海の問題を論ずる資格はない。多くの見当違いを述べたかも知れない。ただ最後に二つの点だけを申し述べたい。

ひとつはこの国連海洋法条約はその準備に要した厖大な歳月にもかかわらず、先進、後進の政治的妥協の産物であり、必ずしも法的論理を詰めた上で出来上がったものとは言えないものがある。第一次、第二次、そうして海底平和利用委員会を経て第三次会議に至るまで、つぶさに海洋法制定の修羅場を体験して感じたことは、国際会議は少数の賢者たちと多数の愚者たちとの戦いの場で、しかも底辺にあるのは法の論理ではなく、そこには法の基礎にある社会と政治の考慮がうごめいているということである。

一九七〇年代の始め、率直に言って、ヒョウタンから独楽のようにして出てきて充分な討議も経ないこの、時には支離滅裂の条文を、後々の国際法学者はさも意味ありげに解釈しようと無駄な努力をするのだなあという思いにとらわれて会議議場に座っていたことを思い出す。本来は深海海底制度からはじまった会議が、当時急速に力を増してきた開発途上国の数——知恵ではない——に押し切られて海洋法全体を一気に取り扱うようになる。そこに支配するのは法の論理、倫理ではなくて、彼らが抱く無限のばら色の夢とその数の力である。もちろんそこに理性の働く余地がなかったというのではない。しかしバラバラに分かれたお互いの連携もなく、しかも審議をつくすこともなく急速に三二〇の条文がつくられて一九八二年国連海洋法条約が作成され、その後の一〇数年を経て、深海海底開発に関する国際管理とまた公海漁業について追加の条約が作られた。

三一　この一九八二年の国連海洋法条約は、①先進国対開発途上国のぎりぎりの対立と妥協で出来上がった深海海底制度、②ほとんど手直しをすることもなく、旧態のままの制度を議論もまた全体からの展望もなくそのまま導入したもの、③新しい課題を担って、それなりの制度を作り上げてきたもの、④海洋利用の本質にふれた問題につき、その解決を模索しながらなんらの展望もないままに条文だけは文字にしてあるもの、の四つの種類からなる。この四つがバラバラであるだけに、この一九八二年条約の各条文の調和調整は極度に困難になろう。これを矛盾なく解釈出来ると思うのは沙汰の極みであろうと思う。私たちにとっての問題とは、一九八二年条約の文言を解釈することではなく、その背後に潜む問題の真実を究明することにあると思う。

法は所詮は政治の産物であるとすれば、妥協は避けられない。しかしこの三二〇条の国連海洋法条約を見るときに、①排他的経済水域、あるいは海峡あるいは群島水域通過の不透明さといい、②海域境界における衡平の問題の不明確さ、③あるいは紛争解決条項の不完全さと言い、これらのどれひとつとっても、この条約の適用に将来なお多くの問題を残している。

この一九八二年国連海洋法条約を海洋法の不磨の大典である「海洋憲法」であるかの如くに見ることに私は同意することはできない。この条約は今後の慣行の積み重ねによって、一層磨かれてゆかなければならない。

一一　残された問題——海の利用の正と負の配分——

三二　長い説明になったが、結論はない。ただひとつだけ基本的な問題を提起してこの報告を終わりたい。

これまでご報告した一九八二年の国連海洋法条約では、限りある海の資源に対して果てしなく増大する各国の要求をどのように調整するのか、についての解決を示してはいない。資源保存と有効利用という科学的な枠のなかで、各国がその取り分をmaximizeすることが依然として今後の漁業の問題点であろう。私が海を去って、国際司法裁判所に赴任してから後のことであるが、私は、ニューヨークにおける一九八一年の講演で、「深海海底討議ののちに、今度は世界の漁業が人類の共同財産と言われる日が来ないと誰が言えよう、それを第四次海洋法会議に期待しよう」と述べた。これはもはや法の問題ではなく、国際政治、国際社会政策の問題であろう。

さらに、これを海の利用の正の配分の問題であるとすれば、さらに残された問題は海の利用の負の犠牲の配分、すなわち海洋汚染防止のために海の利用の抑制という負担の配分についての問題である。海洋の環境を汚染から守るためには海の利用を全体的に制限しなければならない。その犠牲をどのように国に配分出来るのか。さらに海の汚染源は様々である。陸上汚染源からの排水、船舶からの汚染、とりわけ石油タンカーのバラストの汚染、放射能廃棄物をふくめての陸上廃棄物の海洋投棄など、海の利用の負の負担は、国別の配分だけではなく、利用形態の間の配分も考えなければならない。

私の申せるのはここまでで、どのような解決が考えられるのか、賢者のご指導を得たいと思う。

第一一論文　近年の海洋法の発展に関する若干の考察

（二〇〇二年）

【解　題】

近年の海洋法の発展に関する若干の考察(二〇〇二年)

Yale Journal of International Lawの編集部からの「短編でもよいから是非」という求めに応じて海洋法全貌の問題点を箇条書き的に記したものである。翻訳には東北大学助教佐俣紀仁博士の手を煩わした。

一九五八年に開催されたジュネーブ海洋法会議の数少ない「生き残り」の一人として、近年の海洋法の発展について個人的な見解を述べる機会を得られたことを嬉しく思う。世界では人類のニーズが急速に拡大している。こうした中で、世界の海の食料および鉱物資源を管理するために適切な国際レジームを発展させることが重要であることは、過大な評価にはならない。

一　過去五〇年間で海洋法の発展は何を達成してきたのか?

A　第一次国連海洋法会議(UNCLOS I)――一九五八年　大陸棚概念の出現

一九四五年にアメリカが大陸棚に対して権利を主張したこと、そして沿岸沖へと漁業管轄権を拡大しようとするいくつかのラテンアメリカ諸国の要求を考慮して、海洋資源、とりわけ石油と魚類に対する管轄権を体系化(systematize)しようとする趨勢が、一九五八年の二月から四月までのジュネーブでの第一次海洋法会議を開催するための原動力となった。この会議は大陸棚条約を含む四つのジュネーブ海洋法条約を成立させた。[1] しかし、この会議では、領海の範囲を定めることも、あるいは沿岸沖における漁業管轄権の行使(exercising fishery jurisdiction in offshore area)という概念を採択することもできなかった。

B　第二次国連海洋法会議(UNCLOS II)――一九六〇年　失敗

一九六〇年三月から四月まで実施された第二次国連海洋法会議では、五週間の交渉にもかかわらず、領海の範囲について合意を得ることは完全な失敗に終わった。[2]

C　第三次国連海洋法会議(UNCLOS III)――一九七四年から一九八二年まで

第二次海洋法会議の後、沖合へと管轄権を拡大しようとする諸国の動向は、新たな海洋法へと向かう潮流を生み出した。それは、最終的には一九七三年から一九八二年までの第三次国連海洋法会議の開催へと結びつくことになる。一九八二年一二月、第三次国連海洋法会議の締めくくりに、世界の諸国は国連海洋法条約[3]を通じて四つの重要な概念(key elements)について合意に達した。

(1)　一二海里の領海[4]

(2)　大陸棚の再定義[5]

より深い海底での石油掘削を可能とする技術の進歩により、大陸棚は新たに定義し直されることとなった。大陸棚は、かつては水深二〇〇メートルまでと定められていたが、国連海洋法条約では「大陸縁辺部の外縁にいたるまでのもの又は(中略)基線から二〇〇海里の距離まで」及ぶものと定義された。[6]

(3)　排他的経済水域という新たな概念[7]

沖合漁業に対する需要は、同じく二〇〇海里まで及ぶ排他的経済水域という概念も生じさせた。

(4)　群島水域および海峡における軍用船舶および軍用機(Military Vessels and Aircraft)の自由通航[8]

沿岸国が沖合に対して管轄権を拡大しようとする潮流の中、アメリカにとって最も重要な関心は次の点であった。つまり、沿岸国の管轄権拡大が他国の沖合でのアメリカの戦艦および軍用機の自由な作戦行動(free maneuver)の支障とならないように確保する必要があったのである。アメリカといくつかの沿岸国(主として発展途上国)との間でなされた妥協の結果、軍用船舶および軍用機の群島水域または海峡における自由通航という新たな概念が生まれた。

D　限られた成果が残したもの(A Legacy of Limited Achievements)

いくつかの細かい技術的な条項を除けば、過去五〇年間の海洋法の発展を通じて達成されたものは、基本的にはもっぱら既述の四つの概念に限られている。

二　海洋法によって何が解決されていないのか？

A　水域の配分(Dividing the Sea Area)：海洋境界画定

一般的に言えば、隣接している国または向かい合っている国の間には、沿岸国として行使しうる管轄権(coastal

jurisdiction)をめぐる紛争が存在する。これが海洋境界画定の問題である。言い換えれば、これは、隣接するまたは向かい合っている国の間で、それぞれの沿岸国の排他的な管理のもとに水域を配分することでもある。一九八二年の国連海洋法条約は、この問題について何ら明確な解決策(definition)を用意していない。「特別の事情により正当と認められる」[9]という表現——一九五八年の大陸棚条約で、向かい合っているかまたは隣接している海岸を有する国の間における大陸棚の境界画定のための用いられている——も、「衡平な解決を達成するために」[10]という表現——こちらは一九八二年の国連海洋条約で排他的経済水域および大陸棚の境界画定のために用いられている——も、衡平の概念以外には何ら客観的な基準を与えてはいない。このように、海洋の境界は法的に明確に定められるものではない。従って、地理的な境界画定の問題は、司法的解決(judicial determination)の対象とはなり得ない。

B　「人類の共同の財産(the Common Heritage of Mankind)」から得られる利益の配分

諸国の国家管轄権が及ばない水域に関する問題がある。古典的な発想ではこれは公海の一部であって、そこには公海自由の原則が適用された。

(1)　深海底

大陸棚の定義が無制限に拡張することを防ぐために、「人類の共同の財産」という概念が深海底に適用されるものとして出現した。[11]もはや、深海の資源は、取得、管理および営利活動といった自由市場原則の対象とはならない。むしろ、これらの資源から生じる利益は共有される。この概念の意味については、次のような異なる理解が存在しうる。つまり、同概念は、深海底での鉱物資源開発に寄与していない発展途上諸国もそうした開発活動から生じた一定の利益を享受すべきことを意味しているのか、それとも、先進諸国により資源開発のためになされた投資の保護に優先順位が置かれるべきということを意味しているのか。こうした理解の相違があるにせよ、深海の資源については、“the Area”、すなわち「深海底」という極めて複雑なレジームを設立することで妥協が成立した。[12]こうした妥協は、現実の鉱物資源開発が実際にはまだはるか未来のことである段階で成立しており、それゆえに、深海底機構または国際海洋法裁判所(ITLOS)といった大規模な制度を設立することは当時まだ真に必要なことではなかった。

(2)　海洋漁業

既に筆者は、一九七九年にニューヨークで行われた講義において、「人類の共同の財産」概念は本来的には海底の鉱物資源にのみ適用されるが、ゆくゆくは広大な海における漁業についても適用されるであろうことを示していた。また、筆者は、この問題がやがてさらなる海洋法会議での議論を必要とするであろうことを述べた。これは現実のものとなった。一九九三年から一九九五年にかけて漁業に関する新たな会議が国連によって開催され、一九九五年には国連公海漁業協定が作られたのである。[13] しかし、国連公海漁業協定は実際には国際的な漁業の真の問題を解決していない。この観点からは、次のことを指摘しなければならない。すなわち、漁業資源の場合、これらは再生可能な資源(renewable resources)であるため、最大持続生産量(maximum sustainable yield)が当該資源の利用(harvesting)に関する限界値となる。漁業者にとっては、保存の側面が最も重要である。この点は、最大持続生産量の観点からの制限が課されない鉱物資源の場合とは対照的である。

(3)　「人類の共同の財産」の利益配分(sharing the benefit)

一九六〇年以来の主たる課題は、海底の鉱物資源開発から得られた利益、および各国の国家管轄権の範囲を超えた場所での海洋漁業から得られた利益を配分する方法であった。これらの利益は、「人類の共同の財産」として知られるようになってきている。限られた資源の利用可能な部分を配分する際には、各国は当然に自身の取り分を最大化しようとするであろう。この事実を考慮すれば、各国の要求をいかに調整または管理していくかという問題が未解決のまま残されている。一九八二年の海洋法条約も国連公海漁業協定も、海洋資源の配分に関する問題を解決していない。しかしながら、これには国際法の側に落ち度があるわけではない。なぜなら、資源の配分は衡平および政治の問題であり、それゆえに、司法的解決(judicial determination)の対象ではないからである。今までのところ、これらの重要な諸点(elements)を管理または監督しうるレジームは存在していない。現実的には、衡平という概念が資源を配分する諸国に対して実際に何を求めるのかを考慮しながら、ケースバイケースで解決策が模索されていくだろう。

C　資源開発における負担の配分：海洋環境の保全

見落とされてはならないもう一つの重要な問題が、海洋環境の保全である。環境を保全し、保護するために、海洋の利用を調整および制限する(regulate and restrict)ことが必要になっている。海洋資源の開発が肯定的な意味合いを持つのであれば、環境保全は、海洋の利用を縮減しなければならないという否定的な意味合いを持つことになる。問題は、海の利用を制限することにより生じる負担をいかに分担していくかである。またもや、この問題は衡平の範疇にあり、法規範が対応すべきものではない。

三　結　論――解決されるべき三つの主たる問題――

以上、本稿では海洋法のこれまでの発展について要約的な検討を行ってきた。将来に向けて、以下の三点が未解決であり、解決が必要な問題であることを指摘することとしたい。

(1)　各国がそれぞれの排他的な利用のために広範な沿岸水域を求める場合、海洋境界の画定に関する相対立する主張をいかに処理するか。

(2)　海洋の積極的利用から生じた利益をいかに配分するか。

(3)　環境の保全を目的とした海洋利用の制限により生じる負担をいかに配分するか。

上記の全てについて、衡平という概念が顕著な影響を及ぼす。他方で、法規範は、ほとんどまたは全くそのような役割を果たしていない。衡平はなんら客観的な法的基準を含んでおらず、また、個別の状況に応じて内容を異にする。その評価と決定は単純な問題ではない。それにもかかわらず、上記の範疇の分野について解決策が見出される必要があるだろう。しかし、法の規則および規制(rules and regulations of law)に簡単には解決策を見つけられないであろうし、またそれらの問題は到底司法的解決の対象ではない。

[注]

1 Convention on the Continental Shelf, Apr. 29, 1958, 15 U.S.T. 471, 499 U.N.T.S. 311; Convention on Fishing and Conservation of the Living Resources of the High Seas, Apr. 29, 1958, 17 U.S.T. 138, 559 U.N.T.S. 285; Convention on the High Seas, Apr. 29, 1958, 13 U.S.T. 2312, 450 U.N.T.S. 82; Convention on the Territorial Sea and the Contiguous Zones, Apr. 29, 1958, 15 U.S.T. 1606, 516 U.N.T.S. 205.

2 Second United Nations Conference on the Law of the Sea, Official Records, Summary Records of Plenary Meeting and Meetings of the Committee of the Whole, U.N. Doc. A/CONF.19/8(1960).

3 United Nations Convention on the Law of the Sea, Dec. 10, 1982, 1833 U.N.T.S. 3〔hereinafter 1982 Convention〕.

4 *Id.* art. 3.

5 *Id.* art. 76.

6 *Id.*

7 *Id.* art. 57.

8 *Id.* arts. 37-54.

9 Convention on the Continental Shelf, *supra* note 1, art. 6.

10 1982 Convention, *supra* note 3, arts. 74, 83.

11 *Id.* art. 136.

12 *Id.* Part XI.

13 Agreement for the Implementation of the Provisions of the United Nation Convention the Law of the Sea of 10 December 1982 Relating to the Conservation and Management of Straddling Fish Stocks and Highly Migratory Fish Stocks, 6th Sess., U.N. Doc. A/CONF.164/37(1995), *reprinted in* 34 I.L.M. 1542(1995).

第二部　海洋法あれこれ

①「魚だけの海ではない」

一

「魚だけの海ではない」という発言だけが不必要に誇張されて、私が水産界筋からうとまれるようになったのは昭和四十八年から四十九年にかけての頃であった。昭和四十九年春第三次海洋法会議の発足にあたって、私を小木曽本雄国連次席大使、杉原真一外務省海洋法本部長とともに三人の政府代表のひとりに任命しようという外務省の案に水産界筋から横槍が入ったという話しを聞いて、私はいささか心外であった。その発言はまぎれもなく私のものであったが、私のそれまでのキャリヤからいって水産界の信頼を得られこそすれ、うとまれる筋合いはなかったからである。ともあれ予定どおりの発令になったのは松永信雄条約局長の尽力であった。

昭和二十年代の半ば、欧米の国際法学界が大陸棚というアメリカの新しい発想についての論議にふけっている時に、私はあえて「魚のための海」に関心を寄せ、その研究を始めていた。第二次大戦後にあって、漁業あるいは海の資源をテーマにした学位請求論文は世界で私が最初であった。エール大学で法学博士の学位を得てアメリカ留学からもどった昭和二十八年秋から、私は日本の法律雑誌にやつぎばやに漁業をめぐる国際法理についての論文を書いた。日韓漁業問題や日米加、日ソの両漁業条約、日中民間漁業協定に及んだ。あからさまな沿岸漁業独占をねらう管轄権拡大の韓国、中国は別として、アメリカ、カナダ、ソ連も資源保存の名のもとに実は自国の利益拡大をはかり日本の漁業を締め出す意向であるという認識は当時は殆ど絶無であった。もっとも「漁業の自由」もそれが国際法の不動の原則なのではなく、漁業国日本の国益に合致するひとつの法理論にすぎないという私の認識は、リーガル・リアリズムから出発し、法政策学のメッカになっていたエール大学に私が留学した結果でもあった。

昭和三十三年の第一次国連海洋法会議では、日本の代表団のなかに私の恩師になる東大を定年で去って間もない横田喜三郎先生と東北大学助教授であった私が、国際法の顧問のような立場で参加し、横田先生は第一委員会(領海)と第二委員会(公海)を、私は第三委員会(漁業)と第四委員会(大陸棚)とを担当した。ジュネーヴで九週間余りも続いたこの会議で、私は水産庁の中里久夫海洋一課長や藤永元作調査研究部長、水産学の相川広秋九州大学教授らと日本の水産のあるべき姿などについて毎日侃々諤々の議論をたたかわしていた。この会議で「漁業および公海の生物資源保存の条約」を含むいわゆるジュネーヴ海洋法四条約が採択された。二年後の昭和三十五年の第二次国連海洋法会議は領海範囲を統一するためだけのような会議であり、私はむしろ水産利益を代弁するような立場にいた。その後も昭和四十年代の初め、ニュージーランドとの十二カイリ漁業水域紛争には外務省を併任してその国際司法裁判所提訴の準備にたずさわっていた私であってみれば、日本の水産界の実情に疎かったわけではない。

二

ひとつには「自由な漁業の場を広く、(他国による)沿岸漁業独占を狭く」——つまり「広い公海、狭い領海」——、ふたつには「公海においては資源保存のわくのなかでの自由競争こそが日本にとってのぞましい資源配分原則である」、という戦後の海洋政策のふたつの柱について、私の理論構成が、功罪いずれにせよいささかながらその基盤にあったことは否定されないであろう。こうした発想と政策を支えるのは、日本人の食生活において、その動物蛋白の多くを魚に依存しているというテーゼである。昭和三十三年の第一次会議で大江晃首席代表の一般演説が日本人の動物蛋白の九〇パーセントは魚にあるといい、昭和三十五年の第二次会議で奥村勝蔵首席代表は七〇パーセントといったことから、二年間でそんなに食生活が変わるのかと皮肉を言った他国の代表があったが、ともあれ日本にとっての漁業とは日本の漁民が日本の旗を立てて大海にのり出し、そのとったものが日本人の食膳にのぼるという、いわば「手から口へ」の原始的な産業としてしか意識されない。もちろんこの二回の海洋法会議でも日本が漁業以外に海のことに無関心であったと言っているのではない。たしかに日本は観念的な海洋自由の伝統の信奉者であったことは疑いがなかったにせよ、しかし日本にとっての海はすぐれて漁業なのであって、「海と言えば魚」という日本の対応は否定されないことであった。

もっともその当時、「魚のための海」という考え方は日本だけのものではなく、アジア、アフリカ、中南米の少なからぬ国々に共通していたことは事実である。しかしそれはあくまで自国沖の漁業独占水域拡大のためのものであり、「自由な海——自由競争の漁業にうちかつ海」という日本の発想とは対照的である。そうしてまたアメリカも、とりわけ太平洋岸における漁業で日本に対して劣位にたつことは深く自覚するところである。そのための昭和二十年のトルーマン宣言であり、昭和二十七年の日米加漁業条約による日本の締め付けとなる。アメリカが日本と同じ立場で海洋法会議に臨むなどとは考えられもしなかったはずである。第一次海洋法会議の前年、アメリカから中南米諸国をまわった私は、このことを外務省の調書においても警告した。しかし一般に日本国内にこうした認識は皆無であった。

そうしてまたアメリカにとって水産業はその海洋政策において決して第一義的な優越性をもったものではない。軍艦のジブラルタル海峡、ホルムズ海峡その他の自由な通航こそアメリカの海洋政策の至上命令であって、そのためには漁業利益についての犠牲を払うことも惜しまない。否、むしろ太平洋において日本に劣る水産業を考えれば、日本と歩調を一にできないことは自明であった。同じく狭い三カイリ領海を主張しても、その意図と目的において日米の間は隔絶していたのである。

第一次海洋法会議の開幕から数週間は日米両代表団の蜜月がある。アメリカ代表団のなかには日本占領軍司令部の水産担当官として権勢をふるったマッカーナンや平和条約後のアメリカ大使館水産アタッシェのチャップマンやスオメラなどがいた。しかし彼らもまたアメリカ代表団のなかの微弱な存在にすぎなかったであろう。アメリカの安全保障のための軍艦の海峡通航の前には日本の漁業などは歯牙にもかけない問題であったろうし、日米代表団の関係は急速に冷え込んでしまう。そもそも海洋法会議のスタートから日本は海洋政策の発想において孤立していたのである。日本の味方にたつのは、西ドイツ、モナコなどほんのひとにぎりの西欧の国でしかなかった。

三

他方、昭和三十五年の第二次海洋法会議が領海の幅の画定に失敗してから約十年間、世界では不思議に海洋法の静かな時期がある。しかし、それはその後にきたる革命期への胎動の時期であったと言える。そうして、「魚の海」から「海底資源への海」へのひそかな意識の転換がある。

昭和四十二年、私は国際法学会で「海洋法の新課題」を報告したが、その年、国連では海洋科学技術専門家グループが発足し、私は国連事務総長により唯一の法律家として指名されて、ニューヨークで会合を始めた。そうしてその秋、国連総会におけるマルタ代表パルドの提案にもとづいて、翌・昭和四十三年三月、国連では日本をふくんだ三十五カ国からなる海底平和利用委員会が出来て、私は事実上の代表を仰せつかる(代表は鶴岡千仭国連大使)。日本から赴くに当たり、私は朝日新聞に「海底開発の新時代——大陸棚より広い視野で国際管理が望ましい」を寄稿した。

当時の日本では一般にこうした考え方は余りにも現実ばなれしたものと受け止められてはいたが、政府としてはこの動きに決して盲目であったわけではない。昭和三十六年に総理大臣の諮問機関として設置されていた海洋科学技術審議会は、昭和四十三年には「海底開発のための科学技術に関する開発計画」についての第三号諮問を受け、審議会は昭和四十六年には海洋開発審議会に改組され、私はその国際分科会長となった。政府もまた一部の識者も、ようやく「魚以外の海」に目を開き始めるのである。

四

外国の沿岸沖の日本漁船の漁業活動に固執して領海三カイリを金科玉条とすることが如何に世界の大勢に遅れているか、私が十二カイリの漁業管轄は不可避であるとして、「十二カイリ漁業水域」という長文の論文を書いたのは昭和四十二年から四十三年にかけてのことであった。そうして外務省も、むしろ領海を十二カイリと定めることによって、それ以上の漁業管轄の拡大をくいとめることが出来ればと考える。そうして日本が十二カイリで領海の幅の統一を訴えたのは、昭和四十六年、アジア・アフリカ法律諮問委員会のコロンボ会期において西村熊雄委員の代理をつとめた私の発言が最初である。もちろん外務省での慎重な検討をふまえてのことであった。この私の発言はさらに、十二カイリ以遠での管轄権ぬきでの沿岸国漁業優先権の承認をふくんでいた。

コロンボ会期で設立された海洋法作業グループは、私の他にインドのジャゴダ、ケニヤのニジェンガ、インドネシアのジャラールなどをふくんでいたが、その年、昭和四十六年六月にデリーに集まったこの小さな会合に、私は日本の「漁業ペーパー」を提出した。水産庁の協力を得て外務省栗山尚一法規課長とそのスタッフと私との協議でつくりあげたものである。沿岸国管轄の一方的拡大をさけながら、資源保存を軸に開発途上国には沖合資源に対するその零細漁業の利益保護の権利をみとめようとする、大きな理念と構想をふくむ英文一万語に及ぶ日本の新しい海洋法理念であった。ケニヤがその一月からバルーンをあげはじめた二〇〇カイリ経済(管轄)水域に対抗しようとするものであった。

日本の「漁業ペーパー」はその後一、二年かなりの関心を呼ぶが、しかし同じこのアジア・アフリカ法律諮問委員会でスタートしたケニヤの経済水域提案の前には影を薄くする。領海の十二カイリはともかく、その外側にも沿岸国の漁業管轄を設定するケニヤの理念はもはや抵抗しがたいものになる。それならばそこでは少なくとも外国の漁業継続は認められるべきである。昭和四十八年一月デリーにおけるアジア・アフリカ法律諮問委員会において、インドのジャゴダは外国漁業を認めることが出来る(may)とし、私は認めなければならない(shall)として、オダ、ジャゴダのshall-may論争がはじまるのである。

昭和四十八年夏、海底平和利用委員会に先立ってジュネーヴではアジア・アフリカ法律諮問委員会の海洋法分科会が開かれた。数年前までは構成国も十を越える位で、ほとんど注目をあつめていなかったこの会議も今や海洋法では花形になっていたのである。二〇〇カイリ排他的経済水域が一般に定着しつつあることはこの会期に始まったことではないが、私はこれが制度化されるためには十二カイリ領海についてのコンセンサスが最小限必要であることを強調し、またこの経済水域内での外国漁業が権利として確保されることが不可欠であり、この点は譲れないとして、この一月デリーでのいわゆるshall-may論争を繰り返した。私としてははじめて出席するようになったアフリカの国々への教育的効果をねらったものであった。

なおこの会議の席上私は全くの私案として、たとえば四十カイリ以内は「排他的」漁業水域にするとしても、その外側一六〇カイリについては外国漁業の継続を制度化することも一案たりえようと指摘した。この提案は、東京をたつ前に外務省海洋法本部かぎりの非公式の打ち合わせにもとづき、私の個人的な意見としてバルーンをあげることは了解されていたものである。しかし、私の言動が越権であるとして日本の水産界の一部では不評を買っているということがジュネーヴには伝わってきた。

しかし、スリランカのピントなどはこの私の提案を関係国の妥協を成立させるためには検討に値するとしてこの私案への注意を喚起した。そうしてこの構想はアジア・アフリカの関係国以外にもかなり拡がっていた。国連海底平和利用委員会においては、チリのゼーガース代表などが「オダ・フォーミュラ」がすでに開発途上国の一部では妥協の方途として考えられていることを語って私を喜ばせた。ソ連の代表は、会議の公式の発言で、提案者である私の名を述べつつ、可能性のある妥協案としてこれに触れた。しかし、事態はもはやこんなことで妥協ができるようなものではなくなってきていた。当時の日本の国内情勢は別として、現地ではもはや二〇〇カイリ水域に抵抗し得ないことは明らかであった。小木曽国連次席大使を代表とする日本の代表団としても、このころからむしろサケ・ますなどの遡河性魚種についての既得権保護に全力をあげるようになってきていたのである。

これが昭和四十九年のカラカスから昭和五十七年のジャマイカ・モンテゴ湾に終る第三次海洋法会議の開幕前夜のことである。海というものに対する日本の対処ぶりが、昭和三十年代初期にみるような日本人食生活の動物蛋白の何パーセントは魚であるという意識にのみ支えられているようではとうてい世界の大勢について行けるわけはない。こうした環境にあって、私の口からでた「魚だけの海ではない」が日本国内の一部の水産界筋を激昂させたのかもしれない。そうして水産界にとっては未だ狭い三カイリ領海の外で沿岸国の管轄に日本の漁業が服するなどとはとても考えられなかったのかもしれない。そうした日本の水産界の一部の意識を支持してくれるものはもはや世界に絶無であったと言って良い。海洋の自由を言ってくれそうなアメリカにとって、海の問題は魚ではなくて軍艦であるという認識をその当時でもまだ日本ではどれだけの人がもっていたであろうか。

五

昭和四十九年第三次海洋法会議のカラカス会議に政府代表として出席した私は海運、汚染それに科学調査などを担当したが、事実上これが私として海洋法への寄与の最後であった。昭和五十年頃から国際司法裁判所への立候補で私は次第に海から遠ざかるようになっていたからである。昭和五十一年ハーグに来任してからは、私は海の傍観者であった。

　しかしマラッカ、ロンボク海峡のタンカー通過、シーレン防衛の問題、津軽、宗谷などの原子力潜水艦あるいは核搭載軍艦の通過、そうして深海のマンガン団塊開発など、もはや日本にとっても「海は魚だけではない」ことがはっきりしてきたことを興味深く眺めていた。昭和五十二年、日本が領海十二カイリとともに漁業水域二〇〇カイリを設定して世界を驚かしたことに、私は時の移りの早いのに思いふけるのみであった。

② 海洋法研究のはしり

一

十七世紀のグロチウス、セルデンの時代から下って二十世紀まで、欧米の多くの国際法一般概説書がそれぞれに公海、領海の問題に触れ、とりわけ船の航行に関わる法理を扱ってきたのは別として、第二次大戦までに海の国際法を正面からとりあげた著書としては、一九一一年のフルトン(英・アバディーン)、一九三二年から一九三四年にかけての三巻のジデル(仏・パリ)があり、それに戦争中の一九四三年のヒギンス＝コロンボス(英・ケンブリッジ＝ロンドン)(のち六版まで)の三つをあげるのが妥当であろう。[1] また海に対する沿岸国管轄を扱ったものとして、領海に関して一九二七年のジェサップ(米・コロンビア、のちＩＣＪ判事)を加えなければならず、さらに資料的価値のものではあるが、一九一七年のクロッカー(米)、一九二九年のマスターソン(米)、一九三七年のマイヤー(ノルウェー海軍)の研究がある。[2]

その頃の海の国際法に関する雑誌論文は少なくはない。国際連盟は一九二〇年代の後半、国際法典編纂会議を企画して、一九三〇年ハーグにその会議が開かれるのであるが、テーマのひとつとして領海制度があげられていたことから、その準備ならびに会議の討議においてはとりわけ領海問題についていろいろな側面が提起された。ハーヴァード・リサーチ、世界のいろいろな学会の報告、提案などの他に、これらに触発されての学者の論文も少なくはない。領海三カイリの歴史的起源をさぐった本格的な研究論文として、一九二五年のフレーザー(米)、一九二六年のフェン(米・セントルイス)、一九二八年のベーティ(英・日本外務省顧問)、一九四五年のウォーカー(英)などがあったことを述べておこう。[3]

他方、海の資源にしぼってみると、一九二三/一九二四年のシーシル・ハースト(英・外務省)は定着漁業に関連して海底制度を論じ、一九四一年にはボーチャード(米・エール)の海底管轄論がある。とくにまたジェサップが一九二九年にハーグ国際法アカデミーで海洋資源に関しての講義を行なったことは注目されてよい。[4]

さらに海洋法研究に関して第二次大戦前のひとつの特徴的な現象として、一九三〇年代の日本のアラスカ湾タラバガニ漁業進出に端を発したアメリカの漁業管轄拡大の動きもふくめて、北太平洋の漁業問題を中心に漁業の国際的規制を扱った本がアメリカでつづけて出版されたことを書き落とすことはできない。一九三八年のビンガム(米・スタンフォード)、一九三九年のリーゼンフェルト(米・ミネソタ)、グレゴリー＝バーンズ(米・ワシントン)、一九四四年のレオナルド(米・コロンビア)、一九四五年のトマセヴィッチ(米・カリフォルニア)。ビンガムとリーゼンフェルトを除いては国際法学者ではないが、いずれもアメリカの学者達である。[5] 加えて捕鯨問題についても一九四二年のハイドン(米・コロンビア)のものがある。[6] 一九三〇年代の終わりから一九四〇年代にかけての漁業あるいは捕鯨またオットセイの雑誌論文もまた少なくはない。アメリカ国際法学会も一九四〇年の年次総会で当時の時事問題としての漁業管轄をテーマとしてとりあげていた。[7]

二

第二次大戦が終わり、国連の成立未だ間もなく、国際法学界の研究課題も多くは国連の機構、機能やあるいは戦後の安全保障に向けられていた。一九四八年にスミス(英・ロンドン)(のち三版まで)の簡単な海洋法解説はあったが、[8] 海に関して国際法学界が関心を寄せた問題があったとすれば、一九四五年九月、戦後すぐのアメリカの大陸棚と漁業政策に関する二つのトルーマン宣言とその数年後につづく中南米諸国の二百カイリ海洋主権の宣言であった。これらの宣言の紹介、解説的なものは一九四〇年代の終わりから一九五〇年代のはじめにかけて少なくはないが、一九四八年のシーシル・ハースト（もと英・外務省）、ヤング（米・ハーヴァード）などはやや本格的なものであった。[9] 注目されるのは、ケンブリッジのハーシュ・ローターパクト（のちICJ判事）とオックスフォードのウォルドック（のちICJ判事）が一九五〇年にそれぞれ異なる大陸棚論をあらわし、かなり突っこんだ法理分析を行なったことである。[10] 当時石油開発をめぐるペルシャ湾のアビュ・ダビ土侯に関する仲裁にこの両教授はそれぞれの当事者に属し、いわば敵方同士の弁護人として加わっていたのである。そうしてこのイギリスのアスキス卿による仲裁はウォルドックのとったいわば大陸棚制度批判派の勝利であったといえよう。

その頃、万国国際法学会は大陸棚をテーマとして、そのジェームス・ブラウン・スコット賞を公募していた。一九五二年これに応募したなかから、オランダのムートン（海軍）のものが選ばれた。次点がスペインのルイス・デ・アスカラガ（海軍）であった。そのいずれもが著書としてその年の暮れに出版されている。[11] 他にも大陸棚の論文に一九五一年のグリーン（英・ロンドン）、ブリッグス（米・コーネル、のちILC委員）、一九五三年のアランブル（ペルー・サンマルコス）、ヤング（米・ハーヴァード）のものなどもあるが、トルーマン宣言などやようやく始まろうとする国際法委員会の審議の解説以上に多くを出るものではなかった。[12]

他方で、日本を意識した一九四五年の漁業に関するトルーマン宣言そうして日米加漁業問題には、一九四六年のボーチャード（米・エール）、一九五〇年のセラク（米・国務省）、一九五一年のビショップ（米・ミシガン）、一九五二年のセラク、アレン（米・弁護士）などアメリカの法律家の他に、日本占領軍司令部にあって日本水産界に権勢を振るったヘリングトンやチャップマンなど水産専門家の短編のエッセイ風の論文がある。[13] しかし未だ漁業問題の国際法上の本質を突いた研究には至らず、せいぜいが海洋自由のなかにあっても資源保存の必要であることを述べる以上のものではない。

国際法協会も一九四八年の会合以来隔年の会議で大陸棚に関心を寄せ始めている[14]。なおその頃の大陸棚という言葉のなかには沿岸漁業の規制もふくまれていたことは指摘しておかなければならない。また一九四八年に発足した国連国際法委員会はオランダのフランソア(ロッテルダム)を特別報告者として公海制度ついで領海制度をとりあげたが、その重点のひとつが大陸棚および公海漁業におかれるようになるのは一九五三年のフランソア報告書以後のことである。

三

アメリカ留学中の私が海洋法に関心を持ち、なかんずく将来の海の問題が資源にあると気がつくのはその頃であった。私のエール大学における法学博士学位請求論文の焦点は魚と海底石油の国際法にしぼられていった。その当時指針になるような国際法理はほとんど存在しなかった。大陸棚についての賛否両論はともかく、漁業が将来にもつ国際法上の問題性を認識するものは絶無であったといってよい。私は英、独、仏に関するかぎりすべての関係文献に目を通したが、情報量の少ない当時にあってそのこと自体は難しいことではなかったが、他方、基本的な法理論の構成を自力でしてゆかなければならなかった。

この一九五三年五月にエール大学に登録された私の論文Riches of the Sea and International Law–Claims Doctrines, Practices, and Alternatives-が戦後の海の資源に関し、あるいはむしろ海洋法に関しての法学・政治学における英語のものとしては博士号請求論文第一号である。もっとも、この学位論文はウォルドックその他何人かの欧米の学者に個人的に送付されただけで公刊されることはなく、これがかなりの修正をへてInternational Control of the Sea Resourcesとして出版されたのは十年近くも後の一九六三年であった。エール大学の法学博士号を土産にアメリカ留学を終わって私が帰国したのは一九五三年夏、その頃からこの学位論文を解体しての個別的な論文をあいついで発表した。

「日韓漁業紛争をめぐって」を書いたのはまだアメリカ滞在中の一九五三年四月のことであったが、帰国そうその一九五三年一〇月に書いたのが「李承晩宣言の違法性」であり、すでに顕著になっていたラテンアメリカ諸国の二百カイリ海洋主権の問題をめぐって、沿岸国管轄権の本質について深く考えさせられるものがあった。[15]

「領海の幅が意味をもつとすれば主として漁業独占水域としてであり、これを離れて論理的には沿岸国による漁業管轄はありうべきではない」という考え方は、その後、一九五四年春の国際法学会で「領海制度の現実的意義」と題して報告し、これが一九五四年七月に公刊され、[16]また英文では一九五五年イギリスの雑誌に発表された。

「沿岸国法益」という概念をもちい、「接続水域は他国の合法的利益を損なうことなしに沿岸国法益保護の手段の強化をめざすものとして認められるものであるが、これによって沿岸国法益そのものの拡大に他ならぬ沿岸国漁業管轄を正当化することはできない」という、その後かなり普遍化した考え方はここでスタートした。その後、接続水域の方の観点からこの問題を分析して一九六二年にイギリスの雑誌に発表した。[17]

日本がまだ占領下にあってのはじめての国際会議であり、その結果が戦後の条約第一号になった日米加漁業条約がいわゆる「抑制の原則」をふくむことに強い危惧をもった私の批判は、さきに学位論文にも述べたところであったし、私の漁業法理論の基本であったが、一九五四年、「公海漁業の統制――資源の保存と独占」として発表した。[18]これよりかなり後一九五六年には日ソ漁業条約が結ばれるが、ソ連による漁業独占の傾向を指摘した私の条約批判は一九五六年の「日ソ漁業条約――条約を読んでの感想」となった。[19]その前の一九五五年の「日中漁業協定の成立をめぐって」も同じ思想にもとづくものである。[20]国内の学界でどう受け取られたかは分からないが、それらの内容はこれまでの欧米の思想にみない基本的な海洋資源の法理論を展開したものであった。

一九五四年から一九五五年にかけては長編の「大陸棚の法理論」を書いた。[21]「大陸棚あるいは海底地殻を公海制度と切り離してあつかっている国際法学者は根本的な過ちをおかしている」として、「大陸棚理論が充分の検討を経ずに受け入れられ、海底分割が達成されることに急であってはならない」と結んだ。当時としては異説であり、そのことは充分承知しながら、伝統的な国際法が単なる便宜、しかもアメリカのそれによって容易にくつがえされることには我慢がならなかった。

一九五二年のオーストラリアの大陸棚宣言は日本のアラフラ海真珠貝漁業に大きな影響を及ぼし、恐らくはオーストラリアに示唆された国際法委員会の委員ローターパクト(英・ケンブリッジ、のちICJ判事)はこの定着漁業を大陸棚制度にもちこもうとする。かくて日豪の紛争の対象となるのであるが、一九五三年の「定着漁業の法理」のなかで私は定着漁業は沿岸国の歴史的権利という側面を別にすれば、一般漁業と異なる理解の仕方をすべきではないと述べた。[22]

一九五四年にアメリカは南太平洋のエニウェトク環礁での水素爆弾実験を行なった。いわゆるビキニの水爆実験である。はしなくもこれが日本で公海自由の本質論の論争をひきおこした。横田喜三郎、安井郁、入江啓四郎、大平善梧がこれに加わり、私も一九五四年「ビキニ水爆実験と国際法の立場」を書き、同じ年「再びビキニの水爆実験をめぐって」を書いた。[23] 私と大平の論争があり、私の考え方は一九五五年スイスの雑誌にも発表された。[24] そうして公海自由というものの考え方をまとめたのが一九五五年の「海洋自由の法構造」である。[25]

私の海洋法に対する基本的な姿勢は、こうしてアメリカでの研究の上に一九五〇年代半ばに固まってきていた。その後三十年余りを経過してもほとんど変わることはない。もちろん時代の変化とともに法政策的側面での見解は異なり、また、この間の歳月によって動いて行く慣習法への評価は自ら別である。しかし、通俗語でいえば、いわばスタンスがきまったというのであろう。そうして、これまでに書いた海洋法の論文をまとめて一九五六年に『海洋の国際法構造』という本を出した。[26] 基本的には一九五三年のエール大学における学位論文の底に流れる思想を基盤にしたものである。この書物を残して一九五六年夏私は再びエール大学に留学した。上級研究員という資格であった。

この二度目のアメリカ滞在は海洋資源の国際法の英文著書の準備のためであったが、その完成にはなお時間を要した。しかしこの間に英文の「海洋制度の新傾向――資源の保存と配分の問題の考察」を一九五七年にドイツの雑誌に発表した。[27] 漁業資源を「配分」の見地からとらえた欧米で初めての論文である。またルイジアナ州立大学における講義をもとにして一九五七年アメリカの雑誌に「大陸棚再考」をのせた。[28] 大陸棚理論は従来の海洋法体系のなかのものではなく、これがやがて海洋分割の可能性をはらむことを警告してその立法化に一層の慎重さをもとめたものであるが、さらにまた、定着漁業はいかにしても大陸棚理論と無関係であるという自説をのべたものである。

なおこの一九五七年、春には外務省の派遣でラテンアメリカの二百カイリ海洋主権をたずねて中南米七カ国の旅に出る。一九五七年五月一〇日付の報告書は外務省に提出された。また秋、留学先のエール大学に外務省滝川正久法規課長の訪問を受けて語ったことをもとにした一九五七年一〇月二八日付の意見書も、ともに翌年の国連海洋法会議を見通してその当時の海洋法の問題状況を示したものである。[29]

四

その頃の国の内外における学界の状況はどうであったか。国際司法裁判所の一九四九年のコルフ海峡事件は主として海峡通過が問題であったが、一九五一年のノルウェー漁業事件の判決は領海範囲に関してもひとつの指針を示し、その意味で海の資源の国際法にも多かれ少なかれ影響しうるものであったが、これをめぐって、一九五一年ウォルドック（英・オックスフォード、のちICJ判事）、一九五二年エヴェンセン（ノルウェー弁護士、現ICJ判事）、ヤング（米・ハーヴァード）、ジョンソン（英・外務省）、一九五三年オービ（仏・ボルドー）、スミス（英・ロンドン）、一九五四年フィッツモーリス（英・外務省、のちICJ判事）が解説、評釈を行なう。[30] 本格的な領海三カイリ論の研究には一九五四年のケント（英・ケンブリッジ）があった。[31] むしろ日本で一九五四年に小笠原督の「海洋の自由」、一九五五年に高林秀雄の「海洋論争の歴史的背景」、山本草二の「セルデン海洋論の実証的根拠」、一九五六年に高林の「通商の自由と漁業の独占」、一九五七年に山本の「中世海洋国際法概念とその変容」など当時の若い世代による基礎的な研究がみられた。[32]

他方、一九五三年になると国際法委員会の大陸棚の審議はかなり進捗し、これに対応するように沿岸漁業管轄をふくむ大陸棚に関する研究が続々と誕生する。一九五三年に殆どローターパクトの模倣に過ぎないがアニノスの大陸棚に関する小さな著書(オランダ出版)が出版され、さきのムートンは一九五四年にハーグ国際法アカデミーで大陸棚という講義を行ない、講演集に収録された。[33] 論文としては、一九五五年のセル(仏・パリ、ILC委員)、ベーメルト(西独・キール)、一九五六年になるとさきのウォルドックの他に、知名のジョンソン(英・ロンドン)、クンツ(米・トレド)、イェープス(コロンビア・ILC委員)が大陸棚論議の戦列に加わる。[34] 日本では大平善梧が「大陸棚の法理——海洋の中に大陸のテレスがある」を書くのが一九五三年である。[35]

一九五二年のオーストラリアの大陸棚宣言を契機としての日豪の紛争は一九五四年のゴールディー(豪・キャンベラ)、一九五五年と一九五八年のオコンネル(豪・アデレイド)の論文を誘発し、また、より本格的に定着漁業に眼をすえて、日本ではその歴史的研究が行なわれていった。桑原輝路の「公海における定着漁業」が一九五四年に、中村洸の「国際法における取得時効と公海海床の領有」が一九五四年から一九五五年にかけてあらわれる。[36] 外国ではパパンドルー(ギリシャ)が一九五八年に定着漁業をテーマにして単行本をものする。[37] もっともこの定着漁業は日本の研究がいずれも示しているように、すでに十九世紀の頃からいわゆる歴史的漁業の問題として海洋法では知られた問題であったのである。

公海漁業論については中南米の主張を中心とする海洋主権論への対応が問題であった。いずれも資料集にすぎないが、ベイッチ(米・マイアミ)とマックチェスニー(米・ノースウェスタン)のこの問題についての書物が出版されたのが一九五七年である。[38] しかし、国際法委員会が対応をせまられるのは、漁業に関する沿岸国優先権の問題であった。FAOの一九五五年のローマ会議は当時外国においても日本においてもほとんどその本質は注目されることはなかった。私は「大陸棚の法理」のなかでこの点の指摘を行なったが、この会議が漁業についての保存措置についての沿岸国の特別利益という考え方を一八—一七で採択したことは、まさに将来を暗示するものであった。

一般に漁業問題を扱った論文は、一九五六年のフレーガー(米・国務省)、一九五七年のさきに触れたドイツの雑誌に出した私のもの、オプサール(ノルウェー・オスロ)、一九五八年のラドル・レデレ(仏)などである。[39] なおアメリカ国際法学会は一九五六年の年次総会で国際法委員会案をとりあげた。[40]

五

一九五八年には国連海洋法会議がジュネーヴに開かれた。その年にフェロン(スイス・ジュネーヴ)の海洋法一般の本とフィセール・ト・ホフト(和)の海洋資源にふれた国際法委員会の討議を扱った本がでた。[41] 九週間余りのジュネーヴ会議の結果、領海、公海、漁業、大陸棚に関する四つのいわゆるジュネーヴ海洋法条約が採択された。この会議を扱った著書は一九五九年の横田・小田の『海の国際法』上・下巻である。[42] 内容について自賛するわけにはゆかないが、この四条約の包括的なコメンタールとして今日までこれに匹敵するものは欧米でも出ていない。今にして思えばこれは英文にして出版しておくべきであったろう。

もっとも、この四条約についての雑誌論文は一九五八年から一九六〇年にかけてかなりの数にのぼる。一般的なものとしては一九五八年のソーレンセン(デンマーク・オーフス)、クナックシュテット(西独)、リューガー(スイス・外務省)、ジェサップ(米・コロンビア、のちICJ判事)、一九五九年のフィツモーリス(英・外務省、のちICJ判事)、ジョンソン(英・ロンドン)、ジェサップ、フェルジェーユ(和・ユトレヒト)、ミュンヒ(西独・ボン)、グリーン(英・ロンドン)、パテイ(仏・外務省)などがあり、またアメリカの基本的な立場が軍艦の海峡通航にあることを明らかにしたのがディーン(米・首席代表)のいくつかの論文である。[43] ジェサップ、グリーンを除いてはすべてがそれぞれの国の代表団員として会議に参加した人たちによって書かれたものであった。アメリカ国際法学会は一九五九年にこれをとりあげ、ディーン、バーク(米・エール)の報告がある。[44]

日本の国際法学会も一九五九年春の総合テーマとして海洋法をとりあげ、横田喜三郎、田村幸策、中村洸および私が報告を行ない、また一九五九年の国際法外交雑誌は「海洋法の研究」を特集して、横田、関道雄、中村、高林、皆川洸および私がいろいろな角度から海洋法四条約を検討した。[45]

その他、とくに大陸棚条約について述べたものは一九五九年の私の「大陸棚に関する条約——つくられた制度」があり、同じ年にスペイン語に訳された。[46] 外国では一九五八年のヤング(米)、ワイトマン(米・国務省)、一九五九年のジデル(仏・パリ)、ガッタリジ(英・外務省)、マイヤーリンデンベルグ(西独・外務省)、一九六一年のヤングがある。[47]

ジュネーヴ漁業条約については一九五九年の私の「漁業の公海生物資源保存の条約——その効果と限界」とその年の国際法学会報告をもとにした「海洋生物資源保存の基本問題——主として『抑制の原則について』——」、さらにまた「抑制の原則について」という外務省調書があり、はじめのものは一九六〇年に英文で出された。[48] また一九五九年のグロ(仏・外務省、のちＩＣＪ判事)のハーグ国際法アカデミーでの講義がある。[49]

六

一九五八年の国連海洋法会議で失敗した領海範囲の画定のため第二次国連海洋法会議が一九六〇年春に予定された。これを前に一九六〇年一月、私の「漁業専管水域の法的性格およびその領海ないし接続水域との関係」の外務省調書がある。[50] 政府が直面するであろう問題状況を見通したものである。この会議も失敗に終わった。その状況を示したのが横田喜三郎の増補版と私の一九六〇年の「第二次国連海洋法会議」である。[51] 外国では一九六〇年のバウェット(英・マンチェスター)、フランソア(和・ロッテルダム)、ディーン(米・首席代表)、一九六一年のミュンヒ、マイヤーリンデンベルグがある。[52] 資料的にも横田および私のものが最も詳細である。

なお戦後からその頃までに伝統的なソ連あるいは特殊な北欧諸国の個別的な領海主張を論じた論文が一九五七年の

内田久司の「ソヴェトの領水理論について」をふくみ、内外でかなり見られたが、そのひとつひとつにここではふれない。[53] また現実問題とは離れた歴史研究がその頃の外国にはなく、むしろ日本で行なわれ、一九五八年から一九五九年にかけて高林秀雄の「領海制度の成立」、山本草二の「排他的漁業概念の歴史的展開」があった。[54]

七

一九五八年および一九六〇年の二度の国連海洋法会議の成果をふまえて海洋法の基本構造を探った書物が一九六二年のマクドウーガル＝バーク（米・エール）であり、海の資源に焦点をしぼったのが一九五九年のガルシア・アマドール（キューバ・外務省、ＩＬＣ委員）と一九六三年に私がオランダで出版したInternational Control of the Sea Resourcesである。[55] 今から四半世紀前のことであった。

人類の共同財産としての深海底が問題にされるようになるのは、なおそれから数年後、一九六七年以後のことであり、大陸棚制度に大きな影響を与えた国際司法裁判所の北海大陸棚事件は一九六八年から一九六九年にかけて、排他的経済水域概念の登場は一九七〇年代に入ってからである。その意味で一九六〇年代始めごろまでのものが海洋法、とりわけ海の資源の法の研究のはしりとなるのであった。

おことわり

一九六〇年代はじめまでの文献の主要なものは網羅しているつもりであるが、より詳細には拙著International Control of Sea Resources, 1967の一九八頁以下を参照されたい。人名のあとのカッコ内は原則としてそれぞれの執筆時の大学ないし所属名であるが、所属や地位の明らかでないものもある。なおつぎの略号を使った。

AJ=American Journal of International Law

ASIL=American Society of International Law

AVR=Archiv des Völkerrrechts

BYB=British Yearbook of International Law

ICLQ=International and Comparative Law Quarterly

RDC=Recueil des cours de l'Académie de Droit international

RGDIP=Revue général de droit international public

ZaöRVR =Zeitschrift für ausländisches öffentliches Recht und Völkerrecht

[注]

1 *Fulton, The Sovereignty of the Sea*, 1911 ; Gidel, *Le Droit international public de la mer* (3 Vols.), 1932-1934 ; Higgins=Colombos, *The International Law of the Sea*, 1943.

2 Jessup, *Law of Territorial Waters and Maritime Jurisdiction*, 1927 ; Crocker, *The Extent of the Marginal Sea*, 1919 ; Masterson, *Jurisdiction in Marginal Seas with special reference to Smuggling*, 1929 ; Mayer, *The Extent of Jurisdiction in Coastal Waters*, 1937.

3 Fraser, *Cornell Law Quarterly*, Vol.11 ; Fenn, *AJ*, Vol.20 ; Baty, *AJ*, Vol.22 ; Walker, *BYB*, Vol.22.

4 Hurst, *BYB*, Vol.4 ; Borchard, *AJ*, Vol.35 ; Jessup, *RDC*, Vol.29.

5 Bingham, *Report on the International Law of the Pacific Coastal Fisheries*, 1938 ; Gregory=Barnes, *North Pacific Fisheries, with special reference to Alaskan Salmon*, 1939 ; Riesenfeld, *Protection of Coastal Fisheries under International Law*, 1942 ; Leonard, *International Regulation of Fisheries*, 1944 ; Tomasevich, *International Agreements on Conservation of Marine Resources with special reference to the North Pacific*, 1943.

6 Hayden, *The International Protection of Wild Life*, 1942.

7 *Proceedings of the ASIL at its 34th Annual Meeting*, 1940.
8 Smith, *The Law and the Custom of the Sea*, 1948.
9 Hurst, *Transactions of the Grotius Society*, Vol.34 ; Young, *AJ*, Vol.42.
10 Lauterpacht, *BYB*, Vol.27 ; Waldock, *Transaction of the Grotius Society*, Vol.36.
11 Mouton, *The Continental Shelf*, 1952 ; Azcarraga, *La Plataforma Submarine y el Derecho Internacional*, 1952.
12 Green, *Current Legal Problems*, Vol.4 ; Briggs, *AJ*, Vol.45 ; Aramburu, *AJ*, Vol.47 ; Young, *AJ*, Vol.47.
13 Borchard, *AJ*, Vol.40 ; Selak, *AJ*, Vol.44 ; Bishop, *AJ*, Vol.45 ; Selak, *AJ*, Vol.46 ; Allen, *AJ*, Vol.46.
14 International Law Association, *Reports of the 43rd, 44th, 45th, 46th Conferences*, 1948, 1950, 1952, 1954.
15 『ジュリスト』三二号、法律時報二五巻一〇号
16 『法学』一八巻三号、Oda, The Territorial Sea and Natural Resources, *ICLQ*, Vol.4.
17 Oda, The Concept of the Contiguous Zone, *ICLQ*, Vol.11.
18 『ジュリスト』五一号
19 『ジュリスト』一〇八号
20 『ジュリスト』八四号
21 『国際法外交雑誌』五三巻三、四号、五四巻四、五号
22 『ジュリスト』四五号
23 『ジュリスト』六四号、七二号
24 Oda, The Hydrogen Bomb Tests and International Law, *Die Friedenswarte*, Vol.53.
25 『法律時報』二七巻一〇号
26 小田、『海洋の国際法構造』、有信堂、昭和三一年
27 Oda, New Trends in the Regime of the Seas—A Consideration of the Problems of Conservation and Distribution of Marine Resources, *ZaöRVR*, Vol.18.
28 Oda, A Reconsideration of the Continental Shelf Doctrine, *Tulane Law Review*, Vol.32.

29 小田『海洋法二十五年』、有斐閣、昭和五六年、四一頁および三二頁

30 Waldock, *BYB*, Vol.28 ; Evensen, *AJ*, Vol.46 ; Young, *American Bar Association Journal*, Vol.38 ; Johnson, *ICLQ*, Vol. 1; Auby, *Journal de droit international*, vol. 80; Smith, *Yearbook of World Affairs*, Vol. 7; Fitzmaurice, *BYB*, Vol. 31.

31 Kent, *AJ*, Vol.48.

32 『法学研究』二七巻七号、『法学論叢』六〇巻四号、『熊本大学法文論叢』七号、『近畿大学法学』六巻四号、『熊本大学法文論叢』九号

33 Anninos, *The Continental Shelf and Public International Law*, 1953 ; Mouton, *RDC*, Vol.85.

34 Scelle, *RGDIP*, Vol.59 ; Böhmert, *Jahrbuch für Internationales Recht*, Vol.5-6 ; Waldock, *International Relations*, Vol.1 ; Johnson, *ZaöRVR*, Vol.16 ; Kunz, *AJ*, Vol.50 ; Yepes, *RGDIP*, Vol.60.

35 『比較法雑誌』二巻一号

36 Goldie, *ICLQ*, Vol.3 ; O'Connell, *AJ*, Vol.49 ; *BYB*, Vol.34 ;『商学討究』五巻一号、『法学研究』二七巻一〇—一二号

37 Papandreou, *La Situation juridique des pésheries sédentaires en haute mer*, 1958.

38 Bayitch, *International Law of Fisheries*, 1957 ; MacChesney, *Situation, Documents and Commentary on Recent Developments in the International Law of the Sea*, 1957.

39 Phleger, Department of State Bulletin, Vol.32 ; Opsahl, *Nordisk Tidsskrift for International Ret*, Vol.27 ; Lador-Lederer, *Jounal de droit international*, Vol.85.

40 *Proceedings of the ASIL at its 50th Annual meeting*, 1956.

41 Ferron, *Le Droit intenational de la mer*(2 Vols.), 1958-1960 ; Visser't Hooft, *Les Nations Unies et la conservation des resources de la mer*, 1958.

42 横田『海の国際法』(上巻)、小田『海の国際法』(下巻)、有斐閣、昭和三二年

43 Sørensen, *International Conciliation*, No.520 ; Knackstedt, *Marine Rundschau*, Vol.55 ; Ruegger, *Schweizerischer Jahrbuch für Internationales Recht*, Vol.15 ; Jessup, *AJ*, Vol.52, Fitzmaurice, *ICLQ*, Vol.8 ; Johnson, *ICLQ*, Vol.8 ; Jessup, *Columbia Law Review*, Vol.59 ; Verzijl, *Nederlands Tijdschrift voor Interntionaal Recht*, Vol.6 ; Münch, *AVR*, Vol.8. Green, *Current Legal Ploblems*, Vol.12 ; Patey, *RGDIP*, Vol.62 ; Dean, *AJ*, Vol.52.

44　*Proceedings of the ASIL at its 53th Annual Meeting*, 1959.

45　『国際法外交雑誌』五八巻一、二号

46　『国際法外交雑誌』五八巻一、二号、Oda, El Convenio de Ginebra sobre la Plataforma Continental, *Revista Española de Derecho Internacional*, Vol.12.

47　Young, *AJ*, Vol.52 ; Whiteman, *AJ*, Vol.52 ; Gidel, *ZaöRVR*, Vol.19 ; Gutteridge, *BYB*, Vol.35 ; Mayer-Lindenberg, *ZaöRVR*, Vol.20 ; Young, *AJ*, Vol.55.

48　『国際法外交雑誌』五八巻一、二号、『水産界』昭和三四年六月号、小田『海の資源と国際法Ⅰ』、一一七頁、Oda, The 1958 Geneva Convention on the Fisheries, *Die Friedenswarte*, Vol.55.

49　Gros, *RDC*, Vol.97.

50　小田『海洋法二十五年』、五五頁

51　横田『海の国際法』(上巻・増補版)、『国際法外交雑誌』六一巻一、二号

52　Bowett, *ICLQ*, Vol.9 ; François, *Nederlands Tijdschrift voor Internationaal Recht*, Vol.4 ; Dean, *AJ*, Vol.54 ; Münch, *AVR*, Vol.7 ; Meyer-Lindenberg, *ZaöRVR*, Vol.20.

53　『国際法外交雑誌』五五巻六号、五六巻二号

54　『近畿大学法学』六巻四号、七巻二、三、四号、『国際法外交雑誌』五十六巻三、四号

55　McDougal=Burke, *The Public Order of the Ocean*, 1962 ; Garcia Amador, *The Exploitation and Conservation of the Resources of the Sea*, 1959 ; Oda, *International Control of Sea Resources*, 1963.

③「人類の共同財産」としての深海海底——発想のはじまり——

一

「人類の共同財産(Common Heritage of Mankind)」という表現を海底資源につかったのは、私の知る限りでは一九六七年の国連第二十二回総会におけるマルタ代表アーヴィッド・パルドであろう。

その二年前からマルタの国連常駐代表をつとめていたパルドが、もともとこうした問題の専門家だったわけではない。しかし部下に一、二のスタッフをもつに過ぎない、いわばミニ・ステートの国連代表として国連のなかでその存在を示すには、やはりある程度は意表を突くような行動をしなければならなかったであろう。事実、二年後の一九六九年の国連総会でパルドは老人問題を提案して、これが議題として採用され、後に一九七三年と一九七七年の老人福祉問題の総会決議となった。

パルドは一九一四年のローマの生まれ、ローマおよびフランス・トゥールの大学に学んだ。学生時代にシベリア鉄道で当時の満州を経由して開戦前の日本に滞在した頃の思い出を私に語ったこともある。一九四五年の国連の発足から一九六四年まで国連事務局に勤務した後、一九六五年にマルタの国連常駐代表に任命された。アメリカ、カナダ、そうしてソ連への大使も兼任した。彼のもっとも華やかな頃であった。

しかしそれも束の間、一九七一年、パルドはマルタの政変によるミントフ政権の成立によってその任を解かれ、本国に帰ることも叶わず、一時はマルタの海洋法担当国連代表などの肩書でニューヨークにいたが、間もなくワシントンのウッドロー・ウィルソン・センターの研究員などを経て一九七五年以後は南カリフォルニア大学の教授をしていた。一九七五年にそれまでの演説、提案などをまとめて、*The Common Heritage–Selected Papers on Oceans and World Order 1967-1974 by Arvid Pardo* という五〇〇ページをこえる著書をマルタ大学出版会から刊行した。

一九八二年のジャマイカの国連海洋法条約の採択会議には国連事務総長招待のオブザーヴァーという形で顔を見せてはいたが、ほとんどの代表もすでに一昔以上も前の英雄パルドに関心を払うこともなかった。寂しそうにしていた彼をモンテゴ湾のレストランに一夕私が食事に招いた時の彼の喜びを思い出す。そうして昨年（一九八七年）九月マルタに開かれた民間会議「海に平和を」の第十五会期に、マルタのミントフ失脚後の新政権に迎えられて晴れて十数年ぶりに故郷の土を踏み、マルタ大学から名誉学位を贈られて嬉し涙にくれたパルドであった。

二

さて一九六七年に人類の共同財産としての深海海底が言いだされる背景には何があったのか。

海底石油の開発はすでに第二次大戦の頃にとりわけアメリカで注目を引くようになってきており、それ故にこそ、戦争の硝煙消えていまだ数週間の一九四五年九月には有名なトルーマン大統領の大陸棚宣言となるわけである。しかしその頃の開発はせいぜい水深二、三十メートル程度をでるものではなかった。国連国際法委員会が海洋法草案を審議していた一九五〇年代半ばにおいても、事情は殆ど変わっていない。地理的に大陸棚水深の平均値とごく常識的に考えられた二〇〇メートルを大陸棚の定義として採用することに多くの疑問がもたれなかったのである。そうした事情は一九五八年のジュネーヴ海洋法会議でも同様であった。

一九五八年の条約は大陸棚の定義として、「上部水域の水深が二〇〇メートルまでのもの又はその限度をこえる場合には上部水域の水深が海底の区域の天然資源の開発を可能とするところまで」ときめていた。「開発可能性」という概念がほとんど深い認識もなしに一九五八年の大陸棚条約に組み込まれるのであるが、その当時これが遠からず重大な問題を引き起こすなどとはほとんど誰もが考えなかったのである。

開発技術が進めばそれだけ大陸棚の限界は延長され、しかもその技術は沿岸国独自のそれに限られることなく世界の最高水準と考えなければならない以上は、一九五八年の制定者の意図がどうであれ、理論的には法的な意味での「大陸棚」の限界は世界各地で等しく技術の進展とともに沖に向かって延びて行く。

技術の可能な限り「大陸棚」である以上、条約の当然の解釈として、世界の海はことごとく「大陸棚」として海の最深部において世界各国によって分割されてしまう、というのが私の見解であった。こうした見解は外国でも稀であったが、私は一九五九年の「海の国際法下巻」で述べ、英語では一九六三年の*International Control of Sea Resources*の著書のなかでも論じた。ただし私にもこうした事態が急速にやってくるというような見通しがあったわけではない。ただそれにしても大陸棚条約はその第十三条によって一九六九年六月には改正が可能になる。私が右記の点をふくめて「大陸棚条約改正論——Proposal for Revising the Continental Shelf Convention」を*Columbia Journal of Transnational Law*に掲載したのが一九六八年であり、後に述べる深海海底論の登場に刺激されてのことであった。

一九五八年の第一次国連海洋法会議以後の六、七年間における海底石油開発技術の急速な進歩があり、地理学上の大陸棚より遠くかつ水深深くの大陸棚斜面あるいはcontinental riseとよばれるその付け根にもまた多くの石油資源が埋蔵されていることを認識し、その重要性に気が付くのはまたしても一九六〇年代半ばのアメリカである。

他方でこうした発展とはまったく別に、金属系鉱物のコバルト、ニッケル、マンガンなどを含むマンガン団塊が賦存する何千メートルの深海海底にアメリカの鉱業界が着目をはじめるのも同じく一九六〇年代の後半に入ろうとする頃であった(もっとも開発の可能性は目前のものとは考えられてはいなかった)。

大陸棚条約を採択した一九五八年の国連海洋法会議では一般にこうしたふたつの発展のほとんど予測すらなかった

と言っても過言ではない。この状況に対応するには一九五八年の大陸棚条約は余りにも不明確であり不完全であった。

三

さきに述べたように一九五八年の海洋法会議でほとんど考えられもしなかった深い水深の海底の石油、そうしてさらに深い海底に眠る金属系鉱物の開発の可能性の前に、世界はどう対応しようとしていたか。世界といっても当時はアメリカであり、加えてかろうじて一握りの先進国でしかない。

アメリカは急速に海洋開発への関心を深めていた。一九六六年七月海洋調査船 **Oceanographer** 号の進水式において、ジョンソン大統領は深海海底に対する関心を寄せて、深海海底は「人類の遺産(**Legacy**)」であることを確保しなければならないと述べた。**"Common Heritage of Mankind"** という表現をつかったのはパルドではあったが、むしろその発想はジョンソン大統領のほうが先駆者であるとも言える。

アメリカの政府機関の海洋資源技術開発審議会が一九六六年に発足していた。そこでの主たる関心はようやく注目を引くようになった大陸棚斜面における海底石油開発であった。アメリカ沖のこの石油資源を制度的にも疑いの余地なくアメリカに取り込もうとする発想がここにある。遅れてではあるが、一九六八年七月内務長官の諮問機関であるアメリカ石油審議会は「海底石油資源」と題する報告において、大陸棚の限界を大陸棚斜面の付け根になる **continental rise** までと考えるべきであるとして、これが大陸棚条約の解釈であるとしたのである。

国連でも一九六六年春の経済社会理事会において、アメリカの代表は人類にとっての海の資源の重要性を指摘し、国連事務総長が海の資源とその開発技術についてのサーヴェイを行なうことを提案し、決議一一一二「非農業資源」となった。一九六六年秋の国連第二十一回総会で再びアメリカの提案によって決議二一七二「海の資源」が採択された。前の決議にもとづいて事務総長は一九六八年二月に報告「海の資源」を完成した。また後の決議にもとづいて一九六七年六月には国連事務総長任命の国連海洋科学技術専門家グループが発足した。法律家としての私を除けば、あとは米英仏ソなどの科学者、技術者、総計八名であり、そのなかにはただひとりの開発途上国出身者も含んではいなかった。まだそういう時代であった。この委員会にはまた国際機関の代表者が加わった。このグループの作業は一九六八年三月に終わったが、その審議をふまえて作成されたのが一九六八年四月に事務総長報告「海洋学および海洋技術――サーヴェイと提案」である。

他方で一九六〇年代半ばにはむしろ理想主義的な思考に支えられて海底の国際管理を提唱する民間団体が増えていた。一九六五年十一月には「国際協力に関する市民委員会」の天然資源保存開発委員会が開かれて、鉱物資源をふくむ海の資源のための国際連合の専門機関の設立を提案した。この委員会のなかに民間の経済学者のクリスチーを含んでいた。一九六六年五月にはハーヴァード大学国際法教授のソーンなどを中心とする平和機構研究委員会がその年次報告のなかで国連が深海海底の鉱物資源についての権原を取得し、国連海洋資源機関と称する専門機関を設立すべきことを提案した。報告書のその部分の起草者のひとりはクリスチーであった。

一九六五年はじめにロードアイランド州のキングストンにあるロードアイランド大学に設立された海洋法協会（The Law of the Sea Institute）――現在ハワイにあるものの前身である――が一九六六年六月に第一年次集会の旗揚げをした。私は日本から招かれて出席した。クリスチーがいた。私とは初対面である。また後に述べるメロがいた。私は漁業に関して抑止の原則に対する批判を行ない、またタラバガニなどの定着魚類は大陸棚資源に非ずという持論を述べたほかに、先にふれた私の大陸棚限界無制限論、すなわち大陸棚条約によって世界の海はことごとく最深部で沿岸国に分割されているというのが条約の当然の解釈であるという説を繰り返し、この点をどうすべきかが問題であるとした。

そうした条約の解釈をはなれて、すすんで深海海底制度の夜明けともいうべき国際管理案を説いたのはクリスチーなどである。公開の席で深海海底資源国際管理案が説かれたのは、この会合が最初であろう。自然科学者の立場からウッズホールのエメリーが一、〇〇〇メートルより深い深海海底の国連またはその他の国際機関による管理を説き、その収益は内陸国の為にもちいられるべきであると述べた。彼は自分の構想にどれだけ自信があったのかは分からないが、この一、〇〇〇メートルの水深という考え方は、この数字そのものは別として、沿岸国支配の大陸棚の概念を地理学上の大陸棚より遠い大陸棚斜面まで拡大することがアメリカの海底石油確保に不可欠である、というアメリカ政府の見解、むしろその後の海洋資源技術開発審議会の立場に先駆けるものであったと言えよう。

他方で *The Public Order of Oceans*, 1962 でマクドゥーガルとの共著者であるワシントン大学のバークがこれに反対し、石油弁護士として著名であったノースカット・エリーも、現在は誰にとっても海底は自由であるべきであり、深海海底の開発にはさしあたり現在の公海条約による規制をもって足りるという意見であったことも記録されるべきであろう。

こうして一九六六年六月のロードアイランドで「深海海底」であるとか「国際管理」であるとかが言われ始めたものの、一方においてはようやくかなりの水深での石油掘削の可能性のまえに「開発可能性」というような曖昧な概念ではなく、大陸棚斜面あるいは一、〇〇〇メートルというような明確な概念で沿岸沖石油の支配を図ろうとする動きが強かった。なによりもまだ海底資源という場合の資源は、やはり石油が出席者の多くの頭のなかにはあったのである。

一九六七年四月イギリス国際法・比較法研究所はケンブリッジ大学法学部との共催でケンブリッジで「大陸棚の法的諸問題」というシンポジウムを開催した。シェル石油提供の「海底探査」という映画が参加者の興味をひいた。参加者にアメリカが少ない上に、その有力な参加者がモビル石油の法務部スタッフであったこともあろう。この会合では議論の対象は深海の資源ではなくて、むしろ沿岸沖海底の石油であった。ローターパクトは大陸棚の外縁の基準のひとつとしての隣接性を強調し、また開発可能性の基準を大陸棚条約から削除せよという意見もあった。そうして私は、立法論として開発可能性の削除を支持しつつ、条約解釈論としては、ローターパクトのいう隣接性というのはきわめて相対的な概念であり、それが果たして大陸棚の果てしない拡大傾向を阻止し得るものであるかに深い疑問を述べた。

そうして一九六七年六月カリフォルニア州ロングビーチにおいてアメリカ法曹協会（American Bar Association）資源法

部会の支援のもとに海洋資源研究集会が開かれた。その推進力になったのはニクソン大統領に近いロスアンジェルスの弁護士クリューガーである。前年のロードアイランドの会合に出席して私の主張を承知していた彼の招きで、私は「沿岸水域――ジュネーヴ海洋法条約改定の必要」の部会で冒頭の報告を行なった。いろいろなことを述べたが、そのひとつとして、大陸棚条約の開発可能性の規定によれば大陸棚の限界は無限に拡大してゆくものと解釈されうる、深海海底の存在を論ずるためには、開発可能性の条項の改訂が必要であるということであった。

深海海底に関しては、一方でクリスチーは国際管理案を提唱し、他方でノースカット・エリーは「公海下の鉱物資源の国による管理」と題する報告を行ない、バークも「海底鉱物資源の国連所有の提案の否定」と題した。大陸棚の限界の問題と深海海底制度の問題がいろいろ絡んで出てくるのである。ラホヤにOcean Resources, Inc.を創設して間もない無名のメロがスライドを使って解説した「海の鉱物」という解説が、私にとってマンガン団塊という言葉を聞いたはじめであったと思うし、当時未だ参加者の多くにも大陸棚と深海海底、海底石油とマンガン、そうしたものが必ずしも明確な形で峻別されていたわけではなかったと思う。

なお私のものを含めて参加者の報告はその翌年には *Natural Resources Lawyer* の第一巻二号に収録されたが、この会合の段階では、当時まだ今日ほど複写機が進歩しているわけでもなく、私の講演テキストは数部の予備しかなく、一部をクリスチー、あと二、三部を誰かに渡したが、誰であったかの記憶はない。しかしこれがすぐにマルタのパルドの手に入り、半年を経ずして利用されるのである。

ロングビーチのあと私は先に述べた国連の専門家委員会のためにジュネーヴにでかけたが、この六月下旬には再びアメリカにもどってロードアイランド海洋法協会の第二年次集会に出席した。またしてもクリスチー、バーク、そうしてメロである。私はむしろ漁業資源を論じ、「公海漁業資源の配分――自由競争か人為的割り当てか」と題した。部会のテーマとしてもここでは深海海底の開発はまだ多くの注目をひくには至っていない。ただメロが深海海底の開発も自由であるという立場に立ちながら、しかし企業保護のために排他的な開発権が確保されなければならず、そのために深海海底を五、〇〇〇平方マイルずつの地域にわけて、それについての申請を国際機関に登録せしめ、それら企業からは利権料を徴収することを考えた。

こうして一九六〇年代の半ば、深海海底であるとか国際管理であるとかが言われ始めたものの、当時にあっては関係者の多くは海底資源という場合の資源としてはやはり石油のことを考えていたのであり、私とて勿論その例外ではない。そうして大陸棚条約の解釈は別として、事実上石油資源の存在は陸上からの堆積物のあるところで終わる以上、「開発可能性」というような曖昧な概念ではなく、大陸棚斜面あるいはたとえば一、〇〇〇メートルというような明確な概念で沿岸沖石油の支配を図り、それ以遠のことはまた別途考えても良かろうとする動きが出てきていたのである。そうしてそれに金属鉱業界のいわば投下資本保護の要請がうまく結び付こうとしていた。そうしてまた国際管理の理想主義と資本保護の現実主義が結び付くのである。

四

こうした状況にあって国連は一九六七年九月にはじまる第二十二回総会を迎えた。八月十七日、マルタ代表パルドは「現在の国家管轄以遠の海洋の下の海底および海床のもっぱら平和目的のための保留、ならびにその資源の人類のための利用に関する宣言と条約」という議題の追加をもとめた。その趣旨説明のメモランダムのなかで、彼は、現在の国の管轄以遠の海底が技術の発達と共に国家領有の対象となる恐れがあること、そうしてその結果海底の軍事化が行なわれ、かつ膨大な海底資源が技術先進国によって開発しつくされるに至るであろうことを述べた。さらに、海底を人類の共同財産と宣言すべき時期が到来したと考えられること、そうして次のような原則をふくむ条約を作成すべきであるとした。すなわち、①海底をいずれの国の領有とせず、②海底の利用開発は人類の利益を守る目的で行われ、その経済的利潤は第一次的に貧しい国々の発展ために用いられるべきこと、③海底は永久に平和目的のためにのみ保留されるべきこと、というのである。さらにまた、この条約は国際海底機関の設立を考えるべきであるとも述べた。

このパルドのメモランダムが、「人類の共同財産(Common Heritage of Mankind)」という言葉を海の資源についてつかった最初であろう。

国連総会は十月十六日、議題を「現在の国家管轄以遠の公海の下の海底および海床ならびにその地下のもっぱら平和目的のための保留、ならびにその資源の人類のための利用の問題の審議」と改め、これを第一委員会に付託することとした。法律担当の第六委員会ではなく、政治担当の第一委員会に付託されたことは、海洋法の未来を暗示するものであった。総会本会議の一般演説の段階では、この議題は各国のそれほどの関心をひくには至っていない。またこの議題について国連事務局は、すでにこれまで国連の行なってきた諸活動との重複などの考慮から若干の当惑を感じていたかに思われる。このことは事務局の配布した文書でも明らかであった。

第一委員会において、この議題審議の先頭にたったのがパルドである。十一月一日、午前の二時間半をつかい、昼休みを挟んで午後に及んだこのパルドの演説はきわめて包括的で、海底制度に関するひとつの学術論でもあった。深海海底を全人類の共同財産として平和目的及び全人類のための開発をすすめ、大陸棚以遠の主権の主張の凍結をよびかけ、将来の包括的な海底条約の起草、国際機関の設立のための委員会の設置を提唱した。

パルドはこの演説のなかで次ぎのようにも述べた。「東北大学の小田教授はつぎのように述べている。『大陸棚の外縁あるいは大陸棚以遠をジュネーヴ条約のもとで論ずる余地はない。何故なら……世界のすべての海底はこの条約の定義によって不可避的に大陸棚となってしまっている』と。彼の概念によれば、大陸棚条約の第六条のもとで沿岸国は技術の発展とともにその管轄権を対向国との間で深海の真ん中まで延ばすことができるという。このような解釈は……グアム、セントヘレナ……などの統治国に無限の価値の海底の何百平方マイルもの主権を主張させることになる。すぐれた法律家の意見よりさらに大切なのは各国政府の行動である。それらは小田教授より一九五八年条約の解釈を一層拡大している。たとえば、アメリカはすでに何百尋(ヒロ)の深さの海底についてリースを始めた。……こうした慣行は広がりつつある。」

パルドの発想は、大陸棚条約の解釈によっては大陸棚の名のもとに無限にひろがってゆく沿岸国の支配に歯止めをかけて、広大な海底の国際管理を図らなければならないとすることにあった。パルドは明らかに私のその春のロングビーチの報告の原稿を手に入れていたのである。

その年の国連総会は三十五カ国からなる国連海底平和利用委員会の設置を決議した。日本もその一員に選ばれた。

五

一九六七年十一月、その頃仙台にいた私は、外務省からこのパルド演説のことを聞かされて、やがて国連の場で私自身がこれに対応する必要に迫られるであろうことを予期しないわけにはゆかなかった。当時外務省ではこの問題の所管は条約局ではなくて、国連局の科学課であった。国連局長は重光晶氏(のちソ連大使)、科学課長は矢田部厚彦氏(現オーストリア大使)であった。

私は一九六八年三月に始まる国連海底平和利用委員会の第一会期にニューヨークに向かった。代表は現地の鶴岡千仭国連大使であり、私は代表代理であった。国際会議で省外の学者は実務の責任を負わない顧問になるのが通例であったが、「すべてお任せします。好きなようにやって下さい。やりすぎて失敗したときの責任は私の方でとります。」という矢田部課長の信頼に応えて、委員会の審議・交渉の第一線にたつこの任についたのである。

ニューヨークに着いた私は、三月十八日の開会に先立って鶴岡氏からパルドに紹介された。私にとっては初対面であったが、パルドは長年の知己のような身振りで迎えてくれた。今からちょうど二十年前のことになってしまった。その後何年にもわたってパルドとは親密な関係が続いた。しかし私のロングビーチの演説原稿をどのようにして手に入れたかは笑って教えてくれなかった。

六

国連総会が深海海底原則宣言（決議二七四九）を採択して、深海海底を「人類の共同財産（Common Heritage of Mankind）」として定義づけたのは、パルド提案から三年の後、一九七〇年の第二十五回総会のことであった。

④　海洋法と海洋学のはざま

一

海洋学者の奈須紀幸さんが一九八五年十二月の日本海洋協会主催第六回海洋問題講演会での「海洋研究と国際協力——私の経験」という講演の要旨を本誌四〇号（一九八六年三月）に寄稿しておられる。海洋学の国際協力の第一線にたってこられた奈須さんの面影をうつして大変楽しい。

そのなかにＩＯＣ（政府間海洋学委員会）に触れて次ぎの一節がある。「昭和五十五年（一九八〇年）頃までの出席者は学者が多くアカデミックな性格をもっていました。ところが国連海洋法が討議されるようになり、海洋分割の時代が始まるとともに率直に申しまして政治的な色彩も濃くなってきました。そこで関係各国から外交官が大勢参加するようになって、代表団は外交官と学者のコンビという状態になって参りました。私も外務省と文部省にお願いしまして法律に詳しい人の参加を強く求め、日本もその頃から学者と行政官が組んで共同で対応するようになりました」と。

ＩＯＣについて、私は奈須さんがそこで述べられた一九八〇年頃より十年余り前の一九六〇年代の終わりに深い関係をもち、その実情についてはいくらか異なる認識をもつが、その点についてはあとで触れよう。それはともかく、奈須さんが「アカデミック」と言われるのは自然科学的ということであり、「学者」といわれるのは自然科学者のことであろう。長年のお付き合いを通じて私の尊敬する奈須さんはもっとも国際法に理解の深い海洋学者であるが、海の問題がもはや「学者」のいわゆる「アカデミック」なものにとどまりえなくなったことを指摘されたものであったと思う。そうして私はむしろ国際法学者の立場から、「学者」が余りにも「アカデミック」すぎる日本の海洋学界に、早くからある種の飽き足らなさをもっていた。

海洋学と国際法の接点にたって行動することの少なくなかった私は、ＩＡＥＡ、国連、ユネスコのＩＯＣ、ＥＣＯＳＯＣのＣＣＯＰなどの会合での海洋学者との触れ合いを思い出しつつ今回の筆をとる。

二

一九五八年のジュネーヴ海洋法会議で採択された公海条約の第二十五条をうけて、ＩＡＥＡ（国際原子力機関）はその年には放射性廃棄物の海洋処分に関する科学パネルを設立した。ブリニールソン（スウェーデン）・パネルといわれたこの委員会には東京大学放射化学の斉藤信房教授が参加した。その一九六〇年の報告を踏まえ、国際的なレベルでとるべき行政上、組織上、及び法律上の措置を検討するための法律パネルが設立されることになった。

外務省小木曾本雄法規課長（現・東海大学教授）を通じての要請を内諾し、正式にはＩＡＥＡ事務局長の指名をうけた私は、一九六一年から一九六三年までまる二年にわたったこのいわゆるルソー（フランス）・法律パネルに加わって、ＩＡＥＡの放射性廃棄物海洋処分国際条約の作成に携わった。

構成は、英、仏、オランダ、フィンランド、ソ連、ポーランド、ユーゴスラヴィア、インド、ブラジル、それに日本の私をいれて十一人の委員であった。委員長のルソーはパリ大学の著名な国際法学者。委員のなかにはオランダのリップハーゲン外務省法律顧問、フィンランドのマンネル法務次官などがいた。ともに後に第三次海洋法会議の中心人物になった人である。ソ連はフレストフ、後の条約局長である。

パネルの事務局長をつとめたのはＩＡＥＡ法律部長のセイヤステッド（ノルウェー）。第三会期からは、ケンブリッジを卒業してＩＡＥＡ事務局に入りたてのピント（セイロン）がパネル事務局に加わった。前者は今では著名なオスロー大学国際法教授であり、後者は後に海洋法会議で主役のひとつを演じ、国連国際法委員会の委員になった。私は第一回会合への出発に先立って、東京大学理学部に斎藤教授を訪ねて原子力発電の原理について教えを乞うた。また農学部の檜山義夫教授、東京教育大学の三宅泰雄教授などの門をたたいた。

第一会期は一九六一年一月にウィーンのＩＡＥＡ本部で開かれた。当時ＩＡＥＡ本部はウィーンの環状線の一角ケルントナーリンク、国立オペラからすぐのところに仮住まいであった。

この会合は非公式な意見の交換に終始したといってよい。法律家の立場からはブリニールソン報告が直ちに法規範化しうるほど正確なものとは考えられなかった。そうして法律家を悩ませたのは、科学者たちの言う「無視し得る危険性」という概念であった。基本的な評価の違いがソ連委員と英、米委員や私などとの対立を生み、やがてソ連は第二会期の後にこのパネルを去ったのである。

ウィーンから帰国して私はすぐに原子力委員会に石川一郎委員長代理を訪れ、放射性廃棄物海洋処分の問題の重要性を説き、国内でのこの問題の検討の急務を訴えた。前年の秋に放射性廃棄物処理懇談会を開いていた原子力委員会は、この年二月拡放射性廃棄物処分・処理に関する専門部会を設置した。

原子力委員会専門委員に任命された私はそれから三年余にわたってこの専門部会の審議に参与した。部会長は斎藤信房教授、途中でＩＡＥＡに出向した同教授のあと三宅泰雄にかわった。東京大学の檜山義夫、東京水産大学の佐々木忠義、宇田道隆、立教大学の田島英三といった、自然科学の人なら誰もが知るこれらの第一線の科学者の方々と、私はほぼ毎月一回の会合を楽しんだ。ただ一人の法律家として大事にもされたものである。その頃東海村の原子力研究所の国産第一号炉の臨界実験の記念式典にも招かれ、放射性廃棄物の実態も見学した。

ルソー・パネルの第二会期は一九六二年三月にモナコの海洋博物館でひらかれた。事務局は「放射性物質海洋処分に関する条項案」を用意したが、よりルーズなアメリカ委員案、日本の科学者の意見をふまえてのより厳格な私の案があった。海洋処分に徹底的に反対のソ連委員はほとんど審議をボイコットした。最後は私をふくむ四人の起草委員会で案文をつくったが、この会期では結論を得るに至らなかった。

第三会期はその年、一九六二年の十月にウィーンで開かれた。この会期にはソ連委員の出席はない。私はこれまでの厳格な態度を緩和してアメリカ委員の線に近付きつつあった。それまで日本の科学は世界において強い発言力をもつと思っていたことに疑念を持ち始めたからであった。たとえば日本の「学者」たちの自負にもかかわらず、日本国内でのブリニールソン報告に対する彼らの強い批判の声は少しもＩＡＥＡに聞こえておらず、ＩＡＥＡはこれに一顧だに与えていない。私はそのことに痛く失望した。そのようななかで、私はひとりドンキホーテになるわけにはいかなかったのである。

第四会期は一九六三年一月に三たびウィーンでひらかれた。私をふくむ四人の起草委員会は十四カ条からなる案文を作成し、これが全体の会議で採択された。これを拘束力のある条約という形にするか、勧告の形式にするかについては議論が分かれたが、技術の急速な発達と、廃棄物処分に関する科学的意見が必ずしも一致していないという事情を考慮して、さしあたりはＩＡＥＡの勧告という形式をとることが望ましいと示唆された。

この案文は第一に、損害に対する国際法上の責任の問題を意識的に回避した。汚染と損害との因果関係をたどることが非常に困難なことのためであり、一般国際法の原則による以外にはなかった。第二に、ブリニールソン報告を前提として、高レベルは処分禁止、中レベル、低レベルについては特定の条件のもとでは海中に安全に処分しうるという考え方である。ソ連委員の反対はまさにこの点にあった。第三に、個々の廃棄物処分行為が許されるかどうかの判断の基準を提供していない。たとえば海洋処分の計画が各国で競合するならば、どの国の処分行為が許されるべきかの決定は、社会的、政治的、経済的配慮によらなければならなかったからである。

二年余りにわたったこのルソー・パネルがようやく生み出した案文を、ＩＡＥＡとしては政府間会議で審議し、正式案文としたい意向であった。しかし政府間会議は開かれず、案文はＩＡＥＡ理事会に付託されて棚ざらしのまま、その後長い年月を経ることになる。厳格に海の汚染防止を言うソ連委員の同意を得ることのできなかったこの作業の当然の帰結であったかも知れない。

私はこの作業が国際法で具体的な成果を生まなかったことが残念であった。しかしこの作業の間に国の内外の多くの自然科学者との交流を通じて、私には新しい世界が開けてきたように思われ、他方日本の自然科学がまだまだ世界には通用してはいない実態を見せられるような気がした。ただしこれは一九六〇年初期のことである。

なお、この放射性廃棄物の問題については、その後国内では一九六九年に科学技術庁に放射性廃棄物処理懇談会がもうけられ、私もその委員となった。とりわけ原子力発電の急速な実用化によって、前よりは一歩現実化してきた課題であった。委員のほとんどは科学者、技術者および科学行政官であり、さきに原子力委員会で一緒に仕事をした人々も少なくなかった。私に期待されたのはやはり放射能による海洋汚染をめぐる国際法上の問題であった。一年後に行なわれた答申でこの懇談会の任務は終わった。

さらにまたウィーンでも、一九七〇年に私はふたたびＩＡＥＡの仕事にたずさわることになった。平和的核爆発の国際監視の問題の専門家会議の委員を、そうしてその議長を、引き受けて欲しいというエクランド事務局長の要請である。その頃のＩＡＥＡの法律部長は外務省から出向の杉原真一氏(のちトルコ大使)であった。一委員でならばということで引き受けた私は、出発までの数日の余裕の間に外務省の矢田部厚彦科学課長(現・オーストリア大使)や原子力発電株式会社の今井隆吉氏(現・メキシコ大使)などのブリーフを受けて、ウィーンに向かった。

一九七〇年十一月のこの会議は核拡散防止条約によって核保有国による平和目的のための核爆発の利益の非核保有国への提供を国際的監視のもとにおこうとするその性格などを検討しようとするものであった。核爆発による港湾や運河の建設が具体的な日程にのぼろうとしている頃であった。私のまことに乏しい原子力の知識ではあったが、九人の委員のなかのただ一人の法律家としていろいろ常識的な発言はしたものである。海洋法そのものの問題ではなかったが、核爆発による汚染もひとつの問題なのであった。

三

一九六〇年なかば、海洋に対する関心の高まりとともに、一九六六年の国連総会は、アメリカの提案にもとづいて決議二一七二「海の資源」を採択した。国連事務総長はこの決議を実施にうつすために、海洋科学の全分野を代表するような専門家のグループをつくることとした。国連諸機関の代表の他に、そのカヴァーし得ない分野については少数の専門家の個人の資格での参加を求めることにした。日本には「国際海洋法の高度な専門家」の派遣がもとめられた。一九六六年五月初め、外務省国連局から中江要介法規課長(現・原子力委員)を通じて要請を受けた私はこれを受諾することとし、月末には国連経済社会担当事務次長からの正式の任命状を受け取った。

このグループの事務方を務めたのは、シュトラスブール大学でヴィラリ教授に国際法を学んで、国連事務局に入って間もない若き日のジャン・ピエール・レヴィである。現在海洋法担当国連事務次長ナンダンの次席を務め、国連海洋法条約準備委員会の事務局長でもある。彼は一九六〇年代なかばシュトラスブールにおいて海洋法の博士論文を作成するにあたって、出版間もなかった私のInternational Control of Sea Resources, 1963によるところ多く、国連として日本に海洋法専門家の派遣をもとめれば私が現れることを確信していた、というのがレヴィの後での述懐である。その後今日まで彼との親交は続く。

このグループにはユネスコ、FAO、WMO、WHO、IMCOの専門機関とIAEA、その他にIOC、COFI(水産委員会)、国際水路局、ACC海洋学分科会の代表をふくんだが、個人資格の委員は、水産学でアイスランド、海洋物理でアメリカとソ連、海洋化学でアメリカ、地学及び地球物理でイギリス、海洋技術でアメリカ、潜水および潜水器具でフランス、そうして国際法で日本の私、のあわせて八名であった。FAOを代表するポッパー、COFIを代表するニードラー、個人委員のアメリカのウースター、アイスランドのジョンソンなどはそれぞれの分野で国際的に知られた学者あるいは科学行政官であり、私もそれまでに面識のある人々であった。

第一回会合は一九六七年六月にジュネーヴのＷＭＯ（世界気象機関）本部でひらかれた。本来、科学・技術と思われていたこの会合に法律の私が任命されていたことが、他の参加者にかなり奇異の感を与えたことは事実である。法律問題あるいは制度論の取り扱いについて少なからず議論が交わされたので、私は「海洋資源開発に関する法律問題」と題するアウトラインを配布して、解説的説明を行なった。会議半ばで、この会合ではもっぱらサーヴェイのためのクェスチョネール作成に重点をおくことが全員の間でほぼ共通の理解となり、従ってそれ以後は法律問題がとりあげられることはなかった。

その年の終わりには事務局が用意した国連事務総長案が私ども委員に送られて意見をもとめられた。私は海洋開発の法的側面は国連自身がとり扱うべきであり、国連のなかに個人資格の法律パネルを至急に構成すべしとする意見を送っている。これは海洋制度論が政治的な委員会で審議されるべきではなく、またユネスコのＩＯＣなどによっても扱われるべきではないという意図に出たものであった。他方、アメリカなどからは国連総会の下部機構としての海洋委員会の設立が示唆されていた。事実、国連海底平和利用委員会が発足したのは間もなく、一九六八年三月のことであった。

このグループの第二回会合は一九六八年三月ニューヨークの国連本部で開かれた。国連海底平和利用委員会の第一会期の始まる直前のことであった。委員にいくらかの交替があり、アメリカのウースターがぬけて、水産業にアメリカのチャップマン、イギリスのルカスが加わり、国際法ではソ連のバラボリヤが加わって私との二人となった。バラボリヤはソ連海軍法務部の大佐であった。その後、私とＩＯＣの法律問題を手掛け、また後の海洋法会議を通じて親しくした。オブザーヴァーとしてＩＯＣ会長のランゲラール、ＵＮＩＴＡＲのシャクター・コロンビア大学国際法教授、ＵＮＤＰの笠原昊氏、それにＳＣＯＲのレヴェル・ハーヴァード大学教授なども出席した。

この期では、すでに各国から寄せられていた意見や各委員のコメントなどを基礎にして国連事務局が用意した国連事務総長報告書案が提出され、会議はこの審議に終始したといってよい。これが文書になったのが、一九六八年四月の国連事務総長報告「海洋学および海洋技術――サーヴェイと提案」(E/4487)である。二百ページを超える大部なものであった。

この文書はその後国連海底平和利用委員会でもしばしば言及され、その初期にはそれなりの意味をもったものではあった。しかし、国連における海洋をめぐる動きはダイナミックな激動期を迎えるのであり、このようなどちらかと言えばスタチックな研究は影を薄めてしまう。私は私なりに海洋における国際法のもつ意味を強調し続けたつもりであるが、所詮国連が一九六六年の総会でもとめていたのは、海洋「科学技術」であり、そのための専門家グループであった。

この会議にオブザーヴァーできていたレヴェルはアメリカ大統領の科学補佐官をつとめた人、幅広い科学の知識と社会問題に対するその識見を兼ねそなえ、私にとっては日本ではなかなか考えられないような自然科学者に見受けられたものである。

四

IOC――国際オリンピック委員会と間違えられそうであるが、ここでいうのはInter-governmental Oceanographic Commissionである。ユネスコが一九六〇年、国際的な共同活動を通じて海の性質及び資源に関する知識を増進するため、海洋科学調査を促進することを目的として設立したものである。

日本は最初から有力なメンバーであった。事務局はパリのユネスコ本部内におき、日本では日本ユネスコ国内委員会自然科学小季員会海洋分科会が国内の連絡調整にあたっていた。一九六〇年代の前半には国際インド洋調査、後半には黒潮共同調査や太平洋津波警報組織など大きなプロジェクトを手掛けて来た。

一九六七年十月のＩＯＣ第五回総会は「公海における科学及びその適用の法的側面」という議題のもとで、ソ連の提案により海洋科学調査に関する法についてのワーキンググループを設立した。一九六八年八月海底平和委員会のためリオデジャネイロに出発しようとしていた私は、その直前に外務省池部健専門機関課長（現・ジンバブエ大使）から九月のパリで開催されるこのワーキンググループの日本代表を要請された。

リオデジャネイロにおける海底平和利用委員会のあと、十日ばかりの余裕をえてニューヨークを経てパリにむかった。リオデジャネイロの海底平和委員会にオブザーヴァーできていたＩＯＣ会長ラングラール提督（オランダ）や事務局長フェドロフ（ソ連）から私に対してパリでの議長就任かたの要請があったが、未知の分野でしかも横文字の議長などを引き受ける意志も用意も私には全くなかった。

パリで日本の代表は、私と海上保安庁水路部海象課長の庄司大太郎氏（のち水路部長）、理学博士の海洋物理学者であった。参加国は日本のほかに、アメリカ、イギリス、フランス、西ドイツ、イタリア、オランダ、スウェーデン、スペイン、ソ連、ポーランド、すべての先進国の科学行政官や外務省の法律顧問たちであった。私ぬきの各国代表の相談で有無をいわせずに議長にまつりあげられた私は、結局、一九七〇年のニューヨークの会合までのこのワーキンググループの議長を務めざるをえなかったのである。

なおこのワーキンググループの下に海洋ブイステーションの法的問題のための専門家グループがおかれた。ODAS（ocean data acquisition system）とよばれたが、私が議長をしたODA's groupの下に置かれたため、オダスの会議かオダの会議かとしばしば混同された。

この一九六八年のパリの第一回会合の報告書には「現在の国際海洋法制度からくる海洋調査の現実的かつ潜在的障害」、「海洋科学調査を容易にするための法原則その他」の二つの付属書があり、また決議案は沿岸水域での科学調査についての沿岸国同意とりつけについてのＩＯＣの仲介的役割を述べ、また調査船の入港手続きの簡素化などを提案していた。

その翌年の一九六九年九月にＩＯＣ第六回総会がパリでひらかれた。五十一カ国が代表を送った。各国代表団のなかには多くの法律スタッフがふくまれていたのである。日本の代表団はユネスコ国内委員であった名古屋大学水資源学の菅原健教授を首席に、私、東京大学海洋研究所の田中昌一教授、水路部の庄司課長、それに科学技術庁および水産庁出身の科学行政官、さらに在フランス大使館の中江要介ユネスコ担当参事官もふくんだ。

この総会でははじめての試みとして分科会による平行審議を行なうこととなった。第一分科会はＩＯＣ会長が、第二、第四分科会は二人のＩＯＣ副会長が議長を務めることになった。法律問題をあつかう第三分科会の議長に推された寝耳に水の私は、前記の**ODA's**の議長であり、また日本の代表として行動するためには分科会議長を引き受けがたい、などともっともらしいことを言い、ＩＯＣ会長の再考の要請も退けて、半日逃げまわった。結局フランスのＣＮＥＸＯ（国立海洋開発センター）の法律部長がその任についた。私は寄せられた信頼を光栄なものとは思いながら、本音を言えば、分科会とはいえ、五十カ国の大会議で横文字の議長など、私の語学力をはるかに超えることを自覚していたのである。考えてみるとだらしのない話であったかも知れない。

一年前の**ODA's**はともかく小人数の先進国の会議であった。しかしこのＩＯＣ第六回総会にはかなりの開発途上国をふくむ。**ODA's**の作成した決議案でいう科学調査についての沿岸国の同意取り付けについてのＩＯＣの役割などは沿岸国の主権侵害の恐れありとするラテンアメリカを相手に、**ODA's**議長の私は激しく戦わなければならなかった。結局この決議案はかなりの修正を経て本会議で採択された。

この会議を終えて一九六九年九月に私が外務省に提出した所感がある。「①好むと好まざるとにかかわらず、ＩＯＣは科学者の集会から、各国の海洋科学行政官の国際会議へとその性格を変えてゆくであろう。……⑦ＩＯＣ法律ワーキンググループは……ラテンアメリカ諸国のいわゆる海洋主権の問題、さらには開発途上国の利益などの問題をはらみ、今後の審議の難航が予想される。⑧第三分科会において……またその起草委員会において……私を議長に推した事実……からみて……今後もとりわけ法律問題における日本の態度は注目を浴びるであろうが、海底平和利用委員会における審議をもあわせ考慮し、海洋政策に関する日本の総合的対策の確立が望まれる。」

ODA'sの第二回会合は一九七〇年二月ニューヨークの国連本部でひらかれた。私はその第一委員会会議場でこれを主宰しなければならなかった。場所が国連本部だということもあって、出席者は増えた。パリでどちらかと言えば気楽な気持で議長を務めた私も、ここではいささかたじろがざるを得なかった。相手の多くは二年前の「善良なる」科学者ではなく、海千山千の国連マフィアである。ガベルを振りながらも、この時の心理的圧迫は忘れない。

この会期を通して顕著であったことは、終始積極的であったラテンアメリカがみずから主張する沿岸水域の範囲について他が容喙するを許さず、他方ソ連はみずから科学調査にもっとも積極的な国であり、その自由を最大限に確保しようとするのであった。ほとんど見るべき成果もなく最終日をむかえ、私としてはソ連とラテンアメリカの対立を解消するあらゆる努力を払っての調停も空しく、いわば会議経過の羅列のような報告書の採択を終えて閉会したのは夜になっていた。

外務省にあてたかなり長文の一九七〇年二月の所感電報を私は次のように結んだ。「ひるがえってわが方の現状を見るに、ODA's条約草案についても、また昨・昭和四十四年(一九六九年)のIOC決議に関しても、政府として充分の検討がなされているとは言いがたいように思われる。このことについて政府関係部局の早急な研究開始が望まれる」。

その後私はIOCには関与してはいない。ODA'sが実を結ばなかったこともあるが、その頃からの国連の海底平和利用委員会そうしてそれに続く第三次海洋法会議の前に、IOCとしてはむしろ海洋法がらみの問題からは手を引こうとした、あるいは出る場がなかったのではないかと思っていた。また海底平和利用委員会、第三次海洋法会議の方でも、IOCの存在あるいは活動に注目を払うことはほとんどなかった。冒頭に引いた奈須さんの講演要旨をみて、私はその後のIOCがまた変わりつつあったかとも思ったが、この点はどうなのであろうか。

五

国連のＥＣＡＦＥ（一九七四年以後ＥＳＣＡＰとなる）は一九六六年にＣＣＯＰ（アジア沿海鉱物資源共同探査調整委員会）を設立した。日本をふくみ東アジアの国々が最初のメンバーであった。海底鉱物資源の探査に関するすべての活動を検討し、探査計画を調整し、先進国あるいは国際機関による援助を要請し、あるいは基礎的研究を推進しようとするものであった。問題の性質上、先進国の高級専門家の直接の指導を受ける必要から、日本、オーストラリア、フランス、西ドイツ、イギリスおよびアメリカがそれぞれの政府の負担で特別顧問を派遣している。日本の場合はＣＣＯＰのメンバーであるとともに、先進国として特別顧問を派遣する二つの立場を持つ国でもある。

ＣＣＯＰの行なった広域概査プロジェクトのうち、一九六八年の黄海、東シナ海、台湾海峡の調査が大規模な海底油田の存在を予言し、その後の東シナ海をめぐる石油開発ブームの端緒となるものである。ＣＣＯＰをその初期から動かしていた事務局長はＥＣＡＦＥ事務局の中国出身の地質学者のＣ・Ｙ・リーであった。一九六八年二月のニューヨークにおける国連の科学技術専門家グループの会合にオブザーヴァーとして来たことがあり、私とはそれ以来の面識の間柄であった。

一九六九年春、私は、国連からＣＣＯＰ法律顧問の委嘱をうけた。それまではアメリカの著名な石油弁護士のノースカット・エリーがＣＣＯＰに協力していたようであるが、事務局のリーとしてはアジアの会議にはアジアの法律顧問を、という意識が働いたという。私としては余り魅力的な仕事とは思わなかったが、私が引き受けなければアメリカの法律家をあてると言われれば引き受けざるを得ない。私は外務省と協議の上、これを受諾することとした。日本としてはＣＣＯＰをあくまで海底探査の「技術」会議にとどめたいが、他方、誰かを法律顧問にする以上は、日本から私が任命されるに越したことはない、と山田中正経済課首席事務官（現・軍縮代表部大使）からの伝言でもあった。

ＣＣＯＰ第六会期は一九六九年五月バンコックのＥＣＡＦＥの本部で開かれた。先進国の特別顧問グループのなかにはアメリカの有名な海洋学者エメリーなどがいたが、日本からは地質調査所の早川正巳物理探鉱部長が任命されており、その他に東京水産大学の新野弘教授も技術顧問として招かれていた。法律顧問としての私は会議の間こうした自然科学者の顧問と行動を共にすることが多かった。この時のＣＣＯＰの加盟国としての日本の代表は在タイ大使館の英正道書記官（現・経済協力局長）であった。

ＣＣＯＰの性格上法律顧問に対して一般的な諮問が多いわけはなく、ひとつには当時国連ではじまっていた海底平和利用委員会の状況と、ふたつには海底の隣接国間の境界線についての一般的な解説をすることをもって足りたのである。会期の半ばの一日、午前、午後をかけて話をし、質問をさばいて大過なく法律顧問としての任務を果たした……、と自分では思い、出席者からの賛辞を心地よく聞いていた。ところが……

意気揚々として帰国した私を東京で待ち受けていたのは、意外な反響であった。ソウルおよび台北の大使館からの公電は、私のバンコックの発言で、大陸棚境界の画定にあたって島の存在を無視しうると述べたことになって、韓国政府および台湾政府の関心を招いたことを伝えてきた。東シナ海の有望さが報告されたのは、まさにＣＣＯＰのこの会期であり、その結果、日韓間の大陸棚境界問題がクローズアップされ、尖閣諸島の存在が注目をひくようになるのである。私としては自分の述べたところが間違っていたとは思わなかったが、この講演の反響の大きさが、改めて島の問題を深く考えさせる契機となった。

ＣＣＯＰの一九七〇年の第七会期、一九七一年の第八会期には私に時間的余裕もなく、私の出席がない以上は法律問題はまったく取り上げられなかった。しかし一九七二年第九会期には、是非にというリー事務局長の要請に応じて出席することとした。

一九七二年十一月インドネシアのバンドンである。特別顧問のなかにアメリカのエメリーはすでに亡く、日本は前と同じく、しかしすでに地質調査所長を退官していた東海大学の早川正巳教授であった。日本の代表は地質調査所の佐野浚一博士であった。

この会期において私の担当すべきことは、大陸棚境界問題についての見解を述べ、かつ国連海底平和利用委員会の発展を説明することであった。三年前のバンコックにおける会期で島の問題についての説明での反響の大きさに驚いた私は、今度はかなり綿密に草稿を準備した。日本をたつ前に主管の外務省妹尾正毅経済課長(現・ペルー大使)などと討議を行ない、また境界線についてもかなり詳細な地図を作成して持ちこんだのである。[1]

本会議二日目は朝から夕方まで昼休みとコーヒーブレイクを除いて講述を続けた。外交官や法律家の集まりと違って、地質学者や科学行政官の集まりである。私の説明に疑いを差し挟むでもなく、一日中真剣に耳を傾けてくれたのである。

その後、一九七三年、一九七四年の会期に私に出席の余裕がなく、そのために海洋の法的側面あるいは制度的側面などは議題にのぼらない。一九七五年の東京における第十二会期には出席を強く要請されたが、外国出張と重なって出席はできない。かわりに「海洋法会議——最近の発展、現状および未来の展望」というかなり詳細な報告書を提出した。[2] また「海洋の科学調査」という論文もつけ加えた。出席者全員に配布されたが、本人がいない以上、質問も討議もなく終ったという。

私が国際司法裁判所に去ったあとの一九七六年のクアラルンプールにおける第十三会期は、満場一致をもって私をＣＣＯＰの終身名誉顧問に推した。この資格で終生ＣＣＯＰの会議には出席できるという。大変名誉なことである。

六

以上に、私なりに海洋学との関わりをもったＩＡＥＡの放射性廃棄物処分のパネル、国連の海洋科学技術専門家グループ、ユネスコのＩＯＣ、そしてＥＣＡＦＥのＣＣＯＰという四つのやや特殊な国際会議の思い出を語った。それぞれの機会に国の内外で多くの自然科学者の方々との接触の機会に恵まれた。日本の国際法学者としては稀にみる体験であったと思う。

もともと私は一九五八年の第一次の国連海洋法会議から一九六〇年の第二次国連海洋法会議、そうして一九六八年から一九七三年までの国連海底平和利用委員会、一九七三年に始まる第三次国連海洋法会議にも国際司法裁判所に就任するまでのすべてに、政府代表団の一員として参加するという世界でも例のない経験を積ませて頂いた。さらに国の内外の海洋法の学会や集会、そうしてまた国内の政府審議会、わけても海洋開発審議会での自然科学者との出会いがどれだけ自分の思考方式に影響を与えたかはかり知れないと思っている。

今回は執筆の不手際から紙数も尽き、こうしたことを取り上げる余裕はなくなってしまった。「海洋学と海洋法のはざま」という表題は羊頭狗肉である。次の遠からぬ機会に改めてもう一度取り上げてみたい。

[注]

1　このテキストは、"The Delimitation of the Continental Shelf in Southeast Asia and the Far East", *Ocean Management*, Vol.1, No.4 (1973).

2　UNDP, ROPEA-R.041.

⑤ アジア・アフリカと国際法

――アジア・アフリカ法律諮問委員会のことを中心として――

一　はじめに

今年(一九八八年)三月シンガポールで開催されたアジア・アフリカ法律諮問委員会は、新しい事務局長としてこれまでアフリカ統一機構(OAU)の政治部長をしていたケニヤのフランク・ニジェンガを選出した。この委員会は一九五六年の設立以来、かつてインドの外務省法律顧問であったB・センが事務局長として三十年の長い間運営してきた。彼の辞意表明以後、後任はアフリカから選ばれることに諒解がありながら、その選出が数年にわたり難航したことが伝えられていた。結局ニジェンガに決定したことは、彼が初めて国際舞台に登場してきた二十年前から親しく付き合ってきた私として大変嬉しいことである。

国連の海底平和利用委員会が一九六八年に発足したときからケニヤはその構成国ではあったが、しかしニジェンガがその代表として加わったのは二年目の一九六九年の春会期からである。当時ケニヤ外務省の日本語に訳せば外務次官補であるが、まだ学生のような若さであった。私の記憶に間違いがなければ、ロンドンで学んで帰国してこのポストについていたのだったと思う。

国連の会議はアルファベット順に席が配置される。JapanとKenyaとはまさに隣席なのであった。海洋法についてほとんど知ることのなかったニジェンガは常に教師に対する学生のような態度で私に接してくれた。私がフランクというファーストネームでよんでも、彼はけっしてProfessor Odaという呼び方をかえようとはしなかった。その発言にあたっては、事前に私に相談があり、「日本代表Professor Odaの述べるように」ということではじまるのが常であった。彼はサケ・マスなどの遡河性魚種を言うAnadromous（アナドロマス）という言葉になじめず、アナドロノマスという言い方をする。私が日本語ではもっと簡単にサッカ（遡河）性というのだと言ったところ、彼は真に受けてSakka Fishという言い方で発言して私を慌てさせたことがある。

一九七一年以後の数年間はアジア・アフリカ法律諮問委員会で私と彼はともに海洋法の中心となって行動した。やがて排他的経済水域の主唱者となったニジェンガと私は意見を異にするようになるが、その友情は変わらなかった。私は一九七六年に国際司法裁判所に入り、彼は同じ年に国際法委員会の委員に選出され、やがてケニヤ外務省からアフリカ統一機構事務局に転じた。一九七八年に日本海洋協会の招きでそのシンポジウムにも参加し、たまたま帰国中であった私と旧交を暖めた。

今回はアジア・アフリカ法律諮問委員会（以下ＡＡＬＣＣという）のことを中心としながらアジア・アフリカの海洋法とのかかわりあいなどを振り返ってみたい。

二　一九七〇年以前

ＡＡＬＣＣは国連国際法委員会でとりあげている問題や参加国の付託した法律問題などを討議する。加盟国から一名ずつ委員が任命されるが、この委員は個人の資格で参加し、政府を拘束するような決定を行なう権限はない。

一九五六年に日本をふくむアジアの七カ国でアジア法律諮問委員会としてスタートしたＡＡＬＣＣは、その後アフリカをふくんで名称もアジア・アフリカと替え、一九七〇年には十九カ国の加盟国となっていた。日本からは初期には英米法の高柳賢三東大名誉教授が委員であったが、その後長く、かつて条約局長、フランス大使をつとめた西村熊雄氏が委員の任にあった。

一九六九年にカラチ会期で数カ月後に迫った国連条約法会議をひかえて条約法についての討議を行なったという例外はあったが、ＡＡＬＣＣは一般的にいえば、年一回各国のきわめてシニアの法曹が顔を合わせ、意見を交換しあう、言ってみれば優雅な法曹のクラブという空気が強く、必ずしも一般の注目を引くものではなかった。そうした空気を一変させたのが海洋法であり、一九七一年のコロンボ会期以後のことであったと言えよう。

×　×

一九五八年の第一次海洋法会議の参加国は八十六、そのうちアジアは日本をいれて二十四、アフリカは六である。特にこれらの国々に際立った活動としては、広い領海を推進しようとしたインド、内陸国問題についてのネパールと、群島問題についてのフィリピンを挙げることができる位であろう。

一九六〇年の第二次海洋法会議の参加国は八十八、アジアは二十四、アフリカは八であった。ここでもとくにアジア・アフリカの際立った活動がみられるわけではない。国連でアフリカの年といわれ、アフリカの多くの国が大量に加盟するのはこの年の秋であり、二度の海洋法会議のあとのことである。

領海範囲の画定に一九五八年と一九六〇年の二回の海洋法会議は失敗した。そのあと漁業水域などの動きが現れ、また深海海底への動きが見られるのは一九六〇年代のことであるが、一九六八年には国連のアドホック海底平和利用委員会が発足した。三十五カ国がメンバーであり、日本をふくみアジアは五カ国、アフリカは七カ国であった。セイロン（今のスリランカ）のアメラシンゲ国連大使が委員長に選出され、その一九八〇年十二月の急逝の時まで、委員会の委員長、そうして第三次海洋法会議の議長を務めた。

この委員会は一九六八年秋の国連総会によって改組され、一九六九年からはアドホックのタイトルが落とされ、構成国も四十二にふえ、アジア七カ国、アフリカ十一カ国になった。全体で七カ国増えたうち、アジア・アフリカに六カ国が割り当てられたことは、アジア・アフリカの勢力の擡頭を物語るものであった。

海底平和利用委員会は一九七〇年まで三年間の審議を通じて必ずしも所期の目的を達成できたわけではない。深海海底の法原則宣言にしても、この委員会では作成出来ず、結局国連総会が一九七〇年の秋にこれを起草したのであった。

国連総会はこの委員会の付託事項を拡大して、まさに第三次海洋法会議へのステップとして、「拡大」海底平和利用委員会とすることとし、構成国もこれまでの四十二から一挙に八十六に増やし、一九七一年から作業を開始することとした。八十六カ国のうち、アジア十七カ国、アフリカ二十五カ国である。まさにほぼ半数をしめる割合となった。

これよりさき一九七〇年の一月、ＡＡＬＣＣはそのガーナのアクラ会期において、インドネシア提案にもとづき、一九七一年の会期には海洋法問題を優先議題にすることを合意した。この時期は国連総会が一九六九年末第三次海洋法会議開催の可能性の検討をはじめた数週間後のことである。とりわけそれまで一九六八年以来の海底平和利用委員会の構成国にはなっておらず、他方、群島問題、海峡問題につき深い関心を抱いていたインドネシアのイニシアチヴであったことはきわめて注目すべきことであった。

三　一九七一年

一九七一年の会期は一月十八日から二十七日まで、当時はまだセイロンといっていた今のスリランカのコロンボで開かれた。国連の海底平和利用委員会が拡大されて、海洋法一般の審議をふくめ第三次海洋法会議の準備へとふみだす一九七一年三月よりも二カ月前のことであった。

私が、西村委員の補佐のため委員代理として翌年一月のコロンボ会期に出席してくれまいか、その代わり海洋法以外のことは何もしないでよいから、という委嘱を栗山尚一法規課長(現・外務審議官)から受けたのは一九七〇年十二月の半ばのことである。日本の代表団はその他に、藤井宏昭科学課首席事務官(現・官房長)、大島賢三法規課事務官(現・経協政策課長)、斎藤達夫水産庁技官(後の水産庁次長)などの海洋法を意識しての布陣となり、それにインドから内田勝久書記官(現・経済局次長)が加わった。

他の参加国も海洋法に重点をおいた構成であった。インドがジャゴタ条約局長、インドネシアがジャラール国際法課長、セイロンがピント法律顧問、そうしてケニヤがニジェンガといずれもそれまで国連海底平和利用委員会で名を揚げていた人達をふくんでいた。ナイジェリアの委員はエライアス法務総裁であり、後に私と一緒に国際司法裁判所の裁判官に選出され、今日なお私の同僚である。

海洋法が優先議題となるからこそ、それまでと異なって、多くの域外国がオブザーヴァーを送り込んだ。アメリカのオックスマン国務省法律顧問補、ペルーのアリアス・シュライバー海洋法担当大使など海底平和利用委員会の主役達であった。

海洋法の審議には四回の本会議がついやされたが、一般討議のトップは日本であり、西村委員が冒頭の序論を述べて、引き続き私が本論を述べていった。すべて東京で法規課を中心とする関係部局で入念に検討されたものであり、論旨は多岐にわたるが、沿岸国管轄権の一方的拡大に反対して国際協力を訴え、開発途上国には領海外の優先的漁業権を認めることを提案した。国際海峡については「妨げられない通過の自由」のルールなども提案したが、もっとも注目すべきことは、「他の関連事項が解決されるならば」という条件つきではあるが、日本としては十二カイリ領海を受諾しうることを明らかにした。これまで頑ななまでに領海三カイリに固執してきた日本が十二カイリ領海を最初に公式の場で表明する光栄を私は担ったことになる。

他国の委員たちの発言はすでにかなり急進的な内容をもちはじめていた。既存の海洋法が先進国寄りであって、新しい海洋法制度は開発途上国の利益を十分に反映したものでなければならないことは、彼らの一様に説くところであった。インドネシアやフィリピンは終始群島理論の承認をもとめ、他にもこの共感はひろがりつつあった。他方ラテンアメリカのオブザーヴァーたちは南北問題の立場からみての二〇〇カイリ領海を熱心に説いたものである。ラテンアメリカが群島水域への理解を示しつつ、自己の二〇〇カイリ水域との間に取引をしようとする空気はありありと見受けられた。

本会議のあとは域外オブザーヴァーを閉め出して、海洋法分科委員会が五回の会合を行なった。日本を除いてはすべて開発途上国である。これらを相手として、いつしか大勢に流されようとする会議に、常に少数者としての釘を差すことを忘れてはならなかった。議場外では東京から用意してきた領海の外の優先漁業に関する具体案を示しては説得をはかった。しかし彼らにとって単純な沿岸国管轄権拡大という単純明快な提案と違って、魅力に乏しかったことは否めない。私の若き友人大島事務官がラテンアメリカなどから three-mile boy とあだ名をつけられるのもそうした雰囲気のなかであった。

このコロンボ会期の終わりに継続的な海洋法作業のグループの設置がきめられた。日本の私、そうして先に挙げたインドのジャゴタ、インドネシアのジャラール、セイロンのピント、ケニヤのニジェンガ、それにマレイシアのヴォラー法律顧問の六名である。そうしてそれぞれに分担作業が割り当てられた。日本は公海漁業を引き受けた。

この作業グループはその年、一九七一年の六月二十八日から四日間インドのニューデリーで会合を開いた。川口洋法規課首席事務官（現・在アメリカ公使）が私に同行した。インドネシアとマレイシアが欠席し、結局、私とジャゴタ、ピント、ニジェンガの円卓会議のようなものであった。私が用意したのは日本政府の名において作成した「漁業問題ワーキング・ペーパー」であり、一月以来水産庁の協力も得て、栗山法規課長を中心として、念には念をいれて作成したものであった。沿岸国管轄権の一方的な拡大を避けながら、資源保存を軸に開発途上国には沖合資源に対するその零細漁業の利益保護の権利を認めようとする大きな理念と構想を含む英文一万語に及ぶ長編であった。セイロンのピントは「深海海底条約草案」を、インドネシアのジャラールは欠席ではあったが、「群島国家に適用される群島概念」を提出した。討議の主たる対象になったのは日本ペーパーであり、ある意味ではこのニューデリーの会合は、日本の国際漁業に対する哲学をジャゴタやニジェンガに十分説明するという意味をもつものであった。群島概念は討議されることはなかった。

× ×

ＡＡＬＣＣの海洋法分科会はそれから数週間後、一九七一年海底平和利用委員会の夏会期に先立って七月十五日から三日間ジュネーヴで会合した。私やニジェンガなど作業グループの全員が顔をそろえた。会議は数週間前のニューデリー会合の報告が中心であり、またしても私の日本漁業構想の説明から始まるのである。新しく顔を見せたアジア・アフリカの代表達に、漁業管轄権ではなく漁業優先権を開発途上国に与えようとする日本の構想はなかなか理解しにくかったことは事実であろう。単純な排他的管轄権の拡大を言うケニヤのニジェンガの提案が、多くは新しくＡＡＬＣＣに顔を出す開発途上国の代表により強く訴えるのであった。

× ×

この年、一九七一年三月に海底平和利用委員会は海洋法一般をその任務にふくむ「拡大」委員会として発足した。その春会期はＡＡＬＣＣコロンボ会期の二カ月後のことである。深海海底を扱う第一委員会の委員長にはタンザニアのシートンが選ばれた。なお、後に第三次海洋法会議の議長となるシンガポールのコー国連大使(現・駐米大使)はこの時からの登場である。

春会期、そうして夏会期においても見るべき具体的成果はない。アメリカの膨大な「国際海底地域国連条約草案」と「領海条約草案」があったがいまだ実質的な審議には入らず、他方、具体的な構想をとらないまでもＡＡＬＣＣにおけるケニヤの発想からはじまった二〇〇カイリ経済水域についての討議が開始されたことが注目される。

海底平和利用委員会のジュネーヴ夏会期が終わってからは、その年、一九七一年には日本漁業提案の完成のため法規課を中心として綿密な作業が継続された。私はむしろ沿岸国の漁業管轄水域は不可避であり、むしろ外国漁業参入の義務付けを制度化することで新しい制度をつくりだすべきであるという意見に傾き、沿岸国の規制違反の場合にはその裁判権行使もむしろ当然という意見に変わっていた。

四　一九七二年

ＡＡＬＣＣは一九七二年の会期を一月十八日から二十六日までナイジェリアのラゴスで開催した。日本からは西村委員と委員代理の私のほかに、前年同様大島法規課事務官、そうして水産庁の田辺隆一技官（のち海洋漁業部審議官）が加わった。

海洋法作業グループでは、私の他にジャゴタ、ヴォラー、ニジェンガである。この作業グループにアフリカはケニヤしか入っていないというアフリカ側からの不満に応えて、エジプト外務省のアブデル・ハミットをこれに加えることとした。

二十の加盟国のうち十六カ国が参加したが、域内オブザーヴァーとして十五カ国、場所柄アフリカが圧倒的に多かった。それまで海底平和利用委員会で親しくしていたタンザニアのワリオバ法規課長もその一人であった。一九八三年以後昨年まで海洋法準備委員会議長をしていた今のタンザニア副大統領である。域外オブザーヴァーは十一カ国、アメリカはバックスター・ハーヴァード大学教授、ペルーのアリアス・シュライバー、それにソ連も人を送っていた。

七回の本会議が海洋法を扱ったが、各国の一般討議がつづけられた。この会議には前年のジュネーヴでの打ち合わせに従って、作業グループのメンバーから、日本の「公海漁業制度案」、ケニヤのニジェンガの「排他的水域概念」、セイロンのピントの「深海海底条約予備草案」の三つのペーパーが提出された。その他に、前年夏ジュネーヴで提出されていたインドネシアの「群島概念」、マレイシアの「国際海峡」があった。その他、提出資格は明らかではないが、アフガニスタンのタビビが用意した「内陸国」があった。

日本の公海漁業制度案は前年ニューデリーの作業グループに提出したものをさらに発展させたもので、四部十六カ条、各条にコメンタリーをつけた三十四ページにのぼる大作である。私の趣旨説明も三十分近くにわたった。

私の次ぎに発言したのはケニヤのニジェンガであるが、「排他的経済水域」の概念が公式に提案されたのはこの時が初めてであろう。ユーモアのセンスに富む彼は、ここで次ぎのように発言した。「私の常に尊敬する小田教授はこれまでいつも私の教師であった。その提案した優先漁業権の考えには全く同感であり、一〇〇％受け入れられる。しかしそれは二〇〇カイリの排他的経済水域の外で適用してもらうことが条件である。……」日本はいうまでもなく十二カイリ以遠を考えていたのであり、会場がどっと来たことは言うまでもない。インドネシアの群島ペーパーの趣旨説明もあった。アメリカ、ソ連、またラテンアメリカの域外オブザーヴァーたちは、いまだ問題の所在をつかみかねているかに見えるアジア・アフリカの代表達への教育的見地からの説得をこころみるのであった。

こうした本会議の発言で感じられたのは、十二カイリでは沿岸国とくに開発途上の沿岸国の利益を守るには不十分であるという認識であり、とりわけケニアの排他的経済水域に対する強い支持である。日本の構想にたいしてはなかなか充分の理解が得られなかったというのが実感である。前年にコロンボで私が反対した群島理論についてはフィリピンとインドネシアの立場に同情が高まりつつあった。

域外オブザーヴァーを排除しての海洋法分科会は三回の会合を開いたが、その殆んど半分は日本の漁業ペーパーに対する質問、あるいはむしろ激しい攻撃といってもよいかも知れない。大島、田辺両氏の場外での必死の売り込みにもかかわらず、日本の主張に対する共感をアジア・アフリカのなかにもとめることは絶望に近かったとも言えるであろう。

このAALCCのラゴス会期の後、私は大島、田辺の両氏を同行して、ロンドンのイギリス外務省でシンプソン次席法律顧問その他に、さらにワシントンのアメリカ国務省でスチーヴンソン法律顧問などにアジア・アフリカの状況報告を行なった。イギリスもアメリカもアジア・アフリカの海洋法に対する動向には多くの関心をもちはじめ、AALCCにオブザーヴァーを派遣してはいたが、海洋法分科会からは閉め出されており、日本のその評価を知りたがっていたのである。

×　×

この年も海底平和利用委員会の夏会期に先立って、七月、AALCCの海洋法分科会がジュネーヴで開かれた。インドのジャゴタを除き、海洋法作業グループの全員が顔をそろえた。

十二カイリ以遠の漁業資源を人類に共有のものと考え、また沿岸国の裁判管轄権を排し、沿岸国に外国漁船の臨検拿捕を認めるとしても、裁判はその漁船の旗国に専属するという日本の考え方には多くの反対が寄せられた。

他方、ケニヤのニジェンガは、これまで「概念」という形で示していた排他的経済水域を十一カ条からなる条文案の形で提出した。この数週間前、カメルーンのヤウンデで開かれたアフリカ・セミナールでの反響のよさに力を得たものであったろう。私がこの考え方に反対したことは言うまでもない。公式報告書は次のように述べている。「漁業に関する日本ペーパーの哲学と排他的経済水域に関するケニヤのペーパーの哲学は本質的に異なり、調和させることが困難なことが諒解された。前者は十二カイリ以遠の資源はすべてのものに属するという仮定から出発して、限定された優先権を開発途上国に与えるものであり、後者は開発途上国は十二カイリ以遠の資源に主権をもつという前提を出発点としている。」

×　×

一九七二年の「拡大」海底平和利用委員会では、これまでの八十六カ国のメンバーに五カ国が追加されて九十一カ国となり、その内アジア十九、アフリカ二十六、あわせて四十五である。中国やフィジーが新しく加わった。フィジーのナンダン（現・海洋担当国連事務次長）が代表部二等書記官として海洋法審議に携わるのはこの時からである。

深海海底制度を扱う第一委員会の委員長はタンザニアのシートンからカメルーンのエンゴ（現・国連大使）に替わった。その下で、すでにAALCCで深海海底制度案を提出していたスリランカのピントを議長として、作業グループが深海海底レジームの審議を開始した。また海洋法一般を扱う第二委員会には日本の「公海漁業制度案」、ケニヤの「排他的経済水域提案」が出され、新しい海洋法審議の方向がうちだされたが、これらの構想はいずれもその前年のAALCC以来のものであった。

五　一九七三年

AALCCの一九七三年の会期は、その年一月の十一日から十八日にかけて、インドのニューデリーで開かれた。日本からは西村委員と委員代理の私の他に、熊谷直博法規課長（現・法務省入管局長）なども出席したが、これはその翌年の会期を東京で開くことになっていたための準備の意味もあり、とくに海洋法を意識しての布陣ということではなかった。

他の国をみても、海洋法作業グループのスリランカのピント、インドネシアのジャラール、ケニヤのニジェンガは出席せず、他方、域外の諸国はさきの二回の会期と同様、海洋法を意識して、アメリカ（オックスマン）、ソ連（ロマノフ）、カナダ（ルゴー）、オーストラリア（ブレナン）、メキシコ（カスタネーダ）など多くの国々が海洋法についてのヴェテランのオブザーヴァーを送った。しかし一般的にいえば、海洋法の相対的重要性は前に比べて低下していたことは否めないであろう。

海洋法作業グループで議題を整理して、①漁業、排他的経済水域、②内陸国、③海底機構、④汚染を扱うこととし、四回の本会議で十一カ国の発言、さらに九の域外オブザーヴァーの発言があったが、おおむねそれまでの国連海底平和利用委員会の二番煎じを出るものではなくなっていた。内陸国についてはアフガニスタンとネパールの熱心な発言があったが、海底機構と汚染についてはアジア・アフリカの参加国に発言の用意はまだ無かったのである。

実質的な討議としては、すでに前から知られている日本の漁業ペーパーとこの会期で提出されたインドの漁業条項案をめぐる漁業制度が中心であった。このインドの案文は日本のペーパーを意識したものであり、ケニヤのいう排他的経済水域のなかの漁業問題だけをとりだし、日本に対抗してケニヤを支援しようとしたものと見ることができる。

インドのジャゴタと私の応酬、**shall=may** 論争、**JAG=ODA**ペーパーの準備のことなどは、さきにこの連載の第一回目に触れたことであり、ここには繰り返さない。

このＡＡＬＣＣの会合のあと、私と熊谷法規課長はロンドンに赴き、イギリス外務省で海底平和利用委員会の首席代表らに海洋法に関するアジア・アフリカの動向を伝えた。さらにモスコウに飛んでソ連の外務省を訪ねて条約局首脳と懇談した。その十年前ウイーンの国際原子力機関の放射性汚染の審議を共にしたフレストフ条約局長は国外出張中であった。

この年もＡＡＬＣＣは三たび、海底平和利用委員会夏会期に先立って、ジュネーヴにて海洋法分科会を開いた。ケニヤのニジェンガとインドネシアのジャラールは不参であり、インドのジャゴタ、スリランカのピント、エジプトのアブデル・ハミッドと私の四人の発言を中心として議論はすすめられた。

これまでのＡＡＬＣＣの会合と異なり、アフリカ諸国が積極的に参加したのが注目される。この年五月のアフリカ統一機構の海洋法宣言がひとつのおおきな刺激になっていることは明らかであった。そうして域内に十四の内陸国をもつアフリカの内陸国問題への関心の増大が注目された。

二〇〇カイリ排他的経済水域が一般に定着しつつあることは、この会期にはじまったことではないが、私はこれが制度化されるためには十二カイリ領海についてのコンセンサスが最小限度必要であることを強調し、またこの水域内での外国漁業が権利として確立されることが不可欠であるとした。私が私案として打ち出した四十カイリ排他的漁業水域については、この連載の第一回に触れたことがある。

×　　×

その年、一九七三年の国連海底平和利用委員会では深海海底制度の審議にかなりの発展があるが、一般の海洋法についていえば、第二委員会の下にチュニジアのケダデイを議長とする作業グループが発足した。領海の幅については十二カイリがほぼ確定的になった。そうしてケニヤのニジェンガがＡＡＬＣＣにおいてイニシアチヴをとった二〇〇カイリの排他的経済水域が支配的な大勢となった。

この年にはインドネシア、フィリピン、フィジーなどのアジアのいわゆる群島国家が群島水域理論を具体的な制度として主張した。他方、アフガニスタン、ネパールなどの内陸国、シンガポールなどの shelf-locked 国、いわば地理的不利国が、他の地域の先進、後進のわくをこえた同じ関心をもつ国々と結び付いて、ひとつの大きな勢力になりつつあった。

さらにまた、まさにアメリカはそのことだけのためにあらゆる犠牲を払っても確保しようとした海峡における軍艦、軍用機の自由通過に対する反対勢力が、マレイシア、インドネシアやヨーロッパのスペイン、ギリシャといった海峡沿岸国を中心に結束し、領海の一部としての海峡においては無害通航をもって充分であるとする立場を展開した。

この年の五月にはアフリカ統一機構閣僚理事会においてアフリカ諸国はアヂスアベバ宣言を採択し、九月にはアルジェリアに集まった非同盟諸国元首は海洋法の決議を採択し、ともに経済水域二〇〇カイリを謳いあげている。まさにアジア・アフリカの海洋法に対する意気軒高なるものがあった。

「拡大」海底平和利用委員会は一九七一年以来の三年を経て全く所期の目的を達成しなかった。予定されていた一九七四年の第三次海洋法会議の開始は目前に迫ってきていたのである。

六　一九七四年

一九七四年というのは第三次海洋法会議がヴェネズエラのカラカスにおいて実際の幕開けをした年である。このカラカス会期が始まるより数カ月前、一九七四年一月七日から十四日にかけて、ＡＡＬＣＣは東京で開催された。一九六一年以来、東京では十三年ぶり、二度目のことであった。

日本ではこの会期をもって、委員を西村熊雄氏からさきに条約局長やエジプト大使、そうして日本国際問題研究所長などを歴任した高橋通敏氏に交替することとなり、二人の委員となった。そうして西村氏が会議議長をつとめた。委員代理には私に加えて、杉原真一海洋法本部長の二人となり、代表団には海洋法本部の秋本健志郎、大島賢三、石井龍一の三トリオ事務官を加えて、海洋法への対策をとった。

当時ＡＡＬＣＣの加盟国は二十二であり、出席は二十カ国であったが、域内および域外の諸国および関係国際機関からのオブザーヴァーは一〇〇名をはるかにこえた。アメリカ(オックスマン)、ソ連(モヴチャン)、ペルー(アリアス・シュライバー)、カナダ(ラポアント)、オーストラリア(ブレナン)、メキシコ(カスタネーダ)その他、それまでの海底平和利用委員会の主力をなした人々が域外から参加していた。こうした国々の関心が専ら海洋法にあったことはいうまでもない。

しかし海洋法作業グループのメンバーは私の他に、インドのジャゴタ、インドネシアのジャラール、マレイシアのヴォラーのみで、ケニヤのニジェンガ、スリランカのピント、エジプトのアブデル・ハミッドは来日しなかった。

この会期の中心課題はやはり海洋法であった。五回の本会議は殆んど海洋法事項に終始した。しかしその審議は海底平和利用委員会を小型にしたようなものであり、オブザーヴァーをふくめた二十六カ国の代表がそれぞれ用意してきた原稿を読み上げたにすぎない。日本では杉原海洋法本部長がその任にあたった。六年にわたる海底平和利用委員会を終え、第三次海洋法会議のカラカス会期を半年後にひかえたこの段階では、各国ともほとんどそれまでの立場をくりかえす以上のものではなかった。

海洋法分科会でも大陸棚、漁業、排他的経済水域について発言をもとめても議場に声なしという有様であり、内陸国、海峡、群島などについてはいくらかの討議はあったものの、カラカス会期の開幕を前にしては、なんらかの議論の進展を期待すること自体が無理であったろう。

ＡＡＬＣＣが国際的に海洋法審議のイニシアチヴをとり、世界の注目を集めていた時代は過ぎようとしていた。世界の目はカラカスに注がれ、またアジア・アフリカの諸国にとってももはやＡＡＬＣＣを舞台にする必然性を失っていたといえる。しかしなお、私はこの会期のあと、読売新聞(一九七四年一月十九日)に「アジア・アフリカ諸国と海洋法——特異な日本の立場、発想の転換を」という論文を書いた。「ＡＡＬＣＣにおけるほとんど唯一の先進国である日本の特異な立場は、国連の場と比較してはるかに友好的な雰囲気に支えられ、他のＡＡ諸国の理解を得て来た。しかし、当然のことながら、日本の側にも発想の基本的転換が必要であろう。海の自由が強者の権利でしかなかったという開発途上国の主張にも謙虚に耳を傾けることが大事である。われわれはアジア・アフリカの相互理解のためにも、この広場をさらに大事に育ててゆきたいものである。」

×　　×

七　一九七五年以後

一九七四年の夏のカラカスで事実上の幕開けをした第三次海洋法会議は、おおむね年二回の会期を重ねて一九八二年十二月のジャマイカのモンテゴ湾における国連海洋法条約の採択に至る。この会期に参加した国は一六四カ国、そのうちアジア四十四、アフリカ四十八である（イスラエル、南アフリカを除く）。優に過半数を超える。

カラカス以後の第三次海洋法会議では、アジア・アフリカの立場というよりは、それぞれの地域をこえて、内陸国、海峡、群島など利害を共通にする国々が結束して海洋法の成立に努力しようとするのであった。

一九七五年のＡＡＬＣＣはテヘランで一月二十七日から二月一日にかけて開かれた。未だパーレヴィ王朝下のイランである。この年から日本の委員は高橋通敏氏に替わり、私は相変わらず委員代理として出席した。しかしすでに海洋法を意識した陣容はない。

この会期の頃、ＡＡＬＣＣは準加盟国をいれて二十八、代表をださなかった国もあるが、域内オブザーヴァーは十三、域外オブザーヴァーは二十六の多きにのぼる。

第三次海洋法会議のアジア・アフリカ版にしようと意気込むＡＡＬＣＣ事務局の思惑とはうらはらに、そうしてまたここでの開発途上国への働き掛けを期待する域外オブザーヴァーの意図に反して、加盟国としてみれば、この前年にカラカスで議論されたことをここで成功させたり、あるいはアジア・アフリカの結束を実現させる気持は全くなくなっていたのではなかろうか。海洋法に関する活発な議論は全く影をひそめた。海洋法に関する限り、ＡＡＬＣＣもこれで終わりというのが私の率直な感じであった。私を含む七人の海洋法作業グループも事実上消滅していた。

私についてみても、このテヘラン会期のときにはすでにその年の国際司法裁判所裁判官選挙への立候補が政府によってきめられていた段階であった。

×　　×

一九七五年秋の国連の選挙で国際司法裁判所に選出された私は、一九七六年以後のＡＡＬＣＣに日本の一員として参加することはなくなった。私個人としては、一九七一年から一九七五年までというまことに良い時期にＡＡＬＣＣの海洋法審議に参加させて頂いたというのが実感である。

一九七六年からのＡＡＬＣＣは、私の体験がないという理由からばかりではなく、第三次海洋法会議への寄与ということから言えば、多くを語ることがないのではないか。もとより一九七六年のクアラルンプール、一九七七年のバグダッド、一九七八年のドーハ、いずれも海洋法は議題に挙げられてはいたが、各国とも一九七四年から継続されている第三次海洋法会議でのそれぞれの立場を繰り返す以外にはなかったといえる。

私個人についていえば、一九七九年のソウル、一九八三年の東京の会期に国際司法裁判所裁判官としての招きをうけ、それぞれ開会式における基調演説のひとつを行ない、海洋法に触れることもあったが、かつてのような本当の意味での議論を展開したのではない。

もっとも、ＡＡＬＣＣとしてもこの十年の間、海洋法について手を拱ねいていたというわけではない。すでに確立したとみられる排他的経済水域の実際的運用についての独自の研究に乗り出し、いろいろな会期で各国の討議が行なわれて今日に至っている。これを記すにはまた他に然るべき人もあろう。

⑥　「大陸棚」の拡大
――第三次海洋法会議に先立つアメリカの対応――

はじめに

一九八二年十二月ジャマイカ・モンテゴ湾の第三次国連海洋法会議最終会期において採択された国連海洋法条約は今日まで三十数カ国の批准を得て、しかし効力発生に必要な六十カ国の批准を得るにはまだかなりの道程が予想される。

きわめて高度な技術を要する海底開発の面での最先進国アメリカの消極的な態度が大きな障害のひとつであり、それはいわば開発途上国寄りとされる第十一章深海底の規定に対する反対に由来する。この第十一章を除けばこの条約の内容は、概ねすでに国際慣習化しており、アメリカもこの点の認識を共にすると見てよい。

深海海底は大陸棚の終わるところに始まる。そうした図式の成立してくる過程に、マンガンの深海海底とは区別された石油の大陸棚を意識したアメリカの意向がどのように投影したか。海底開発について第二次大戦直後から一貫して世界の先端にたってきたアメリカである。国連海洋法条約作成に先立つその対応ぶりに焦点をあててみよう。

一　大陸棚石油の独占と深海海底制度の擡頭

1　アメリカ大陸棚宣言から大陸棚制度の確立へ

「大陸棚」は地理学の概念としては耳新しいものではなかったにせよ、それが華々しく国際法の舞台に登場したのは一九四五年九月、まさに第二次大戦直後のアメリカのトルーマン大統領宣言によってであった。その宣言は言う。「アメリカ政府は、公海の底でしかもアメリカの海岸に隣接する大陸棚の地下および海底にある天然資源を、アメリカに所属し、その管轄と統制に服すべきものとみなす」。

第二次大戦の末期になって、海底に含まれる計り知れない石油の重要性に注目を始めていたのはアメリカであった。事実、その開発も決して夢物語ではなくなっていたのである。一九四五年のこのトルーマン宣言は、「専門家達は、かかる資源がアメリカ沿岸沖の大陸棚の多くの下に埋蔵されており、技術の進歩によって、その利用はすでに、あるいは近い将来に可能であるという意見をもっている」ことを指摘し、「石油及びその他の鉱物資源に対する広範囲な世界的必要に鑑み、これらの資源の新しい供給を発見し、その利用を可能ならしめるための努力が促進されなければならない」ことを述べていたのである。

それより少し後の、しかも断片的なデータしかないが、一九四五年から数年間にメキシコ湾では百に近い油井が建設され、その内の半分が稼働していた。また一九五三年にはメキシコ湾内油田の試掘井は約二百にのぼり、採油可能と判断された新油田は二十四カ所であったとも言われる。

一九四〇年代後半、イギリスはアメリカ大陸所在の植民地についてアメリカの大陸棚宣言に追随し、さらにペルシャ湾岸のイギリス保護下の土侯国も湾内の海底の石油に関心をもって、相次いで大陸棚宣言を行なった。

こうした各国の動きに促されて、国連国際法委員会は大陸棚開発の制度化を一九五一年から五六年にかけて審議した。その審議をふまえて一九五八年の海洋法会議は大陸棚条約を採択した。大陸棚条約は一九六二年に必要の批准を得て発効した。

もちろん世界のすべての国がこれに加入したわけでもないし、一九八八年現在でも未だに批准・加入国は六十カ国には達しない。日本も加入していない。しかし、それにもかかわらず、この条約に定められた基本的な内容——沖合沿岸海底下の石油開発の沿岸国独占——は、すでに一九六〇年代には疑いもなく国際法上の一般制度になった。また一九六九年の国際司法裁判所の北海大陸棚事件の判決がこれを決定づけたとも言える。

2 水深二百メートルの限界と「開発可能性」概念の動揺

一九四五年のアメリカの大陸棚宣言から一九五八年の大陸棚条約の採択までの過程では、海底石油あるいはその他の鉱物資源の開発が近い将来に二百メートルの水深を超えるような深いところで現実的なものになるとは全く考えられなかったと言ってよい。地理的にも大陸棚は平均して約二百メートルの水深であるというごく常識的な考え方が支配的であり、これを法的な大陸棚制度の限界とすることも疑われることはなかった。

もっともその条約に規定される二百メートルの水深に加えた「開発可能性」の概念はすでに一九五六年の国際法委員会で持ちだされた。しかしその時もそれが現実の問題になるという確たる予感があってのことではない。将来二百メートルの水深を超えるところで開発が可能になったとして、その開発を禁じるような規定は承認しがたい、というのである。この発想自体には大陸棚でなければ開発は禁じられているとする理解の誤りがあるが、それはともかく、ここに二百メートルの水深を原則としながらも、「その限界を超えても上部水域の深さがその地域の天然資源の開発を可能にするところまで」の文言を挿入することになった。

一九五八年の海洋法会議において、この「開発可能性」の概念には反対があったし、またむしろ二百メートルではなく、五百五十メートルにしようとする提案もあった。しかし事実は、この規定が具体的に困難な問題を引き起こすとは当時考えられてはいなかったのである。

しかし、この「開発可能性」という大陸棚範囲の概念について、一九五八年の制定者の意図がどうであれ、開発技術がすすめばそれだけ大陸棚の限界は延長され、しかしその技術は沿岸国独自のそれに限られることなく世界の最高水準と考えなければならない以上は、理論的には法的な意味での「大陸棚」の限界は世界各地で等しく技術の進展とともに沖に向かって伸びて行く。開発の可能な限り「大陸棚」である以上、世界の海はことごとく「大陸棚」として世界各国によって分割されてしまう、というのが条約の解釈の帰結であった。

もっとも、大陸棚条約の締結直後にあってこの点に注目したのは、二、三の学者を数えるに過ぎなかった。私は世界の海底は理論的には「最深部」で分割されていると説いたが、それより遅れて一九六〇年代半ばには、ワシントンの民間経済学者のクリスチーは海の「最深部」ではなく、むしろ「中間線」によって分割されているとして、世界の海の中間線図が作成された。

やがてこうした議論が単なる仮定の解釈にとどまらなくなる。そうして私やクリスチーの抱く懸念の故に、「大陸棚」は一定のところでとどまり、その外に「大陸棚以遠＝深海海底」の地域があって、「人類の共同財産」とされるべきであるとする発想がでてくるのである。

3　マルタ決議から海底平和利用委員会へ

一九六七年、国連総会第二十二会期の開会に先立って、八月マルタ国連代表パルドから深海海底開発に関する新しい議題の追加が要請された。パルドにはクリスチーがアドヴァイスをしていたと信じられている。このマルタの提案についてはすでに本書二八三頁以下にもかなり詳しく述べたので、あえて繰り返すまでもない。

国連総会は一九六七年十二月、「現在の国家管轄以遠の公海の下の海底及び海床ならびにその地下のもっぱら平和目的のための保留、ならびにその資源の人類のための利用に関する問題の審議」と題する決議二三四〇を全会一致で採択した。ここに海底平和利用委員会が発足する。

日本を含む三十五カ国からなる海底平和利用委員会は一年の期間を予定したが、一九六八年の三月、六月、八月あわせて七週間に及ぶ会議を経ても充分な結論に達することができず、この年の国連総会は一九六九年からはこの委員会を四十二カ国に拡大して作業を継続させることとした。この委員会は一九六九年には二会期六週間、一九七〇年には二会期八週間の会合を重ねた。主としてその目標は深海海底に関する法原則の宣言の作成に向けられた。

「大陸棚以遠＝深海海底」の存在とそれが各国によって分割独占の対象になるべきものでないことについては一般的な合意が生まれつつあった。他方この海底の開発の技術的、経済的可能性についての議論がなかったのではない。しかし開発可能性を現実のものと受け取っているのはアメリカと一、二の数えるほどの国しかない。そうだとすれば、議論はきわめて抽象的なところを空回りするばかりであったと言っても言い過ぎではあるまい。

海底平和利用委員会は一九六八年から一九七〇年にいたる三年間、七会期二十一週間の審議を経てもなお法原則の宣言すら作成することはできなかった。深海海底の「人類の共同財産」をいう法原則宣言は一九七〇年秋、総会決議二七四九として国連総会みずからの手で作成されたのである。

二　新たな海底開発へのアメリカ実業界の期待――一九六〇年代半ば――

1　大陸棚以遠への石油メージャーの関心

第一、第二の海洋法会議が終わってから、しばらく一九六〇年代半ばまでは海洋法に静かな安定の時が流れる。しかしその底流にはやがて生まれて来る新しい海洋法への動きがあった。そうして、さきにも述べたように国連におけるマルタ提案から海底平和利用委員会審議へといわば理念上の動きがあるわけであるが、他方で海底開発の実際への関心の高まりがある。

地理的な定義による「大陸棚」より遠くかつ水深の多い大陸棚斜面、continental slope, continental marginといわれる地帯が同じ陸地からの堆積物によって成り立つ以上、そこでも同じく石油ないし天然ガスの埋蔵が期待される。その重要性に気がつき、技術的な開発の可能性に着目するのはまたしてもアメリカである。

アメリカには石油あるいは石油企業に関する事柄につき、アメリカ内務長官の諮問に応ずる石油審議会がすでに一九四六年以来設立されていた。一九六八年一月、鉱物資源担当の内務次官補は石油審議会に対して、大陸棚の定義は、沖合開発の技術の進歩にふさわしいものか、深海海底の石油資源の適正な開発を保証する制度はいかなるものか、などの諮問を行なったが、それはまさに新しい「大陸棚以遠」の石油開発への関心を告げるものであった。

2　深海海底のマンガン団塊に対する金属鉱業界の具体的な関心

もう一方において、一九六〇年代後半、石油、天然ガスなどの有機物鉱物資源とは全く異なった金属性鉱物のコバルト、ニッケル、マンガンなどを含むマンガン団塊が存在する何千メートルの深海海底にアメリカの鉱業界が注目を始めるのであった。一九五八年の海洋法会議では一般にこうした資源の存在の予測すらなかったのである。

アメリカの金属鉱業界の海への関心が正確にいつの頃に始まるのか、どういう場であったかを確定する資料に乏しい。しかし、私の体験に照らしていえば、一九六七年の六月、ロスアンゼルスの南、ロングビーチで開かれたアメリカ法曹協会のシンポジウムの席で、メロが「海の鉱物」と題して、多くのスライドをつかって解説したが、その最後に見せた海底のマンガン団塊のスライドが今でも私の記憶に残る。私にとってマンガン団塊という言葉もおそらくこの時が初めてであったと思う。メロはカリフォルニアのラホヤにOcean Resources Inc.を創設して間もなく、当時はまだ全く無名の新人であった。

そうしてその当時、この鉱業界の発想は、むしろアメリカ内のいろいろな学会や集会で断片的な形で打ち上げられはじめていた。深海海底においても開発は自由でなければならない、そうして企業の投下資本保護のためには排他的な開発権が保証されなければならず、そのためには深海海底を一定の広さの区画にわけて、それについての申請を国際機関に登録せしめ、ただしこの機関がそれら企業からは利権料を徴収することは認めようというのである。繰り返して言えば、ようやくその存在が知られ、開発も可能になってきた深海海底の金属性鉱物の探査開発の保護、そのためには石油の場合と異なって収益の一部を犠牲にするにしても国際的な管理という方式によって投下資本、事業の安全をはかろうという発想である。そうしたことに切実な現実利益をもち始めたアメリカ金属鉱業界であった。

三　アメリカ政府の関心――一九六六―六八年――

1　一九六六年――ジョンソン大統領の演説と国連におけるアメリカのイニシアチヴ

アメリカの石油メージャーあるいは金属鉱業界のイニシアチヴに促されて、アメリカ政府もまた一九六〇年代なかばには海の資源、とりわけ海底資源の問題に深い関心を示し始めていた。

一九六六年七月、ジョンソン大統領は海洋調査船 Oceanographer 号の進水式において、深海海底に対する関心を寄せて、次のように述べた。「海底の豊かな鉱物資源が海洋国の間の新しい型の植民地獲得競争を引き起こすことがあってはならない。公海の下の土地を貪りとろうとする競争をさけなければならない。深海と海底は人類の遺産(legacy)であることを確保しなければならない。」彼の考えていたのは当然に大陸棚以遠の海底であった。マルタのパルドの提案より一年も前のことである。明確な形ではないにせよ、深海海底制度の夜明けを予告していたと言えよう。

これより数カ月前、一九六六年春の経済社会理事会、議題天然資源の開発に関連してアメリカ代表は、人類にとっての海の資源の重要性を指摘し、国連事務総長が海の資源とその開発技術についてのサーヴェイを行なうことを提案した。この結果、三月、決議一一一二「非農業資源」が採択された。さらにその年、一九六六年秋の国連総会においても再びアメリカのイニシアチヴのもとに、総会は決議二一七二「海の資源」を採択した。これにもとづいて設置されたのが海洋技術に関する国連専門家グループである。

この一九六六年の国連の二つの決議の原動力になったアメリカ政府の意図として、海底石油とマンガン団塊について明確に区別した制度を海底に考えていたわけではなかった。そうしてこの段階ではアメリカ政府の意図のなかにはアメリカ特有の理想主義的な指向もみられ、アメリカの企業保護というような立場一辺倒であったわけではなかろう。むしろ海への一般的関心が表明されてきたとも言える。

2　一九六七年——マルタ提案への対応と上院ペル決議案

一九六七年になると国連における、さきにふれたマルタの「人類の共同財産」の提案がある。その頃、一九六七年九月、アメリカ上院においてロードアイランド選出のペルは深海海底の国連管理案を海底についての条約案の形で提出した。彼はつとに海の問題に興味をもった上院外交委員会のメンバーであった。彼は大陸棚以遠の海底資源の問題について、またその規制に必要なライセンスや取り決めについて国連が審議を始めるように要請し、これら深海海底及びその資源がどこの国にとっても自由であり、それが特定国の主権の下におかれるべきではないと決める国際的取り決め設定の緊急の必要を述べている。ペルの発想のなかにどれだけ現実主義的思考があったのか、一種の理想主義があったのかは問題が残るが、ともあれ深海海底機関の設立も含む深海レジームの提案である。

アメリカ政府はこのマルタ提案と上院のペル提案にいうような特殊な深海海底レジームの設立については消極的である。

国連の場において、アメリカはマルタ提案に対して必ずしも積極的な態度をとってはいない。その国連代表は一九六七年十月第一委員会において、また十二月本会議において、深海海底が国家主権の対立の場となってはならないこと、それが各国に差別なく探査と利用のために開放されなければならないことを強調しつつ、しかしマルタの「人類の共同財産」といった発想にはいささか困惑の表情を見せている。

一九六七年九月、下院外交委員会の公聴会において国際機関担当の国務次官補代理はマルタ提案の時期尚早なことを述べ、国連がこの会期において深海海底資源開発につき国連または他の国際機関に権限を与えるようなことはないと述べている。十月、同じく下院外交委員会において海軍法務部長はペルなどに代表される発想の時期尚早なことを述べ、また十一月議会担当の国務次官補は上院外交委員会委員長あての書簡において、アメリカ政府としては深海海底の管轄権を国際機関に与えようとする国連総会の試みを支持するつもりはないと述べた。

なお上下両院において十月から十一月にかけて相次いで公聴会が行なわれたが、クリスチーは自らの国際管理案についての所信を述べ、他方でペル提案などに対する反対を述べる学者もあった。十二月、下院外交委員会の小委員会は海底に対する権限を国際機関に与えるような行為を政府がとらぬよう、また海洋の探査における国際協力を支持するのはよいが、資源の探査、利用、経済的開発につきアメリカの国家利益を損なうことのないように十分の注意を払うよう勧告している。

3　一九六八年――ジョンソン大統領の海洋開発の十年の提案

一九六六年六月に制定された海洋資源・技術開発法によって設立された海洋資源・技術開発審議会は一九六七年二月に「転換の年」と副題をつけた第一回報告を、一九六八年三月には「計画と進歩の年」と名付けた第二回報告を作成した。これを拠り所にして大統領は、議会に対して海洋資源および海洋技術の開発に関する教書を送り、一九六七／六八年に四億六千二百万ドル、一九六八／六九年に五億一千六百万ドルの関係予算を要求するのである。

一九六八年三月、ジョンソン大統領は「一九七〇年代の海洋開発の十年」の提案を行なった。彼は、急速に増大してゆく海洋資源開発に対する世界の関心、海洋を理解する重要性、そうして多角的な試みとして海洋調査を行なう必要を認識しつつ、すべての国々が世界的な基盤にたって海洋開発の長期・協力計画に参加することを呼び掛けるのである。協力計画の例として海底の探査もあげられ、具体的には、世界の continental margin の地質構造および鉱物などの確認、深海海底の地形学的、地質学的、地球物理学的な地図の作成、continental margin や深海海底のコーアリングやドリングなどがあげられている。

海底開発の重要性の認識において世界の先頭にたつアメリカであるが、しかし未だに具体的な方途には乏しい。

四　現実的な対応を迫られるアメリカ政府——一九六九年

一九六八年には国連では海底平和利用委員会が発足するが、この年はアメリカ大統領選挙の年である。アメリカ政府の海底制度とりわけ石油の大陸棚に対する対応ぶりは動揺する。ジョンソン政権からニクソン政権に代わるのは一九六九年の始め、そうしてそのしばらく後もアメリカはその決定的方針をきめかねていたように思われる。その頃に行政府は二つの重要な報告書を受け取った。

1　アメリカ石油審議会の一九六八—六九年提案

さきにふれた内務長官の諮問機関であるアメリカ石油審議会は、一九六八年七月、「海底石油資源」と題する暫定報告において、大陸棚と深海海底に分けて論じている。大陸棚の限界についてはcontinental slope、そうして少なくともcontinental riseの陸地方向の部分をも含むと考えており、これが大陸棚条約の解釈に合致するという。いわば「広い大陸棚」である。他方、深海海底については、そのレジームは必ずしも緊急の課題ではないとして、深海海底の探査については、現行法の下での旗国主義をとり、国際機関がライセンス発給機関となって利権を与える権能をもつに至ることに反対なのである。

明けて一九六九年三月、この石油審議会は「海底石油資源」という百ページにわたる報告書を提出した。暫定報告書に比べて、技術的あるいは経済的側面がはるかに充実しているが、法的見解あるいは制度論については本質的な変化はない。すなわち、大陸棚の限界をcontinental riseの陸地方向の部分までも含むものと考えている。すなわちこの審議会は、大陸棚の範囲についていわば「広い大陸棚」を指向した立場をとり、たとえば大陸棚を水深二百メートルの限界に統一しようという動きは、むしろ大陸棚条約の下で与えられている既得権を放棄するものだとしているのである。なお、この報告書は、この「広い大陸棚」以遠の深海海底においても、その開発を国際法は禁ずるものではないという見解を述べ、探査活動の登録機関の設立は考えられるとしながらも、ライセンス発行の国際機関設立の方向に向かうことは時期尚早だと述べている。

2　海洋学・海洋技術・海洋資源委員会の一九六九年報告

一九六八年六月の海洋資源・技術開発法によって海洋資源・技術開発審議会とともに設立された海洋学・海洋技術・海洋資源委員会は、一九六九年一月三百ページ余りにわたる報告書「わが国と海」を作成して大統領に提出した。大陸棚の範囲についてさきの石油審議会とは全く異なっている。それを二百メートルの水深または五十カイリの沿岸からの距離のいずれか遠い方に止めるべきだというのである。いわば「狭い大陸棚」である。

他方、「大陸棚以遠」の深海海底の鉱物資源について新しい国際条約を提案し、それで設立される国際登録機関には、国のクレームが早いもの勝ちの原則で登録される。生産からあがる収益の一部は国際基金に支払われるが、これは海洋学の活動、資源の探査開発につかわれるが、また開発途上国の援助のために用いられることが言われた。

しかし、この委員会の報告でもっとも注目すべきことは、水深二千五百メートルまたは距岸百カイリの地点までの「中間地帯」の設立の提唱である。二千五百メートルは世界の大陸棚斜面 continental slope の基底部の平均水深であり、百カイリは大陸棚及び大陸棚斜面の平均の幅であるという。ここでは、沿岸国あるいはそのライセンスを受けたものだけが鉱物資源の探査開発を行なうことができる。その点を除けば、「中間地帯」の探査と開発は深海海底のための国際レジームによって規律され、しかも、この地域における生産からの利益は国際基金を通じて国際社会目的のためにつかわれるのである。

しかし、実はこの国際管理下の「中間地帯」という発想はこうである。海底石油の実際の開発が二百メートルの水深の大陸棚よりさらに遠くの大陸棚斜面で可能になるならば、開発途上の外国の大陸棚斜面にアメリカの石油企業は進出し、資本投下も行なわれるであろう、しかしそれがその開発途上国の完全な管轄のもとにおかれるならば、進出したアメリカ企業がいつその接収、国有化の危険にさらされるか分からない。アメリカの石油企業保護、投下資本の保護のためにはむしろ「二百メートル水深の大陸棚以遠」支配を国際管理の下におくべきではないかというのである。

こうして二百メートル水深以遠 continental slope を「中間地帯」として開発利益の一部を国際基金に還元する代償として企業、資本の保護を図ろうとするのである。重ねて言えば、その発想は、そこでしばしばつかわれた「国際信託」という用語にかかわらず外国沖の石油開発へのアメリカの投下資本を保護するためにあったといえる。

この「中間地帯」の構想は、沿岸国の独占地域たる制度上の大陸棚は大陸斜面までも含むべきだという、石油審議会に代表される「広い大陸棚」のひとつの立場と、二百カイリ水深に代表されるいわゆる「狭い大陸棚」、そうして大陸棚以遠の大陸棚斜面はまったく深海海底制度として扱われるべきであるといういわば理想主義的な他の立場の二つの妥協の産物であったとも見られるが、本質的にはやはりアメリカの石油企業保護のものであったと言えるであろう。

3　模索するアメリカ政府

現実化してくる海底開発に直面して問題にされるのは、いうまでもなく、ひとつには沿岸国独占地域としての大陸棚の限界とふたつには深海海底開発のための国際管理レジームの内容であろう。

内務長官の諮問機関である石油審議会の答申と、大統領の諮問機関である海洋学・海洋技術・海洋資源委員会のそれとは大陸棚の限界の点において対照的である。アメリカ政府としては、遅かれ早かれ決断を迫られていたのである。

政府部内においても意見の対立があると伝えられていた。一方においては内務省は、石油業界の圧力の前に、アメリカ周辺の「広い大陸棚」をアメリカに独占することを急務と考え、国防省はその「狭い領海を」という政策とパラレルに、さらに拡大してゆく沿岸国の管轄権を押さえるために「狭い大陸棚」を主張する。国務省も海洋学・海洋技術・海洋資源委員会の答申にやや困惑し、さらにとりわけ石油審議会の答申が他の国の大陸棚の範囲拡張の一方的クレームを奨励するような結果をもたらしかねないことを深く懸念しながら、みずからは、大陸棚の範囲を二百メートルの水深にとどめようとするに傾いているかにみえた。

しかし、決定的には「無政策の政策か」と罵しられながら、明確な政策を打ち出せずにいるのが実情であった。ただひとつきわめて明瞭なことは、大陸棚の範囲がどのようにきめられようと、またそれ以遠にどのような制度が設定されようと、さしあたり、アメリカの企業による海底の開発は水深二百メートル以遠のところで続けられなければならないこと、そうしてその投下資本は将来の制度においても、保証されなければならないことであった。

国務次官ジョンソンは一九六九年七月上院外交委員会において、いろいろな提案の評価、そうしてまた国連海底平和利用委員会の内外における交渉が終わるまでは、大陸棚の範囲や深海海底の制度について明確に語ることは時期尚早であると言う。この問題についてのアメリカのリーダーシップを確約しつつ、みずから早急に断定的な態度をとることの愚を述べるのである。水深二百メートル以遠の海底に対するクレームに対していわゆるモラトリアムを提案すべきかという委員長ペルの執拗な質問に、ジョンソンは国務省としてまだ決定するに至っておらず、国務省内部にも意見の対立があることを認めている。しかしこの過渡期にあっても、開発は更に進めなければならず、その場所が将来大陸棚の限界以遠とされるに至っても、そのための投下資本は適正に保護されなければならないことをジョンソンは強調している。

同じ日、国防省国際安全保障担当次官補は、国防省の立場から「狭い大陸棚」がのぞましいことを述べ、またいかなる海底制度も伝統的な海洋の自由に影響を及ぼしてはならないことを述べる。海底開発にあたっての人間の行為は公海条約のコントロールの下にあるとされる。国防省にとっての関心はいうまでもなく、いわゆる **creeping jurisdiction**、すなわち、次第に広がって行く海底への管轄権がやがて上部水域に転向して、本来公海たるべき海洋におけるアメリカ海軍の自由な行動を制約するに至りかねないことであった。

もっとも他方、深海海底の国際管理のレジームについては、もとより具体的な内容についてアメリカも確固たる方針をとったわけではないが、国連海底平和利用委員会の発言を通して、かなり高度な国際管理、そうして深海海底開発からくる利益の一部を国際社会の目的の為に提供するという考え方は避けられないと判断しつつ、むしろ国際管理による開発の着手の自由とその安全保障を模索するのである。

五　アメリカ政府の決断——一九七〇年

1　一九七〇年二月のニクソン大統領の外交白書

一九七〇年、ニクソン政権の二年目に入って、アメリカ政府は一歩一歩その海洋政策を決め始めていた。二月、ニクソン大統領の外交白書は、次のように述べている。「人類の海に対する利用の増大に、国際法も歩調をあわせなければならない。海洋法についてもっとも緊急な問題は、領海の範囲について合意を得、海洋に対する国家のクレームをエスカレートする脅威を断つ必要である。われわれはまた、大陸棚と深海海底の国際的に合意された境界を設定し、さらに深海海底資源の開発についての制度を発展させることも重要であると信じている。」

その同じ日、国務省の法律顧問スチーヴンソンはフィラデルフィアで「国際法と海洋」と題する講演を行なった。これはむしろ領海十二カイリに向けての画期的な提案であった。海底制度にふれても、領海の幅がきまらなければ海底のすべての問題も曖昧なものになってしまう、世界が一体となってその共同の利益を沿岸国のクレームという混沌から保護しない限り、海底に関する国際レジームが約束しようとしている国際社会の目的のための国際的収入という大胆な実験もすべて霧散してしまうであろうと述べて、領海範囲統一の急務を述べた。スチーヴンソンはアメリカが海洋における真の国際主義への道を歩む用意があることを強調するが、ただまだこの段階では深海海底制度への積極的な提言があったわけではない。

2　一九七〇年五月のニクソン大統領の海洋政策に関する声明——「中間地帯」の構想

海底制度に対するアメリカ政府の政策決定の第一歩は、一九七〇年五月のニクソン大統領の海洋政策に関する声明に見られる。水深二百メートルの大陸棚の提案である。そうしてそれ以遠の海底の天然資源に対するすべての国のクレームを放棄し、これら資源をもって「人類の共同財産」とみなす条約をすみやかに締結すべきことを呼びかけている。この条約によって設立されるべき深海海底の国際レジームにおいて、国際機構が開発・利用の許可・規制を行ない、鉱業利権料を集めて国際社会目的のため、とりわけ開発途上国への経済援助のために用いることを内容とした。

このニクソン大統領の声明は、海底制度に関し、国内的にもかつ国際的にもきわめて注目すべきアメリカ政府の決断であった。「大陸棚の限界＝深海海底の範囲」は、政府にとっては、まさに国家百年の大計とも言うべきものであった。アメリカ政府が、国内的には、「広い大陸棚」の内務省と「狭い大陸棚」の国防省とを押さえて、海洋学・海洋技術・海洋資源委員会の答申にその妥協を見出したのは、すでに予想されたこととは言え、やはり歴史的な決定であったと言える。

しかし実はこの声明は水深二百メートルの大陸棚の限界の提案ではなかった。むしろ注目すべきことは、水深二百メートル以遠の **continental margin** を「国際信託地帯」とする提言である。この「国際信託地帯」において、沿岸国はその地帯からの国際収益の一部をみずから受け取ることが出来、さらに望むならば付加的な課税を行なうことも出来る。しかし沿岸国は国際社会の信託者として行動するのであって沿岸国の恣意は押さえられ、そこには投下資本の安全確保がある。

continental margin につき、具体的な定義は与えられていない。その意味で地学上の概念に従うのであろうが、その点では距岸百カイリ、水深二千五百メートルが明示されていたかっての「中間地帯」とは異なっているものの、その実質において一九六九年の海洋学・海洋技術・海洋資源委員会の報告書の「中間地帯」と発想を同じくするといってよいであろう。

なおまた、ニクソン声明のなかでは、深海海底レジームについての合意ができるまでの間、水深二百メートル以遠の海底の探査・開発が差し止められてはならず、こうして与えられた許可は将来の国際レジームに従うべきことが提案されている。

3　一九七〇年八月の海底平和利用委員会におけるアメリカ提案——「国際信託地帯」の提案

一九七〇年五月のニクソン大統領の声明を具体的な制度の提案として条文化したものが、一九七〇年八月、国連海底平和利用委員会の夏会期の初日に、アメリカ代表スチーヴンソンが提出した「国際海底地域に関する国連条約案」である。最終条項を除き、八章七十七カ条からなる厖大なものであった。さらに五つの付属書が添付されていた。

この条約草案は「国際海底地域は全人類の共同財産である」という言葉から始まる。国際海底地域というのは、水深二百メートルより沖合の海底地域である。このことは同時にまた大陸棚の限界を示すものであった。いわば一方で二百メートル水深までの大陸棚と、他方でそれ以遠の国際海底地域である。

国際海底地域については、いかなる国もその地域または資源に対して主権や主権的権利を行使することが出来ず、またこの条約で定める場合を除き、権利または利益を取得することも許されない。この地域はすべての国に無差別に開放されるのである。国際海底資源機関はこの地域の鉱物資源の探査・開発から得る収益を全人類のため、なかんずくこの条約の当事国たる開発途上国の経済的発展を助長するために用いることとされるが、他方、機関への支払いは探査・開発への資本投下奨励の必要も考慮したものでなければならなかった。深海海底については、さきの石油審議会の答申などに比してアメリカのかなりの妥協と譲歩がある。

しかしこの提案の底にあるねらいは「国際信託地帯」の概念であった。この構想はすでにその年五月のニクソン大統領声明にも述べられており、また前年一月の海洋学・海洋技術・海洋資源委員会の答申のなかでかなり具体的に示されていた「中間地帯」の構想に由来するものである。「国際信託地帯」は大陸棚の外、continental marginである。一方において沿岸国の権限として鉱業探査・開発ライセンスの発給、停止および取消や民事・刑事管轄権の行使までも含む。他方、これは国際海底地域の一部であって、その沿岸国は、天然資源の探査・開発について国際社会の受託者として行動すべきものなのである。

六 石油の大陸棚とマンガン団塊の深海海底の分離

大陸棚斜面の石油の開発についての自国企業保護を意識したアメリカの一九六九年の「中間地帯」、そうして一九七〇年の海底平和利用委員会におけるアメリカ提案の「国際信託地帯」の構想があった。水深二百メートルより沖の大陸棚斜面を国際管理のもとにおいて、外国沖に進出するアメリカ企業の安全を図るというアメリカがイニシアチヴをとった特殊にアメリカ的な発想は、一九七一年以降の拡大海底平和利用委員会では影をひそめる。拡大海底平和利用委員会、そうして一九七四年からの第三次海洋法会議において、一方ではマンガン団塊の深海海底は国際管理下へという構想は誰によっても疑われることはなくなっていた。ここに独自の国際レジームが成立してゆく。そこに投げ込まれたイメージには、とりわけ現実の金属鉱業界をかかえるアメリカなど一握りの先進国と「人類の共同財産」の名に幻想を抱く開発途上国の葛藤がある。それが今日に尾を引くことは冒頭で述べた。

他方で大陸棚に一九五八年の大陸棚条約と異なった制度が必要とは考えられはしなかった。大陸棚制度そのものの審議は皆無に等しかった。大陸棚にとっての問題は、いわば石油独占の大陸棚の外縁を具体的にはどのようにして規定するかであった。

石油は大陸棚、マンガン団塊は深海海底、言い換えれば、「石油は沿岸国の完全な独占支配のもとに」、「マンガン団塊は国際管理のもとに」という図式が当然の前提として考えられるようになってきたからであった。石油の賦存する限りの大陸棚は沿岸国の独占的な支配下におかれるものと考えられた。

第三次海洋法会議における妥協と駆け引きは海底の制度を一層複雑にした。その結果が現在の国連海洋法条約の第七十六条の規定である。大陸棚の外縁は continental margin の外縁までである。石油などいわば埋積物の地帯である。いわば「広い大陸棚」である。しかも沖合近くに深海海底が迫っている場合にはミニマム二百カイリ距岸という、およそ一九五八年の大陸棚条約のもとでは考えられなかったような基準が加えられたのは、排他的経済水域の影響でもあるが、そもそも、この二百カイリの数字に必然性があったわけではなく、全く人為的、作為的なものであった。

かつてアメリカが考えた自国の企業あるいは投下資本の保護のため、沿岸国の恣意的な支酌を押さえるために大陸棚斜面を「中間地帯」あるいは「国際信託地帯」として国際管理の下におくという発想はここに存在しない。もっとも、国連海洋法条約では二百カイリという排他的経済水域と共通にする範囲を超える大陸棚の開発については支払または現物による拠出が国際海底機構によって行なわれ、これが開発途上国の利益および必要に考慮をはらって、衡平な配分基準にもとづいて条約締約国に配分されることになった。本来沿岸国に独占されて然るべき石油の大陸棚斜面である。この考え方は、アメリカの先の「中間地帯」あるいは「国際信託地帯」とは一見似ているようでありながら、本来的には異質である。余りにも広がり行く沿岸国の石油の利益独占を押さえるものとして深海海底の人類の共同財産の思想がここに投影して制度化されたと見るべきであろう。

アメリカの外国沖大陸棚斜面の石油開発事業の保護の願いは潰えた。しかし、もともと自らは世界有数の広い沿岸をもつアメリカである。広い大陸棚の結末自体は決してアメリカに不利な筈はなかった。アメリカにとって開発途上国寄りと考えられる深海海底制度への不満のみが残るのであった。

⑦　海における三カイリ、十二カイリ、二百カイリの攻防

はじめに

領海制度論、接続水域論、排他的経済水域論をここで取り上げるのが私の意図ではない。それぞれの問題については私自身も古くから幾たびか視点を変えて論じたし、いくつかの新しい問題提起も行なってきた。そのことを繰り返すつもりはない。[1] ここでは三カイリ、十二カイリ、そうして二百カイリという数字が海洋法の幅の関係でどのように展開してきたかを追って見たい。

ここで「カイリ」とは、英語でいう **nautical mile** のことで、地球の子午線の一分、つまり一〇、八〇〇分の一である。一、八五二メートル。アメリカなどで使うマイル（一、六〇〇メートル）とは違う。日本語では古くは海里と記した。私はかつては単にマイルと記し、「海を論ずる場合マイルといえば **nautical mile** を意味するのは常識である」などと言っていたが、この常識が必ずしも通用するとは言えず、といって「海里」と書くのも煩わしく、一九六〇年代半ばから片仮名で「カイリ」と記すようになったことを付記しておきたい。

一　第二次大戦以前

領海の三カイリ幅はアズニが言い出し、それは当時の着弾距離であったということは私も書いたこともあったが、所詮私自身が一次資料にあたった研究ではないし、他の学者の孫引きでしかない。古典的な一九一一年のFultonの本、一九三二年――三四年のGidelの本などのすぐれた領海研究に依拠する以外にはない。そうして日本では高林秀雄教授の領海制度の歴史的研究の著書がある。[2]

沿岸水域の範囲が国際法の問題として大きくとりあげられるようになったのは、一九三〇年に国際連盟が招集した国際法法典編纂会議を契機としてであった。もっともそれ以前でも海洋制度一般の統一が試みられなかったのではない。

領海の幅に限って言えば、早くも一八九四年に万国国際法学会(Institut de droit international)の条約案が六カイリを提案したことがある。国際連盟の時代になって、一九三〇年の国際法法典編纂会議をひかえて世界のいろいろな学会の活動も活発化するが、一九二六年の国際法協会(International Law Association)の案、その年の日本国際法学会の案、アメリカの国際法研究グループの案、そうして一九二八年の万国国際法学会の案などいずれも三カイリを提案していたのである。

一九三〇年の国際法法典編纂会議では領海が三つのテーマのひとつであり、多くの国から提案がなされていた。六カイリや十八カイリ、さらにはベルギーのように大砲の最大着弾距離をもって領海とすべきであるとし、またソ連のように領海範囲をもって各国の自由裁量に任せるべきであるとするものもあった。

しかし主流はあくまで三カイリであった。出席国三十六のうち十八カ国が三カイリをとり、英、米、独、佛や日本など世界の主要海洋国を網羅していた。当時三カイリ主義の国々は世界の船舶総トン数の八〇％を占めていたと言われる。しかし、国際法法典編纂会議は領海の幅についても「三カイリ」領海についての統一的な結論を出すことは出来なかった。領海範囲に関する限り、一九三〇年の会議は失敗に終わった。これを境として、学界においてもまた領海制度の法典化という困難な試みは続けられはしなかった。

他方、第二次大戦以前の時期において「十二カイリ」が言われたとすれば、ソ連が帝政ロシアの頃から沿岸国の管轄の十二カイリを主張していたことが知られていた他に、いわば密輸防止のため一九二〇年代までに英、米で成立しつつあった接続水域の概念が十二カイリの幅にほぼ一致していたことが指摘されるべきであろう。密輸防止の観点から当時の船足(スピード)に照らし、この距離が適切と考えられていたのである。

二　国連国際法委員会から一九五八年国連海洋法会議にかけて

国際連合になって国際法委員会は最初に大陸棚や漁業など海洋法の問題を取り上げたが、一九五一年からは領海問題を取り上げ、オランダのフランソアが報告者に指名された。

一九五二年にはその報告書が提出されたが、そこでは領海範囲は「六カイリ」以内において各国が自由に決定しうるとされた。その年、委員会はこの点についてもきわめて活発な議論をたたかわせたが、一九三〇年に示された困難が、今日依然として、あるいはより強く存在していることを、赤裸々に示したのみであった。

フランソアの次の報告書は一九五三年に作成され、領海の範囲は「十二カイリ」以内で各国が自由に決定しうるという条項が示された。ついでフランソアの一九五四年の報告書は、原則として「三カイリ」としながらも、沿岸国は「十二カイリ」までは、自由に領海を拡張することができる、ただし漁業独占は三カイリ以内に限るとされた。

国際法委員会が一九五四年採択した案は、領海範囲を白紙にとどめ、各国政府の意見を徴した上で、これをあらためて検討することとした。一九五五年の委員会は国際慣行が領海三カイリに一致しているわけでもなく、また国際法は十二カイリ以上の領海拡張を正当化しない、しかし国際法は各国が他国の三カイリ以上の範囲を認めなければならないことを要求しているわけでもない、と委員会が考えることを明らかにしている。国際法委員会の最終の提案であった一九五六年の条項案もほぼその線を踏襲し、領海の幅は国際会議によって定められるべきであると提言した。

×　×

一九五八年二月二十四日に始まる国連海洋法会議における領海の幅をめぐる審議の模様はそれだけで優に一冊の書物にもなるであろうし、日本語では横田喜三郎教授の『海洋法』(上巻)に詳しく記されている。[3] 横田教授と私とはこの一九五八年の会議における日本代表団の法律顧問の立場にあった。横田教授は領海と公海の問題を担当し、漁業と大陸棚を担当した私は直接には領海あるいはその幅の問題には参画していない。しかし、私はこの会議の最終段階での第一委員会および総会議における領海の幅の表決にあたっては会場においてこれを傍聴する機会を得、領海の幅をめぐる攻防を目のあたりにした。

この会議において「三カイリ」を強く主張したのは多く西側の諸国であり、三カイリ以外、「六カイリ」や「十二カイリ」の主唱国はメキシコとインドあるいはソ連であった。

会議半ばで数多くの各国提案が出揃うのであるが、ここにそのすべてに触れる事は出来ない。主なものは、《領海三カイリ》のギリシャ提案、《領海三カイリ、ただし十二カイリの漁業独占のための接続水域》をいうカナダ提案、イギリスは《会議を成功に導く妥協のための領海を六カイリとして、三カイリの外では軍艦をふくめて航空機と船舶の現在の通航権には影響がない》こととする。他方、インド・メキシコ共同案は《十二カイリ》を提案し、ソ連は——細かな内容はこれと異なるが——本質的には同じく《十二カイリ》提案である。後にカナダの提案は《領海六カイリ、ただし十二カイリの漁業独占》に代わり、アメリカの提案はこのカナダの提案に加えて、《十年間の漁業実績をもつ国は領海の外側六カイリにおいては漁業継続の権利をもつ》という。アメリカは後にこれを五年間の漁業実績に変えた。そうした提案が出揃うのは四月も半ばの頃であった。

日本には独自の提案はない。しかし日本の頑なまでの三カイリへの固執は明らかであった。その日本も四月十六日になって「六カイリ」への同意を表明した。首席代表であった大江晃大使は「十二カイリの幅がただひとつの国際法の確立した規則であるという」「わが政府の基本的立場を変更する理由を見出ださない」と言いつつも、この会議を成功させるための妥協として、イギリス案に同意を表明するに至ったのである。日本がはじめて三カイリ以外の領海、条件づきとは言え「六カイリ」領海を言明したのは、こうして一九五八年四月十六日のことであった。

領海を扱った第一委員会での四月十九日午後の表決の有様を横田教授は生き生きとした臨場感をもって描写している。ギリシャの提案は撤回され、「十二カイリ」の提案はない。カナダ提案が分離投票されてその後半部分の漁業独占「十二カイリ」は賛成三七、反対三五、棄権九で可決、ついでいわば単純「十二カイリ」のインド・メキシコ共同案が記名投票に付された。賛成三五、反対三五になったと見て取れた。議長の結果発表に先立ってこのことに気が付いたメキシコ代表に示唆されて、エクアドル代表は先の「棄権」を「賛成」に改めることを申し出る。この一票によって提案が否決されるか可決されるかのきわどい瀬戸際である。これをめぐっての議事手続の応酬に数時間を要した。最終的にはエクアドルの申し出は容れられず、結果は賛成三五、反対三五、棄権一二で否決。領海「三カイリ」の提案は表決に付されることもなかった。第一委員会で可決されたのはただひとつ、カナダの提案の一部、「十二カイリ」の漁業独占水域という点だけであった。

四月二十五日における総会議での表決では可決のためには三分の二を要する。改めて提出された《領海六カイリ、外側六カイリにおける五年間の漁業実績に基づく漁業継続の権利》をいうアメリカ提案は賛成四五、反対三三、棄権七で否決、第一委員会で可決されていたカナダ提案の一部も賛成三五、反対三〇、棄権一九で否決、そうして《単純な領海十二カイリ》をいうインド・メキシコなどの八カ国提案も賛成三九、反対三八、棄権八で葬り去られた。

この会議が領海範囲についてなにひとつ具体的な規定を採択することが出来なくなったことが明らかになった後の各国の反応は様々であった。表決に付されることもなかった「三カイリ」主義の死滅がメキシコ、フィリッピンなどの代表によって述べられた。他方、イギリスもアメリカも会議が失敗に終わった以上は、会議を成功させるために行なった自らの譲歩は撤回され、「三カイリ」領海にもどるべきことを主張した。

×　　×

他方、接続水域の概念の一般制度化は、国際法委員会における審議を通じても確定的なものとなる。その「十二カイリ」の範囲というのもほとんど争われることはなかったと言ってよい。もっともそれはあくまで領海が三(あるいは六)カイリを前提としての制度ではあった。一九五八年の海洋法会議においてその制度内容についての問題点は残しつつも、この「十二カイリ」の接続水域自体が海洋法制度の中に取り入れられることにもはや問題はなかった。当時にあって「十二カイリ」といえば接続水域の範囲と答えるのが正解であったろう。

その頃一九五〇年代に「二百カイリ」はなんらかの意味をもち得たか。一九四〇年代の終わり、第二次大戦後に太平洋岸の中南米諸国が二百カイリの海洋主権の宣言を行なっている。その内容は様々である。領海、**epi-continental sea**、海洋主権という言葉がそれぞれの場合につかわれている。幅についてはそうした宣言のすべてが二百カイリを言ったものでもなく、大陸棚の上部水域を言ったものもある。一九五二年のサンチャゴ宣言はこの「二百カイリ」の資源のための管轄権水域を決定的なものにしようとするものであった。もっともこれがラテンアメリカ以外の世界で受けいれられたという訳ではない。

ここで「二百カイリ」という数字が採用されたのは、その後一九五七年に私がそれら諸国を歴訪し、その外務省担当官に質したところでは、太平洋岸漁場のフンボルト海流の幅がおおよそ二百カイリであるということであった。

三　一九六〇年の第二次海洋法会議にむけて

やがて領海範囲をテーマとして第二次海洋法会議が一九六〇年に予定されている。その頃の日本の反応はどうであったか。一九五八年の海洋法会議におけるアメリカやイギリスの領海三カイリからの転換を必ずしも真剣に受け止めていたとは言えなかった。会議が領海の統一に成功しなかった以上は、領海範囲は依然として「三カイリ」にとどまるというアメリカやイギリスの言明を真っ正直に受け取る以外の発想の柔軟さには欠けるところがあったと言える。日本はアメリカやイギリスが海洋国として伝統的な三カイリを持ち続けるであろうことを盲信していた嫌いがある。少なくともこれへの対応は十分ではなかったと言えよう。当時日本は余りにも漁業の利益にこだわり過ぎた。公海漁業の自由にこだわり過ぎた。外国沖合で日本漁業が自由にふるまえるというのが政策上の至上命令であり、日本の三カイリ主義を支えるものであったのに、まるでそれが客観的な真理であるように錯覚した。

しかし事実は、アメリカが領海が拡大されることを頑なに拒否するのは日本と同じような漁業利益の立場からではあり得なかった。アメリカの考えたのは、もっぱら軍艦、軍用機の海峡の自由通過を確保しようとしたことからに他ならない。アメリカがカナダの主張する漁業独占「十二カイリ」に過去の外国漁業実績の尊重をうたい、事実上は日本の非公式の要請を容れる形で十年間の漁業実績の条件を五年間の漁業実績にまで譲歩し、漁業への理解へのゼスチャーを示して日本の歓心をそそっていたとしても、アメリカにとっては領海における漁業の問題は二の次であり、いずれは日本がどんでん返しに会うことは目に見えていたはずである。

私は日本の余りにも伝統国際法ということにとらわれ過ぎ、漁業の自由の「神話」にまどわされすぎていることによる対応の鈍さに焦燥を禁じえなかった。一九六〇年一月、第二次海洋法会議を前にして併任の外務事務官として外務省に提出した調書がある。「漁業専管水域の法的性格及びその領海ないし接続水域との関連等について」と題する。「カナダにとっては、十二カイリの漁業水域が本質的であり、領海六カイリは単に海洋国側への譲歩に過ぎない。カナダはいわゆる沿岸国グループと同調する可能性は大である。」「アメリカにとって、十二カイリの漁業は沿岸国グループへの妥協であり、実績尊重は会議を成功に導くための漁業国説得のためのタクティクスであり、あくまで固執するものかどうかは予断を許さないと思われる。」「アメリカにとって本質的なのは漁業利益ではなく、国防上の安全である。領海拡張によって中立水域の増大することを恐れるアメリカは、恐らく領海の六カイリ以上の拡大には絶対に譲歩しないであろう。」「カナダは現在のカナダ案より更に後退して単純に十二カイリ領海に同調する可能性が見られ、アメリカは領海六カイリのためには、アメリカ案の線から現在のカナダ案の線まで後退することも有り得ることである。これはまさに会議の動向如何によるわけである。」「領海の拡張あるいはそれへの反対、十二カイリの漁業水域、それらが日本の水産業、海運、国防などにどのような影響を及ぼすかは、事実問題として十分に科学的な検討を行なう必要がある。抽象的な公海自由論、あるいは伝統的な三カイリ主義ということだけでは、沿岸国グループはもちろんのこと、いわゆる海洋国側からもソッポを向かれてしまう危険性は決して少なくない。」私のこの予想は第二次海洋法会議で一〇〇％的中した。

×　　×

一九五八年の第一次海洋法会議における領海の幅確定の失敗を救済するそれだけのために一九六〇年三月十七日に開会した第二次海洋法会議であった。これについては、拙稿「第二次国際連合海洋法会議について」に詳しく述べた。[4]

ソ連は単純な《十二カイリ》の提案である。一八五八年に賛成三九、反対三八、棄権八で否決されていたメキシコなどの提案の再導入である。メキシコ案も実質上ほとんどこれに近い。アメリカ案もさきに同じく、《領海六カイリ、外側六カイリの漁業水域においては五年間の漁業実績のある他国は漁業の継続が認められる。》カナダ案もまた《領海六カイリに加えるに外側六カイリの漁業独占水域》である。「三カイリ」の提案は全くない。とすれば日本はアメリカ案を支持せざるを得ない。四月六日になると開発途上国十六カ国の大同団結による《領海十二カイリ》の提案がある。アメリカはカナダに接近する。ついにカナダ・アメリカ共同案が成立する。外側六カイリの実績漁業は十年間のみの継続となる。そうして開発途上国十六カ国の提案は領海十二カイリの十八カ国提案となる。

全体委員会において十八カ国提案は賛成三六、反対三九、棄権一三で否決、カナダ・アメリカ案は賛成四三、反対三三、棄権一二で可決された。この時日本は賛成である。

復活祭明けの四月十九日、総会議が開会、全体会議から付託されていたのは、実質的にはカナダ・アメリカ案のみである。ここでこの案はとりわけ漁業に関して複雑な修正が行なわれる。全体会議において過半数を得ていたこのカナダ・アメリカ案が有力視された。そうして領海「十二カイリ」を考える国々は全力を挙げてこれを阻止しようとする。他方、復活祭休みから休み明けにかけてのアメリカの工作も華々しい。その政治工作は成功するかに見えた。ブラジルなど中南米諸国にも手をまわしてカナダ・アメリカ案への修正案を提出させることによって自国案の支持を確保しようとする。表決は四月二十六日。

十二カイリ漁業水域外の漁業優先権に関するブラジルなど修正案は日本などの反対にもかかわらず、賛成五八、反対一九、棄権一〇で可決された。しかし、これをふくんだカナダ・アメリカ案は賛成五四、反対二八、棄権五で否決。全西欧はアイスランドを除いては賛成であったが、日本は棄権であった。三分の二を必要とするこの投票において、もし反対の一カ国でも棄権に回っていれば、可決されるはずであった。もっとも棄権の日本が賛成にまわっていたとしても、なお一票の差で可決には至らなかった。

海洋法会議は領海範囲に関してまたしても失敗に終わった。この事態に直面してアメリカは自国案が大きな支持を得たことを強調し、他方そこにいう領海六カイリは妥協のためであったから、それが受入れられなかった以上、依然として「十二カイリ」こそが確立した原則であるという。しかしもはやそれを信ずる国は少なくなっていたであろう。そうして注目すべきことはブラジルなどの修正案のいう「十二カイリ」漁業水域以遠での沿岸国の優先的漁業権がアメリカによっても受け入れられてその提案に合体されていたという事実である。

この事実を踏まえて会議終了後にペルーが配布したメモランダムは次のように言っている。「幸いなことに、失敗に対するイデオロギー的かつ道義的な代償として、多くの代表は、その沖合水域の漁業に対する沿岸国の優先権……をくりかえし唱えた。これの承認は、現在の国際法に深いマークをきざみつけるものであり、海洋法の発展において決定的な新しい一歩へと導くものである。」まさに「十二カイリ」漁業水域以遠の優先漁業権の発想なのであった。これがやがて「二百カイリ」の排他的経済水域へと発展するのである。

四　第二次海洋法会議以後の一九六〇年代

一九六〇年代の第二次海洋法会議以後は、依然として領海の幅については確定せず、他方「領海および接続水域に関する条約」は一九六四年に発効して、「十二カイリ」の接続水域はもはや疑われることはなくなっていた。

×　　×

一九六〇年代、「十二カイリ」の漁業水域はむしろ西側の国々によって次々に一方的に設定された。一九六四年にカナダ、イギリス、そうして一九六六年にアメリカ、一九六七年にフランスと相次いだのである。そうしてまたヨーロッパの国々の間では二国間協定によってこの十二カイリ漁業水域の相互の承認が着々と実現しつつあった。その主役はむしろイギリスであった。すでに一九五九年にデンマークとの間に協定を結んでいたイギリスは一九六〇年にはノルウェーと、一九六一年にはアイスランドとの間に協定を結んでいる。一九六四年にはイギリス政府の招請にもとづいた西欧十三カ国のヨーロッパ漁業条約も署名されるに至っているのである。

そうしたなかにあって日本はニュージーランドが一九六五年に設定した「十二カイリ」漁業水域にチャレンジして紛争を国際司法裁判所に提訴しようとする。その水域は日本にとっても重要なタイ漁場であったからである。

私は外務事務官を併任し外務省にあってもっぱらこの訴訟準備に携った。そうしてそのためには世界各国を訪問し、いろいろな学者にも会った。そこで気付くのは世界の態勢は十二カイリの漁業独占をもはや当然のものとみなすようになっていたことである。私は外務省の調書において次のように述べた。

「漁業水域という語が多く用いられるようになったのは一九五八年の国連海洋法会議以来のことである。海洋法会議における諸提案においても、またその後の一方的設定あるいは条約規定においても、十二カイリ漁業水域は漁業については領海と同質のものであり、沿岸国が管轄権を行使する管轄権水域である。」

「漁業水域は公海の一部と考えられるべきではなく、公海とは別の存在であることをまず認識してかからなければならない。」

「「領海の幅の現行国際法は何か」に答えることはきわめて難しい。しかし、三カイリをもって現行国際法と断定すること、少なくとも国際司法裁判所のそのような断定を期待することはかなり困難であろうと思われる。……問題は、十二カイリの漁業水域が公海の自由を否定するにもかかわらず、現時点において国際法上の制度として成立したかにかかっている。ここで問題なのは、いうまでもなく過去十年の慣行の評価であり、それをもって慣習法が成立したとみるか否かである。海洋法会議における十二カイリ漁業水域の提案、そうしてそれに対するかなりの支持は、それ自体は慣行として理解され得なくても、少なくとも単なる慣行が慣習法に転化するのを促進する一要因と考えられるであろう。」

一九六〇年代の半ば、世界はもはや「十二カイリ」漁業水域を問題にするような時期ではなくなっていたのである。やがて日本もこの訴訟を続けることの無意味さをさとり、一九六七年、外交交渉によってニュージーランドとの事は解決し、国際司法裁判所への提訴は見送られることになった。むしろ当然の事であったと言えよう。結果は日本漁業は短い期間を置いてニュージーランドから完全に締め出されることになったのである。しかし海洋法の勢いは日本もこれを呑まざるを得ないところまできていたと言えよう。私がこの事件に携わっている間に研究したことをまとめて「十二マイル漁業水域」というかなり長編の論文を書いたのが一九六八年である。[5]

×　×

主としてラテンアメリカの一九五〇年前後にいう「二百カイリ」は二度の海洋法会議によってお墨付きを得ることは出来なかった。そうしてまたその後の時期に改めて大きく主張されることはなかった。しかし先にも述べたように、一九六〇年の第二次海洋法会議においてアメリカのむしろ積極的な招きによって起草されたと信じられるブラジルなどの修正案の圧倒的な支持、そうして会議直後のペルーのメモランダムに裏付けられて、いわば領海外の広大な漁業水域の構想は次第にその地歩を固めつつあったということも出来よう。

一九六〇年代の第二次海洋法会議から海底平和利用委員会にいたるこの十年の間において「三カイリ」は消滅し、それが漁業水域という名にとどまるにせよ「十二カイリ」が成立し、そうしてまた、やがては「二百カイリ」が大手をふって通用する素地がつくられつつあった。

五　一九七〇年代をむかえて

アメリカが狭い領海に固執するのは、ひとえに他国が領海を「三カイリ」以上に拡大することによって、アメリカ海軍の自由の行動が確保される公海が狭められることに対する懸念であった。とりわけ戦略的に重要な意味をもつ海峡における公海部分がなくなったり、狭められたりすることに耐えることは出来ないというところにあった。[6]

一九六〇年代の終わり、アメリカはNATO諸国そうしてソ連の諒解をとったものと信じられている。その重大な関心事であった《海峡の軍艦通過》についての自由の確保の自信を得たものと思われる。一九七〇年二月十八日、ニクソン大統領はその外交白書において「海洋法についてもっとも緊急な問題は、領海の範囲について合意を得、海洋に対する国家のクレームがエスカレートする脅威を未然に防ぐことである」と述べ、同じ日国務省法律顧問スチーヴンソンがフィラデルフィア世界問題協会及びフィラデルフィア法曹協会共催の会合で「国際法と海洋」の講演を行なって、領海十二カイリの具体的構想を明らかにした。軍艦・軍用機の自由通行を条件としての領海「十二カイリ」である。一九七〇年二月十八日というのは海洋法史上で注目すべき日である。

この日、ニューヨークの国連本部で開かれていたユネスコＩＯＣ（政府間海洋委員会）の法律ワーキンググループの議長をつとめていた私に、アメリカ代表のオックスマン国務省法律顧問補がこのテキストを渡してくれた。一読してアメリカの海洋政策の転機を感じた私は、東京あてにすぐかなり長文の公電を起案した。その発電直前にワシントンの大使館からはニクソン外交白書の転電が入り、私の電報は発信されなかったが、アメリカの転換に触れたのは私などがもっとも早かったと思う。

その五月、ニクソン大統領は「アメリカの海底に関する政策の声明」によっていわゆる二百メートル水深以遠の国際深海海底制度についての提案を行なうと同時に領海「十二カイリ」と国際海峡における軍艦・軍用機通航の自由の政策を打ち出していた。それ以後の問題は、アメリカのつけた軍艦・軍用機の自由通航という条件がどのように受け入れられるか、そうしてまた、領海の十二カイリ以上への拡大をどのように抑えるかであった。領海「十二カイリ」はほとんど顧みられることはなくなった。

海底平和利用委員会の一九七一年夏会期に、アメリカは、さきに述べた前年の国務省法律顧問スチーヴンソンの発言とニクソン大統領声明を具体化するものとして、「領海の幅、海峡および漁業に関する条文案」を提出した。わずか三カ条からなるものであるが、領海「十二カイリ」を定め、国際海峡においてすべての船舶、航空機は通過に関して公海におけると同様の自由を有するとし、加えて十二カイリ外における沿岸国の漁業利益を定めたものであった。領海に関する提案としては第二次海洋法会議以来の最初のものであった。

しかし大事なことはアメリカにとって、実は基本的な立場は一九五〇年代から変わっていたわけではないことを認識することである。かつては《領海六カイリ、しかし漁業は十二カイリ》であったのが、今度は《領海十二カイリ、しかし軍艦・軍用機は自由通航》ということを裏打ちする政策に変化はない。むしろタクチクスを変えたに過ぎないとも言える。

×　×

このアメリカ提案について、開発途上国はそのつけられた条件は棚上げして、領海は「十二カイリ」という点にのみ着目する。その頃から領海の幅については「十二カイリ」が圧倒的な支持を得、他方、後に述べるように、沿岸国の漁業利益については、とりわけ排他的経済水域という新しい構想があいついで開発途上国によって主張されるようになり、国際海峡の通航については、一九七二年夏会期におおむねアメリカに同調するソ連海峡提案なども提出される。領海そのものについては、一九七三年春会期になるとソ連の《単純な十二カイリ領海》の主張である領海の幅の条文案や、またエーゲ海をめぐる国々の領海の幅や境界確定に関する提案が出された。

×　　×

日本の外務省もこうした転換に無関心であったわけではない。一九七一年一月ＡＡＬＣＣとして知られるアジア・アフリカ法律諮問委員会は海洋法問題を最重要テーマとして、その第十二会期をコロンボに開いた。日本の冒頭演説は西村熊雄委員の序論で始まり、これをひきついで本論に入った委員代理の私は、「領海の幅は十二カイリで各国の合意がなされるべく、日本としても他の関連事項が解決されるならば、この十二カイリを受け入れる用意があること」を述べたのである。私の個人的な見解ではない。少なくとも外務省条約局内における慎重な討議の結果であった。日本が条件つきではあるが、「十二カイリ」領海を受諾しうると言う考え方を公式の場で明らかにしたのは、この時が始めてであったと思う。私はそうした日本の海洋政策転換の先駆けの表明を行なう光栄を担った。しかし領海「三カイリ」が国際法の原則と盲信する日本の国内での反響は芳しくはなかった。

もっとも、日本政府も新しい潮流に向けての布石は打ちつつあった。一九七六年二月内閣法制局長官は、日本政府としては「領海十二カイリというのは国際法には現在なっていないと私どもは思っております」と述べながら、続いて「わが国がそれ〔十二カイリ〕を先取りしたからといって違法だとは私は思いません……」とも述べて伏線を張った（衆議院予算委員会の一九七六年二月六日の内閣法制局長官答弁）。

そうして日本は一九七七年に「十二カイリ」領海を国内立法によって採用した。昭和五十二年五月二日法律第三十号領海法（七月一日施行）がこれを定めている。ただし、宗谷海峡、津軽海峡、対馬海峡東水道、対馬海峡西水道および大隅海峡を特定海域として、そこにおける領海は当分の間「十二カイリ」としている。この時点で未だアメリカもイギリスも軍艦・軍用機の自由通航の保証が得られていない以上、領海「三カイリ」の基本は変えておらず、これは国連海洋法条約署名に先立つ五年も前のことである。

日本にとっては、漁業水域の十二カイリが疑いの余地がない以上、あえて領海三カイリを固執する必要はなくなっていたと感じていたであろう。基本的には漁業水域としての十二カイリが領海の十二カイリに転化することを気遣う必要がなくなっていたところが、日本をアメリカと異ならしめていたところであった。しかし他方日本は日本周辺の海峡に公海部分を残すことによってアメリカと連携する安全保障戦略には協力しようとするのである。

七　二百カイリ排他的経済水域の成立

「二百カイリ」という数字は、先にも述べたように、一九四〇年代のラテンアメリカの太平洋岸の国々の一方的宣言によっていわゆる海洋主権の範囲として主張され、また一九五二年のサンチャゴ宣言に集大成される。そうして一九五八年の海洋法会議、一九六〇年の第二次海洋法会議においては直接にはほとんど意味をもつことはなかったが、しかしアメリカがブラジルなどをして提案させた「十二カイリ」外の優先的漁業権という考え方がいずれ一人歩きを始め、やがて膨大な漁業管轄の拡大につながるであろう事は予測に難かったことではない。

国連の海底平和利用委員会がその付託事項を拡大して、拡大海底平和利用委員会として発足する一九七一年三月より二カ月前、一九七一年一月、先にも述べたアジア・アフリカ法律諮問委員会は当時のセイロンのコロンボに会合した。この年からは海洋法がその最重要テーマであった。そうして域外の少なからぬ国々、わけてもラテンアメリカの国々がオブザーヴァーを送り込んだ。ここで彼らは熱心に南北問題の立場から見ての「二百カイリ」領海を説いた。そうしてインドネシアやフィリピンの欲する群島水域の概念との取引をしようとする意図が明らかにみてとれたのである。

海洋法作業グループが設立された。日本の私やケニヤのニジェンガ(現・AALCC事務局長)など六人がこれに指名されたのである。そうしてその初会合はその年六月にニューデリーに開かれた。ここでは未だニジェンガの具体的な提案はない。しかし彼の排他的管轄権の拡大の主張はここにはじまる。そうして七月ジュネーヴで開かれた海洋法分科会ではきわめて明快単純な彼の提案が多くは新しくアジア・アフリカ法律諮問委員会に顔を出す開発途上国の代表により強く訴えるのであった。

一九七二年一月のケニヤにおけるアジア・アフリカ法律諮問委員会においてニジェンガの「排他的水域概念」というペーパー提出された。これがこの概念の正式なスタートであるが、そこでは「二百カイリ」の範囲が明瞭に述べられていたのである。そうして七月ジュネーヴの海洋法分科会においてニジェンガはこれまで概念という形で示していた排他的経済水域を十一カ条からなる条文案の形で提出した。

その年の海底平和利用委員会では改めてこのケニヤの条文案が提出される。「二百カイリ」水域の新たなスタートである。それ以後の「二百カイリ」排他的経済水域の制度化は今更言うまでもない。

×　　　×

日本は排他的経済水域の概念には批判的立場をとりつつも、自ら一九七七年には「十二カイリ」領海とならんで「二百カイリ」漁業水域を設定した。昭和五十二年五月二日法律第三十一号「漁業水域に関する暫定措置法」(七月一日施行)である。

むすび

一九八二年十二月十日、ジャマイカのモンテゴ湾で署名された国連海洋法条約が初めて領海「十二カイリ」、排他的経済水域「二百カイリ」を規定した。接続水域の「二十四カイリ」も言われた。「三カイリ」という数字はもはやどこにも現れる余地はなかった。この条約は未だ発効してはいないし、発効の見通しも定かではない。もっとも領海、排他的経済水域などはすでに慣習法化したと言えなくはない。

それにしても、もっとも頑なと思われていた日本が五年以上もそれに先立って、「十二カイリ」、「二百カイリ」を先取りしたのは驚くべきことであった。日本の「二百カイリ」の漁業水域が一九八二年条約が認めた排他的経済水域との関係でどのような意味をもつのかは充分に検討されなければならない課題である。また極端なまで観念的であった日本が現実主義に転換する変わり身の早さは法社会学の課題であるかもしれない。

[注]

1　筆者最新刊の『海洋法の源流を探る』(有信堂高文社・一九八九年)を参照して頂ければ幸いである。
2　本シリーズの②「海洋法研究のはしり」を参照されたい(本書二六一頁)。また高林秀雄『領海制度の研究』(有信堂高文社・一九七九年)
3　横田喜三郎『海の国際法』(上巻)(有斐閣・一九五九年)
4　上記1に収録
5　『海の資源と国際法Ⅰ』(有斐閣・一九七一年)に収録
6　この点の指摘は繰り返し行なったが、注1の「序に代えて」にも触れている。

⑧　第一次、第二次国連海洋法会議の頃
――内外海洋法人物史の側面――

はじめに

これまでもこの連載のなかで第二次大戦後の時期の海洋法のことにはいろいろな形で触れている。旧世代の懐旧とのそしりを知りつつ、しかし今から三十年前後も昔にさかのぼる一九五八年と一九六〇年に開かれた二度の国連海洋法会議とその当時をまとめて展望することは、今日の海洋法を知る上で無意味なこととも思われない。ここではこれらの会議の前後に海洋法に登場する内外の人物を中心として、当時を振り返って見たい。

一　戦後の十年

一九四五年、戦争が終ってすぐの頃海洋法が政府レベルにおいてあるいは国際法学界において注目されたのは、全く二つのアメリカの大統領宣言をきっかけとするものであった。

一九四五年九月二十八日、戦火収まってようやく一カ月余り、アメリカ大統領トルーマンが一つは大陸棚について、もう一つは海洋漁業政策について行なった宣言が口火となった。前者は少なくとも国際法においては全く聞きなれな

かった「大陸棚」の概念をもちだして、それに対するアメリカの権利を宣言しようとするものであった。後者はそれまでも行なわれて来た公海の漁業についての規制についてのアメリカの政策の宣言である。いずれもがトルーマン宣言と呼ばれているが、その性格においては同じではない。

大陸棚宣言はそれ自体がアメリカの権利主張を含むものでありながら、とくに問題が新しく、またその現実性が余りに迂遠なものであり、他国の直接の反発を買うことはなかった。むしろそれに便乗してかなりの国々は同じような権利主張をしようとする。それが一九四〇年代後半のラテンアメリカ諸国、あるいは当時未だイギリスの保護下にあったペルシャ湾岸の土侯国の態度であった。

これに対して、漁業宣言の方は、少なくとも表面は新しく権利の主張を含むのでもなく、漁業資源の保護をいう政策自体に反論する余地もない。むしろラテンアメリカ諸国や韓国などが自国の漁業に関する権利主張をアメリカのこの宣言に引っかけて正当化しようとしてアメリカを困惑させるという現象であった。

占領下の日本はもちろん発言の力もなく、巧妙にカムフラージュされた漁業宣言に秘められたアメリカの真意を見破ることもなく、戦後恐らくはもっとも最初の外交交渉である日米加三カ国漁業会議を経て、一九五一年には北太平洋漁業条約の締結に至る。いわゆる「自発的抑止の原則」を押し付けられた日本の敗退である。しかし日本自身は必ずしもそのことに気がついてはいない。

他方、韓国は一九五一年、さきのアメリカの宣言を誤用したいわゆる李承晩大統領宣言によって日本漁業の排除をはかり、中国もまた一九五〇年代前半にその大陸沖で多くの日本の漁船を拿捕した。ソ連も一九五六年にはオホーツク海などからの日本漁業の締め出しを図る。当時日本政府にとって海洋法の問題と言えば、韓国沖、中国沖、ソ連沖の日本漁船拿捕をどうして抑え、日本漁業を守るかにあったと言えるであろう。当時大日本水産会などを中心として大学あるいは水産庁の水産研究所の長崎福三、笠原昊、田中昌一といった水産学者や外務省の地理専門家川上健三氏などが研究調査に当たっていた。

その頃に日本が直面したもう一つの事件があった。一九五四年三月の南太平洋ビキニにおけるアメリカの水素爆弾の実験による日本漁船、とりわけ第五福竜丸の被災であった。水爆実験の合法性、違法性をめぐって日本の政府も学界も海洋法の理論的な問題に踏み込まなければならなかった。国会に国際法学者が参考人として招かれて、海洋法についての意見を述べるなどのこともあった。外国の学会でもこの問題の論議がたたかわされた。その合法性論を私のアメリカ時代の恩師であるマクドゥーガル（エール大学）が強く推した。しかしこの問題は一九五五年一月、アメリカの慰謝料支払によって解消した。

外務省がいわば海洋法の理論に取り組むもう一つのきっかけになったのは一九五三年のオーストラリアのアラフラ海からの日本の真珠貝漁業の排除に端を発する真珠貝漁業紛争であったろう。日本でこの中心になって国際司法裁判所提訴の準備に当たったのは法務省の入国管理局次長から戻って外務省に特設の国際司法裁判室長になった鶴岡千仭氏（のち国連大使・故人）であった。フランスから帰国したばかりの井川克一氏（のちフランス大使）や条約四課長大郷正夫氏（のちフィンランド大使、国学院大学教授）などがこれを補佐し、アメリカから帰国、東北大学にあった私もこの室に属し、これに深く関わった。

外国ではベルギーのブールカン（当時ジュネーヴ大学）を日本に招き、またアメリカのハドソン（ハーヴァード大学）、ケルゼン（カリフォルニア大学）、イギリスのローターパクト（ケンブリッジ大学）、フランスのジデル（パリ大学）、ノルウエーのハンブロ（オスロ大学）（以上いずれも故人）やイタリアのアゴー（ローマ大学、現・ＩＣＪ判事）、フランスのルソー（パリ大学）など当時世界一流の国際法学者を動員して日本の立場の理論付けを行なおうとするのであった。ただ当時、戦前の海洋法の三巻の大著で知られたジデルを除いては、これは「海屋（うみや）さん」だという国際法学者がいたわけではない。日本のこうした動きが外国においてもいくらか噂の種になっていることは確かであった。しかし真珠貝に対する日本業界の関心も薄らぎ、この事件は結局一九五七年には外交交渉で解決してしまう。

私は一九五〇年代の始め、留学中のアメリカでふとしたきっかけから海洋法の分野に踏み込んで行き、一九五三年夏に帰国してからはそれを日本語にまとめて「海洋の国際法構造」の著書（一九五六年）とし、いま「海洋法御三家」と称されているかと聞く中村洸、高林秀雄、山本草二の諸教授の出世作が相次いで世に出るのもこの頃である。他方、外国でも未だこの当時には本格的な海洋法研究に乏しい。オランダ海軍のムートン（故人）のThe Continental Shelf（1952）が万国国際法学会の懸賞一等作として、その新しいテーマの故もあって注目を集めた。

二　国連国際法委員会の活動

第二次大戦後の時期、外国でも海洋法が国際法学者の大きな関心の的になるということは決して多くはない。むしろ国連国際法委員会の動きが一部の学者の注目を引くようになりつつあったと言える。

一九三〇年の国際連盟の国際法法典編纂会議が国際法の法典化の重要性を喚起した経緯があり、戦後の国連憲章は国連総会の任務のひとつとして「国際法の漸進的発達及び法典化を奨励すること」をうたった。かくして一九四七年の総会は国際法委員会の設立を決議し、一九四八年にはその委員の選挙を終えて、委員会の第一会期は一九四九年四月に始まった。十五人の委員からなるこの委員会は法典化の対象の暫定リストとして十四のトピックを選び出し、そのなかには「公海制度」、「領海制度」が含まれた。

一九四九年に優先順位を与えられた「公海制度」について報告者に指名されたのはオランダのフランソア（故人）である。戦前からオランダ外務省の法律顧問などをつとめ、万国国際法学会の会長などを務めた世界の国際法学会の重鎮のひとりであった。国際法委員会はフランソアの提出する報告書を基礎にして公海制度の討議をすすめた。初期の頃はそのむしろ伝統的な諸制度が中心を占めたが、海の資源の問題がある程度の比重をもってくるであろうことは既に予感されていたのである。一九五一年の国際法委員会は大陸棚、海の資源、定着漁業などを取り出して「大陸棚及び関係事項に関する条項案」を起草した。そうして一九五三年の委員会はもっぱら大陸棚、漁業そうして接続水域のみに審議を集中した。そうして前記の改正条項案を起草するに至っている。一九五五年には公海制度三十八カ条の草案で公海の一般制度を規定した。

これとの関連でその頃にもっとも注目されるべきことは一九五五年春に国連事務総長がローマに招集した海洋資源保存に関する国際技術会議であった。当時この会議のもつ意味を洞察していた政府も学者も多くはなかった。「技術会議」と銘打っている以上、そうしてまた未だ海洋資源が国際法の大きな問題になるという認識に乏しかったのである。当時外務省でオーストラリアとの真珠貝漁業紛争に関わっていた私は、それまでの自分の認識からこの会議が将来大きな意味をもつことを予感しつつ、できれば自分で出席してみたい衝動に駆られはしたが、それを強く言い出す立場には未だなかった。結局、たまたまヨーロッパ出張中の鶴岡国際司法裁判室長と木本三郎条約四課長（のちペルー大使）がローマに立ち寄ることになった。

この会議に出て海洋資源保存の案文を提出して注目を浴びるようになったのが、一九五三年以来国際法委員会の委員になっていたキューバのガルシア・アマドールである。キューバの外務省法律顧問、当時はまだ新進気鋭であった。このローマ会議、あるいはより具体的にはガルシア・アマドール提案を契機として、国際法委員会における公海制度の審議はがらりと変わるといっても過言ではないであろう。そうしてフランソアに代わってガルシア・アマドールが主役を占めるようになる。彼は一九五八年の会議ではキューバ代表としてラテンアメリカのリーダーの役割をつとめ、会議の後に海洋資源論の著書 The Exploitation and Conservation of the Resources of the Sea (1959) がある。やがてカストロのキューバを去り、全米機構（ＯＡＳ）の法律部長をつとめていたこともあるが、その後マイアミ大学の教授になった。もっとも彼はキューバを離れたこともあって、第二次海洋法会議以後は海洋法に関わることはなかった。

国際法委員会は一九五五年にはガルシア・アマドールの提案を基礎にして、さきに触れた公海制度三十八カ条の付属として生物資源保存の九カ条を加えたのである。

他方、一九五一年に国際法委員会は「領海制度」の審議を始めることを決定し、同じくフランソアを報告者に指名した。委員会は一九五四年に二十七カ条、そうして一九五五年にはそれを修正して二十六カ条の領海制度に関する暫定草案を完成した。

国際法委員会は一九五六年にこれまでの「公海制度」と「領海制度」の二つのテーマを総合して最終的な海洋法草案七十三カ条を作成した。これがその年秋の国連総会の第六委員会で二十一回の会合で審議された。そうしてここで海洋資源の問題でガルシア・アマドールと並んで注目を浴びるようになるのがメキシコの法規課長カスタネーダである。たまたまアメリカのエール大学に二度目の留学中であった私はガルシア・アマドールの招きでニューヨークにでかけてこの第六委員会の議場に至り、別室でカスタネーダを加えてこの問題を長時間論じた思い出がある。カスタネーダは第三次海洋法会議でも、海峡通航問題についてのカスタネーダ・グループの主役を演じ、その後外務大臣も長くつとめたが、一時健康も優れず、今はフランス大使である。

一九五七年秋、国連総会はこの国際法委員会の一九五六年草案を基礎として、また各国からのコメントを参照しつつ国際条約制定のための国連海洋法会議の招集を決定したのである。

日本が国連に加盟するのがこの年の国連総会でのことであるから、日本はまだ国際檜舞台に顔を出すような立場にはなかった。あえていえば、私が下田武三アメリカ大使(のち外務次官、最高裁判事)や井川条約三課(今の法規課)長などの示唆により、外務省の委嘱により一九五七年春、ラテンアメリカ諸国を巡遊して日本の海洋法への関心をいくらかは印象づけようとしていたにとどまるといっても良いかも知れない。そうして私がラテンアメリカで会った多くの外務省関係者のなかにはさきに触れたキューバのガルシア・アマドール、メキシコのカスタネーダなどの他に、多くはその翌年のジュネーヴ海洋法会議のそれぞれの国の代表になる人々であるが、またペルーのアランブル・メンチャカ(のちイギリス大使)など後の第三次海洋法会議まで息が続く人もいた。

三　（第一次）国連海洋法会議

一九五八年二月からジュネーヴで九週間にわたった（第一次）海洋会議はもともと「第一次」などと呼ばれていたのではない。この会議が問題を将来に残して、再度会議が必要であるというような認識が事前にあった訳ではない。

この会議は先にも述べたように、国際法委員会によって六、七年にもわたって入念に準備された会議であった。何よりも七十三カ条にわたる原案があったし、国連事務局作成の準備文書は三十六編にのぼる。後に正式に印刷されて大判の三百四十ページの「海洋法会議公式記録第一巻」になっているが、その当時はタイプ印刷で事前に配布されていた。このなかには今でも研究上の重要な価値をもつものも少なくはない。

日本でこの会議の準備の中心となったのは外務省条約局であった。主管は滝川正久氏（のちスウェーデン大使）を課長とする条約三課であるが、これに条約三課長から一課長（今の条約課）にかわって間もない井川克一氏を課長とする条約一課が協力した。関係各省庁、それにこのために急ぎアメリカから帰国した私も加わって、入念な対処方針が作成された。謄写刷りで百五十ページを超えるものであり、さらに加えて膨大な「海洋法案の各条に対する参考資料」が条約三課によって作成された。

会議に臨むにあたっては滝川条約三課長は留守をまもることになり、代表にはオランダの大江晃大使（故人）、ジュネーヴの河崎一郎公使（のちアルゼンチン大使）、そして国際司法裁判室長から転出していた鶴岡ヴァチカン公使の三人。現地にのぞんで会議交渉の中心になったのは井川条約一課長であった。条約三課の鈴木文彦首席事務官（のちジュネーヴ代表部大使）と賀陽治憲事務官（現・ブラジル大使）などがその手足となり、ジュネーヴの佐藤正二参事官（のち外務次官）と千葉一夫三等書記官（現・イギリス大使）が現地で加わった。東大を定年退官して外務省参与であった横田喜三郎先生と私とが国際法の専門家として参加していた。この会議への日本の代表団は十九名にのぼり、条約局調査官であった宮川敬氏（故人）、会議の終わりに参加した川上健三書記官の他に、内閣法制局の関道雄参事官（故人）、運輸省の井上弘外航課長、海上保安庁の吉田善次郎総務部長、水産庁の中里久夫海洋一課長、藤永元作調査研究部長（故人）、相川広秋九州大学教授（のち水産庁調査研究部長、故人）が加わった。防衛庁は訓令作成には加わったが、まだ会議に人を出すまでにはなっていなかったのであろう。

日本の参加者は遅れて加わる二、三の例外を除いて、二月のある日、羽田でスカンジナヴィア航空北極回りに乗り込んだ。外国に行くことが珍しかった時代である。まだこういう国際会議も少なかったし、空港待合室はなかなか盛大な見送りで大変な賑いであった。この日はスカンジナヴィア航空が他に先駆けて北極航路を開いてちょうど一年目、プロペラのＤＣ６で、アンカレッジ経由コペンハーゲンにつくまで三十時間近くもかかったものである。日本航空はまだ飛んでいなかった。

この会議の参加国八十六は当時のほとんどすべての国を網羅した。会場はジュネーヴのパレ・デ・ナシオン、戦前の国際連盟本部としてつくられたもの、ヨーロッパ最大の建造物といわれたものである。当時は今の新館はなく、赤十字本部側から入る総会議場の正面が出入口になっていた。いつの国際会議でもそうであるが、初日の会場は、あちらこちらで旧知の人々が久闊の挨拶を交わし、ちょっと華やいだ気持になる。私にとってもさきのアメリカ留学、ラテンアメリカ訪問などで知り合った多くの人々としばらくぶりの顔を合わせた。それにその数年前から欧米で出していた海洋法の論文を通じて私を知る代表は少なくはなかったのである。

外国の代表のなかには、後に国際司法裁判所の判事になったイギリスのフィッツモーリス、スウェーデンのペトレン、ウクライナのコレツキー、エジプトのエル・エリアン（いずれも故人）、フランスのグロ、ブラジルのセッテ・カマラ、そうして今現役のイタリアのアゴーなどがいた。国際法学者の参加も少なくはなかったが、今なお国際法学会で活躍中のイタリアのモナコ（ローマ大学）、オランダのリップハーゲン、スヘルマ（ライデン大学）、ソ連のツンキン（モスコー大学）、イスラエルのロゼンヌ、ノルウェーのセイアステッド（オスロ大学）、ハンガリーのウシュトール（ブダペスト大学）、イギリスのジョンソン（ロンドン大学）、スイスのビンドシェトラー（外務省）といった多彩な顔触れであった。故人になってしまったオランダのヴェルジェーユ（ユトレヒト大学）、デンマークのソーレンセン（オーフス大学）フランスのラプラデル（エクスプロヴァンス大学）、スイスのリューガー（外務省）なども参加しており、まずは当代一流どころを揃えていたと言える。国際法委員会の報告者であったフランソアは事務局にエキスパートとして加わり、イギリスのバウエットは当時は国連事務局法務部の職員であった。

会議は総会議の下に第一――領海、第二――公海、第三――漁業、第四――大陸棚、第五――内陸国の五つの委員会を設けた。国際法委員会が作成した七十三カ条の草案ははじめの四つの委員会に割り振られたのである。

第一、第二の委員会はおおむね伝統的な海洋法における領海制度、公海制度について、新しい視点からの手直しであったし、その討議もおおむねその枠を出るものではなかった。ただし、領海の幅は一九三〇年の国際法法典編纂会議においても未解決の問題であり、これには国際法の理論というよりはむしろ全く自国の利益を反映した国家政策のぶつかりあいであった。この問題についての主役は、あからさまではないにせよ、国防主導の立場からの領海政策をもつアメリカの首席代表、在野法曹のアーサー・ディーンであった。

これに対して、第三、第四委員会は国際法においてはむしろ新しい問題であった。第三委員会の扱った漁業の問題はもちろんそれまでも色々な形で国家間の交渉の対象ではあったが、あくまで外交による協力の達成であり、国際法の一般理論なり原則とは無縁のものであった。それをひとつの一般条約の形にまとめようとするだけに、問題の難しさもある反面、国際法という立場からはどうしても焦点がぼやけてしまうことは否めなかったのである。第四委員会の大陸棚は全く新しい国家の国際法上の権利を創設しようとするものであり、それだけに活発な議論を呼んだが、しかしこの点については各国にぶつかり合う利害の対立がなく、日本をふくみ幾らかのオーソドックスな国が伝統的な国際法理論から新しい権利の創設に疑問を投げかけた。また日本はオーストラリアの真珠貝紛争を経たあとだけに、定着漁業が大陸棚に含まれることに反対した。

実際に各国代表団もその主力は第一、第二委員会に投入し、むしろ第三、第四委員会は参加する人も限られており、言わば新人の活躍舞台でもあった。日本の代表団の編成でも、横田教授が第一、第二を、駆け出しの私が第三、第四をカヴァーしたのである。その当時にはまだ海の資源が将来の大問題になるという意識を多くの国はもっていなかったのである。大陸棚の第四委員会ではアメリカ国務省のワイトマン(Whiteman's Digestの編者である)、イギリス外務省のガッタリッジの両婦人などが、漁業の第三委員会では、キューバのガルシア・アマドール、メキシコのカスタネーダなどが活躍した。第三、第四の関係者は数も少なく、また新しい分野に挑戦するという意識もあったであろう。その友人関係はより親密になったとも言えると思う。第五委員会は内陸国の利益をかなり抽象的に論じており、その参加は極めて限られていた。

改めて言うまでもなく、この会議は九週間余りの審議を経て、ジュネーヴ海洋法四条約と称される領海条約、公海条約、漁業条約、大陸棚条約の作成に成功した。しかし肝心の領海の幅についての合意は得られなかった。八十六カ国が参加した九週間余りにもわたる会議であって見れば、日本にとってばかりではなく、外国にとっても、国際法と言わずもっと分野を広げてみても、戦後最大の国際会議であったとも言える。各代表団には未だ多くの不慣れな点も多かったであろう。しかし私にとっては、目の前に「国際法はこうしてつくられる」過程を見て、目を見はる思いであった。その後の私の国際法の研究のアプローチは良かれ悪しかれこの経験によって規定されることになった。

各国の行なうレセプションの数も多く、また各国代表団同志で相互に昼夜の食事の招待も少なくはなかった。若輩の私ではあったが、著作によるいささかの知名度もあって、こうした社交の場に連なることも多かった。ジュネーヴの一流レストランを踏破した。そうして親しくなり今日までの交際が続く人も多い。私の恩師マクドゥーガルの紹介状をもってたずねて来たエール大学の後輩の若きバンドン大学講師のモクタールがいる。ジュネーヴ駅前の中華料理に伴ったものであるが、後の「海洋法マフィア」の一員となる。数年前までのインドネシア外相である。

学者のかなり多くは会議後に会議のことを基礎にして海洋法の論文を書いている。その数はおびただしいものになる。ガルシア・アマドールが先に触れた海の資源の著者を出すのも、また横田教授と私の「海の国際法上下巻」が有斐閣から出版されたのも、この翌年、一九五九年である。
多くの外交官、そうして当時一流の国際法学者がこの(第一次)海洋法会議に参加した。しかし、それから十年後の一九六〇年代末期の海洋法再検討の時期になると、そのなかからこの舞台に再び登場してくる人はそう多かったわけではなかったのである。

四　第二次国連海洋法会議

一九五八年の海洋法会議が四つのジュネーヴ海洋法条約の作成に成功しながら、公海と領海の制度のいわば基本になるべき領海の幅を確定することに失敗した。まさにそれをすくうためだけの第二次海洋法会議が一九五八年の国連総会の決議に基づいて、一九六〇年三月にジュネーヴで開催された。極端に言えば、カイリ数を三にするか、六にするか、十二にするか、といった問題に限られる。いわば「領海の幅はXカイリとする」というただその一行だけのための会議である。そこには国際法の理論的な問題の存在する余地は少なく、むしろ各国の政策の駆引きと妥協が焦点である。

日本の代表になったのは奥村勝蔵スイス大使(故人)であり、実際の代表団幹事ともいうべきは法規課長の小木曽本雄氏(のちタイ大使、現東海大学教授)であり、イギリス留学から戻って法規課に配属されて間もない小和田恒事務官(現・OECD大使)も加わった。現地で加わったのが佐藤正二参事官と長谷川和年官補(現・アジア局長)である。国際法専門家としての横田喜三郎先生と私とは相変わらずである。この会議は領海の幅をきめるただそのためだけの会議であったから、日本の代表団も総勢九名、他の省庁は水産庁の高橋泰彦氏と海上保安庁次長の和田勇氏(故人)だけであった。

参加八十八カ国にのぼった各国の代表団はおおむね第一次会議の経験者たちであったが、その規模は二年前に比べてはるかに縮小されていた。ただこの会議からでるようになったなかにはインドのナゲンドラ・シン(のちICJ判事、昨年暮現職で急逝した)、著名な国際法学者ではノルウェーのカストベルグ(オスロ大学、故人)、フィンランドのカストレン(ヘルシンキ大学、故人)、イラクのヤシーン(外務省、故人)などがいた。そうして事務局では国連からイギリスにもどったバウエット(マンチェスター大学、現・ケンブリッジ大学)がフランソアとならんでエキスパートとして控えていた。

総会議の下の単一委員会だけである。この委員会においては各国の一般方針の表明が行なわれ、その数は七十四カ国にのぼる。極端に言えばもはや問題はどのようなカイリ数をとるかの政策問題であり、会期は二度にわたって延長され、復活祭の休みをはさんで、その攻防は舞台裏で続けられた。三カイリを固執し、妥協の余地を見いだせない日本(もちろん最後にはややフレキシブルな方針に変るが)の活躍が期待されるような状態ではなかったのである。会議は少なくともその目的とした領海の幅の確定には失敗した。

私個人について言えば、二年前の時と異なり、いろいろ国際法の立場から勉強しなければならないことがあった訳ではない。ある意味ではもっとも手持無沙汰な会議でもあり、別の意味では生きた国際法を学ぶ絶好の機会でもあった。暇にまかせてスイスを満喫し、名国代表との社交交流は一層増した。

五　第二次海洋法会議の失敗のあと

一九六〇年春第二次海洋法会議が失敗に終わってから一九六〇年代の半ばから後半に入って海洋法が動き出すまでの五、六年間には海洋法の大きなイヴェントはない。

強いて言えば、公海条約第二十五条にもとづいて国際原子力機関で始めた放射能による海洋汚染の小さな会合が続けられていた。国際原子力機関事務局長任命のものであるが、フランスのルソー(パリ大学)を長とした私をふくむ七、八名の小さなグループである。委員のなかにはフィンランドのマンネル(法務次官)、オランダのリップハーゲン(外務省)ソ連のフレストフ(のちの条約局長、ウィーン機関大使)がいたし、事務局をつとめたのが当時この機関の法務部長であったノルウェーのセイヤステッド(現・オスロ大学)であり、イギリス留学を終えてその事務局法務部入りをして間もないセイロン(今のスリランカ)のピントがいた。後年第三次海洋法会議の主役をつとめるマンネル、リップハーゲン、ピントなどがここで顔を出しているが、しかし未だいわゆる「海屋さん」という意識はない。この会合は足かけ三年、四会期を経て放射性廃棄物海洋投棄の条約草案を作成した。ウィーンでの会合であったが、一度は一九六二年の春三月、モナコで開かれ、この二週間は極楽に遊ぶ気持ちであった。

その頃、西欧にあっても一般化して来た漁業水域十二カイリの流れの中にあって、ニュージーランドもまた十二カイリ漁業水域を設定した。日本漁業にとっては豊富なタイ漁場である。十二カイリ漁業水域に挑戦して事件を国際司法裁判所にもちこもうとした日本でこの原動力になったのは当時の条約局長の藤崎万里氏(のち最高裁判所判事)であり、法規課長の中江要介氏(のち中国大使、現・原子力委員会委員)であり、私が外務省を併任してことに当たった。イタリアのアゴー(ローマ大学、現・ICJ判事)を日本に招いて、もっぱら私が相手役で法律理論の構成にあたった。

政府として学者の鑑定をもとめるために私が外国で接触した人々はいずれも私がのぞんだ人々であったが、すでに海洋法で知られていたイギリスのジョンソン(ロンドン大学)であり、また国際司法裁判所を退任後のマックネーア(故人)や当時すでに親しくしていたジェニングス(当時ケンブリッジ大学、現・ICJ判事)であった。そうしてアメリカでは南西アフリカ事件でリベリアとエチオピアの弁護人として名声を上げていたグロスである。そのウォール街の弁護士事務所で傍らで記録を取っていたハイエットは昨年までのアメリカ国際法学会会長であった。ニュージーランドはウォルドック(オックスフォード大学、のちICJ判事、故人)や息子のローターパクト(ケンブリッジ大学)などを動員していた。この事件は十二カイリ漁業水域へという時の流れとともに結局は解決というよりはむしろ日本としてもこれを争いえなくなってきたといいえる。

世界的にみても、第二次海洋法会議以後、こうしたことはあったものの、表面には平穏な日々が続く。大きな会議も事件もない。しかし底流には、来たるべき深海海底制度や海洋法の見直しに向けての静かな流れがあった。それが一度に花開くのは一九六〇年代の後半になってからのことである。

⑨「海洋法マフィア」
――一九六〇年代の海洋法群像――

はじめに

「海洋法マフィア」という言葉が使われはじめたのは一九六〇年代の終わりの頃の国連である。特定の誰かがこの言葉を使ったというのではなく、ニューヨークの国連サークルで、海底平和利用委員会の何人かの常連たちが昼、夜のテーブルを囲んでの新しい海洋法の策定に携わる仲間意識からこの言葉を用い出したのである。もちろん、この「海洋法マフィア」には出入があり、固定したメンバーがあったわけではない。

一九七四年に第三次海洋法会議が始まるようになって以後は、俗に言えば「猫も杓子も」「海洋法マフィア」を名乗るようになり、それはまた会議の規模の拡大とともに当然のことであった。しかし初期の「海洋法マフィア」と同質のものではない。

先の連載⑧で見た第一次、第二次海洋法会議頃の人々を海洋法第一世代とすれば、第二次海洋法会議以後の一九六〇年代の海洋法人脈は第二世代というべきであろう。ここではオリジナルな「海洋法マフィア」群像を思い浮かべつつ、この第二世代の海洋法人脈をたどってみたい。

一　一九六〇年代半ば——国連の外で——

一九六〇年代も後半に入ろうとするころ、ようやく意識されるようになる大陸棚斜面以遠の石油の開発が、アメリカ石油業界の現実的な利益に支えられたアメリカ政府の関心をそそる。このことは連載⑥で述べた。当時、ようやく深海海底のマンガン団塊が一部の識者の注目を引くようになり、他方、むしろいわゆる大陸棚斜面以遠の石油について、これを国際管理の下に置こうとする理想主義的な思考に支えられた民間団体がアメリカには増えていた。

平和のための国際協力について民間レベルの研究討議をというアメリカ大統領の訴えに応じて開かれた「国際協力に関する市民委員会」の天然資源保存開発委員会の一九六五年十一月から十二月にかけてのワシントン会議における報告書、アメリカ国連協会の外郭団体である平和機構研究委員会の一九六六年五月の第十七次報告書、あるいはまた本部をジュネーヴにおく「法による世界平和センター」の国連憲章委員会は事実上はアメリカの民間団体とみてもよいが、その勧告に基づく「法による世界平和会議」の一九六七年七月の「公海の資源」という決議などを見ることができる。

こうした民間会議でよく名前が出て来るのは、ハーヴァード大学国際法教授のソーン(現・ジョージア大学)とワシントンの経済学者クリスティ(現・FAO事務局)であった。前者はポーランドからのいわば移住者であったが、一九五〇年代、若くしてハーヴァードの講師として国連に関するケースブックを出版して、国際法学者として著名であった。後者はワシントンにおける民間機関の研究者で、一九六五年にCommon Wealth in Ocean Fisheriesを出版して一部に注目され始めていた。

その頃、新しい海の問題の動きに組織だった対応を始めたのは、何と言ってもロードアイランド大学に旗揚げした海洋法協会であろう。現在ハワイに本拠をもち、来年には日本で初めての年次大会を開こうとしている学会である。ロードアイランド州の州立大学であるこの大学には珍しく法学部はない。設立の中心になったのは、海洋学者のクナウスと地理学者のアレキサンダーの両教授である。クナウスは後に大統領府の科学顧問を、アレキサンダーは後に国務省の地理専門家をつとめた。ふたりとも今なおロードアイランド大学の現役である。

一九六六年六月の第一回会合の百人ほどの出席者のなかに、国際法学者としてはマクドゥーガル(エール大学)、バックスター(ハーヴァード大学、のちICJ判事、故人)、バーク(ワシントン大学)、ゴールディ(ロヨラ大学)、クィンシー・ライト(シカゴ大学、故人)、海洋法でいろいろ論文を書いた弁護士のヤング、アレン、ノースカット・エリ、水産学あるいは海洋学の分野では、チャップマン、ヘリングトン、エメリ、クリスティ、それにメロなどがいた。ヘリングトン、チャップマンなどは占領時代から独立後にかけて日本の水産行政にいわば権勢を振るった人々である。マンガン団塊の先駆をなすメロはまだ無名の新人にしか過ぎなかった。私はアレキサンダーの招きを受けて出席したが、外国からの参加者は少ない。

一年後の一九六七年六月下旬にはロードアイランド海洋法協会の第二年次大会が開かれた。多くは前年の第一会期の顔触れであり、水産学のマッカーナン、海洋学のシェーファー(ラホヤ海洋資源研究所)、カナダのクロスビー(鉱山局員)がこの時から登場した。マッカーナンもまた占領後の東京のアメリカ大使館の漁業アタッシェをしていた人である。こうした科学の分野の人々がのちの海洋法に息長く関与することになるのである(この会議に日本からは亀永友義水産庁生産部長(のち農林次官、参議院議員)も招かれた)。

一九六六年のロードアイランドの第一回会合に出席して大いに興味をかき立てられたロスアンゼルスの弁護士クリューガーのイニシアチヴで、一九六七年六月上旬にはロスアンゼルスの南、ロングビーチでアメリカ法曹協会の資源法部会のシンポジウムが開かれた。前年のロードアイランドでの私の発言に関心をもったクリューガーの招きで、私は美人コンテストで有名な土地柄にも引かれて、喜んで日本から参加した。外国からの招待者は私とユネスコのIOC(政府間海洋学委員会)事務局長のフェドロフ(ソ連・海洋学者)で、あとはすべてアメリカの人々であった。前年のロードアイランドの顔触れが多く、この会議からはじめて海洋法に顔を出したのが、当時ジョージワシントン大学の助教授であったクリンガンである。十年後に国務省の海洋法担当大使をつとめ、二国間の協議のため来日もし、一九八二年のジャマイカの国連海洋法条約署名会議では、署名する意図のないアメリカの首席代表として出席して各国からの憎まれ役となるという損な役割を演じた。今のマイアミ大学教授である。今年の海洋法協会総会の議長をつとめた。

ここに挙げた人々が現在ハワイに移っている海洋法協会の初期の顔触れである。自然科学の方面の人々であっても、新しい海洋法の動きには敏感に反応したのである。この点が日本の状況とは基本的に異なっていたと言える。もっとも、こうした民間会議ないしは学会の参加者のなかで数年後の「海洋法マフィア」に入ってゆくのは多くはない。未だ学界の人々は直接政府に関係してゆくことは少なかったし、また各国とも政府レベルでは海に大きな関心をもっておらず、後に国連の舞台で活躍すべき人材をこれらの会議に参加させる意図はなかったと言うべきであろう。

×　　×

ヨーロッパに目を転じてみよう。一九六六年八月ヘルシンキに開かれた国際法協会に提出されたオランダ支部の委員会報告書は、深海海底の開発が技術的に可能になったことを述べた後、大洋の海底の鉱物資源の探査および開発にひとつの法制度をもうけることが望ましいとしたものである。国際法協会の理事会はその年の十一月、オランダ支部のムートン、ブシェに加えて、私およびアンドラッシ(ザグレブ大学、故人)、ジョンソン(ロンドン大学)、ヤング(もとハーヴァード大学)の六人委員会を設立し、深海開発の予備報告を作成することを要請した。ムートンは一九五二年の「大陸棚」の著書によって、ブシェは一九六四年の「湾の制度」の著書によって、その名を知られていた。

この委員会は一九六七年一月に予備報告書を作成した。さきのオランダ支部委員会の線に沿うものであった。国際法協会の理事会はこの年十月の理事会で正式に深海海底開発委員会の設立を決定、私どもの六人のほかに、ミュンヒ(ボン大学)、オコンネル(アデレード大学、のちオックスフォード大学、故人)、モラン(モントリオール大学)などを加えた。

そのころ、一九六七年四月にはイギリスのケンブリッジ大学で大陸棚に関するシンポジウムが開かれた。おそらくこれがヨーロッパにおける最初の海洋法に関する公開の研究集会であったろう。私も招かれてこの中にあった。マックネア(故人)、ウォルドック(オックスフォード大学、故人)、ジェニングス(ケンブリッジ大学)といった長老学者が司会した。マックネアは国際司法裁判所を退任したあとであり、ウォルドック、ジェニングスはいずれもこの後国際司法裁判所に判事になった国際法学者である。E・ローターパクト(ケンブリッジ大学)、バックスターなど私と世代を同じくする学者の活躍が目立つ。またユーゴスラヴィアのアンドラッシなどの長老も顔をみせていたし、今海洋法で活躍するブラウン(現・ウェールズ大学)は当時ロンドン大学の助手であった。

こうして一九六七年頃までに民間における新しい海の制度に向かっての胎動がある。しかし、未だこうした人々が後に一九六八年からはじまる国連海底平和利用委員会に直接関係することは多くはなかったのである。

二　一九六八年の国連海底平和利用委員会の発足――国連の動き――

国連において、事務次長任命の海洋科学技術専門家グループが、国際法の私、海洋学のウースター、水産学のチャップマンなど十人足らずの委員を集めて一九六七年から六八年にかけてジュネーヴとニューヨークで会合したことは、連載④で述べた。

そうしてマルタのパルド大使の提唱にはじまる海底平和利用委員会が一九六八年二月にニューヨークの国連本部で始まる。この背景はこの連載③で述べた。この委員会に日本の代表団として、いわば現地からは代表として鶴岡千仭国連大使(故人)、代表代理として天羽民雄国連代表部一等書記官(のちユーゴスラヴィア大使、現・青山学院大学教授)と在アメリカ大使館吉岡裕参事官(農林省からの出向)が加わり、そうして東京からは私が代表代理として出向くことになった。

当時、政府部内での主管は外務省国連局科学課で、課長は矢田部厚彦氏(前・オーストリア大使)であった。私の名前はすでに前年の国連総会におけるパルド演説でも言及されており、また外国でのいくらかの知名度もあって私がこの会議に関与することは早くに予定されていた。私が従来の慣例を破って、顧問としてではなく、代表代理、事実上は政府代表として、それからの三年間をこの委員会で過ごしたのは、私にしてみても、海洋法を机上の空論としてではなく、その制定実務の第一線に立ってみたい希望をもっていたこともあるが、ひとえに外務省の信頼と好意によるものであった。

国連で始まったこの最初の会合で、そもそもの提案者であったマルタのパルド国連大使ではなく、セイロン(今のスリランカ)のアメラシンゲ国連大使が委員長に推されるようになった裏の経緯を私は知らない。マルタは代わりに、代表部の次席であったガウチ参事官をラポルトゥールにいれた。現在のマルタの駐日大使(兼轄)である。

法律分科会の副委員長に西欧グループは私を推し、東欧の推すブルガリアの国連代表部参事官ヤンコフ(現・ソフィア大学教授)と競合することになったが、結局私には経済技術分科会の副委員長のポストの受諾方を打診されることになった。私はこれを辞退した。とても科学・技術の知識がないというのが表面の理由ではあったが、実際は外国語でのこのような大きなしかも政治的な会議の運営に自信がなかったのである。

この海底平和利用委員会は三十五カ国であり、各代表団も大規模のものではない。私とアメラシンゲ、パルドとの交友はこの時に始まる。アメラシンゲは後に、第三次海洋法会議の半ばにしてテニスコートに倒れて急逝し、パルドは現在南カリフォルニア大学を辞して悠々自適の身である。

この最初の会期に出て、今なお現役に留まっているもののなかに、そろって国際司法裁判所判事の同僚になっているアルゼンチンの国連大使ルーダとノルウェーのエヴェンセンや、先のヤンコフなどがあるが、この会期の後も引き続き長く海底平和利用委員会あるいは第三次海洋法会議で活躍するのはカナダのラポアント外務省参事官(現・外務省境界問題顧問)、クロスビー鉱山局員、ソ連のスミロノフ条約局参事官(現・国連代表部特命全権公使)とバラボリア海軍法務大佐、アラブ連合のアブデル・ハミッド、イギリスのダーウィン国連代表部参事官などであり、また事務局では、すでに連載④で述べた国連海洋科学技術専門家グループのお膳立てをしたレヴィ(現・国連事務局海洋法事務局次長)である。

× ×

この海底平和利用委員会は二度目の会期を一九六八年六月に三週間ニューヨークで開いたが、この時から登場するのが、チリのゼーガース国連公使(現・外務省研究所長)、フランスのマルタンサネ外務省科学担当参事官とマリアニ国立海洋開発センター法律担当官の両女性たち、アメリカは国務省法律顧問ミーカーと地質調査所長ペコラをそれぞれ代表代理として法律と科学技術を分担させ、またローゼンストック国連代表部法律担当官(現在も同じ)とマッケルヴィ地質調査所次長(のち所長)を配している。

この二度目の会期でも各国代表は多くはニューヨークの国連代表部の外交官であり、各国とも未だこの委員会の重要性を十分に認識してはいなかったせいか、本国から人を派遣するのはむしろ少なく、せいぜいフランス、ソ連、アメリカくらいであり、それもむしろ科学行政官であった。日本の代表団は第一期と変わらず、現地の鶴岡大使が代表、天羽一等書記官が代表代理として加わり、東京からは私が代表代理として赴いた。

× ×

この国連の委員会はこの年の三度目の会期を八月にブラジルのリオデジャネイロで二週間にわたって開いた。遠隔の地のため、各国代表の規模も小さく、ニューヨークの代表部からの出席が多く、また国連事務局スタッフの参加が異例に多かったのは、休暇を兼ねる気分も多かったと言われた。日本の代表団は、代表に現地の千葉浩ブラジル大使、代表代理が東京からの私とニューヨークからの天羽一等書記官であった。

この会期から参加した人のなかにペルーのデソトがいる。現在の国連事務総長デクヤエールの首席補佐官になっている人である。またポーランドのゴラルジック（現・ワルソー大学教授）もそうである。この会議の最中にチェコスロヴァキアに対するソ連の進攻によってプラハの春は崩壊し、ニューヨークから来ていた政務担当の関係者は各国の代表もまた事務局も急ぎニューヨークに引き揚げた。

ニューヨークの国連本部から離れ、コパカバナの浜辺のホテルを会場として集まった、数多くはない各国の代表たち、ニューヨークとは違って朝から晩までコパカバナのホテル住まいの生活を共にし、海浜で遊び、そうしてもっぱら海だけを論じていたこの一握りの人々であった。それまでの二回の会期で親しくなった人達の同窓会のような感じでもあった。このコパカバナの浜辺の一角に日本料理「赤坂」がある。他のフランス料理店もつかったが、この日本レストランが私にとっていわば非公式協議の場でもあった。この頃からいわゆる「海洋法マフィア」意識が醸成されてくるのであった。

そもそもは一年限りの委員会であり、この会期においていわゆる海底の平和利用宣言を採択することが目標であった。日本の事実上の代表として私は海洋法の先駆者として見られていたこともあり、ドップリと西側グループのなかにつかっていた。そのことを誰もが不思議には思わなかった。西側グループ会合の議長をつとめたこともあった。もっとも伝統的な思考に支えられて言わば公海自由原則の遵守といういわば西側思考のリーダー格であった私は先進国の方針をまとめ、しばしばアメラシンゲ議長室に出掛けては宣言案準備の仕事に当たった。

この一九六八年の一年間、あわせて七週間になる海底平和利用委員会の三会期の間に各国代表団には多かれ少なかれ出入りはあるが、主としては外交官か科学行政官であり、これまで挙げたような名前がその後の海洋法審議の中核になってゆく。「海洋法マフィア」の核とでも言うべきであろう。国際法学者が顔を出すことは、私などわずかな例外を除いてはほとんどない。その意味ではその顔触れは民間会議あるいは学界で問題を議論しつつあった国際法学者グループとは別であった。

日本にあってこの問題の受け皿をつとめたのは、先に述べたように国連局科学課であった。まだ条約局などの出る幕ではなかったのである。また通産省なども多くの関心を示してはいない。なお、日本はこの三会期に、先に上げた代表、代表代理の他に、会期ごとに顔触れは同じではないが、国連代表部の岩井成雄二等書記官(現・国連事務局)、大村喬一二等書記官(現・ザイール大使)、ブラジルの谷口禎一二等書記官(現・イスラエル大使)、そうして日本からは江口暢科学課首席事務官(現・ニュー・オルリンズ総領事)をそれぞれ随員として参加させた。

事実は私が東京にあっては科学課と協力して対処方針の起案にあたり、外務省の集める関係各省担当官会議の説明にあたった。現地にあっては第一線にきって各国との交渉にあたることが多かった。私が重光晶国連局長(のちソ連大使)以下の信頼と負託に応えられたかどうかは別として、国際法学者に過ぎなかった私を事実上の代表として全く自由に活動させてくれた外務省の知遇に私は感激した。逆に言えば、日本も未だ政府はこの問題が政治的にも将来の大きな課題となる認識には乏しかったことも事実であろう。

ユネスコのＩＯＣ（政府間海洋学委員会）が海洋科学調査に関する法のワーキンググループを日本の私を委員長としてパリに発足させたのは、この海底平和利用委員会の三回目の会期がリオデジャネイロで終わった直後の一九六八年九月であった。これについては連載④（本書二八七頁）で述べている。

三　海底平和利用委員会と平行した一九六八年の学界などの動き

海底平和利用委員会が始まってから、ヨーロッパでの民間団体の動きが活発になる。ＳＩＰＲＩというのは、ストックホルムの「国際平和・紛争研究所」のことであるが、一九六八年六月に「海洋のよりよい利用」というテーマのシンポジウムを企画した。アメリカのバーク（ワシントン大学）、イギリスのブラウンリー（オックスフォード大学）、フィンランドのマンネル司法次官、ポーフンドのビアザネック（ワルソー大学）と日本の私などの国際法学者と、科学者としてアメリカの水産学者チャップマンなど十人足らずの小さな会合であったが、ストックホルム大学の国際法教授エークを議長とし、事務局に外務省出向のマルテンセン（現・国連事務次長）を得て、「海の利用」という報告書を作っている。

また六月末になるとイタリア国際問題研究所が翌年の大規模な国際海底シンポジウムのための準備委員会をローマに招集した。アメリカのソーン（ハーヴァード大学）、ガードナー（コロンビア大学）、ソ連のトゥンキン（モスコー大学）、イタリアのアランジオルイス（パドヴァ大学、現・イラン／アメリカ請求権裁判所判事、ＩＬＣ委員）、ユーゴスラヴィアのアンドラッシ（ザグレブ大学、故人）、ドイツのメンツェル（キール大学、故人）、それに日本の私などいずれも相互に旧知の国際法学者たちであり、自然科学者としてアメリカの高名な海洋学者レヴェル（ハーヴァード大学）がいた。この委員会は翌年のシンポジウムの企画だけで、いわば親睦会でもあった。ニューヨークで海底平和利用委員会に出席していた私は、週末に国連から抜け出して、この会合のためにアメリカから一泊だけのローマ往復をした。

すでに権威を確立したロードアイランド海洋法協会はこの年も六月にその第三次会期を開催した。私はニューヨークの海底平和利用委員会の多忙を理由にこの会期には出席してはいない。

四 長期化する海底平和利用委員会の活動──一九六九年─一九七〇年

一九六八年春、一年間の予定で出発した海底平和利用委員会であったが、リオデジャネイロでは原則宣言の起草さえおぼつかなかった。かくて国連総会は一九六八年末、この委員会を三十五カ国から四十二カ国の構成に拡大して、さらに二年間作業を継続させることにした。

アドホックという字を冠して発足した委員会であったが、ここにアドホックという字が落とされた。いわば長期の戦略に切り替えられたのである。一九六九年三月の春会期。日本の代表団の主たる構成、鶴岡、小田、天羽は変わらず。この時から登場するのはエジプトのバダウィ国連代表部参事官(現・国連大使)ですぐに法律部会のラポルトゥールになった。カナダのビースレイ法律課長(のちオーストラリア高等弁務官、現・外務省環境問題顧問)ケニヤのニジェンガ外務次官補(現・アジア・アフリカ法律諮問委員会事務局長)もこの会期からである。

この春会期は新しく七カ国が加わり、代表にいくらかの入れ換えがあったのと、新しく二年の余裕を与えられた以上、言わばウォーミングアップの機会であったといえる。まだ先があるという気安さから、むしろ社交場裡での交際がきわめて活発であった。議長のアメラシンゲを中心として、ブルガリアのヤンコフ、カナダのビースレイ、ノルウェーのエヴェンセン、エジプトのバダウィや私などがあちらこちらの社交に集まって「海洋法マフィア」を称するようになったのである。

新しく会議に加わるようになったケニヤのニジェンガは議場での国名アルファベット順の議席の配列は Japan, Kenya と隣席であり、その人柄からすぐ親しくなった私はファーストアヴェニューのレストランにそれまでの仲間十人くらいを集め、「今日から君をマフィアに加える」などとひとかどのボスなみの挨拶をした記録が残っているところを見ると、間違いなく「マフィア」はこの会議には成立していたことになる。またこの会期から委員長のアメラシンゲはそのセイロン大使公邸に主だった人々を食事に招いて宴を張るようになったが、ここでいつも「海洋法マフィアの乾杯」をするのがならわしとなった。また私は「現代のグロチウス、アーヴィッド・パルドのために」といった乾杯の音頭をとることも少なくはなかった。

八月の夏会期、アメリカはこれまでの職業外交官に替えてウォール街の名門法律事務所 Sullivan& Cromwell の弁護士スチーヴンソンを代表とし、国務省法律顧問補のオックスマン（現・マイアミ大学教授）がこの補佐につくことになった。スチーヴンソンはその後国務省の法律顧問になり、長く海洋法会議のアメリカ代表をつとめた。現在はワシントンの弁護士であるが、ソニーの重役でもある。スチーヴンソンとオックスマンのコンビはその後五、六年にわたって続く。

日本もまた、国連局政治課長として帰国したこれまでの国連代表部天羽書記官にかわって、その年モスコーから移ってニューヨークの国連代表部の政務担当になった小和田恒一等書記官（現・外務審議官）を得ることになった。私とは一九六〇年の第二次海洋法会議を共にしてから十年ぶりであった。

またセイロンのピントがその代表団の一員として登場するのもこの夏会期からである。私とは十年前のウィーンの国際原子力機関での仕事以来の友人であった。その後、セイロンの政変によって一時海洋法から全く姿を消していた時期もあるが、やがて国際法委員会の委員もつとめ、現在はイラン・アメリカ請求裁判所の事務局長である。

×　　×

この委員会も一九七〇年になると三年目に入る。ニューヨークにおけるこの年三月の春会期も日本は代表鶴岡、代表代理小田、小和田は変わらず、他の国でこの会期からの登場はカメルーンのエンゴ国連公使(現・国連大使)である。かつてオリンピックに陸上の選手として出場したというエンゴはいつもアフリカの民族衣装にその大柄なからだを包み、会議場を颯爽と濶歩する。ある意味では海洋法審議におけるアフリカの登場を象徴するものでもあった。先のピントとエンゴはその後海底制度の審議の主役を演ずるが、両者の不協和音がしばしば聞かれるようになったのは後のことである。

アメリカではこの会期から国防省のラティナーを出す。彼はのちに内務省にうつり、また官を辞して、海底マンガンの開発に乗り出した会社ケネコットの顧問弁護士になったと聞く。内務省海洋資源部長として日米の協議で日本に来たこともあった。

またこの会期からの参加者にイギリスのアーチャー地学研究所員がある。その後一貫して深海海底の科学・技術面に貢献し、日本も何度か訪れ、日本海洋協会の招きでそのシンポジウムにも出席したこともある。

この年七月の夏会期は初めてニューヨークを離れてジュネーヴで開かれた。日本の代表は現地ジュネーブの中山賀博大使(のちフランス大使)、代表代理は私が東京から、そうして小和田書記官がニューヨークから加わった。中山大使はこの時すでにフランス大使へ転出することが決定しており、実務は私と小和田書記官で処理することになっていた。この会期にはじめて代表団随員に通産省からの参加があった。春会期におけるとりわけ西側先進国の科学技術担当官の活躍に鑑み、わが代表団のもっとも手薄なところを補うようにという以前からの私どもの意見具申が実ったものであった。

各国代表のなかの新人はインドネシアのモクタール・バンドン大学教授(のち外務大臣)、ジャラール国際法課長(現・外務省研修所長)、ペルーのシュライバー大使(現・フランス大使)などである。モクタールは一九五八年の第一次海洋法会議以来の私の友人であったが、ジャラールと組んでその後の審議、とりわけ群島問題、海峡通過問題などでの主役を演じる。またシュライバーはその後長くラテンアメリカのリーダー的な存在であった。

日本代表団は先にそれぞれ挙げた代表、代表代理の他に、随員として、一九六九年には国連代表部の岩井二等書記官、野々山忠致二等書記官（現・ホノルル総領事）が加わっていた他、東京からの要員として春会期には科学課田辺敏明事務官（現・領事移住部審議官）が、そうして夏会期には、はじめて条約局法規課から三井康有事務官（防衛庁からの出向、現・防衛庁人事課長）が随員として加わった。条約局が参加した初めてであった。一九七〇年には国連代表部の新田宏二等書記官（現・ニュージーランド大使館参事官）が、そうして春、夏ともに科学課の金子熊夫事務官（のち原子力課長、現・東海大学教授）が随員として加わったが、夏会期にはさらに、さきに述べたように、初めて通産省から神戸史雄海洋開発室事務官（現・交流協会台北事務所次長）が加わった。通産省が海洋開発室を設置して間もない頃であった。

五　海底平和利用委員会外の動き――一九六九年から一九七〇年

国際司法裁判所が北海大陸棚事件の判決を下したのが一九六九年二月である。いわば勝訴の西ドイツの訴訟代理人イエニケ（フランクフルト大学）、弁護人が私、敗訴のオランダの訴訟代理人リップハーゲン（オランダ外務省法律顧問）、デンマークの訴訟代理人ヤコブソン、弁護人ウォルドック（オックスフォード大学）であった。この判決が海洋法のその後に及ぼした影響は少なくない。

国連のＥＣＡＦＥ（現在のＥＳＣＡＰである）はすでに一九六六年にＣＣＯＰ（アジア沿海鉱物資源共同探査調整委員会）を発足させてはいたが、これが新しい海洋法の動きに注目を始めるのが同じく一九六九年。この委員会の顧問に就任した私はその五月にバンコックで開かれた会期に一日を費やしてこの動きを解説した。当時のＣＣＯＰ日本の代表はタイ大使館の英正道二等書記官（現・ニューヨーク総領事）であった。これについても連載④（本書二八七頁）参照。

×　×

国際法協会の深海開発委員会は、その後新たにアメリカの石油弁護士ノースカット・エリとゴールディ（現・シラキューズ大学）を加えた。この委員会は一九六九年四月にオランダのユトレヒトに集まった。イギリスのジェニングス、ドイツのミュンヒ、オランダのリップハーゲン、ユーゴスラヴィアのアンドラッシ、アメリカのゴールディと私である。ユトレヒト大学助手のコアースが書記をつとめたが、彼は後に海洋法の教授になり、またロードアイランド海洋法協会の主役のひとりとなった。ユトレヒト大学にオランダ海洋法研究所が設置されるのはそれよりかなり後のことであるが、ユトレヒトの海への関心はこの頃からのことである。このグループが次にハイデルベルクに集まったのは後の一九七一年であった。

一九六八年の準備委員会で計画をねったイタリア国際問題研究所の国際海底シンポジウムは一九六九年六月に一週間にわたってローマ、テベレ川のほとりコルシニ宮殿で開かれた。議長団は当研究所長のスピネリ、イタリア学士院副院長のアマルディ、ユーゴスラヴィアのアンドラッシ教授、それに私の四人、事務局長はハーヴァードのソーン教授、五十人を越える参加者の大会議であった。これを専門にかかわりなく三つのグループに分け、すべての問題の討議を終えた後、議長団によって意見の集約が行なわれ、十項目の原則ステートメントを採択した。

当時の海洋問題専門家を網羅し、国際法ではアメリカのガードナー（コロンビア大学）、シュヴェーベル（現・ＩＣＪ判事）、イギリスのブラウン（現・ウェールズ大学）、イタリアのチェルニ（ゼノア大学）、オーストラリアのオコンネル（故人）、イスラエルのロゼンヌ、ノルウェーのエヴェンセン（現・ＩＣＪ判事）、ドイツのミュンヒ（ボン大学）、自然科学者ではアメリカのレヴェル、シェーファー（故人）、エメリ、それにクリスティ、国連関係ではセイロンのアメラシンゲ、マルタのパルドのそれぞれ国連大使、それに現在ハワイ大学にあってロードアイランド海洋法協会をひきついでその会長を務めるアメリカ海軍の海洋技師クラーヴェンが初めて顔を出していた。なおこの会議の企画者の一人であった私は日本の科学界においてもこうした海の制度の新しい動きに関心をもってもらうべく、海底地質学者の東京水産大学新野弘教授（故人）の出席をわずらわした。しかし日本の自然科学はまだ当時にあっては、こうしたことにほとんど無関心であったというのが実情であった。

×　　×

ハーグ国際法アカデミーが「海洋資源と国際法」というテーマをかかげて、私が五日間、五回の講義をしたのが、一九六九年七月のことである。同じテーマでアメリカのジェサップ（コロンビア大学）が講義をしてから四十年ぶりのことであった。この時、国際司法裁判所の判事であったジェサップ（故人）は同僚の田中耕太郎判事（故人）、またオランダのフランソア（故人）とともに終始、私の講義に連なって激励をしてくれた。

一九六九年九月上旬にはユネスコのＩＯＣ第六回総会がパリで開かれた。海洋法制度が大きな課題であり、アメリカはマッカーナン、クナウス、バーク、オックスマン、ソ連はバラボリヤ、コルト、フランスはマルタンサネ、マリアニなど常連を送り込み、またウースター、チャップマン、それにポッパー、ルイヴォ、ホルトなどのＦＡＯの水産専門家グループも乗り込んで法律議論を始めたのである。ホルトはその後環境問題に足をふみ入れ日本にとっても捕鯨問題などでの仇役になっているという。私は日本の代表にひとりであるとともに、ＩＯＣの法律グループの議長としての二つの帽子で行動せざるを得なかった。

同じ九月の下旬にはイギリスのディッチレー財団が海底資源の専門家会議を開催した。ディッチレー財団というのはオックスフォードの近くのディッチレー公園に文字通りの館を構える。

それまでもいろいろなテーマでコロキアムを開催したが、参加者は毎日の夕食にはタキシードが要求されるという古風なところでもあった。アメリカ十二人、イギリス十二人、国際六人というようにはじめから企画されたこの海底資源の会議の構成のなかに、アメリカのクリスティ、シェーファー、アレキサンダー、マッケルヴィと言った科学者、イギリスのジェニングス(ケンブリッジ大学)、ジョンソン(ロンドン大学)、シモンズ(ロンドン大学)といった国際法学者、そうして「国際」として私のほかにセイロンのアメラシンゲ、オランダのランゲラール(ユネスコＩＯＣ会長)、カナダのラキュー(ニッケル会社社長)などがいた。変化に富んだ顔触れであった。そうして会議の書記をつとめたのがイギリスに留学中のアメリカの学生ノルドキストであった。その後一時国務省法律顧問部にいたが、現在弁護士、たしか三菱電気の顧問弁護士ときく。現在ヴァジニアから出版されている海洋法コンメンタールの編者である。

アメリカで、雑誌**Journal of Maritime Law and Commerce**が創刊されたのが、この一九六九年のことである。編集顧問にマクドゥーガル(エール大学)、バックスター(ハーヴァード大学)、ジョンソン(ロンドン大学)、ゴールディ(シラキュース大学)、それに私などが名を連ねた。

×　　　×

一九七〇年になると「海に平和を」の会議がマルタで開かれた。カリフォルニア州サンタバーバラにある民主制度研究センターは、とりわけその所員ボルゲーゼ夫人のイニシアチヴによって、新しい海の制度への関心を示しつつあったが、マルタ会議の準備のために十人の企画委員会を発足させた。ピューリッツア賞受賞のアシュモア、アルゼンチンの経済学者プレビッシュ、アメリカの海洋学者レヴェル、日本の私などの顔触れであった。

一九七〇年一月ロードアイランドで準備会を開催、ノルウェーのエヴェンセン(現・ＩＣＪ判事)、アメリカのヘンキン(コロンビア大学)なども参加して、綿密な計画を立てた後、六月から七月にかけて、マルタで第一回の会議を開催した。すべて招待参加の形をとったが、二百数十名の参加をみた。アメラシンゲ、パルド、エンゴ、ビースレイ、レヴィなどの海底平和利用委員会の常連、国際法学者ではアメリカのソーン(ハーヴァード大学)、フリードマン(コロンビア大学)、ヘンキン(コロンビア大学)、シャクター(コロンビア大学)、フランスのデュプイ(ニース大学)、イタリアのアランジオルイス(ボロニヤ大学)、ドイツのミュンヒ(ボン大学)、ノルウェーのエヴェンセン、ポーランドのゴラルジック(ワルソー大学)など、そうして当時はまだ無名であったがドイツのヴィッツム(フライブルグ大学)やイギリスのブラウン(現・ウェールズ大学)などもこのなかにあった。自然科学者としてはレヴェル、シェーファー、アレキサンダーなどの常連も加わった。

企画委員会の一人であった私は日本からの多くの参加を呼びかけていたが、これに応じて、衆議院議員の田川誠一氏、科学技術庁の石倉秀次審議官、経団連の千賀鉄也常務理事、三菱重工の岡村健二技術管理部長、大日本水産会の浅野長光常務理事、独協大学の白鳥令助教授などの参加を見、そうして読売新聞がパリ特派員をこれに派遣した。

この「海に平和を」はその後、ボルゲーゼ夫人を中心として、毎年回を重ね、現在でも続けられている。

むすび

ここに一九六〇年の第二次海洋法会議以後から一九七〇年頃までに、新しい海洋法の制度に向けての動きのなかに登場する人々の名を挙げてきた。新制度にむけての国連海底平和利用委員会での政府レベルで活動する人々が、「海洋法マフィア」を形成していった。その周辺には、なお多くの民間団体、学界の動きがあった。

この時期を第二世代と呼ぶとすると、一九七〇年代から一九八〇年代初めまで、すなわち海底平和利用委員会がその構成も倍増してその任務も海底から海洋法一般に拡大し、また一九七四年に始まって一九八二年に終わる長丁場の第三次海洋法会議に至る時代の人々を海洋法第三世代と呼べるかも知れない。実際は海洋法の基本的な展開もそうしてまた海洋法研究の隆盛もこの第三世代から始まると見て良いのかも知れない。

もちろん第二世代から引き続き第三世代に移行する人々も少なくはない。しかし国連ではシンガポールのコー国連大使(現・駐米大使)、フィジーのナンダン国連代表部二等書記官(現・国連海洋法担当事務次長)、インドのジャコタ条約局長(のちＩＬＣ委員)、タンザニアのワリオバ(現・副首相)などいわゆる第三世界の新人がこうして一九七〇年代の第三世代として登場する。そうして国際法学界も新たに多くの優れた海洋法の研究を生み出すのであるが、本稿の課題外である。

⑩　海洋法に対する日本の対応

一　戦後の主流の水産業への関心

一九四五年に戦争が終わってからの日本の海洋法に対する関心は何よりも水産業との関連であった。そうして、国土も荒廃し、またアメリカを主とする連合軍の占領下にあって貿易もままならず、その日の食糧にも事欠く一九四〇年代後半から一九五〇年代にかけて、魚こそが日本人の動物蛋白を補給するものに他ならなかった。日本が戦後はじめて外国との間に締結した国際取決めが他ならずアメリカ、カナダとの北太平洋漁業条約であり、それが占領下において交渉され、独立回復に先立つ一九五一年に仮署名された事実もそれを物語っているであろう。

日本の平和条約が発効したのは一九五二年のことである。戦後占領管理下で著しく制限されていた日本漁業の場も次第に広げられては行ったものの、韓国や中国(当初は国民政府)による日本漁船の拿捕は相次いだ。そうして一九五〇年の中国(中華人民共和国)の底引網漁業禁止水域の設定、一九五二年の韓国の李承晩ラインの設定、一九五三年のオーストラリアの大陸棚宣言、一九五六年のソ連のブルガーニン・ラインの設定は、戦後の荒廃からようやく立ち直ろうとする日本水産業への痛烈な打撃であった。日本の海への関心は外国沖合における漁業の自由であり、それぞれの沿岸国が一方的に管轄権を拡大して、日本漁業を排除あるいは規制することは、「外国沖であっても公海における漁業は、公海自由の原則に照らし自由であるべきだ」、とする日本の立場を根底からおびやかすものであった。日中の間に民間漁業協定が成立するのが一九五五年、日ソ漁業条約が締結されるのが一九五六年、日韓の間に漁業協定が結ばれるのは、その国交成立の一九六五年のことであった。

それとは別に、一九五四年にはアメリカによるビキニの水爆実験によって日本のマグロ漁業が打撃を受け、いわば放射能汚染がらみの漁業の自由の問題がその年から翌年にかけて国会でも多くの議論を巻き起こした。

当時、政府レベルでは外務省がそれらの対策に腐心するのであるが、水産業を管轄する農林省もまた国際漁業には重大な関心をもって立ち向かっていた。占領中の連合軍司令部から独立回復後のアメリカ大使館にうつるその水産部局のマッカーナン、チャップマン、スオメラなど、その後アメリカでも水産行政問題の指導的立場にたつアメリカの水産専門家らとの対応も大きな仕事であったのではないかと思う。当時、民間の水産界も戦後比較的早くからひとつのまとまりを見せて編成されていたように思う。私の狭い体験からの主観的な判断に過ぎないかもしれないが、当時かつて農林省の水産局長を勤めた藤田巌氏を大日本水産会という水産業界に得ていたことは大きなプラスであったと思う。

オーストラリアとのアラフラ海の真珠貝漁業紛争について言えば、外務省には一九五三年暮の頃国際司法裁判室が設置され、鶴岡千仞参事官(のち国連大使)を室長として省内各部局から人が集められた。井川克一(のちフランス大使)、西宮信安(のちトルコ大使)、松本和夫(のち日経新聞)の各事務官、それに地理専門家の川上健三氏など、私も外部からこれに関与し、また条約四課の大郷正夫課長(のちフィンランド大使)、大鷹弘事務官(現・ビルマ大使)などがこれに協力して、国際司法裁判所提訴の準備に入った。これが政府の戦後初めてのまとまった海洋法対策であったかも知れない。

日本がこの国際司法裁判所の事件でアドホック裁判官に予定したのは、戦争前の条約局長で当時最高裁判所裁判官の現職にあった栗山茂氏であった。日本の弁護団のトップには戦争中にこれも条約局長であった弁護士柳井恒夫氏が予定されていた。鶴岡室長が中心となって、外国人顧問の人選を行ない、ベルギーのブルカン教授をその柱に据えた。

それまでの国際司法裁判所における弁護人としての輝かしい勝利の実績を買ってのことであった。その他、イタリアのアゴー(現・ICJ判事)、アメリカのハドソン(もとICJ判事)、ケルゼン、イギリスのローターパクト(のちICJ判事)、パナマのアルファロ(のちICJ判事)、フランスのジデル、ルソー、ノルウェーのハンブロなど幅広く世界の人材にその意見を徴したのであった。当時としてはかなり外国の国際法学界の事情に通じていたと言えるかも知れない。

これが戦後一〇年の日本の海への対応であったと見ることができる。いずれも日本のもつ漁業への切実な関心から由来するものであった。政府機関のなかでは水産庁が国際漁業という見地から海洋開発に重大な関心をもっていたのは当然であり、「漁業の自由」が第一次、第二次海洋法会議でも政策決定に大きな役割を果していたと言えよう。一九五八年の第一次会議には、水産庁は海洋一課長であった中里久夫氏と調査研究部長の藤永元作氏、そうして九州大学の水産資源学の相川広秋教授を代表団に参加させた。他の省庁では、運輸省(井上弘外航課長)、海上保安庁(吉田善次郎総務部長)および内閣法制局(関道雄参事官)の参加があるだけであった。一九六〇年の第二次会議では水産庁長官の西村健次郎氏が代表に発令されていたが、実際は参加できず、代わりに水産庁次長の高橋泰彦氏が参加している。この時の他の省庁は海上保安庁(和田勇次長)の参加があるのみであった。

このようにして水産界の海洋法にもつ関心はきわめて大きなものがあったし、当時にあって海洋法といえば「漁業の自由」、と反応するのが日本の風潮であったと言えよう。この事情はその後も長く続く。そうして第二次会議以後も大日本水産会を中心として水産業界は新しい漁業管理への模索を始めていた。主としては水産庁の東海区水産研究所その他の研究者たち、それにわずか一握りにならない大学の水産学者、むしろ研究は政府関係主導の形で行なわれていたのである。

日本国際問題研究所は毎年ひとつの大きなテーマを選んで共同研究を実施していたが、さきの早稲田大学の国際法教授であった一又正雄明星大学教授が音頭をとって、「日本をめぐる公海漁業問題」が取り上げられたのはかなり後の一九六八年度であり、この研究は翌年度も継続されたが、まだまだ水産が海洋法の主流という傾向は強かったのである。

日本は一九六〇年代なかば再び公海漁業の自由を旗印にニュージーランドの一九六五年の一二カイリ漁業水域設定にチャレンジしようとした。この時は、一〇年前のオーストラリアとの場合と違って、外務省内には特別の国際司法裁判室をもうけることもなく、条約局法規課が主体となり、私も外務省を併任して国際司法裁判所への提訴の準備をした。しかしこれも時の流れで、一二カイリ漁業水域へのチャレンジそのことが解消してしまうのであった（本書第二部①（二五三頁）、⑧（三五六頁）参照）。

二　一九六〇年代の海底石油への関心

日本の——それが政府であれ業界であれ——海洋資源への関心が漁業から大陸棚資源の石油に向けられるのは外国、とりわけアメリカの情勢からはひとまわり遅れていたと言ってもよい。日本の国内に石油資源はなく、またその沿岸にほとんど石油埋蔵の望みがないとすれば、一九四五年のアメリカの大陸棚宣言以来急速に国際法制化の道をたどっていた大陸棚制度に日本が切実な関心を示す理由もなかったかも知れない。

日本が海底油田の開発に乗り出すのは、ペルシャ湾（アラビア湾）のクェート・サウジアラビア中立地帯沖のカフジ油田のアラビア石油会社の利権が最初である。この利権協定が成立するのが一九五七年から五八年にかけてであり、第一号油井が成功したのが一九六〇年一月である。こうした外国における利権協定の例はあるものの、自らの沖合に望みのない——と当時は思われていた——日本は、むしろ沖合海底石油の沿岸国による独占をはかる大陸棚制度には消極的であった。「大陸棚制度は伝統的な公海自由の制度に合致するものではない」というのが少なくとも一九五八年の第一次海洋法会議の日本の態度であった。

一九六六年に科学技術庁資源調査会が科学技術庁長官に提出した「大陸棚鉱物資源開発の現状に関する報告」というのがある。当時としてはきわめて水準の高いものと言えよう。しかしそれも関係者の大きな関心を引くには至っていなかったと思われる。東シナ海の油田の有望さが意識されるようになるのはさらに後のことである。国連のエカフェ（現在のエスキャップ）の下部機関であるＣＣＯＰ（アジア沿海鉱物資源共同調査調整委員会）の調査の結果である。この事務局には日本からは常に通産省地質調査所の研究者が出向している。ＣＣＯＰのもと、アメリカ、台湾、韓国の科学者、そうして日本からは東京水産大学の新野弘教授が加わって一九六八年秋に行なった調査の結果、黄海、東シナ海について大規模な海底油田の存在を予言した。

一九六九年五月に公表されたこのＣＣＯＰ報告書が、その後のこの水域における石油開発ブームの端緒となるものである。そうして一九六九年を契機として、東シナ海への政府あるいは産業界の関心は一気に高まる。私のメモによれば、一九六九年一月には科学振興財団で、六月には発足間もない石油開発公団で日韓間の大陸棚の開発についての国際法理を述べた。一九七〇年四月には通産省と石油鉱業連盟、五月には通産省の産業構造審議会、七月に社経団連と石油鉱業連盟、九月には再び経団連と講演する機会が続いたのは、その当時の業界の石油開発に対する関心の高まりを示すものであったろう。

いち早く、ガルフは韓国から広大の水域の利権を取得した。そうして一九七〇年韓国は法律を制定し、七つの区域にわたって、さきのガルフを含み、テキサコ、シェル、ウェンデル・フィリップスに利権を与えた。大陸棚境界をめぐる日本と韓国との話合いはこの年に始まる。交渉は数年にわたり、この両国間に大陸棚協定が出来たのは一九七四年一月のことであった。

三　一九六〇年代後半からの海洋開発への展望

一九六〇年代のなかば、一九六六年には国連が海洋科学技術専門家グループを発足させた。そうして一九六七年秋の国連総会におけるパルド提案をきっかけに国連では一九六八年から海底平和利用委員会が発足することになった（本書第二部③（二七六頁）、④（二八七頁）、⑨（三七〇頁）参照）。

アメリカでは石油会議が一九六八年七月には「海底石油資源」という報告書を、また大統領の諮問機関といえる海洋学・海洋技術・海洋資源委員会が一九六九年一月「わが国と海」を作成するなど、海底開発への真剣な検討を始めていた。

その頃、日本でもすでに一九六一年には総理大臣の諮問機関として海洋科学技術審議会が設置されていた。しかしこれがいわゆる海洋開発にとりくむようになるのは一九六八年一〇月「海洋開発のための科学技術に関する開発計画について」の第三号諮問を受けてからのことである。この第三号諮問を受けた審議会は、当時日本海洋学会会長であった京都大学海底地質学の速水頌一郎教授を会長に、学界七名、業界七名、各省次官六名のあわせて二〇名、それに三〇名余りの専門委員は第一部（鉱物資源）、第二部（生物資源）、第三部（海洋環境）、第四部（技術、施設）の四つに別れていた。関係各省の次官が委員として加わりながら、外務次官は含まれていない。いまだ国際問題としての意識に乏しく、そこにこの審議会の限界はあったであろう。

その頃私はこの審議会の任期の半ばにして専門委員就任の要請を受けた。外務次官の入っていない――ということは国際法ないし国際的な視野を欠く――この審議会に私が専門委員として入ってみても無意味であると抵抗はしてみたものの、一九六九年二月には専門委員の発令をうけた。こうして途中から加わった私はどの部会にも属する事なく、会長直属でその諮問に応ずるという程度であった。第三号答申は一九六九年七月に総理大臣に提出された。国として推進すべき重要施策が述べられているが、ここではまだ国際的な視野での展望が十分にも行なわれているわけではない。

この海洋科学技術審議会は任期を延長して、その間に政府部内で新しい審議会の構想が練られていた。一九七一年五月の政令一四七号に基づいて、これまでの審議会が解消、名前も新たに海洋開発審議会が設置されることになった。政府としても問題がもはや科学技術に限られるものではないことに気が付き始めていたのである。私を含み二〇名の発令が行なわれ、会長は地震学の和達清夫教授、開発部会と科学技術部会の他に、国際分科会がもうけられ、私が分科会会長をつとめることになった。この分科会のメンバーは、私の他に、やがて石油開発公団総裁になる倉八正、日本水産社長の中井春雄、日本テレビ社長の小林与三次、もと国連大使の鶴岡千仞の四人、専門委員には官庁および学識経験者から一〇人が加わっていた。

この分科会報告書の一部「海洋開発における国際法上の問題点」は一九七三年四月の審議会答申の一部として公刊されている。「領海範囲についての国際合意は、領海一二カイリで落着く可能性がもっとも大きい」、「領海をこえる海域における沿岸国の漁業管轄権の主張については、世界的に認められる傾向にあり、このような情勢に対し反対の態度を維持することは困難な状況にある」、「大陸棚の範囲について早急に利害得失についての幅広い検討を行ない、国際的には距離基準を重視する傾向が強まりつつあることも考慮の上、わが国のとるべき立場を明確にする必要がある」など、この報告書の内容は、今日から見ればなんら目新しいことではないが、当時としては勇気のいる提言であったのである。もちろん分科会における審議の結果であるが、この作成の私の手足となってくれたのは、当時外務省に発足間もない海洋法会議関係事務推進本部の秋本健志郎、大島賢三の両事務官などのスタッフであった。

自民党に海洋開発委員会が出来たのがいつかは詳らかにしないが、一九六九年五月に私はその招きで朝食会に出席して海をめぐる世界の情勢を語った記録があるが、政界もその当時ようやく海洋開発への関心を持ち始めていたのである。一九七〇年五月に衆議院科学技術振興対策特別委員会が海洋開発小委員会の設置を決定した。少し時期は下るが、一九七二年春古内広雄氏を中心とする自民党議員との懇談に招かれたことがあるが、自民党に谷川和穂、綿貫民輔議員などを中心とする海洋議員連盟が出来たのもこの頃ではなかったかと思う。

通産省に海洋開発室が設けられたのは、一九六九年の頃である。鉱山局の開発課長がその室長を兼任した。初代高橋清氏、一九七〇年には花岡宗助氏に、一九七二年には豊島格氏にかわる。通産省がこの海洋開発室の事務官をはじめて海底平和利用委員会への日本代表団に随員として派遣したのは一九七〇年の夏会期のことであった。それ以後は通産省は年二回のこの国連の委員会への日本代表団に担当官を派遣した。

実業界の一部でも海洋開発に関する関心も芽生え、関係団体が次々と成立した。経団連が日立の駒井健一郎氏を会長として海洋開発懇談会を発足させるのは一九六八年七月である。これより先、一九六七年には、東大を辞して自ら組織工学研究所を設立した宇宙ロケットの糸川英夫教授が海洋開発協会を創設、また同年、東京水産大学の佐々木忠義教授が当時自民党であった田川誠一衆議院議員を会長にして海中開発技術協会を設立した。それぞれ限られた分野ではあったが、ともに海洋開発に目を向け始めた。その両者に私は理事として加わった。遅れて一九六九年、社団法人海洋産業研究会が発足した。大屋敦氏を会長としたこの団体は海洋開発産業の経済性に関する調査研究を目的としたものであり、海洋開発関連産業の社長クラスに加えて、学界からは、東大海洋研究所の奈須紀幸、東京水産大の佐々木忠義、その他の教授や私なども理事に加わって発足したものである。第一回の記念講演はその年の五月、日経ビルで三日間にわたって開かれた。その後もしばしば講演会をひらき、その会報の第一号は六月に創刊されている。この海洋産業研究会が刊行する「海洋産業研究資料」は今日までに膨大な量になるが、いずれも海洋開発の国際的な経済、法制面をカヴァーする重要な資料を提供している。

むしろ、ある意味では一番遅れをとったのは学界であったかも知れない。国際法の分野で何人かのすぐれた研究者が海洋法の基本研究に成果をあげていたけれども、未だ新しい海洋法の動きという現実には着目はされていない。自然科学では、海洋学、海底地質学、水産学のそれぞれの分野ではもちろん学問的にはすぐれた業績が次々と生み出されていたことは疑いない。しかし「開発」という立場から海を見直そうとすると、海の問題が国家利益に直接にかかわり、国際法の対象として考えられなければならないという認識はその分野では皆無であったと言えよう。日本学術会議には海洋特別委員会というのがあったが、これももっぱら「海洋学」の委員会であり、ここにも社会・経済問題あるいは国際法の問題としての海という認識はほとんど無いと言ってもよい。一九六七年三月に私はこの委員会に招かれて「海洋開発と国際法」を説明した。またその九月には日本学術会議主催の海洋シンポジウムが開かれ、私は同じテーマで報告し、新しい観点からの海の認識をもとめたが海洋学の分野からの反応はほとんど見られない。

四　一九六〇年代末から一九七〇年にかけてのジャーナリズムの関心

もっとも、ジャーナリズムの面では一九六八年頃からは、海洋開発へ全く無関心というわけでもなかった。しかし、それはむしろ未知への世界への明るい展望であり、困難な国際環境への洞察をもつには未だ未熟であった。NHKテレビは一九六八年五月、教養特集「海洋開発への期待」を組み、一九六九年五月には同じく「海底油田をさぐる」、一九六九年六月には「日本漁業と国際環境」を組んだ。そのいずれにも私は参加あるいは司会者をつとめたが、「週刊エコノミスト」は一九七〇年一〇月「大陸棚問題はなぜ重要か――海洋資源と主権をめぐって」の座談会を行ない、「週刊東洋経済」は一九七〇年八月に「海洋の国際法にもっと関心を」という私のインタヴューをのせた。

海に関する雑誌が相次いで創刊されたのも、その年である。「海洋開発時代をリードする総合月刊雑誌――無限の宝庫・海の未来を開こう」という副題を色刷りの表紙にのせて、一九六九年六月「オーシャン・エージ」が創刊されたのは、やはり日本の海洋開発にとっては大きな意味をもったものであったろう。この雑誌が国際法の問題をとりあげたのはその九月号、サンケイ論説委員今井久夫氏の私へのインタヴューであった。「領海の幅は……理屈じゃなくて、各国の利益がそれに絡んでくるんですよ」という部分の発言だけが囲みになって最初に掲げられている。当時にあっては識者に対する私の訴えでもあった。この雑誌は一九七六年八月号をもって一時休刊になったが、その後復刊、しかしやがてその使命を終えた。月刊の「海洋科学」が創刊されたのは一九六九年九月であり、その名のとおり、もっぱら科学の面を取り上げていたが、一年半後の一九七一年二月には「海洋の国際法」という特集を出している。その他に「月刊海洋開発」というのが「海洋開発を推進する総合専門誌」と銘打って、日本海洋総合開発協議会から発刊されたのも一九六九年六月である。もっともこれは長くは続かなかったようである。

つとに深海調査の潜水船「よみうり」を建造して海への関心を示していた読売新聞は一九七〇年三月日本海洋開発推進会議を主催して、政策、学術、産業の三部で討議を行ない、政府としても急速な適切な推進母体をつくり、長期海洋総合計画をたて、態勢を整備し、立法措置をとる必要があることを提言した。読売新聞はつづいて、先進諸国の知識技術などの導入とあわせて世論喚起を目的として、海洋開発シンポジウムの開催を決定した。読売新聞がその年の六月から七月にかけてマルタで開催された「海の平和を」の会議にそのパリ特派員を派遣したのも、この会合の教訓を読み取ろうとしたものであった。この一九七〇年のマルタの会議が今日まで続く「海に平和を」の第一回会合である。

マルタの会議に遅れること二週間、一九七〇年七月中旬に山中湖畔で読売新聞のシンポジウムが開催された。日本の出席者は四〇人ほど、そのなかには田川誠一氏をはじめ超党派的に国会議員一〇人近く、官界、実業界も多く、学界は海洋学の長老に加えて、当時はまだ若手の奈須紀幸教授など第一流の海洋学者を網羅したが、またしても私を除いては、国際法や社会科学系の学者はひとりも含まれなかった。外国の招待者はアメリカのシェーファー、イギリスのルカスなどの水産学者のほかに、マンガン開発の先駆者アメリカのメロも含んでいた。私は「海洋開発に関する法律上の問題」という講演を行なったが、読売新聞は私が、「アメリカは国際的な規制のなかでどうすれば自国の権益が採用してもらえるかといった政治問題として海洋開発をとらえている。わが国はまだ技術問題を議論しているが、それでいいでしょうか」と述べ、「わが国の海洋開発への関心はまだまだ低い。アメリカに比べ関心の高まりは甘くみて二年、辛く採点すれば五年の遅れがある。」と締めくくったと報じている。なお紙上には私とメロの論争が紹介され、私が次のように述べたと紹介されている。「日本の海洋開発は、今のところ、科学者、技術者の手に委ねられ、そこでとどまっている。外国での開発、保護は科学の点だけでなく、各国の利害の立場から述べられている。日本は政治、経済的条件を考えて、どうしたらわが国だけではなく各国の利益もはかることが出来るかを考える必要がある。」

このあと外国からの出席者と私など日本の何人かは清水の東海大学海洋博物館を見学、さらに京都に足を延ばしたが、シェーファーはこれからアメリカに帰国後、旬日にして急逝した。

五　一九六八年の国連海底平和利用委員会の発足と日本の対応

国連総会一九六七年会期におけるマルタのイニシアチヴによってアドホックのベースながら、一九六八年春から海底平和利用委員会が発足するというのに、当時の国内の一般にはまだこの問題に対する関心はきわめて薄かったと言ってよい。私は一九六八年一月、この委員会の発足に先立って、朝日新聞に「海底開発の新時代」という論説を寄せ、「海洋、海底をふくめた海洋開発は、宇宙開発とならんで、国家の基本的施策とならなければならない。それは、わが国の利益であるとともに、また海洋国家日本に課せられた国際社会に対する使命であろう」と結んだ。私が一九六九年三月、二年目を迎えた海底平和利用委員会への出発を前に日本経済新聞に「大陸棚立法を――深海開発の前提」を、毎日新聞に「わが国も大陸棚法を」を寄せたのも、それぞれの新聞の要請によるものであり、ようやく日本にも問題への関心の高まりが見られはじめた頃である。

当時は外務省で国連海底平和利用委員会への対応は国連局科学課であり、金子熊夫事務官(現・東海大学教授)が環境問題とあわせて取り組み始めていた。もちろん条約局もその重要性を認識し海底平和利用委員会の一九六九年夏会期には法規課事務官(防衛庁出向・三井康有事務官)を派遣したことがあったが、条約局が本格的に乗り出すのは後のことである。当時の科学課ではその所管事項として原子力の比重が多く、他に宇宙、南極を抱えていた関係もあり、かつてのニュージーランド事件以来再び外務省を併任することになった私は、毎週あるいは隔週に上京して外務省にあって、科学課を主体に関係部局を集め、あるいは関係省庁の担当官を招いて具体的な研究に没頭する日が続いた。

科学課長は矢田部厚彦氏（前オーストリア大使）であり、それが堤功一氏（現・研修所長）に替わるのは一九七〇年である。その後は田中義具氏（現・儀典長）と替わっていった。私に対する外務省の絶大な信頼に私は全力を挙げたが、裏返してみれば未だ外務省も官庁組織として問題の重要性を深く認識するには至らず、充分な対応組織をつくるまでには至っていなかったと言うべきかも知れない（本書第二部⑨（三七〇頁）参照）。

一九七〇年後半から井川克一局長（のちフランス大使）のもとで栗山尚一法規課長（現・外務次官）を中心として条約局が強く関与するようになる。国連で進行している新しい海洋法の動きに対する外務省の省内の主管が国連局から条約局に替わったのはこの時期であったと思う。私もその年の一〇月には、これまでの併任の身分が国連局から条約局に移り、条約局の横の部屋に入った。

一九七〇年末、外務省内には海洋問題対策会議が発足、法眼晋作外務審議官（のち外務次官）を議長として平原毅経済、井川克一条約、西堀正弘国連の各局長、山崎敏夫条約局参事官、私および学界の田畑茂二郎教授と高野雄一教授で構成されることになった。もっともこの会議は二、三回の会合で解消した。

海底平和利用委員会が一九六八年から一九七〇年にかけて三年にわたる作業を終えて、新しい海洋法、そうして海洋開発への各国の認識は急速に高まる。国連総会は一九七〇年秋に深海海底原則宣言という総会決議を採択した。そうして海底平和利用委員会が今までの四二カ国の構成を一挙に八六カ国の委員会として、しかもその任務を海底の問題から海洋法一般の再検討に拡大して、「拡大」海底平和利用委員会が発足したのが一九七一年春である。

外務省の本腰を入れての対応も固まってきて、私がそれまで三年間、この委員会への事実上の代表として果して来た使命は終わった。一九七一年から日本は代表団をより官庁的に再編成し、一九七一年春相次いで国連代表部の次席大使、政務担当一等書記官にそれぞれ発令になった小木曽本雄（現・東海大学教授）、井口武夫（現・バングラデシュ大使）の両氏をそれぞれ代表、代表代理とすることとして、私は顧問として参画し、第一線から退くことになった。しかし東京での対策は、科学課の協力を得ながら、条約局が山崎参事官、栗山法規課長のもとで主導する形をとり、私は相変わらず一週三日の勤務を続けて省内のすべての海洋法対策協議に関与し続けていた。法規課ではフランス留学から帰ったばかりの大島賢三事務官が精力的に問題に取り組みはじめた。一九七二年になると科学課ではアメリカ留学帰りの石井龍一事務官が配属され、また協和銀行から出向の小出尋常氏(現・協和銀行総合企画部副部長)が加わり、とりわけ海洋汚染、科学調査などの問題に取り組み始める。

一九七一年ころから関係省庁の関心も一挙高まる。外務省での連絡会議、勉強会へ集まる関係担当官は激増した。その当時大きな問題となっていたのは、ひとつには沿岸漁業管轄であり、いうまでもなく水産庁の協力が不可欠であり、斎藤達夫、田辺隆一の両事務官などが積極的な貢献を続けた。ふたつには海洋汚染が関心事となっており、運輸省と海上保安庁がそれぞれ別の立場から問題提起を行なっていた。三つには新しく出て来た海底マンガン団塊開発の問題がある。住友商事主導のもとにいわゆる連続バケツ方式をつかってハワイ沖での採取実験が始まろうとしていた。もちろん通産省の関心事であった。

関係各省庁は、「拡大」海底平和利用委員会が続いた一九七一年から一九七三年まで春夏の会期に担当官を派遣するようになる。すでに一九七〇年夏に担当官(神戸史雄事務官)を派遣した通産省はその後、川島温、高橋達直、岡本巌、岡松壮三郎と続く。水産庁は斎藤達夫、田辺隆一、大場敏彦、中島圭一、海老沢志郎、遅れて一九七二年夏あるいは一九七三年からは運輸省では新藤卓治、環境庁では長谷川尭、防衛庁では芥川哲士という俊秀達である。

もちろん外務省では少なからぬ人達が関与し始めていた。条約局では穂崎巧参事官(のちインド大使)や法規課の熊谷直博課長、川口洋首席事務官、中村順一首席事務官、鈴木勝也事務官、国連局科学課では藤井宏昭首席事務官、野村忠策首席事務官といった人々であったが、さらに経済局の磯貝肥男、田中民之、杉山洋一、国連局専門機関課の吉田光男の各事務官たちであった。

その頃でも私の海洋開発のアピールは続き、一九七一年一二月には堤功一科学課長とともに海洋産業研究会の講演会を行ない、NHKテレビでは一九七二年一二月に「北洋漁業」、その一二月には「海の中の日本」といったプログラムをこなし、また一九七二年一〇月には日本経済新聞で「海洋法の新潮流」を、同じく「週刊東洋経済」では「海洋開発の新しい秩序」を語った。さらにまた同じ一九七二年には六月に読売新聞でマンガン団塊に触れて、「日本において海洋開発が叫ばれて久しい。しかし、その議論の中心は常に科学・技術の開発でしかない。揺れ動く国際環境のなかで国際海洋法が全く新しい白紙の上に書き換えられようとしている時に、わが国の実業界にはそうした国際的認識に乏しく、またそれに対応しようとする心構えが充分に見られないのは残念なことである」、と結んだ。一〇月来日したCOPのリー、国連のレヴィー（現・国連海洋法事務局次長）を招いて、「オーシャン・エージ」誌上で「新しい海の秩序を求める世界の動き」の鼎談を行なっている。一九七三年六月には朝日新聞で担当記者たちに新しい動きについての講演をし、同じくその六月にはNHKテレビで「転機にたつ三カイリ」の対談などをしている。

一九七三年には谷川和穂氏を事務局長とする自民党海洋議員連盟と何度か懇談を重ね、その頃にまた、旧制高校の友人であった社会党国際局長の川崎寛治氏の招きを受けたりしていた。

外務省で海洋法会議関係事務推進本部を設ける構想が出て来たのは一九七三年の初めの頃である。ウィーンの原子力機関法務部長の出向から帰国した杉原真一氏（のちトルコ大使）がその本部長に擬せられた。私も併任の外務事務官をやめて外務省参与の発令を受けてこれに協力することになった。そのお披露目は一九七三年四月、海底平和利用委員会の春会期からもどった時点でホテル・ニューオータニで開かれた。その日、高島益郎条約局長、松永信雄参事官、杉原本部長と四人で席を改めて、海洋法本部の将来を語りあった記録がある。首席事務官に法規課から国際経済課に移っていた秋本健志郎事務官がなり、法規課の大島覧三、科学課の石井龍一両事務官が併任で出向、それに入省まもなく法規課で研修中の市橋康吉事務官が加わり、やがて同じく杉本信行事務官に替わった。こうした人々が中心になって分担して研究をはじめ、調書を作成し、各省の担当官との勉強会をリードした。私は杉原本部長と机をならべて、これらすべての作業に加わった（杉原氏は今年の五月にハーグに立ち寄られた。その数週間後に西穂高で遭難されたのは哀痛のきわみである）。

一九七三年夏からは通称「海洋三課長」の名のもとに、熊谷法規、小和田政治、田中科学の各課長が随時協議に参加した。この海洋法本部が本部長の下に課長レベルの室長を設けるのはその翌年一九七四年春であり、初代室長に黒河内久美氏（現・フィンランド大使）がマレイシアから着任した。そうして法規課河村悦孝事務官がこれに加わって、海洋法本部の体制が整うのである。

第三次海洋会議の最初の実質的な会期は一九七四年初夏カラカスで開かれる。この会議への出発に先立って六月には「週刊東洋経済」に「排他的経済水域二〇〇カイリの衝撃」のインタヴューを受け、ＮＨＫでもカラカスへの展望を語った。この第三次会議は小木曽国連次席大使、杉原海洋法本部長、私の三人を代表として五〇人近い大代表団が参加する。外務省は海洋法本部は黒河内室長以下総出で加わり、その他にも条約局の伊達宗起、国連局の野田英二郎の両参事官、条約課の小和田恒、科学課の田中義具の両課長などが代表代理で加わり、他の省庁は防衛庁、環境庁、法務省、通産省、運輸省、海上保安庁、水産庁にまたがる。海洋法が占める問題領域の広範さに日本もようやく総力をあげて取り組む姿勢になってきたのであった。

この第三次海洋法会議を転機としての日本の海洋法への対応は既にいわば「現代」の問題であり、本稿の対象外である。

あとがき

過去三回、とりわけ今回はまるで自分の身辺雑記のような形になってしまった。しかし海洋法の分野で私は、国の内外を問わず、誰にも例を見ないような得難い体験をさせて頂いたことはやはり事実であろうし、その過去のことを記録に留めておくことにも意味があったろう。現役で活躍しておられる多くの方々のお名前にも触れた。不測のご迷惑をおかけしないことを願いつつ、しかし今では遠くなってしまった海洋法のいわば神代時代を共に生きた思い出を新たにしてのことである。また触れるべきで触れ得なかったお名前も少なくはない。それらをすべてご海容あらんことを。

この連載も一〇回継続させて頂いた。ちょうど切りのよい回数であるが、何か一言言い足りないような気もして、もう一回だけ落ち穂拾いを書かせて頂いて終わりにしたい。

⑪　海洋法と海洋法条約についての私の疑問

はじめに

一九八二年十二月ジャマイカのモンテゴ湾に一四五カ国の代表を集めて開かれた条約署名会議で国連海洋法条約が署名されて、早くも七年の歳月が過ぎた。すでにそれよりも更に七年ほど前の一九七六年二月から国際司法裁判所に勤務することになって海洋法の第一線から引退していた私が、このモンテゴ湾の会議に第一次海洋法会議からのＯＢのひとりとして、国連事務総長のゲストという全く責任のない立場で、立ち会う機会を与えられたのはまことに幸せであった。

私が一九八二年のモンテゴ湾で見た条約は三二〇カ条、それに過渡規程を加え、さらに付属書である。一九五八年の第一次、海洋法会議における海洋法四条約あわせて七十数カ条の作成の時から、国連海底平和利用委員会を経て第三次海洋法会議の一九七四年カラカス会期、一九七五年ジュネーヴ会期まで、海洋法の形成に微力ながらも携わってきた私は、思い上がりと非難されるかも知れないが、海洋法が新しいこの豪華絢爛な晴着をまとって出発することに、わが子の成長を見る思いであった。しかし他方で、一九五〇年代の頃から私が考え続けて来た海洋法のいろいろな困難な問題がこの新しい条約によって本当に解決されたのであろうかという疑問、そうしてこの条約が海洋法の新しい門出であるとともに、反面、海洋法のパンドラの箱を開けただけではなかったのかという思いを捨て去るわけにはいいかなかったのである。

この会議から間もなく、私は一九八五年始めに『注解国連海洋法条約』（上巻）（有斐閣）を著して深海海底制度や汚染、科学調査などを除く海洋法一般についてこの条約を概観した。そのはしがきで「本書は『注解』と銘打つものの、筆者の海洋法に関する基本的な思想が投げ込まれていると理解して頂いて差し支えない」と述べたのであるが、その気持は今なお変わってはいない。かなり批判的な立場からこの条約を分析したものである。今回ここに述べることのかなりのものは、既にこの著書の中でも提起されている問題である（なお「上巻」との関連で、続巻についての問い合わせがしばしば寄せられるが、そのはしがきに記したように、もともと深海海底の「中巻」は中村洸教授に、汚染・科学調査などの「下巻」は栗林忠男教授に託したものであり、上中下三巻同時出版の予定が、あとの二冊が五年たっても未だに日の目を見ないのは甚だ残念である）。

一九七〇年頃までは、英語、フランス語、ドイツ語で書かれているものを含めて、海洋法のすべての文献に目を通すことはそれほど難しいことではなかった。しかしそれから二十年、今日の世界の海洋法文献は汗牛充棟といった表現でもなお表せない程夥しい。私の今の職務にあってその何十分の一も学んではいない。先の著書でも記した私の多くの疑問とした点についても、本当は内外の学者によって解明が与えられているのを不勉強な私が知らないだけなのかも知れない。日本の学界での海洋法論議にも全く疎い私が何を血迷い言とのご批判があるかも知れない。それを十分に自覚の上で、今の海洋法そのもの、またそれへの取組方へのいくらかの疑問を提示して、あえて本連載の締め括りとしたい。なお、脚注をつけたが、本当の意味の注ではなくて、それぞれの私の問題提起のもともとの起源を記したものに過ぎないことをお断りしなければならない。

一　国連海洋法条約の基本的性格は何なのか

一九八二年国連海洋法条約は新しい国際法をつくるいわゆる立法条約なのか、それとも慣習法化した国際法を成文化した法典化条約なのか、あるいは見方を変えてみれば、この条約の内容は一般国際法なのか、あるいは単なる条約国際法に過ぎないのか、結局はこの基本的な問題にぶつかってしまう。もっともこのことはひとり国連海洋法条約だけにとどまる問題ではないかも知れない。すでに一九五八年の第一次国連海洋法会議で採択されたジュネーヴ海洋法四条約でもそうであり、国連の主導の下につくられた多くの多数国条約——条約法条約であれ、外交官特権免除条約であれ——に共通する問題に過ぎないとも言えよう。しかし国連海洋法条約によって、この問題は一層深刻であるように思われる。

国連海洋法条約はすでに四十二カ国の批准を得たという。六十カ国の批准を得てそれから一年後というこの条約の効力発生の日が来るのは、そう遠い将来のことではないかも知れない。その日からこの条約がそれらの当事国を拘束する国際法規範であることは疑いないとして、それは直ちに世界に妥当する普遍的な一般国際法の地位を得るのであろうか。しかし、一九九〇年代初めのある日この条約が発効しても、その日に少なからぬ主要国はこの当事国になっていないことは想像がつく。日本、イギリス、アメリカ、フランス、西ドイツ、カナダなどの西側の先進国、そうしてまたソ連などもいずれもそれまでに批准を終えてはいないであろう。これらの国々はこの条約の内容が発効の日から一般国際法であるという立場には抵抗するであろうことは目に見えている。

他方で、この条約の規定内容があえて条約の発効という日を待つまでもなく現在すでに慣習法であるという主張にこれらの先進国が納得しているとは思えない。しかしそうかと言って、現在はともかく、この条約発効後、それを拠りどころとする条約当事国に対して、他の国々が自らは拘束されないとして頭からそれが国際法であることを否定することが可能であろうか。条約発効の日から一般国際法になるのではなく、かと言ってこの条約の内容がすでに慣習法になっているのでもない。しかし他方、一九八二年の条約署名に至るまで、海底平和利用委員会から第三次海洋法会議にかけての十数年にわたるほとんど全世界の国々の共同の作業が海洋法の生成に無意味であったわけではあるまい。これだけ時間と精力をかけて審議され、各国の意見も十分に表明されてきたその過程が国際慣習法に落とす影が重要な意味を持たないはずはない。

実は三二〇条という膨大な条文の数が示す条約内容の多様性が単純な結論を拒んでいると言える。第十一部区域が規定する深海海底は全く新しい制度をつくり、新しい開発運営機構の設立基本文書の性格を持ち、それだけにまたこの条約の中における異質の顔を持っている。一般にはアメリカを始めとして多くの先進国がこの条約を受諾するのに困難を感ずるのは、開発のための経済原則を無視して余りにも開発途上国寄りに設計されたこの深海海底の制度にあると見られている。そうして、一方では、この第十一部については修正をもとめ、これを除いた他の部分は既に慣習法となっていると主張しているかに受け取られているアメリカなど先進国に対して、他方では、《第十一部は条約全体とのパッケージ・ディールとしてコンセンサスで採択されたものである》という理由で、その部分だけの切り離しを極度に警戒する開発途上国のグループの存在が指摘されている。

第三次海洋法会議における条約の草案の審議が、パッケージ・ディールとコンセンサス方式といういわば妥協と駆引によって進められて来たというところに、この条約の本質が現れてくる。一九八二年十二月のモンテゴ湾における条約署名会議に先立って、同年四月条約案は全条文一括して投票された。しかしそこに至るプロセスにおいて各条文の投票はない。コンセンセンサス方式によらなければ条文が採択されないし、そのためには全く異質なアイテムにあって全く異なる立場をとる国々は、それぞれ異なる痛みを押えてパッケージ・ディールとしての条約全体の条文の採択に漕ぎつけざるを得なかった。しかし各条文に秘めた各国の思惑は様々であったろう。各国の「本音」は決してこの条約の示す個々の内容に同意していたわけではない。

もし、すべての世界の国々あるいは主要な海洋国をふくめて世界の大多数の国々が、その本音は何であれ、この条約に批准加入するならば、この条約全体は真に世界の海洋法という地位を得ることができる。しかしその日が来るまで私たちにとって必要なのは、実はパッケージ・ディールとして審議されたこの条約を一つのものとして見るのではなく、あるいはまた第十一部区域を除いては慣習法になっているなどと早合点することなく、海洋法のひとつひとつの制度につき、また必ずしもこの条約の条文にとらわれることなく、それぞれの条文の背景を洞察しながら、現在の慣習法を綿密に個別に見てゆくことが必要なのではないだろうか。

二　領海の制度にからむいくつかの問題

Mr. Three Milerとつい最近まで呼ばれていたと思っていた日本、そうして一九七六年二月、内閣法制局長官が「領海十二海里というのは国際法には現在なっていないと私どもは思っております」と国会で答弁しながら、続いて「わが国がそれを先取りしたからといって違法だとは私は思いません」と述べる形で伏線を張った日本は、一九七七年五月の領海法で領海十二カイリを定めた。それより五年以上も後の一九八二年の国連海洋法条約が、その第三条で、《領海は十二カイリ以内で各国が定める権利をもつ》としているのであるが、範囲だけについて言うならば、一九七〇年代の初め頃から十二カイリが国際法になって来ていたと言っても正解であろう。

しかし、一九七〇年代の初め、アメリカが長い伝統の三カイリから十二カイリへの転換を示しつつ第三次海洋法会議の開催に持ち込んだ事情を考えれば、少なくともアメリカあるいはソ連にとって暗黙のものであれ、軍艦、軍用機の自由な通航について保証のない領海制度はあり得なかったことは弁えておかなければならない。[1] このことは核搭載艦についても言えることであろう。とりわけ領海三カイリから十二カイリになることによって沿岸国領海に組み入れられる国際通航に使用される海峡のどの部分においても潜水艦の浮上の義務はないと主張され、また核搭載艦の通航が通過通航にあたらないとする国連海洋法条約上の根拠はないと主張されることもあり得るかも知れない。

日本が宗谷、津軽、対馬など特定の海峡については当分の間領海の幅を三カイリとしている理由のひとつは、国際航行に使用される海峡の問題が絡むからであろう。つまりこれらの海峡を核搭載艦が航行し、また潜水艦は浮上もせずに航行するという可能性あるいは現実の前に、この水域を日本の領海とみなしてしまうことの政治的な逆効果に日本政府としては懸念を感じたのかも知れない。

日本の場合、これらの海峡を日本の領海に繰り入れないのは「当分の間」、すなわち国際海峡の通航制度が国際的に解決されるまでと説明されていたが、当時は未だ国連海洋法条約が最終的な形をとる五年以上も前のことであった。しかし、日本としては現時点でも右に述べたような慣習法が成立しているとは見ない立場であろう。非核三原則という高度に政治的な政策の問題が領海制度に影を落としているように思われる。

さらにまた、核兵器搭載の軍艦が領海内で無害通航権を持ち得るかについても日本には先に述べたように、政治理念にもとづく特殊な見解があるように思われる。国際法の立場から問題を含むと見られるかも知れない。

核の問題を離れても、第一九条にいう無害通航の意味について有害、無害の認定には多くの問題が残されている。これについても現行の海洋法をそうしてまた国連海洋法条約をどのように解釈するのか。

領海との関連では第三三条(接続水域)の問題がある。[2] 第三次海洋法会議でほとんど関心を持たれることも議論されることもなく、いわば以前からの惰性で国連海洋法条約に残された規定のひとつである。実際に接続水域に関心をもち、これを設定している国はあるのであろうか。

さらに領海に関連していえば、サンゴ礁が独自の領海を持ち得るのかどうか。サンゴ礁に関する第六条から言えば、環礁だけがある場合には領海も持ち得ないというように読めるが、それが本来のこの条文の意味であったかどうかは疑問である。また第一二一条(島の制度)との関連でも問題が残る。島とは何を意味するのか。この条文によれば、島は領海、大陸棚、排他的経済水域を持ち得るが、他方、人間の居住または独自の経済的生活を維持することができない岩は領海は持つが、大陸棚や排他的経済水域は持ち得ないと理解される。こうした相対的な基準での島の地位の決定は実際の運用にあたって多くの困難をもたらすであろう。[3] 日本には沖ノ鳥島の問題があるようであるが、これがサンゴ礁なのか、岩なのか、島なのか、その地理学、地質学上の知識は私にはないが、沖ノ鳥島が日本の排他的経済水域を支えるものであると主張することに、国際法上問題がないものではあるまい。条約の規定も不明確さを残し、また何がこの慣習法であるかは雲をつかむような話である。

三　群島国家という全く新しい概念

国連海洋法条約の中には群島国家に関して第四部の九カ条がある。明らかなことは群島国家の概念のなかにはギリシャなど大陸に足掛かりをもつ国は入らない。そうしてこの条約には群島国家を別にしての一般の群島間の水域についての規定は全く出て来ない。こうした群島間水域は領海、国際航行に使用される海峡、排他的経済水域、大陸棚など他の概念によって規制されると見るべきか。

実は群島国家の概念こそ、パッケージ・ディールとコンセンサス方式という第三次海洋法会議の人為的な産物のひとつと言える。[4]この条約規定は多分に当時のフィリッピン、インドネシア、そうしてバハマ、フィジーなどのみに適用されるように条文構成されたもので、今から三十年も前に歴史的水域を主張したフィリッピンの宿願もともかくこの群島国家の制度によって達成されたと見ることができる。これらの国々の執拗な主張に対して、一般的には排他的経済水域の制度化に同意することの引き換えとして群島国家の制度が認められることになったと言ってよい。自然発生的な慣習法とはおよそ程遠いと言えるであろう。

十二カイリ領海、二〇〇カイリ排他的経済水域、そうしてまた大陸棚という制度が成立するのであれば、経済的あるいは海洋資源の開発という点だけから見れば、これらの国々も群島国家としての特殊性をあえて要求する理由はなかったであろう。事実は、一方においてはこれらの国々のシンボリックな威信の問題があり、他方、実際の問題は、先に国際海峡の通過についても述べたところであるが、一九六〇年代から一九七〇年代にかけて他国の領海の拡大にきわめて神経質であったアメリカ海軍の南東アジアあるいは地中海における群島間水域における行動の自由の確保にあったのである。ソ連もまた同じ関心をもった。国際海峡、群島間水域における軍艦、軍用機の自由通航についての一九七〇年代初期の米ソのこの点の利害の一致が第三次海洋法会議の開催を促進し容易ならしめたとも言える。そしてこの群島国家制度を認めることによってアメリカはフィリッピン、インドネシアなどの群島間水域内における軍艦、軍用機の通過、とりわけ潜水艦の潜航通過を暗黙の了解として確保したと思われる。もっとも政治的なパッケージ・ディールによる新しい制度の成立である。先に触れた国際海峡と同じく、米ソの軍事的関心を抜きにして群島国家の制度を語ることは出来ないと私には思われる。

四　排他的経済水域の不透明さ

第三次海洋法会議の最大の成果のひとつは第五部の二十一カ条に規定される排他的経済水域の制度であったと言うことができる。それまでに長くいわば正式に認知されることもなく存在し続けた主としてラテンアメリカの二〇〇カイリ海洋主権や主としては開発途上国の漁業水域の実行もあったが、どちらかと言えば、いわば理念が先行して、一九七〇年代の初め、わずか数年にして既成の概念にのし上がった。

明らかなことは、二〇〇カイリという第二次大戦後言われ続けた数字の水域において《沿岸国が漁業利益を独占したい》という、ただそれだけのことである。《領海が相対的に狭い範囲にとどめられるべきであるとするならば、漁業利益についてのみは沿岸国利益を拡大したい》ということである。数をたのむ開発途上国のこの主張に押しまくられて、一九七〇年代の初めには、二〇〇カイリというその数字とまた基本的な沿岸国による漁業利益独占が、もはや誰もが反対できない時代の趨勢になっていた。しかし地理的に有利な広大な水域を主張する沿岸国の余りにも極端な利益の拡大に対して、ひとつにはいわば国際社会の共通の利益を反映するという形で生物資源の保護、あるいはその最適利用の義務といった普遍的な制約を課し(第六一条、第六二条)、ふたつにはまたこうした水域の恩恵に浴し得ない内陸国、地理的不利国の賛同を得るためには、それらの国々の開発参加の権利を一般的に認めなければならなかったのである(第六九条、第七〇条)。

このようにして国連海洋法条約の排他的経済水域の概念は沿岸漁業に有利な沿岸国と他の国々との駆引と妥協の上につくられている。公海とも領海とも異なるいわば第三水域として成立した排他的経済水域の概念一般が今日の国際法の制度として存在していることを疑う声はすでにない。しかし、この制度の法的内容には少なからぬ不明確さが伴う。実際の適用にあたって直面するであろう困難ははかり知れないものがあろう。[5]

排他的経済水域の基本的な問題は、それが領海と同様に、国土の本質的な部分として、とりたてたクレームなしに当然に各沿岸国に属しているのか、それともこの水域設定のためにはそれぞれの沿岸国の具体的なクレームを必要としているのか。基本的なそのことすら明確ではない。現在国連海洋法条約の発効をまたずに、かなりの国々はいわば慣習国際法に基づく権利として国内法令によって排他的経済水域を一方的に設定しているし、他の国も今日それに反対しようとはしてはいない。かといってそのような国内法令なしに排他的経済水域がいわば自動的にそれぞれの沿岸国沖に存在しているという立場をとっている国も見当たらない。

また、そのようなこの制度の基本的性格の問題を別にしても、排他的経済水域を設定している国々は必ずしも条約に規定されているような資源の保存あるいは最適利用のための自己規制を行なってはいない。むしろ「二〇〇カイリの漁業利益独占」という本来の意味でしか排他的経済水域は主張されてはいないのが実情なのではないか。もちろん条約が発効していない以上、そうした沿岸国の義務も未だ存在していないと言えばそうかも知れない。しかしそれならば「漁業利益独占」の権利だけが主張されていることには、やはりもともとこの制度が一部の国によって強く主張されてきた「本音」を見る思いがする。

そうしてここで注目すべきことは、今日かなりの国々はこの条約上の排他的経済水域の制度とは関係なしに二〇〇カイリの「漁業水域」を設定しているという事実である。日本は他の国々に先駆けて一九七七年には二〇〇カイリ漁業水域を設定した。もともと二〇〇カイリ「漁業水域」というのは、決して国連海洋法条約に規定されるようになった排他的経済水域の規定に沿うものではない。漁業水域のなかには資源保存あるいは資源最適利用の義務もまた他国の利益に対する配慮も見られない。もし排他的経済水域が慣習国際法のものであるとするならば、この漁業水域は明らかに違法なものである。また排他的経済水域は現在は有効なものではないが、国連海洋法条約の発効によって国際法になる、あるいは日本のこの条約加入の時に日本を拘束する条約国際法になるというならば、その時に日本は潔くこの漁業水域を撤回して排他的経済水域の義務を負うことになるのであろうか。実際問題として、その地理的環境から言って日本にとってそれは可能なことであろう。しかし、実はすでにかなりの国によって条約とは関係なしに一方的に設定されて来たこの「漁業水域」に排他的経済水域の「本音」があるのだ、ということを私は指摘しておきたいのである。

さらにまた排他的経済水域の制度が実行化されるとして、沿岸国が負うべき義務は実は大変不明確である。妥協として挿入された第六九条、第七〇条の内陸国、地理的不利国の権利など現実の実行にあたってどのように運営されるのか。第六九条の下ではどのような基準で特定の沿岸国に対して特殊な権利を主張する内陸国がきまるのか（スイスの参加の要求はイタリア、フランス、西ドイツのどれに向けられるのか）。一体何が第七〇条にいう地理的不利国なのか。こうした国々の他の国の排他的経済水域への参加の態様も明確に定められているとは思えない。

条約が規定する生物資源の保存あるいは最適利用の概念を実行に移せる科学的能力をもつ沿岸国は多くはあるまい。しかしその点を一歩譲るとしても、この水域の漁業に内陸国、地理的不利国の権利を認めるということは、漁業資源の配分に絡んでくる。資源の保存は科学の力で客観的な判断が可能であるとしても、資源の配分の問題が出てくれば、問題の解決はひとり客観性に頼ることはできない。配分の原理は何なのか。[6] 沿岸国の漁業利益独占と資源保存あるいは最適利用とを合わせ含む排他的経済水域の理念は評価されるとしても、この制度の運営は容易なことではないし、そうしたことに各国は十分に気が付いているとは思えない。やはり実際は沿岸国の漁業利益独占の「本音」の勝利であったのか。

第七三条によれば、沿岸国は沿岸漁業法規違反を理由に抑留された船舶とその乗組員を、妥当な供託金の支払または金銭上の保証の提供の後は速やかに釈放する義務を負っている。しかし何が合理的な供託金または他の金銭上の保証であるかは、この条約から窺い知ることはできない。それらの金額をそれぞれの沿岸国は、実際には訴訟の段階でその裁判所が科すであろう罰金と等しい額に決定するであろう。言いかえれば、出廷のために沿岸国に戻って来そうになくても、速やかに釈放しなければならない拿捕船舶(船長、船主)に対する供託金または他の金銭上の保証として、実際には最終的な刑罰として科される罰金が先取りされることになると思われるが、それが正しいか。[7] 沿岸国と船舶国との紛争は第二九二条の紛争処理との関係でも扱われているが、実際には国際的な司法機関がこれを扱うには実際には多くの困難を伴うことだけを指摘しておきたい。

五　海産哺乳動物および定着魚種の扱い

海洋生物資源としてこれまで海洋法で主として考えられてきたのは、沖合水域における魚種かあるいは大洋におけるマグロなどの高度回遊性の魚種であった。

哺乳動物としての鯨とオットセイは長い間それぞれ特殊の条約の対象ではあったが、一般国際法の対象として考えられることはなかった。そのことは一九五八年の第一次海洋法会議におけるジュネーヴ漁業・公海資源保存条約の審議の時もそうであった。第三次海洋法会議において海産哺乳動物についてはもっぱらアメリカの提案がほとんど掘り下げて審議される事もなく、第五部排他的経済水域および第七部第二節公海の生物資源の保存および管理に規定されるようになったが、その内容は明確さを欠いている。[8]

排他的経済水域における海産哺乳動物の第六五条が、排他的経済水域においては一般に規定されている資源保存の義務、最適利用の義務をこれらの資源に関して沿岸国に課しているのかは明らかではない。「沿岸国が厳しく禁止し、制限し、もしくは規制する権利」というものは何なのか。まして公海における海産哺乳動物の第一二〇条における「公海における哺乳動物の管理」については条文作成の時の混乱からおよそ無内容な奇妙な規定がおかれていると見る他はないように思われる。そもそも国連海洋法条約には、排他的経済水域の場合と異なって、一般の公海の生物資源についての「資源の管理」は、各国の相互協力という以外には何も規定されてはいないのである。

定着漁業についても、これが沿岸国の独占下に置かれる大陸棚鉱物資源と同様に扱われるべきではなく、一般の漁業資源の保存・利用の問題として扱かわれるべきであるとして、一九五八年の第一次海洋法会議でも定着資源を大陸棚資源に加えることに反対した日本であった。[9] 定着資源の名の下にタラバガニなど甲殻類までを沿岸国の独占資源としようとする当時のアメリカの態度は目に見えていたし、それがその後の一九六〇年代の日米の交渉において現実となった。

第三次海洋法会議においては定着漁業についての議論は全くなかったといってよい。大陸棚資源の定義がほとんど審議されることなく一九五八年条約からそのまま国連海洋法条約に引き継がれた。問題は、実際には例外なく二〇〇カイリの水域内で行なわれるであろうこの漁業が、資源保存あるいは最適利用などの制約を受ける排他的経済水域としてではなく、全く沿岸国の独占のもとにおかれる大陸棚制度に従うということが、事の本質からいって本当に望ましいことであったか。そうしたことへの反省もなく出来上がっているこの条約における定着漁業制度なのではなかろうか。

六　公海漁業の配分論

公海漁業の問題は漁業資源の保存よりはむしろ対立する国家利益の間にあって国と国との漁業資源へのアクセスあ

るいはその配分をどうするかにある。[10]配分の原理は自由競争かなんらかの基準による人為的な配分かしかあり得ない。戦後の少なからぬ国際漁業条約において、その当事国間における自由競争を貫くか、それともなんらかの配分の原理を定めるかは、対象になる漁業資源にもよるが、実際はその個別的な条約の交渉、締結する合意の内容次第であった。いわばそうした条約に個別な合意をこえた国際法の理念も制度もあるわけではなかった。

一九五八年の漁業・公海資源保存条約が四つのいわゆるジュネーヴ海洋法条約のなかで、法理的にはもっとも無内容なものであり、一番遅れて発効し、およそそれが実際に適用されることはなかった。この事情は国連海洋法条約でも変わらない。この条約には第七部公海の中に公海における生物資源の保存および管理の第二節五カ条をもうけてはいるが、内容的にも第三次海洋法会議で十分に審議されたものではなく、ほとんど一九五八年条約に引きずられたものに他ならない。むしろその第一一六条は「公海漁業の権利は特に排他的経済水域に規定する沿岸国の権利、義務および利益に従う」とするものの、全く無内容な規定であり、また第一一八条は公海における生物資源の保存管理について各国の協力義務をうたうが、そもそもこの国連海洋法条約では公海漁業についての「管理」の概念はどこにも出て来ていない。排他的経済水域に盲目的にひきずられた規定でしかない。

もっとも公海漁業についてこの条約が全く無内容だということはこの条約の欠陥と見るべきではなく、利益の配分ということにからむ社会的な一般問題であって、関係国の間で自由競争を選択するのでなければ、どのような人為的な基準によって配分が決定されるかは、当事国の間の力関係によらざるを得ないであろう。

しかしまた、少なくとも一九八二年の国連海洋法条約では、依然として「公海」の漁業の対象として自由な制度（もちろん資源保存の考慮は別として）に従うと見られる公海の生物資源も、あの大洋の海底を「人類の共同財産」という名で国連管理のもとに置くことが第三次海洋法会議の主眼のひとつであったのと同じように、やがて来るべき世代において、あるいはいつか開かれるかも知れない第四次海洋法会議において、広い公海の漁業が同じ運命をたどらないという保証はないように思われる。[11]

七　大陸棚の範囲の変質のプロセス

第三次海洋法会議でまともに審議されなかったもののひとつに大陸棚制度の本質がある。たしかに一九五八年の大陸棚条約で、「沿岸国は大陸棚に対して、大陸棚を探索し、その天然資源を開発するための主権的権利を行使する」と規定されたこの制度そのものは一九六〇年代にすでに慣習法化されていたと見ることはできる。しかしそれはこの制度の一般概念であって、個々の制度内容、たとえば大陸棚資源の内容、上部水域の地位などについては、一九五八年条約においても疑問が少なかったわけではないが、そうした事への検討はほとんどなく、国連海洋法条約は前の条約をそのままに踏襲しようとした。

他方、大陸棚の範囲について見れば、大陸棚条約にいう原則としては二〇〇メートルの水深という海底地学上の基準から二〇〇カイリという単純な距離基準への転換はまさに排他的経済水域の概念にひきずられた全く人為的なもので、慣習法とはおよそほど違いものであった。しかも事実は、距岸二〇〇カイリまでは大陸棚は排他的経済水域に吸収されてしまったと見られるかも知れない。しかし事はそう単純ではない。排他的経済水域に関する第五六条は海底の天然資源の探査、開発、保存および管理のための主権的権利を規定し、他方、この権利は大陸棚に関する第六部の規定に従って行使するとしているが、そもそも第六部の大陸棚の条項のなかにはこうした主権的権利がどのように行使されるかなどの規定は全く存在しないのである。

ともあれ、同じ二〇〇カイリの沖合で、全く新しい概念である排他的経済水域が、本来は漁業を目的としながら、次第にふくれあがって海底鉱物資源も包含するようになる。一方ですでに慣習法化していた大陸棚と、全く別の由来から始まった排他的経済水域の制度とが、ともに沿岸国沖合の水域における海底資源の開発にかかわって、現実の適用にどのように調和するかも、十分な解決が与えられているわけではない。[12]

さらに大陸棚の範囲としては、二〇〇メートル水深に加えて「開発可能性」という大陸棚条約の規定があった。「開発可能性」ということからほとんど無限に大洋の深海海底に延びてゆきかねない沿岸国の海底鉱物資源独占をこの二〇〇カイリで一応は押えたことに国連海洋法条約のひとつのメリットはあるのかも知れない。そうして、新しい大陸棚制度のもうひとつの側面は、二〇〇カイリ以遠の海底石油を一方では沿岸国の独占の下に置きながら、他方でその収益の国際社会への還元という構想を実現することによって、地理的有利な沿岸国は他の不利国からの反撃をかわしたことと、さらにまたその開発を国際社会のコントロールの下に置くことによって、実は先進石油企業は開発途上沿岸国沖で取得した開発利権のそれら沿岸国による国有化ないし接収の可能性を防いだものと見ることができる。[13]

それにしてもこうした大陸棚の新しい展開は第三次海洋法会議における先進沿岸国の広い大陸棚の主張と開発途上国が期待する人類の共同財産としての深海海底制度との駆引と妥協の産物以外のものではない。これなどはもちろん慣習法的な性格を持つものではなくて、この条約の枠組のなかに入れられているものに過ぎない。そうだとするならば、とても条約を離れての意味を持ち得まい。

八　海の境界は大陸棚と排他的経済水域で異なるか

海の境界画定の問題として隣接国との沖合水域の境界は大陸棚と排他的経済水域の両者によって同一なのか、異なり得るものなのか。異なる場合には同一の海域が一方の排他的経済水域でありながら他方の大陸棚であるということが起こり得るわけであるが、現実に沖合海底の開発がどの国の権利であるかについての問題が生じかねないであろう。実際のいろいろな沿岸国によるコントロールに支障はないものであろうか。

また逆に両者同一であるとすると、国連海洋法条約においては排他的経済水域と大陸棚とのそれぞれに衡平の基準は同一ではないと考えられるが、そうだとすれば、どちらの基準によって統一された境界線が引かれるのか。

大陸棚の境界線については、一九六〇年代から一九七〇年代にかけて少なからぬ二国間条約の例があり、また国際的な司法的解決としては、一九六九年の国際司法裁判所におけるドイツとデンマーク・オランダ間の北海大陸棚事件、一九七七年のフランスとイギリスの仲裁裁定、あるいはまた一九八二年の国際司法裁判所におけるチュニジアとリビヤの大陸棚事件、一九八四年のアメリカとカナダのメーン湾に関する事件（小法廷）、さらに一九八五年の同じく国際司法裁判所におけるリビヤとマルタの大陸棚事件などがある。

第三次海洋法会議が長い討議と妥協の末に得た成文が国連海洋法条約に見られる「大陸棚の境界画定は、衡平な解決を達成するために、国際司法裁判所規程第三八条に規定する国際法に基づき合意により行なう」というテキストである。「衡平な解決」というのが具体的に何を意味するのか難しい。「合意により行なう」というのは解決の「方法」を示したものであるが、問題はその合意を得るためにどのような「原則」によるかということであり、「衡平な解決」という目標はきまっているとしても、「衡平」の内容については国によって異なるであろうし、その場合の原則は何も示されてはいない。もっともそれはこの条約の欠陥であるわけではなく、そもそも境界問題の解決に与えられる条件が千差万別の個々のケースによって異なり得るものであって、一般原則化することの難しさからくる。

結局そうした「衡平」の判断は当事国のそれによらず、権威ある第三者のそれによるという以外にはないのではないか。右に触れた国際司法裁判所の判決のなかからも境界の線引に関する客観的な基準は出て来ないのである。もちろん恣意的な判断であってよいのではない。衡平に盛り込まれるいろいろな選択肢の客観的な認識は一般化は出来ないであろうということである。[14]

九　深海海底開発の運営管理の問題

国連海洋法条約の第十一部区域は実に五十九カ条を含み、またとりわけその部に付属するとみられる付属書Ⅲ（概査、探査および開発の基本的条件）は二十二カ条、付属書Ⅳ（エンタープライズ規程）は十三カ条をふくむ。あわせて一〇〇カ条に近いその内容の多くは新しい制度の運営に関する文書であり、その運営の方式については、いまなお準備委員会の討議の事項である。そこにおける先進開発国と開発途上国との越えがたい対立が伝えられていたが、一九八九年の夏の会期においていくらかの希望がもたれるようになったという。

第十一部のなかの一握りの国際法のルールを定めた条文、すなわち人類の共同財産として人類の利益のために開発されるというその新しい法理は、すでにこの条約を離れても揺るぎないものになっている、あるいはなろうとしている、と言われるとしても、その運営の枠組がきまらない現在では深海海底の開発が許されないと見るか、それともそれまでは自由であると見るかは法理上の問題であり、半世紀近く前に沖合海底油田の開発が近い将来の可能性となって大陸棚の法理を触発したのと同様な事情にあるとも思われる。深海海底開発は一方では少なくとも技術的にも今世紀中には現実化しないと考えられ、他方では国連海洋法条約署名会議における決議2の先行投資によっても一応は回答が与えられている、と見てよいであろうか。

現在準備委員会で審議されている事柄は、まさに先進国にとって受け入れられるかどうかの高度に政策上の問題であって、国際法理の上からコメントすべき要素はないように私には思われる。

一〇　紛争の解決が直面する問題

いかなる国際紛争も平和的手段によって解決されなければならない。そのことに疑いを持つものはいない。そうしてその手段として、当然に初期的な段階における当事国の外交交渉は言うまでもないが、直接の外交交渉によって解決しない場合、調停、仲裁、そうして国際司法裁判所による解決などが挙げられてきた。

海洋法をめぐる紛争がこうした第三者機関の判断によって解決されたという例は過去に少なくはない。少しでも国際法を学んだ人ならば、古くはベーリング海におけるオットセイ捕獲の権利をめぐってのイギリス（カナダ）とアメリカの一八九三年の仲裁判決や公海上の衝突事件に対する刑事裁判管轄権をめぐる常設国際司法裁判所の一九二七年のロータス号事件などをすぐ思い浮かべるであろう。第二大戦後になってからの国際司法裁判所においても一九四九年の海峡通過のコルフ海峡事件、一九五一年の領海の基線の引き方についてのノルウェー漁業事件、一九六九年の大陸棚境界に関する北海大陸棚事件、一九七四年の南太平洋における核実験事件と漁業水域をめぐるアイスランド漁業管轄事件など、そうして先にも挙げた一九八〇年代になってのいくつかの海の境界画定の事件が思い付くであろうし、また途中で提訴は取り下げられたが、一九五〇年代半ばの日本とオーストラリアの真珠貝漁業紛争、一九六〇年代半ばの日本とニュージーランドの十二カイリ漁業水域紛争もこの国際司法裁判所にかかろうとした問題であった。

ところで国連海洋法条約は紛争解決の方法として、こうした伝統的な機関の他に国際海洋法裁判所の設立を予定している。[15]

その誘致運動のなかから西ドイツのハンブルクが選ばれて、その準備がすすめられている。問題はどのような海洋紛争が予想され、どのような紛争解決機関によって解決され得るか。[16]簡単に言うとこうである。まず漁業や汚染についてそれぞれの分野の専門家による特別仲裁裁判所は歓迎すべきものであろう。また深海海底の開発についてはたとえば開発区画の選択について、機構と申請者との間、あるいは申請者間の紛争の解決のためには、機構の行政的な決定を扱うための海底紛争裁判部の役割は適切である。しかし国際海洋法裁判所が海洋法全般にわたる包括的な管轄権を有する新たな司法機関として設立されるということが適当かどうか。国際法の一般ルールから海洋法を切り放して国際司法裁判所とは別の司法機関の管轄下に置くということは、国際法の基礎の破壊に導くように思われる。

さらにこの国連海洋法条約において注目すべきことは、実はこの条約の解釈および適用から生じる多くの主要な海洋紛争は、国際司法裁判所であれ国際海洋法裁判所であれ、それらの強制的な裁判手続から除外されているということである。国の主権的権利もしくは管轄権の行使に関する紛争あるいは海洋の科学的調査および漁業に関する紛争は、おおむね強制的裁判手続から除外あるいは免除されている。実際これら裁判所の強制的裁判手続に服するのはきわめて限定的な紛争でしかない。もっともこのことはこの条約を非難する理由にはならない。現在の国際社会において裁判所の義務的管轄が決して一般ルールになっていない以上は、そのことはあえて不思議ではないとも言えるが、この点についてもこの条約に甘い幻想を抱いてはならないのである。

おわりに

思い付くままいくつかの現行の海洋法あるいは国連海洋法条約についての私の持つ疑問点を挙げてみた。もちろん私の疑問はこれに尽きるのではない。とりわけ紙幅の関係もあり、汚染あるいは科学調査の問題には触れることが出来なかった。冒頭にも述べたように、私の不勉強の故にそもそもここに挙げた疑問自体がナンセンスなのかも知れない。読者各位のご教示をまちたい。もし現在私の置かれている環境で余裕を得たならば、過去十年の国の内外の海洋法研究のあとをたどって、自ら問題の再点検、再検討をしたいと考えている。

[注]

1　この点の分析は、一九七三年の“*New Development in the United Nations Seabed Committee*”(*Journal of Maritime Law and Commerce*, Vol.4)と一九七七年の“*The Law of the Sea Conference : Caracas and Geneva*”(“*The Law of the Sea in our Time – I*”　所収)。邦語では、一九七〇年の「激動する海洋開発の国際法」(『海の資源と国際法Ⅱ』所収)、一九七三年の「転換期に立つ海洋法」と「海峡と群島」(いずれも『海洋法研究』所収)。「注解」八一～八四、八六～八八ページ。

2　一九六二年の“*The Concept of the Contiguous Zone*”(*The International and Comparative Law Quarterly*, Vol.11). 邦語では「接続水域

の概念」(『海洋法の源流を探る』第七論文)。「注解」一三三〜一三四ページ。

3　島の問題の疑問は一九六八年の“*Some Observations on the International Law of the Sea*”(*The Japanese Annual of International Law*, Vol.11). 邦語では一九六七年の「大陸棚問　題の新しい発展」(『海の資源と国際法Ⅱ』所収)。「注解」九〇、九八〜九九、三二一〜三二四ページ。

4　群島国家論の分析も前出注1にあげた論稿参照。「注解」一五八〜一七九ページ。

5　一九七三年のロンドンにおける講演“*New Directions in the International Law of Fisheries*”(*The Japanese Annual of International Law*, Vol.17)、一九八三年の“*Fisheries under the United Nations Convention on the Law of the Sea*”(*The American Journal of International Law*, Vol.77)、一九八九年の“*The Exclusive Economic Zone*”(*Encyclopedia of Public International Law*, Vol.11). 邦語では、一九八五年の「海洋資源の分配—海洋法における未解決の問題」(『深津栄一先生還暦記念』所収)。「注解」一八〇〜一八八ページ。

6　漁業資源の保存と配分の絡み合いについては、後出注10論稿。

7　一九八四年の“*Some Reflections on the Dispute Settlement Clauses in the United Nations Convention on the Law of the Sea*”(*Essays in International Law in honour of Judge Manfred Lachs* 所収)。邦語では一九八六年の「国連海洋法条約の裁判付託条項の考察」(『宮崎繁樹先生還暦記念』所収)。「注解」二三一〜二三四ページ。

8　「注解」二一三〜二一五、三一六〜三一七ページ。

9　一九六三年の“*International Control of Sea Resources*”の第三部——一九六八年の“*Proposal for Revising the Continental Shelf Convention*”(*Columbia Journal of Transnational Law*, Vol.7, No.1). 邦語では一九五三年の「定着漁業の法理」(『海洋法の源流を探る』第十三論文)。「注解」二二〇〜二二一ページ。

10　一九五七年の“*New Trends in the Regime of the Sea–A consideration of the problems of conservation and distribution of marine resources*”(*Zeitschrift für ausländisches öffentliches Recht und Völkerrecht*, Vol.18, Nos.1 and 2)；一九六三年の“*International Control of Sea Resources*”；一九六九年のハーグ国際法アカデミー講義(*Recueil des cours*, Vol.127). 邦語では一九五四年の「公海漁業の統制—資源の保存と独占」(『海洋法の源流を探る』第八論文)など。「注解」三〇九〜三一六ページ。

11　一九七三年の前出注1の英文論文、および一九七三年のブラッセルにおける講演“*Reservation of the Marine Environment*”(*ILA, Recueil des discours et communications prononcés à l'occasion de la célébration du centenaire*, 1973)。その後一九八二年ニューヨーク法

律学校における記念講演 "*Sharing of Ocean Resources–unsolved issues in the law of the sea*", (*Journal of International and Comparative Law*, Vol.3)。邦語では前出注5の『深津還暦』所収論文。

12　排他的経済水域と大陸棚の関連については一九八二年のチュニジア／リビヤ大陸棚事件の反対意見の中の "*Impact of the Concept of the Exclusive Economic Zone on the Concept of the Continental Sehlf*" の章（*I.C.J. Reports*, 1982, pp.108-130）および一九八六年の "*Delimitation of a Single Maritime Boundary–The contribution of Equidistance to Geographical Equity in the Interrelated Domains of the Continental Shelf and the Exclusive Economic Zone*"（*International Law at the Time of its Codification in honour of Roberto Ago* 所収）。「注解」一九二～一九三ページ。

13　一九七〇年の "*The Dawn of a Regime for the Deep Ocean Floor*: 1966-1970"（*The Law of the Sea in our Time I–New developments: 1966-1975*所収）。邦語では、一九七〇年の「深海海底制度論の系譜」（『海の資源と国際法Ⅱ』所収）。

14　海の境界線については、北海大陸棚事件における西ドイツ弁護人としての口頭弁論（*I.C.J. Pleadings, North Sea Continental Shelf cases*, Vol. II, pp.53-63, 193-201）：チュニジア／リビヤ大陸棚事件の反対意見（*I.C.J. Reports*, 1982, pp.257-277）およびリビヤ／マルタ大陸棚事件の反対意見（*I.C.J. Reports*, 1985, pp.123-171）。

15　国際海洋法裁判所設置に対する批判は、そもそもこの裁判所の構想が出された一九七五年のモントルーの紛争解決作業グループ非公式会合で私などが口火を切ったものであった。『海洋法二十五年』、五三〇ページ。

16　前出注7の『ラックス祝賀論文集』の英文論文および『宮崎祝賀論文集』の邦語論文。

第三部　海洋法時評

一　事前の補償が必要　水爆実験危険水域の設定

『朝日新聞』一九五六年(昭和三一年)二月一一日

アメリカは、今年もまた、マーシャル群島のエニウェトク岩礁で水爆実験を行うことを決定した。その実験にあたって、恐らくは今までのように、その周辺に危険水域を設定することであろう。ところで、この危険水域については、一昨年のビキニ事件のときからかなり間違った見解が一般を支配している。

今日もっとも普通の考え方は、危険水域の設定は、水爆実験における適切な予防補償であって、知ってここに入ればその船の責任であり、アメリカはその水域内の危険については一切の責任を負わないというのである。政府も大体そのような見解であることは、これまでの国会における説明などによっても知られるとことである。そして、今春行なわれるべき水爆実験についても、政府はアメリカに対して危険防止のため十分な予防措置をとってほしいことを申し入れたと伝えられる。その予防措置としては、適切な危険水域の設定や航空機、艦船による警戒などが考えられているように思われる。

しかし、危険水域を一方的に設定すれば、その中における加害行為についての責任を免れしめるという国際法上の法理は存在しない。それに、常識的に言っても、アメリカが安全の見地から、危険予防の措置としての危険水域を拡大すればするほど、アメリカの責任は軽減され、日本の、とりわけ日本の漁業者の利益が侵害されるのを放任する理由は少しもないだろう。アメリカに危険予防の補償を講ずるように要望し、確実に被害のあった場合に補償を要求することでは、政府は国民の漁業の利益を保護したことにはならない。このままでは、失われる日本水産業の利益を誰が補填してくれるであろう。

原水爆の実験およびそのための危険水域については、次のように考えなければならない。原水爆の使用禁止がのぞましいことは論をまたないにしても、その実験行為を違法であると断定するのは、現在の国際法上困難である。ただそれにしても、必然的に公海上にある外国の船やその乗組員に危害を与えたり、また外国の漁業の利益を損なう行為までも、自由であるとか公海使用のひとつの型として保証されているという考え方は正しくない。エニウェトクにおける実験は、すくなくとも日本の現実の利益を害するかぎり、アメリカの不法行為を構成するものであると言わなければならない。

しかし、公海上に影響のおよぶこの実験が、国際法上絶対に許されないかと言えば、必ずしもそうではない。即ち、本来違法な行為であっても、直接の利害関係国が承諾を与えれば、その関係においては、行為の違法性は阻却される。日本がその実験に同意するのならば、そのかぎりで、実験は違法のものではなくなるだろう。しかし、アメリカの水爆実験に同意するということは、それによって失われる利益の補填を前提としてでなければ考えられない。そして実際に危険の存在する水域およびその期間にわたって、そこで例年普通に得られるような利益が前もって補償されるならば、日本の船は、なにもすきこのんでエニウェトク周辺には立ち入らないであろうし、またそこで漁業に従事する必要もない。科学的根拠に基づく危険水域は、そうした得べかりし利益に対する補償額の算定の基準になるであろう。そして、もし日本が実験行為に同意を与え、得べかりし利益の補償を得るならば、政府は自らの責任において、自国の船をこの水域に立ち入らしめない義務をもつ。危険水域は、まさにこの限りにおいてのみ意味をもつのである。

われわれがふたたび悲劇を繰り返さないためには、今までのように、アメリカの水路部が危険水域を告示し、日本の水路部がこれを転載して、漁船に周知徹底せしめることをもって足りるのではない。アメリカとしても、積極的に日本の了解をもとめ、日本の水産業界に与うべき事前の補償は、当然に実験費の一部としてふくましめておくべきであろう。そして、もし日本の基本方針が対米協力にあるのならば、事前の補償を得ることを条件に、自らの責任において、自国民を危険なところには近づけない保障を講ずべきである。

二　海底開発の新時代　大陸ダナより広い視野で　国際管理が望ましい

『朝日新聞』一九六八年(昭和四三年)一月一三日

国連総会は、旧ろう一二月一八日、全会一致で、「海底の平和的利用とその資源の人類のための利用」に関する決議を採択した。三五カ国からなる特別委員会をもうけて、海底に関する科学・経済・法律面の調査と、その開発・利用に関する国際協力促進の具体的方策をふくむ報告書を、今年秋の国連総会に提出させようというのである。

この決議の背景には、昭和三四年の南極条約、昭和四二年の月・天体条約がそれぞれ南極および宇宙空間の軍事的利用を禁じたのにならって、海面がミサイル基地の設置等軍備拡張の手段に利用されることをやめようという考慮も働いていた。しかし、決議の主要な動機がむしろ海底開発という経済的なものであったことは疑いがない。

これよりさき、昭和四一年春には、国連経済社会理事会が、国連事務総長に対して深海の資源の知識および開発技術についての調査を行うことを要請した。また、その年の暮の国連総会は、「海洋資源」と題する決議によって、国連事務総長が海洋資源開発のための国際協力のプログラムなどに関する提案を今年秋の国連総会に提出するよう要請している。

かくて、今年の国連第二三回総会において、海底開発はひとつの重要なテーマとなるであろう。海底開発の新しい時代の到来が告げられているといっても言いすぎではない。

もっとも、陸地周辺の約二〇〇メートルの推進地点までなだらかに伸びる大陸棚の開発が注目されたのは新しいことではなく、ペルシャ湾やメキシコ湾においては石油が、北海においては天然ガスがすでに大規模に開発されていることは周知の通りである。

ねむる無限の鉱物

この大陸棚の開発に関する国際法の制度もつとに考えられた。昭和三三年春、国連が八六カ国の全権代表を集めてジュネーブで開催した海洋法会議は、国際海洋法典とでもいうべき四つの条約を採択した。そのひとつ、大陸棚条約は、大陸棚の資源は沿岸国に帰属し、沿岸国はその大陸棚の開発を独占するということを制度化しようとするものであった。この条約は昭和三三年六月には効力を生じ、今日までに米英ソなどをふくむ三〇数カ国によって批准されている。かくて、大陸棚は単に地理的概念にとどまらず、国際法の概念となった。大陸棚資源の沿岸国による独占は、今日、制度として確立するに至ったと見られる。

今日の焦点は、むしろ、大陸棚を超えた深海海底の開発と利用である。現在の知識によっても、大陸棚をこえたその斜面あるいは大洋中の海底隆起に石油がねむり、数千メートルの海溝にもマンガンその他無限の鉱物資源がうもれていることが知られる。バチスカーフは一万メートルの深海にもぐり「太陽のとどかぬ世界」において人びとの生活さえ可能になろうという時代である。

沿岸国分割の恐れ

深海も人類の手の届く範囲となった今日、その開発をどのように規制するべきか。実は、さきの大陸棚条約も、沿岸国の独占の範囲を地理的な大陸棚と限ったわけではなく、一応は二〇〇メートルの水深地点までとしながら、技術的に開発可能な限りではさらに延びてゆくことを認めている。もしこの規定に従うならば、世界の海底はいつかはすべて沿岸国の間で分割されてしまうことになりかねない。事実は、条約起草の当時、このような結果を予期したものではなかったし、また、このような海底分割が積極的に支持されたのでもない。

それならば、公海の漁場がそうであったように、深海海底の開発も各国の自由な裁量に委ねるべきであろうか。このことは、かつての陸の植民地獲得競争に見るように、深海海底を一握りの先進国の貪欲な欲求の対象としてしまうであろう。

深海海底の沿岸国による分割も、また先進国による先陣争いもさけなければならない。こうした考慮の上に、深海海底を国際管理の下に置こうとする構想が一部では検討されていた。たとえばアメリカの民間の平和機構研究委員会は、その昭和四一年の報告書のなかで、どの国も深海海底を自己のものにすることは許されないという原則の下で、国連自らがその権限を取得すること、国連海洋資源機関とでもいうべき専門機関を設立することを勧告している。

深海海底は、大陸棚とは異なり、国際社会に帰属させ、その利益は国際社会全体のために還元せよ。こうした理念が民間の理想主義者達の行動を支え、そうしてまた、これが後進国の現実利益にも合致するが故に、国連の舞台の上では多くの国の政治的な支持を得ようとしているといえる。

国連が深海海底についてどのような制度を具体的に考えるかは、今年秋の総会以後の発展を見なければならない。ここ数年のうちに沿岸国に独占される大陸棚とは対照的に、深海海底の国際管理の制度が具体化してゆくであろう。

もっとも、その場合、国連もしくはその機関が自ら開発にあたるとは考えられない。国際機関が開発の許可を与えるとしても、現実の開発は、先進国の巨大な資本と高度な技術に支えられなければならない。あたかも、大陸棚においては、大規模な石油企業が利権料を支払ってその沿岸国から利権をとりつけているように、深海海底においても、大きな企業が利権を国際機関から取得し、その利権料が後進国の開発・援助に向けられるという方式が取られると思われる。先進国企業による深海海底の開発は、国際社会への貢献であると共に、自らに利益を加えるであろうことも忘れてはならない。

遅れる日本の調査

ひるがえって、わが国は海底開発について世界の急速な発展に対応する十分な用意をととのえているであろうか。

日本周辺の大陸棚ですら未だ科学調査にとどまり、資源調査の段階には至っていないといわれる。海洋科学の高い水準にもかかわらず、海洋工学の面では、なお米英などとの間には格差があると聞く。海洋科学と海洋工学、そうして制度論をふくめた協力によって、海底開発の総合的な企画をいそがなければならない。

アメリカにおいては一昨年、海洋開発の総合計画のために、副大統領を長とする審議会を発足せしめた。やがては宇宙開発における航空宇宙局（NASA）のような役割を演ずるであろう。アメリカの昨会計年度における海洋学および海洋工学における国家予算は邦貨にして一五〇〇億円に達した。海洋、海底をふくめた海洋開発は、宇宙開発とならんで、国家の基本的政策とならなければならない。それは、我が国の利益であるとともに、また海洋国日本に課せられた国際社会に対する使命でもあろう。

三　大陸棚立法を

『日本経済新聞』一九六九年(昭和四四年)三月一〇日

我が国も、大陸棚制度の国際法を前提として、大陸棚鉱物資源開発に関する国内立法を整備すべきである。さらに大陸棚以遠の深海海底の開発については、国際管理案という世界の新しい動きを真剣に検討しなければならない。

歯がゆいほどの時代遅れ

ジュネーブで開かれた国連海洋法会議で、大陸棚条約が採択されてからちょうど一〇年になる。効力を発生してから五年、外国ではその改定さえ議論されている今日、日本ではようやく大陸棚制度がとりあげられているが、そのテンポのおそさに歯がゆさを感じるのは私だけではあるまい。

大陸棚制度の根本は、「沿岸国は周辺の海底の開発を自国に独占する権利がある」ということ、すなわち「外国企業の進出を阻止する権利をもつ」ということである。大陸棚の制度を前提としなければ、日本周辺の海底開発も、米ソなど諸外国に先鞭をつけられるかも知れない。

懐疑的な姿勢だった政府

しかし、そのために大陸棚条約に加入することが絶対に必要であるということにはならない。大陸棚制度の基本は、今日ではすでに国際慣習法となっている。大陸棚条約加入の有無を問うことなく、各国が沖合大陸棚の鉱物資源開発を独占できることは、一般国際法であるといってよい。今日、この点を疑う国などほとんどありはしない。

その意味で、いまさら大陸棚条約への加入に日本が気負い立つ必要はない。問題はむしろ、それにもかかわらず大陸棚制度に懐疑的であった日本のこれまでの姿勢であろう。少なくとも最近までは、政府は公式には大陸棚制度の基本そのものを否定するかのような態度を示すことがあった。この立場からは、大陸棚制度の慣習法上の権利を享受するというのは矛盾である。

しかし、二月二六日衆議院予算委員会第一分科会で外務省条約局法規課長が「大陸棚の鉱物資源に対する沿岸国の主権は、大陸棚条約以前から慣習国際法で確立している権利である」と述べたと伝えられるが、このことは画期的なことであったといえよう。大陸棚条約以前から慣習国際法で確立していたとは私は思わないが、「少なくとも今日の時点で慣習国際法である」ことだけは確実である。

日本にとって、今日必要なのは、大陸棚条約への加入を急ぐことではなく、「慣習法によって日本の管理の下にある大陸棚の鉱物資源開発を規制すべき国内法を制定すること」である。だれがどのようにして大陸棚探査の許可を政府に申請しうるのか。試掘は、開発は。試掘や開発の施設の法的地位をどう考えるのか、その安全性の問題は。さらにはまた、当然ひきおこすであろう海洋汚染の問題をどう規制するか。大陸棚制度の上にたっての国内法の整備がのぞまれるのである。

条約に加入もしないで国内法制定をといぶかるのは、余りにも消極的である。西独、イタリア、ノルウェーはともに大陸棚条約のある特定の規定にためらいを感じて条約には加入しないが、すでに大陸棚法を制定した。慣習法を前提とすれば、条約に加入していないことは何ら法の空白ではない。法の空白はむしろ国内法を制定していないことである。

むしろ深海海底の時代に

現在世界では大陸棚法などは当然の前提とした上で、それより深いいわゆる大陸棚以遠（深海海底）の制度を論じている段階である。石油・天然ガスのみならず、豊富なマンガン塊を目標に、それはどのような制度の下に開発されるべきか。制度的に大陸棚の外に深海海底という地域を認めることに今日世界は一致していると言える。

この深海海底につき、ここ二、三年の間に急速に台頭して来た国際管理案に注目しなければならない。大陸棚以遠の深海海底をすべて国際社会共有のものと考え、国際機関がその開発のライセンスを与え、そのライセンス料を国際社会のため利用しようというのである。はじめはむしろ世界国家論的な立場からの理想主義者の発想であったことは否めない。

低開発諸国がこれにとびついたのは、自然のなりゆきであったろう。彼らは自ら手を下すことなしに、いわば世界の共通物の所有者として利権料の分け前にあずかり得ることを素早く読み取ったのである。こうした考え方に対しては特にアメリカの石油業界、さらにそれを背景とするアメリカ政府は、自由開発というたてまえから反発する。しかし、と現実主義者のアメリカは反発する。

巨大な資本投下と必要とする海洋開発について、自由競争よりも、むしろ安定したわりあての方がより有効ではないか。すなわち自由競争の結果、他の有力先進企業との競争でいつおびやかされるかわからない一〇〇％の利益を期待するよりも、たとえばもし三〇％の利権料を国際機関におさめても、ライセンス取得のあとの七〇％が確保されるならば、むしろそれが有利ではないか。しかもこの利権料が低開発国を満足させることが出来るならば、その制度化は一層現実味を帯びて来る。

国連の常設委員会始まる

もっとも、沿岸国の独占の下にある大陸棚はどこに終わり、深海海底はどこから始まるのか。大陸棚条約は水深二〇〇メートルを大陸棚の一応の限界としながらも、開発技術の進歩によってはさらにそれが拡大してゆく余地を認めた。大陸棚条約の改定が論じられるのは、主としてのこの点である。

アメリカの石油業界が大陸棚の底辺縁の平均水深二〇〇〇ないし三〇〇〇メートルを主張していること、水深五〇〇メートルを支持する国も少なくないこと、また沿岸からの距離、例えば数十カイリ、あるいは二〇〇カイリを加味しようという声もあることなどを指摘するにとどめよう。

こうした深海海底の問題は、一昨年の国連総会におけるマルタの提案で脚光を浴び、昨年中に三回の会期を重ねた国連の深海底委員会でも論じられた。海の制度には世界の低開発国も重大な利害を感じはじめたのである。昨年暮れの国連総会で深海海底委員会が常設委員会として新たに発足することが決定された際に、いかに多くの低開発国がこの委員会のメンバーになろうかとしたかという事実は、将来の制度の方向を暗示している。この常設委員会の第一回会期はきょう(三月一〇日)からニューヨーク国連本部で開かれるのである。

四　我が国も大陸棚法を

『毎日新聞』一九六九年（昭和四四年）三月一四日

最近の国会審議でも、海洋論争はなかなか活発なようである。問題は主としてふたつ。第一は、ソ連など外国の漁船の日本近海への進出に対処して領海を拡張するか、あるいは少なくとも漁業水域を設定すべきではないのか、第二に、世界の動きに照らして日本の大陸棚条約に加入すべきではないのか——という点である。

一二カイリ漁業水域

近海への外国漁業の進出の脅威を領海を拡張したり、あるいは漁業水域を設けて処理しようとするのは、これまで多くの後進国が試みてきたことである。日本が強く反対してきた韓国のかつての李承晩ライン、ラテンアメリカの二〇〇カイリ領海の発想などがこれにつながる。こうした沿岸水域の拡大はとどまるところを知らぬ勢いだが、それによって問題が解決するわけではない。また日本が世界の漁場ではむしろ攻める立場にあることも忘れてはならない。

しかし、これとは別に、日本も一二カイリ漁業水域に対する認識は改める必要があると思う。一二カイリ漁業水域というのは、一九五八年の第一回国連海洋法会議における米国などの発想である。当時、多くの後進国は、自国の沖合から外国漁業を締出すために沿岸から一二カイリの領海を望んだ。この会議で主役を演じた米国は、公海での海軍のできるだけ自由な行動を確保するという動機から、一般的に領海が六カイリ以上に広がることを絶対認めることはできなかった。しかし米国としては、多数を占める後進国をひきつけるためには、各国は領海を抱え込み、沿岸から一二カイリの範囲で外国の漁業を締出すことができるというエサを用意した。これが一二カイリ漁業水域である。

米国にとっては、一二カイリ漁業水域を制度化するためには、狭い領海が一般化されることが不可欠の前提であった。しかし、この問題について、一九五八年の国連の会議は全く失敗に終わった。

今日、事情は一変したと思われる。米国は一九六九年に、自ら一二カイリ漁業水域を宣言してかつての妥協策的な立場を放棄した。もちろん米国自体の三カイリ領海は変わらないが、狭い領海との組み合わせ的に考えられた一二カイリ漁業水域が独り歩きを始めたということが重要である。米国だけではない。三カイリ領海国である英国、米国、フランス、カナダ、オーストラリアなどの国々が相次いで一二カイリ漁業水域を設定したのは、ここ数年来のことである。一二カイリという数字自体に合理性があるわけではなく、また資源保存という共通目的のためにこの水域が必要なのではない。その意味でも、日本がこれまで一二カイリ漁業水域の一方的設定を、国際法に違反するとして反対しつづけて来たことは、それなりの意義があった。しかし、今日、これに反対する国は日本を除いてはない。一二カイリ漁業水域の設定は、国際法によって認められた権利となったと私は考える。

これがソ連漁船の進出の問題の解決になるかどうかは別として、沖合一二カイリまでの外国漁業の排除に日本も踏み切ってよい時期に来たようである。

大陸棚条約の加入

大陸棚条約はすでに一九五八年に作成され、一九六四年に発効、現在では米英ソを含む約四〇カ国が加入している。大陸棚条約が最近日本でクローズアップされたのは、ふたつの相反する動機がある。ひとつのきっかけは、タラバガニ漁業である。米ソはともにタラバガニも大陸棚の資源であり、この条約によれば沿岸国が完全に規制しうるという立場を明らかにしてきている。東部ベーリングとカムチャッツカのタラバガニ漁業に重大な関心をもつ日本の水産界としては、大陸棚条約加入などはもってのほかということになろう。

日本がこれまでこの条約への加入を拒んできたのも、主としては、この条約の対象がいわゆる定着生物資源をふくむと規定しているからにほかならない。大陸棚条約がタラバガニなどの移動性生物までも含むかどうかは、解釈を争う余地があるとは思うが、しかし確かに条約加入となれば、この点は一つ外堀を埋められたことになるのは避けがたい。

他方、最近急速に現実化してきた海底地下石油の開発という立場から見れば、米英ソの加入しているこの条約にはいらなければおくれをとるというあせりが見られる。そしておそらくは、タラバガニの利益を犠牲にしても条約に加入すべきだというのが石油業界の内心であろう。日本としてはこの条約作成の時の経緯からいっても、鉱物資源だけならば大陸棚の制度、すなわち沖合大陸棚の海底開発に沿岸国が独占権をもつことを認める用意はあったというべきであろう。

本来、大陸棚制度は地下鉱物資源の沿岸国による開発独占という発想からスタートしたものであり、条約制度の過程で定着生物資源がここにまぎれこんだのは、むしろ偶然の事情にすぎない。そして過去二〇年の慣行――大陸棚条約およびそれへの各国の反応も含めて――を考えれば、本来の大陸棚制度は今日では慣習国際法になったと考えられる。この慣習国際法上の権利は条約の加入とはかかわりない。その意味で、日本としては、タラバガニに関して外堀を埋められることを避けようとするならば、条約に加入することなく、慣習国際法に基づく権利を享受するのが賢明な態度ともいえるであろう。

ただし、日本はこれまで機会あるごとに大陸棚制度全体についても、むしろ否定的な見解を表明して来たことは事実であり、そのような態度からは慣習国際法の利益を享受することは許されない。その意味で私は、二月二六日、国会で外務省当局が本来の大陸棚制度は慣習国際法であると言い切ったのは一つの大きな前進であったと考えている。しかし、私は、さらに進んで、日本は国内法令によって大陸棚の鉱物資源開発の規制を明文化するべきであると思う。それによって、広く世界に日本の大陸棚制度の慣習法化へのステップを評価させることができるからである。ノルウェー、イタリア、ドイツはいずれもそれぞれの事情から条約に加入せず、条約規定全体にコミットすることは避けながら、他方ではすでに国内法を制定して、いわば本来の大陸棚制度には手をさしのべているのである。

五　書き換えられる国際海洋法　日本も議論をつくし決断を

『読売新聞』一九七二年（昭和四七年）六月二二日

この七月から八月、まさに太平洋のマンガン団塊摂取実験とほぼ時を同じくして、国連海底平和利用委員会は五週間の予定でジュネーブで夏会期を開催する。昭和四三年の発足以来、実に一一回目の会期である。そして、そこでは討議されるべき少なからぬテーマの中でも、このマンガン団塊摂取の問題は焦眉のものとなろう。

この春ニューヨークで開いた同委員会では、世界有数の銅産出国チリの代表がこの採取実験を紹介し、これがさる四四年の国連総会決議に反すると非難した。この決議は、国際制度ができるまでは、どこの国も、まただれも、大陸棚以遠の深海海底の資源開発をさしひかえるべきことを宣言している。委員会の最終日、クウェート代表は、チリの訴えにこたえるように、この決議を再確認しようとする決議案を提出、中国を含む少なからぬ国々がこれを支持した。

従来、アメリカ政府はさきの国連決議をほとんど無視してかかっていたといってよい。六二カ国の賛成があったとはいえ、日、米、英、ソなど二八カ国の反対と、同じく二八国の棄権を押し切って採択されたこの決議である。いつできるか基本的な見通しの立たない国際制度成立まで海底開発が停止されるようなことがあってはならず、また、そもそも国際制度が企業の開発意欲を阻害するものであってはならないというのがアメリカの発想であった。さきの国連決議より半年遅れて昭和四五年五月のニクソン大統領の海洋政策に関する声明も、アメリカは深海海底の国際制度の成立をのぞみながら、それまでの間、開発を止めることは不必要かつ望ましくないとしたのである。

テネコ、ディープ・シー・ベンチャーズなどを中心とするアメリカの金属鉱業界は、この決議に束縛されて開発を中止しようとは毛頭考えていない。そしてこの業界の意を体して、昨年一一月、上院にはひとつの議員立法が提出された。将来国際制度ができた場合にはそれに従うとして、それまでの間は、アメリカとさらに方針を同じくする国々は深海底のマンガン団塊開発のライセンスを発給し、相互にはその排他的な開発の権利を尊重しようというのである。

こうした準備をすすめてきている国内の金属鉱業界の圧力と次第に表面化してきた発展途上国の非難との板挟みになりながら、アメリカ政府はとるべき方向を検討しているのである。

ひるがえって、日本では、海底のマンガン団塊の開発についても、この数年の国連における動きとの関連で論じられたことは皆無といってよい。さしあたりハワイ沖の操業は実験であって開発ではなく、開発途上国の非難に値しないと糊塗することは出来よう。しかし、国連決議を無視しても国際制度確立までは自由な開発をするのか、それともその日まで開発を待とうとするのは、その決断を日本は迫られるのである。日本の鉱業界には、現在自らがそうした瀬戸際に立たされているという認識があるだろうか。そうして業界はどのようなことを政府に要望しようとしているのか。

ことはマンガン団塊開発に限らない。日本において海洋開発が叫ばれて久しい。しかし、その議論の中心には常に科学・技術の開発でしかない。揺れ動く国際環境の中で国際海洋法がまったく新しい白紙の上に書きかえられようとしている時に、わが国の実業界にはそうした国際的に認識に乏しく、またそれに対応しようとする心構えが十分に見られないのは残念なことである。

六　国連海底平和利用委員会の夏会期を終えて

前途険し海洋先進国日本　「公海の自由」遺物に　大勢直視して柔軟な対応を

『朝日新聞』一九七二年（昭和四七年）八月二五日

海の国際法は今、新しい転換期にさしかかっている。今日までだれもが疑うことすらしなかった公海漁業の自由もやがては過去の物語となろう。海の制度の将来について、日本をとりまく国際環境は極めてきびしい。

技術の進歩と管轄権の拡張

ジュネーブ海洋法諸条約と呼ばれる領海、公海、国際漁業、大陸ダナの四つの条約を作成し、国際法史の上で画期的な昭和三三年の国連海洋法会議と、二年後の三五年に開かれた第二次海洋法会議の後しばらく、海洋法についての表立った動きは見られなかった。しかし、その間にも、新しい海の国際法は胎動を始めていた。ひとつは、海底開発技術の進歩、ふたつには、沿岸国の沖合の管轄権拡張の動きが原動力であった。

昭和四〇年代の海底開発技術の進歩は目覚ましいものがある。各沿岸国が自ら独占し得る制度上の大陸ダナの一応の前提と考えられていた水深二〇〇メートルという限界も、技術の進歩の前にはたやすく乗り越えられることが予想されるようになった。そして、いわゆる深海海底開発の新時代が来る。

大陸ダナ以遠の海底をいずれの国の領有ともせず、その開発の利益は人類のため、とりわけ貧しい国々の発展のために用いられるべきだという昭和四二年のパルド国連マルタ代表の提言は、国連史上に残る画期的なものであった。

その年の国連総会の決議で設立された三五か国からなる海底平和利用委員会が、今日の九一か国委員会のはじまりである。

昭和三三年と三五年の二度の海洋法会議は、領海の幅をきめることに失敗した。それに続くものは、とりわけ発展途上国の果てしない領海の幅の一方的な拡張であった。海の秩序の崩壊が懸念された。領海の幅を統一的にきめることが海洋国の悲願となった。

とりわけ、これまで三カイリの領海を堅持してきたアメリカは、他国の領海の幅が六カイリ以上に拡張してゆくことを見すごすことは出来なかった。その主な動機は、海軍の行動の自由を確保することであり、広い公海、狭い領海はアメリカ国防の至上命令であった。他方、一二カイリ領海への世界の大勢には抗すべきはない。

アメリカは、狭い領海を国際的に確保する方策を模索しつづけていた。昭和四五年初めには、新しい領海制度についてのバルーンをあげることになった。領海一二カイリの提案である。

しかし、国際通航に用いられる海峡については、船および航空機の自由な通過をその必須要件とした。こと漁業に関する限りは一二カイリを認めながら、海峡の自由通過を確保しようとするアメリカの苦肉の策であり、一二カイリの領海の外に、さらに漁業についての沿岸国の優先権というエサを用意さえした。

こうしてアメリカのイニシアチブに対応して、領海の幅を含めた海洋法全体の再検討の必要が叫ばれるようになった。

昭和四五年暮れの国連総会決議は、原則として昭和四八年に第三次海洋法会議を開いて、深海海底のことばかりではなく、領海や漁業、汚染防止などをふくむ海の国際法の膨大な課題を扱わせることとなった。

海底平和利用委員会もその構成国の数を倍増し、任務も海底にとどまらず海洋一般について、来たるべき第三次海洋法会議の準備を行うことになった。

それからでもすでに二年、昨年と今年の四会期、二〇週間に及ぶ会議を経て、海底平和利用委員会の得た成果は――。深海海底の制度についてはレールは敷かれたと見てよい。他方、領海を含んだ海洋法一般については、第三次海洋法会議でとりあげる項目のリストの作成にこの二年を費やした。夏会期も大詰めに来た一六日、長い討議と折衝の果てにリストが合意された。

第三次海洋法会議の開催は、今年秋の国連総会で決定され、実質審議は恐らく再来年に始まると予想されている。

日本の海に対する関心は、第二次大戦後、まず漁業に向けられてきた。遠く世界の海で漁業に従事してきた日本にとって、広い公海、狭い領海は漁業政策の上からも、至上命令であった。領海三カイリが国際法の伝統と考えられて来たということは、日本の漁業が世界の各地で締出されるにつれて、日本の強いよりどころとなって来た。しかし、現在では、漁業について各国が一二カイリの沿岸水域で排他的支配を行うのに反対することは困難である。昭和三〇年代に一二カイリの漁業水域は国際的既成事実となった。

一二カイリ外の権利が今後の焦点

現在の漁業の問題は、一二カイリの外に、沿岸国がどのような権利をもつかにかかっている。

第二次大戦後まもなく、チリ、ペルーなど中南米の国々が二〇〇カイリの海洋主権を主張したときに、世界の多くはその違法と非常識を非難した。しかし、今やその非難は、発展途上国の間では称賛に変わろうとしている。アジア、アフリカの発展途上国のほとんどすべてが、各沿岸国は自国沖合の広大な水域に漁業の独占水域を設定する権利をもつという思想に傾いた。

この思想は海底平和利用委員会の夏会期におけるケニア提案となった、二〇〇カイリの経済水域の主張である。航行については外国船の自由を認めながらも、生物、鉱物を問わず、海洋、海底の資源はすべて沿岸国の管轄の下におこうとする。ほとんどの発展途上国はこの主張を自らに有利なものとして受け取り、この提案はこれらの国々の圧倒的な支持を受けている。

発展途上国と対照的な提案

日本は八月一四日、これとは対蹠的な漁業制度案を提出した。この日本案は、一二カイリの領海を前提とし、その外の水域において沿岸国と漁業国との利益の調和をはかろうとするものであり、とりわけ発展途上国の沿岸国に対しては、それぞれの魚種につき、ある一定限度まではその能力に応じて割当てを保証しようとする構想をふくんだものであった。

日本提案は、海洋の自由を軸とする国際法の伝統を受け継ぐものであり、そのわくのなかで発展途上国に優先的地位を認めようとするものである。ソ連も日本と同様な発想の下に提案を出している。

いくつかの先進漁業国がこれに理解を示してはいるものの、日本案の将来はきわめて多難である。発展途上国と日本との間には基本的な発想の違いがある。彼らにとって、沖合資源は本来自己のものである。日本の発想は、これを国際社会共通のものとの前提の上で、発展途上国に特別の地位を認めようとする。日本の発想が正統な国際法思想の上に根ざしているとしても、発展途上国のみでなく、アメリカなどもふくめて、既成の法概念をこえて新しい制度に目を向けている世界の大勢を見落としてはならない。

さらに注目すべきこととして、漁業に関しては比較的日本と近い立場をもつと思われていた米ソも、ことサケ・マスに関しては、日本と全く考え方を異にする。日本はその広い回遊性のゆえに国際的あるいは地域的とりきめの対象としようとするのに対し、米ソは、サケ・マスの産卵河川の国の完全な支配を認めようとする。かくては日本の北洋サケ・マスも苦境に立たされることになろう。

汚染もからむ海峡通過問題

領海の幅が日本にとって、主として漁業との関係で意識されていた時に、アメリカにとっては海峡の自由通航が何よりも問題であった。

アメリカが昨年海底平和利用委員会に提出した領海制度案は、一二カイリ領海を認めながら、なお国際通航に用いられる海峡については、軍艦、軍用機をふくむ自由通過をその骨幹とした。

これらの海峡をもつ国々、たとえばインドネシア、スペインなどは、海峡における外国船舶の無害通航は認めるとしても、海峡が自国の主権の下にある以上、その規制の権利をもつことについて、一歩も譲ろうとはしない。ましてアメリカなどの最大の関心が軍艦、軍用機の自由通過はやがて一般の領海にまで波及しはしないかとする猜疑心が、さらに発展途上国の結束を固めている。

日本もまた海運国として、海峡通過の問題には重大な関心を持たざるを得ない。とりわけマラッカ海峡の商船の通過は死活の問題といえる。しかし、三〇万トンを超える大型タンカー、原子力船などの出現の結果、これまでの海峡通過とは違った問題が出てきていることを認めないわけにはゆかない。とくに事故による汚染の潜在的な危険は重大である。海峡国が沿岸保護の立場から海峡通過の問題の再検討を始めようとすることに理解を示しつつ、どこで国際的な海運の利益とのバランスをはかるかが今後の課題となろう。

海洋の汚染防止の必要を何人も疑わない。基本的にはその義務と責任を沿岸国が負うべきだとする考え方が、汚染防止の沿岸水域という形をとって主張されている。ここでも我が国などがとる伝統的な海洋自由との抵触がある。

深海の海底は国際管理化へ

昭和四三年の発足以来、海底平和利用員会における深海海底の制度化の議論は、確実にひとつの方向をたどって来た。そして、紆余曲折を経ながらも、昭和四五年暮れ、国連総会は深海海底の法宣言の作成に成功した。深海海底とその資源を全人類の共同財産とし、いずれの国の領有の対象ともせず、これを全人類の利益のために開発しようという発想である。一カ国の反対もなく採択されたこの宣言は将来の方向性を示唆している。国際機関からの許可なくして、石油、天然ガス、あるいはマンガン塊などの海底開発は許されない。その利益の一部は国際社会、とりわけ発展途上国のために還元される。日本もかなり早くからこの考えを支持してきた。

海底平和利用委員会には、今までにかなりの数の深海海底制度案が検出されている。その先鞭をうけたのはアメリカであり、一昨年に出されたアメリカ案は国際海底資源機関の成立をもふくみ詳細をきわめたものである。とりわけ、二〇〇メートルの水深までの大陸ダナ以遠を国際深海海底とし、ただ、大陸ダナ斜面の部分は国際信託地帯として沿岸国の管理に服させようというのはきわだった提案であった。

日本が昨年の秋に提出した「国際海底および機構に関する条約」のアウトラインも国際海底機関が深海海底開発のライセンスを申請国に対して発給する権能をもち、企業はその国の許可の下に操業を行う。利益を発展途上国のために用いるという発想であった。

日本、アメリカ以外にも出そろった一〇を数える提案をもとにして、海底平和利用委員会の条約作成のための審議はすすめられている。今会期ではまだ深海海底の制度の実質を論ずるには至らず、原則論的なところで足ぶみしているのが現状だが、深海海底国際管理の基本路線は明らかである。

深海海底が脚光を浴びた数年前、発展途上国の関心は、先進国企業の深海海底の開発がもたらす利益の配分にあずかることに向けられていた。今日では、むしろ海底開発の結果、陸上産品の価格が下落するのをおそれるようになりはじめている。深海海底開発を国際機関の強いコントロールのもとにおこうとする発展途上国の意図の背後にはこの考え方がひそんでいる。

沿岸国支配の範囲は距離で

深海海底は大陸棚の終わるところに始まる。そうだとすれば、大陸棚の範囲はきわめて重要である。これまで考えられていた二〇〇メートルの水深の再検討は不可避である。先進国の間でも海底について深さではなく、距離で沿岸国支配の範囲をはかる考えが支持を得はじめている。フランスさえもが二〇〇カイリを示唆するに至った。

日本は範囲を明確にしてはいないが、沿岸国支配の大陸棚があまりに拡大される結果、せっかくの国際海底開発の利益の国際社会への還元という構想が無意味になることは賢明ではないという態度を取ってきている。

以上にみてきたように、「狭い領海、そしてその外には自由な海」という伝統的なテーゼは途上国のはげしい攻撃にさらされて、まさに風前のともしびである。これは「強者の論理」としてしか彼らの目にうつらない

領海一二カイリを前提として、その外に経済水域、汚染防止水域など、機能ごとの沿岸水域が設定されていくことは必須である。国際海底についても強い権能を持つ国際機関がもうけられることになろう。

もっとも、実質問題の審議が展開してゆくにつれて、発展途上国同士の利害の対立があらわれてくることは考えられる。発展途上国の団結がゆるむことも考えられよう。「海洋の自由」からその極端な否定へと動いてきた振子はやがてその揺れを戻すこともあろう。

しかし、過去の「良き日」は再び戻ってはこない。海洋自由はたしかにこれまでの国際法のかなめであった。同時にまた、それは先進海洋国の政策的考慮に支えられた高度に政治的なイデオロギーとしての役目を果たしてきたことも、われわれとして謙虚に反省しなければならない。海の国際法を支える国際社会の流れを冷静に見つめる目と、それに対応する柔軟さを欠いてはならないであろう。

七　渦巻く海洋法の新潮流（対談）

『日本経済新聞』一九七二年（昭和四七年）一〇月九日（夕刊）

領海三カイリ、大陸棚水深二〇〇メートルなどの海洋国際法が大きく変わろうとしている。世界一位の造船国、同二位の水産国、同二位の海運国である海洋国家日本にはゆゆしい問題だ。七日に東京で終わった第二回国際海洋開発会議に中国海洋学界代表が出席し、六日午後ソウルで大陸棚共同開発に関する日韓実務者会議が閉幕したばかりだ。そこで、小田滋東北大教授（外務省参与、海洋開発審議会国際分科会長）と堤佳辰編集委員が対談した。

堤　一九五八年の第一次海洋法会議で「領海」「公海」「大陸棚」「漁業」の現行四条約ができてから一四年。海洋国際法はいま大きな転機を迎えています。領海三カイリ、大陸棚水深二〇〇メートルといった基本原則からゆらいでいる。政府代表として終始これまでの国際会議に出てこられた小田先生に海洋法の新潮流をうかがいたい。

小田　五八年の会議では肝心の領海の幅が決まらなかった。伝統的な三カイリ説と新しい一二カイリあるいは二〇〇カイリ説が対立し、合意ができなかったからです。六〇年の第二次海洋法会議も失敗に終わり、そのまま推移してきたが、この領海幅を決めることが当面の緊急課題の一つです。それと深海海底の開発可能性が出てきたため、六八年に国連海底平和利用委員会ができ、深海海底制度について過去五年かなり議論を尽くしてきた。この際他の海洋法の問題も含めて全部一気に決めてしまおう、五八年のときの適当でない規定も修正しようという機運になっています。この委員会は発足当時三五カ国だったが、現在は中国も参加して九一カ国。日本、西欧、米国、ソ連、豪州、カナダなど世界のおもな海洋国は網羅されている。来年一応審議を終え、再来年つまり七四年から世界的な第三次海洋法会議の実質審議が始まるでしょう。しかしとても一年では終わらず、七五年まで二年がかりの会議になりそうです。開催地としてはサンチアゴやウィーンがもう名乗りをあげています。

堤　わずか三七万平方キロメートル、世界五一位の狭い国土に自由世界二位の巨大経済と世界六位の一億人口をかかえた日本は、地球表面の三分の二を占める広大な海に活路を求めてきた。世界一位の造船国、世界二位の海運国、世界二位の水産国としての実績や権益を守らなければなりませんが、伝統的な領海三カイリはもはや国際通念でも多数説でもないのですね。

小田　現在三カイリ説を主張している国は日本を含めて数えるほどしかない。今後の会議で三カイリに決まる可能性はなく、領海幅一二カイリが次の結論になると思う。さらに領海の外に漁業等の経済水域を設定しようという動きがあり、かつ領海であっても海峡では外国船通過の完全な自由を認めるというような付加条件が加わってくる。

堤　中南米諸国は領海二〇〇カイリを主張している。中国はどうですか。

小田　まだみずから二〇〇カイリとはっきり主張してはいないが、中南米の二〇〇カイリの主張を支持できるとの態度をとっています。

堤　国際的にみて日本はもはや領海一二カイリはやむなしという状況ですか。

小田　そうです。政府は国会答弁でも将来領海一二カイリで決まるならそれでいいとの姿勢をとっています。

堤　領海一二カイリとなるとマラッカ海峡、ロンボク海峡、ジブラルタル海峡、オルムズ海峡(ペルシャ湾)、津軽海峡、対馬海峡など幅二四カイリ以下のところはみな公海部分がなくなりますね。資源輸送距離の長い日本としては航行権の確保が重大な問題になる。

小田　問題は現在の国際海峡が領海になった場合、その領海の中を他国船が通る自由を持つかどうかです。現在でも領海の中を外国船が通ることは「無害通航権」として一応認められている。ただし公海から領海になると、やはりそれだけ沿岸国の規制がきびしくなり、船の運航には若干制約が加わるおそれはありうる。

堤　「公海の自由」ではなくて、「無害通航権」で主張せねばならぬわけですね。

小田　普通の安全な、沿岸国に迷惑をかけない航行は海峡が領海になっても無害通航権で認められると考えてよい。米国などは海峡に関してはたとえ領海でも、あたかも公海のごとく一切の船や航空機が通行する権利を持つという制度を主張している。一方沿岸国は無外通航権なら認めるが、公海のように勝手に通られては困ると主張して対立している。

堤　領海幅員と不即不離の関係にある排他的経済水域についてはどうですか。

小田　中南米諸国が領海二〇〇カイリ説を主張しているのは沖合漁業権の確保がおもなねらいです。領海二〇〇カイリは極端ですが、領海は一二カイリでも漁業水域については二〇〇カイリまですべて沿岸国に帰属するという主張は国際的にかなり強くなっている。特に今年になってから「経済水域」ないし「固有水域」という考え方が出てきた。本年八月ジュネーブでの国連海底平和利用委員会ではアジア・アフリカのかなりの国々がこれを支持し、中南米の二〇〇カイリの主張が波及してしまった。

堤　中国、ソ連、カナダ、オーストリアなどはどうですか。

小田　中国の海洋政策はまだよくわからないが、現在の姿勢は発展途上諸国と歩調をともにしてその経済水域や固有水域の二〇〇カイリ主張を支持している。ソ連と東欧圏は逆に日本に近く、他国の沖合でも自国の漁業権を確保したいので、経済水域の設定に反対している。カナダ、オーストラリア、ニュージーランドは先進国なりに日本の海洋の自由への主張に一応理解を持っている、しかし、二〇〇カイリ水域が経済水域や固有水域という形で一般的な支持を得つつあるにつれ、外へ攻めるよりも自国の周りを守ろうという態度に変わっている。米国も日本やソ連の漁船を自国の沖合から排除したいという気持ちは発展途上国と一致する面がある。沿岸国の沖合漁業独占に反対して、他国への開放を叫ぶ日本やソ連の主張に同調する国は決して多くありません。

堤　領海は一二カイリに落ち着いても、漁業専管水域については最近二〇〇カイリが国際的に有力化しつつあるわけですね。

小田　日本はまだそれを認めていません。一二カイリの領海の外の資源は国際社会のすべての国が平等に権利を持つ。ただし先進国ほど競争力のない発展途上国にはその沖合の漁業資源の一定の割当を確保するというのが日本の考え方です。

堤　日本の周囲には二八万平方キロメートル、陸地面積の七六％に相当する大陸棚がある。この開発こそ平和的に領土を増やす唯一の手段でしょう。五八年の大陸棚条約は水深二〇〇メートルまでとそれ以上でも開発可能な地点までと大陸棚を定義していますが、今後どのように修正されますか。

小田　最近は海洋開発の技術が進んで水深五〇〇メートル以上でもどんどん開発可能になってきた。「開発可能限度」という規定では無限に大陸棚が延びていってしまう。そこで大陸棚を一定の境界で打ち切り、そこから先は国際管理しようという「深海海底制度」の思想が登場してきた。この点について世界中で異存はなく、問題はどこを沿岸国海底と国際海底の境界にするかです。その距離はやはり二〇〇カイリ説が強い。フランスもこの線を打ち出している。今年急速に台頭した経済水域の提案は魚のような生物資源も大陸棚の鉱物資源についても同一水域として扱い、その範囲は二〇〇カイリだと示唆しています。地理的な大陸棚と国際法的な大陸棚とは一応別の考え方です。しかし地理上の大陸棚が現実に広く延びていて水深二〇〇メートル以浅の場合にも機会的に距離二〇〇カイリで打ち切ることはできない。五八年の条約で既得権と沿岸国は考えています。だからそれはそれとして認め、地質上大陸棚が存在しない場合にも距離二〇〇カイリまでは沿岸国の海底とする可能性が非常に強い。この場合も向かい合っている国や共通の海を多数国が囲んでいるときには問題が残ります。一応中間線が考えられるが、国連海底平和利用委員会での今後重大な課題です。

堤　尖閣列島の場合はどうですか。

小田　尖閣列島が日本領土であることは疑う余地はありませんが、その周辺の海底を日本と中国の間でどう境界線を引くかは今後の課題です。島にも当然領海があるが、経済水域ないし沿岸国海底について島と大陸とをどう扱うべきかはまだいろいろ論議しなければなりません。

堤　人工島はどうですか。

小田　公海上に新設した人工島は独自の領海を持てません。自国の領海上に人工島を設けるのはその国の自由です。他国の経済水域内に資源開発上人工島を造ることは一般的に許されないと思う。

堤　群島理論についてはどうですか。

小田　多数の島から成る群島の場合に一番外側の島を結んだ線の内側にある海は自国の内水だという考え方で、フィリピンやインドネシアが主張しています。これは漁業や海底資源開発に影響があるが、将来経済水域というものが認められればそれに大部分包含されてしまう。ただ問題は船舶の航行です。いままでは公海として全く自由に通航できたのに、群島理論で内水になると沿岸国の規制に従わなければならない。もっとも群島理論でも無害通航権は認めるといっているが、大型タンカーや原子力船の場合は汚染防止のため制限されるかも知れない。

堤　大陸棚までは沿岸国に帰属、その先の大陸斜面は沿岸国の信託統治地域、それから先の深海底は国際機関の管理区域にする案を米国は出していますね。

小田　日本、米国など一〇ばかりの提案が国連海底平和利用委に出ていますが、米国の信託地域案には案外支持が少ないようです。どの案も沿岸海底の先の国際海底を人類の共同財産として管理、開発利用しようという基本線は一致している。また国際機関は国連そのものではなく、専門機関のような別の機関にするということもほぼ意見が一致している。ただし、国際機関がみずから開発せよという発展途上国群と、機関はライセンスを発給してライセンス料を受け取るだけでいいという先進国群の意見が違っています。

堤　今夏ハワイ沖で日本、西独、米国など六カ国、二五社の国際シンジケートが五〇〇〇メートルの深海底からマンガン団塊（ノジュール）の採取実験をしましたが、チリなどから猛反発を受けましたね。

小田　深海開発ははじめ石油がねらいだったのが、最近はマンガン団塊に重点が移りつつある。ＵＮＣＴＡＤ（国連貿易開発会議）や国連海底平和利用委でも六九年の国連総会の「海底モラトリアム」決議違反だという意見が出ました。決議自体には法的拘束力はまったくありませんし、日本は採取試験だけで開発を考えているわけではないのですが、先進国と発展途上国の対立には今後注意する必要があります。

堤　南極のように国際管理地域の領海や経済水域、大陸棚はどうなりますか。

小田　海底については深海海底同様国際管理の対象にはなるでしょう。漁業については目下公海自由の扱いですが、やがて国際管理がされるかも知れません。

堤　内陸国の権利はどう反映されますか。

小田　これには海への自由な出口を与えるということと、海洋開発のシェアを与えるということの二つの側面がある。現在のところ各沿岸国が自国の背後にある隣接内陸国のめんどうをみるという考え方が出ています。

堤　汚染対策の国際法はどう進んでいますか。

小田　これまで二つの考え方があった。日本など海運国側は公海自由の立場から各船舶の船籍国が取り締まるという旗国主義でした。これに対し発展途上国側とカナダなど一部先進国は沿岸国主義で各沿岸国は自国の海の保全の責任と権能を持つと主張しています。カナダは既に北極海に一〇〇カイリにも及ぶ汚染防止水域を設定していて、ここを通る外国船はカナダの汚染防止規則に従わなければならない。

そのほかタンカー座礁などの場合には沿岸国は公権力を行使し、必要な際には撃沈してもいいといった条約が数年前にできました。さらに事故の危険のある船が常時領海外を通過する場合にも沿岸国はある程度チェックできるという主張も最近出始めています。

八　強まる沿岸国支配

国連海底平和利用委の春会期を終えて

『朝日新聞』一九七三年(昭和四八年)四月八日

これまでの海の国際法は、基本的な変革にさらされている。海の自由な利用を支えてきた「公海自由」の法理は、新興の発展途上国により根本から問い直され、わずか数十年前、昭和三三年の第一次海洋法会議の成果であるジュネーブ海洋法条約もくつがえされかねない。自由な海に、陸では満たされない資源を求め、また何ものにも制約されない海運を発展させようとしてきた日本に、過去のよき日は戻ってこない。

ＡＡ諸国に広がる

国連海底平和利用委員会の春会期は六日終わったが、審議の進行状況にかんがみ、来春に迫ったサンチアゴの第三次海洋法会議の成果をあやぶむ声が出ていることも事実である。

しかし、海洋法はこれまでの審議の間に、確実にある方向をたどっている。海に対する沿岸国の支配の拡大である。一二カイリまでの沿岸国の排他的な権利はもはや疑うべくもない。問題は、それより遠い、これまでは公海と考えられてきたところに沿岸国のどのような支配あるいは権利が認められるかにある。

第一に、海の資源に対する沿岸国の支配の拡大がある。もっとも大陸ダナという法制度そのものが、沖合の海底を沿岸国の排他的な開発に委ねようとするものであった。支配がやがて海底から海洋に浮かびあがって漁業にも及ぶことが予見されてはいた。予見は現実になろうとしている。かつては一握りのラテンアメリカの国々による二〇〇カイリの海洋主権の主張はいま、アジア、アフリカの発展途上国の幅広い支持を受けようとしている。

この委員会に昨年夏ケニアが提出した「排他的経済水域」の提案、そして今会期にメキシコなどが提出した「固有水域」の提案は、生物、鉱物を問わず、沖合の海洋、海底の資源をすべて沿岸国の管轄の下におこうとする。いずれの場合にも、沿岸から二〇〇カイリが提案されている。こうした考え方が制度化されれば、日本の遠洋漁業が大きな打撃を受けるのであろうことは想像に難くない。

日本の発想と対立

これら提案の基本にあるのは、沖合水域は自分の海であり、その資源は自分のものであるという発展途上国の思想である。領海の外を自由な海であると考える日本の発想とは基本的に相いれない。しかし、アメリカ、カナダ、フランスなど、伝統的な海洋先進国として日本と考えを同じくすると思われた国々が急速に発展途上国の立場に理解を示し始めたことは大事である。基本的発想の違いはタナ上げにして、また二〇〇カイリという距離は別にしても、領海外の水域に、沿岸国による規制を認めつつ、しかしその中の遠洋漁業国の利益の確保を国際的に制度化しようとする試みがこれら先進国によっても行われている。

なお、こうして沿岸国の支配の下におかれる沖合水域の外の海底の国際管理の方向は明らかである。マンガン塊を主とするその資源の開発は、新しく設置される国際機関の許可なくしては許されない。その開発利益の一部は国際社会とりわけ発展途上国のため還元されるという構想に、日本も反対はなく、基本的に世界の考え方は一致しているといえよう。されにまた、いまだ具体的に現れていないとはいえ、国際管理がそうした広い大洋の漁業についても提案されるようになることも予想していく必要がある。

沿岸国の海に対する支配の拡大は、第二に、海運に対する規制となって現れている。すでにカナダの汚染防止水域の提案があり、さらに今会期には、マラッカ、ジブラルタルをそれぞれにひかえるマレイシア、スペインなどのいわゆる海峡沿岸国から、海峡の通航に関する具体的提案が、また広大な群島水域をもつフィリピン、インドネシアなどから群島制度に関する提案が提出され、これまた発展途上国の広い支持を得はじめている。石油需要の八五％をマラッカ海峡あるいはインドネシア水域を通過する中近東石油に依存する日本にとっては重大な問題である。

「群島制度」の提案

発展途上の海峡沿岸国、群島国の海運規制への監視は、一つには強大国の軍艦の行動に対する心理的恐怖感によるものであり、二つには自国の周辺の海の汚染からの保全の考慮に基づいている。大型タンカーなどによる事故の被害を考えるならば、海峡沿岸国、群島国がこれに懸念を持ち、何らかの海運規制を行おうとすることにも理解を示す必要があろう。

沿岸国の規制が国際基準に合致し、濫用が国際的に防止されることを条件に、沿岸国のある程度の支配を認めようとする発想は、先進海洋国の間にも徐々に根をおろしつつあるかに見える。事実は、海運は世界共通の利益であるだけに、そこには本質的には先進、後進の対立はなく、必ずや落ち着くところが見出されよう。

もはや、海に対する沿岸国の支配の拡大への方向を阻止することは不可能である。日本が伝統的に信じ込んできた公海自由論が、じつは先進国の政策的考慮を反映した高度に政治的なイデオロギーであったという発展途上国からの語りかけに耳をふさいではならない。「狭い領海、そしてその外には自由な海」という伝統的なテーゼ、「領海しからずんば公海」、「公海の自由かその否定か」といったカテゴリカルな対応の仕方では問題の解決にはならない。発展途上国の発想の中には、ともすれば既存の秩序をすべて破壊しつくしかねない近視眼的なものもみられる。そうだとしても、彼らに対するわれわれの回答が「公海の自由」の固執ではもはや問題にはならない。

協調こそ生きる道

われわれは抽象的な国際法理を語ろうとするのではない。第三次海洋法会議が失敗した場合、あるいはその結果が日本にとって不本意な成果であるとしてそのワクの外に立つことは、日本にとって何のプラスにもならない。多くの新興発展途上国によって変貌していく新しい秩序を、古い国際法への断ちがたい郷愁から違法であるときめつけてみても、そうした決裂から有利な事態を引き出す手段は日本に何も残されてはいないのである。

これまで、日本にとって、海への最大の関心は漁業であった。今後も漁業の重要性は減ることはないであろう。しかし、遠洋漁業のしかも日本の旗をひるがえしての漁業が日本の遠洋漁業の中心であり、そうした立場からむしろ狭い領海を至上命令と考えて来たこれまでを再検討しよう。世界の漁場を荒らしてきたという発展途上国の避難に対処するためにも、彼らとの協調の下に日本漁業の生きる道を考えなければならない。

また、とりわけ北洋における米ソなどとの利害の調整の必要はいうまでもないとしても、伝統的な漁業形態へ固執するがゆえに、海底資源開発あるいは海運、海の保全などの問題について新しい方向への柔軟な態度を欠くようになってはならない。

過去の栄光を夢見て一人世界の孤児になることは、日本にとっての利益ではない。世界の大勢を見極め、柔軟かつ現実的な対策を立てる必要が痛感される。

九　どう調和？　領海拡大と自由航行

国連海底平和利用委に出席して

『朝日新聞』一九七三年(昭和四八年)九月四日(夕刊)

第三次海洋法会議は、予定通りに運べば一一月、ニューヨークで始まり、実質討議は来年春、サンチアゴで行われる。これまでに多くの提案が出そろったが、それぞれの問題について各国の対立のミゾは深い。各国は最後の土壇場まで自分の立場を守り続けるだろう。会議が最後に破局を迎えるのか、それとも対立のまま条約が成立するのか、予測は困難である。

第三次海洋法会議の最大の課題の一つは、沿岸国支配の拡大である。「せまい領海と広い公海」という制度は昔語りになるだろう。

第一に二〇〇カイリの「経済水域」という形での漁業管轄権の拡大がある。発展途上国の動きをみれば、二〇〇カイリの沿岸国支配は発展途上国にとってもはや撤回不可能なものとなっている。漁業への関心をここ数年急速に高めた発展途上国は、目の前の利益を絶対に見逃すことはない。これこそ「自分たちの資源」なのである。公海の漁業資源を自由なものと考えて、ここで乏しい陸の資源を補おうとする日本の思想との基本的相違はいかんともしがたい。しかしかれらの説得はもはやきわめて困難にみえる。

第二に、海底開発についてみれば、ここにはすでに大陸ダナの制度があった。しかし、やがて大陸ダナは「二〇〇メートルの水深または開発可能性」によって定義されることなく、その範囲は距離によってあるいは海底の大陸斜面の底までという地形によって決められるだろう。そして「大陸ダナ」という言葉自体、国際法からは姿を消すことも考えられる。日本も新たに「沿岸国海底地域」という表現を用い、その範囲を距離の基準によって定めることを提案した。

沿岸国海底地域が隣接国間で重複する場合、その境界は常識的には当事国間の中間線ということになる。しかし大陸ダナは沿岸国に既得のものなのか。それとも海底は全く新しい制度の下に、中間線によって分割されるべきか、具体的な各国の利害関係を反映するため難しい問題である。さらに島の問題が事態を一層複雑にしている。ごく小さな島も、その独自の経済水域あるいは沿岸海底地域を持ち得るのか。それとも、境界画定の中間線を引くのに考慮されるべきなのか、無視されるべきなのか。

漁業管轄権や大陸ダナ問題のほかに、群島の最外端を結ぶ「群島水域」の主張が注目される。これには経済的利益だけでなく、政治的統一体としての群島国家の政治理念がかけられている。インドネシア、フィリピンなどから出されたこの発想は、広く支持を得始めている。なにをもって群島水域とするかについて、陸と海の面積比、あるいは島の間の距離があげられるが、そこに合理的な基準を考えて、これが乱用されることを防がなければならない。群島水域の中は領海に準ずる地位が与えられることになろう。

資源確保のための経済水域や沿岸海底地域、それに政治的統一体を理念とする群島水域によって、沿岸国支配の範囲は世界の海の八〇%をもおおうことになるといわれる。しかし、世界貿易の八〇%をになう海運は、これこそ先進、後進、あるいは海洋、内陸の区別を問わず、世界共通の利益である。沿岸国支配の拡大が避けられないとしても、それがこの海運の自由を不当に損なうことがあってはならない。この点については発展途上国の側に一層の理解を求めなければならないであろう。

なお、海運との関連で、海の汚染防止が今日の課題である。海の汚染を防止するのに、これまでのような船籍国だけの取り締まりでは効果的ではない。また、海の汚染によって第一に影響を受けるのが沿岸国であるとすれば、沿岸国に部分的な取り締まりの権能をゆだねることが考えられるようになる。日本も、国際的に定められた基準を超えて現実に海を汚染したことが明白である場合に限って、沿岸国が外国船に対して処罰の権限まで持ち得ることを提案した。海運の自由と海の保全という一見相反する命題をいかに調和させるかに今後の課題がある。

さらに見通しえない重要な問題は海峡における軍艦、軍用機の自由通航である。領海の幅の拡張の結果、潜水艦などの自由な航行を制約されることになる戦略的海峡を考慮したからこそ、米ソは今から五年ほど前に海洋法問題討議のイニシアチブをとった。こうした米ソの意図に真っ向から対立する海峡沿岸国との間に、政治的妥協がはかられるかどうか。

発展途上国の固執する二〇〇カイリ経済水域と、米ソの軍艦、軍用機の海洋自由通航とのパッケージによってしか、会議に成功がもたらされないとするならば、第三次海洋法会議は失敗に終わるかもしれない。しかし、失敗の後に残るものは、もはや伝統的な国際法ではない。日本にとってもっとも不利な形で二〇〇カイリ経済水域は必ずや独り歩きしはじめるであろう。

海の資源分割は昭和二〇年の米国の大陸ダナ宣言に始まり、いまやこれが漁業に及ぼうとしている。理屈はともあれ、発展途上国の利益の前に既存の経済利益が道を譲らざるを得ないことをわれわれはいろいろな分野で学んできたはずである。かたくなに経済水域に反対することで日本が得るものはない。ときの流れに沿って日本の利益を確保する現実的、具体的かつ妥協的な方途を考えることはできないであろうか。

開発途上国が主張する二〇〇カイリ水域の「自分たちの資源」も、自分たちだけでは開発できず、そこにとりわけ日本の寄与が期待されるならば、入漁の制度化、伝統的漁業の保障などを彼らの発想と組み合わせることによって、日本の水産業の存立をはかるべきだろう。

われわれはいまからサンチアゴ以後の海に大きなビジョンを持ち、その対応を考えなければならない。

一〇　AA諸国と海洋法

『読売新聞』一九七四年(昭和四九年)二月一八日

AALCCで海洋法の討議

十数年ぶりにこの一月、東京でひらかれたアジア・アフリカ法律諮問委員会(AALCC)の本年度会期は、今日の国際法にもっとも切実な海洋法の討議を行った。

AALCCは昭和三一年、日本などアジア七カ国をメンバーとし、ニューデリーに事務局をおいて発足、その後アフリカを加え、今では二一カ国が加入している。どちらかといえば政治的課題への深入りをさけ、政府の現実的立場からは一歩隔たったところにあって、AA(アジア・アフリカ)に共通な法律的課題につき、自由な討議を通じて、相互の理解を深めてきた。

各国一名の委員は政府によって任命されるが、個人の立場で発言するものとされる。日本は一九六二年の発足以来故東大名誉教授高柳賢三氏から元駐仏大使西村熊雄氏がひきつぎ、AAの発展途上国に対して開かれた窓としてAALCCをもり立て今日に至った。

これがひろく注目を集めるのは海洋法をとりあげた昭和四六年一月のコロンボ会期以来のことである。昭和四六年とは、国連海底平和利用委員会が根本的に改組され、海洋法一般の再審議を任務として第三次海洋法会議の準備委員会の性格をもつようになった年である。日本、インド、インドネシア、ケニアなどおもな国々は、国連の委員会でそれまで実際に海洋法に関与してきた人々をAALCCに派遣して、委員を補佐せしめることとなった。爾来四会期、コロンボ、ラゴス、ニューデリー、そして今回の東京を通じて、AALCCの主要議題は海洋法であった。

日本を除いてほとんどが発展途上国によってしめられるＡＡのこの会議の動向が、とりわけ先進・後進の対立を色濃くしていた海洋法の分野で、国連諸国の関心をひいた。今年六月ベネズエラのカラカスに予定される第三次海洋法会議を前にして、この東京会期に加入一八カ国の委員、一三カ国のＡＡのオブザーバーのほかに、域外の二四カ国がオブザーバーを派遣し、なかでも米、英、ソやアルゼンチン、チリなどが海洋法担当外交官を派遣したのも世界の寄せる関心を示したものであった。

昨年までＡＡＬＣＣで議論されたのは、主として漁業の制度であった。発展途上の沿岸国には優先的利益を認めつつも、なお沿岸国の沖合漁業に対する排他的利益は否定するという立場にたって、日本が公海漁業制度提案のアドバルーンをあげたのは一昨年のラゴス会期であった。その同じ会期で、二〇〇カイリの経済水域の構想がはじめてケニアによって打診された。ケニア、インドなどに指導されるＡＡの国々は、二〇〇カイリに及ぶ沖合水域を彼らに天賦の排他的利益であると考えている。こうした基本的対立はそのまま国連にもちこまれ、圧倒的な数をもつ発展途上国とそれに便乗する先進国の支持によって、経済水域の一般制度化は不可避になろうとしている。

しかし、発展途上国も多かれ少なかれ先進国の水産業に依存せざるを得ない以上、日本のＡＡ諸国との間には、漁業問題に関し、現実的な妥協の余地があろう。むしろ日本にとっては、米ソやカナダなど先進水産国が関心をもつ北太平洋において、どこまで日本の漁業実績を確保しうるかに残された課題がある。

かくて、漁業の一般制度については、ＡＡＬＣＣの場ではもはや討議をすませた感じであり、今会期は海洋法の他のテーマが討議された。ひとつは世界で二〇に近い内陸国の問題である。ネパール、アフガニスタンなど内陸国の多くが、ＡＡに存在している。これら内陸国が貿易などのために海岸へ自由な通行を確保したいという要求は以前からのものであるが、最近では海の資源によせるこれらの国々の関心が新しい課題となった。とりわけ、沿岸国の経済水域という考え方に対し、内陸国は無関心であり得ない。経済水域を強く推進する発展途上国は、数の上で無視できない同じ発展途上の内陸国の支持を得るために、内陸国へのサービスを迫られているのが実情である。経済水域内の漁業を隣接内陸国にも開放し、また漁業利益の分配にもあずからせるというような構想が議論されている。

海運の自由と沿岸国利益と

第二には群島と海峡の問題である。インドネシア、フィリピンなどのいわゆる群島国家は、群島内水域を主権の下におくという新しい群島理論を主張してやまない。さらに領海が一二カイリになることによって沿岸国主権の下におかれるいくつかの国際通航に重要な海峡がある。先進海運国にとって不可欠の海運の自由の利益と、船舶運行による海洋汚染などの脅威を感じる群島国家、海峡沿岸国の沿岸国利益との対立がある。

さらに、米ソにとっては、軍艦とりわけ原子力潜水艦の世界の海での行動の自由が至上命令であるのに対して、発展途上国は群島、海峡は主権にかかわる高度に政治的な問題として強く反発し、これが結局は来るべき海洋法会議の最大の焦点となろう。

これらの問題について、ＡＡＬＣＣにおける日本は微妙な立場におかれている。ＡＡの多くが沿岸国利益に傾斜していくなかで、日本は、地理的には群島国家とも考えられ、さらには津軽、対馬などの海峡をもち、海洋汚染からの海岸の保護に大きな関心をもちながら、他方、海運先進国としてマラッカ、ロンボクなどの海峡の自由な通航に多くを依存するために、きわだった地位を占めている。

ＡＡＬＣＣにおけるほとんど唯一の先進国である日本の特異な立場は、国連の場と比較してはるかに友好的な雰囲気に支えられ、他のＡＡ諸国の理解を得て来た。しかし、当然のことながら、日本の側にも発想の基本転換が必要であろう。海の自由が強者の権利でしかなかったという発展途上国の主張にも謙虚に耳を傾けることが大事である。われわれはＡＡの相互理解のためにも、この広場をさらに大事に育ててゆきたいものである。

一一　決着の日迫る海洋法

——経済対立　錯綜しても

『朝日新聞』一九七四年(昭和四九年)九月三日

正念場は持ち越す

長かったカラカスの二カ月余りの会議を終えて、各国代表の顔には、疲労とともに、安堵の色さえ見える。この会議がどのような結論を出そうとするにせよ、各国にとって重大な決意を要することであったに違いない。ぎりぎりの対決は避けられ、正念場は将来に持ち越された。

会議当初の新学年を迎えるような期待に満ちたはなやいだ空気、中ごろには先も見え、今回もまた具体的成果をあげ得ないであろうと——早くも次期開催地を語り始められる。会議の最終段階に差しかかって、手早く具体的成果をまとめようとして奔走するいくつかの集団、やがてそれも絶望とわかり、来会期に期待を寄せて各代表は散ってゆく。昭和四三年の海底平和利用委員会設立以来、繰り返されてきたこの会議のパターンは、こんどの第三回海洋法会議についても例外ではなかった。

そして、この会議は何一つ具体的な結論を出しはしなかった。とはいえ、海洋法地図はもはや昔日のものではあり得ない。確実にある方向に向かって歩みがある。間違いなく決着の日は迫っていることを見のがしてはならない。

昭和三三年、ジュネーブの第一回海洋法会議は国際法の法典化事業であった。国際法学者たちを集めた国連国際法委員会が準備を行い、海洋法会議自体も伝統的な国際法を語り、これまでの慣習的な国際法を条約に書きあらわそうとした。

他方、この第三回海洋法会議において、国際法の学説が語られたことはほとんどない。

新しい海の秩序へ

ここでは国際法の理論ではなく、新しい海の国際秩序が模索されている。各国それぞれにもつ国際社会の未来のイメージと、それへの対応、それがこんどの会議のアヤをなしている。一六年前の参加国八六に対して、今回の一三七カ国、その増えた五〇余りの国の多くがアジア・アフリカの途上国であるという事情も無視しえない。過去六年余り、海底平和利用委員会の焦点は、海の資源に対する各国の要求であった。魚であり、石油であり、マンガン団塊である。この数年の間に急速に海の資源に関心を寄せてきた途上国は、海の自由の制度が強者の権利を保護するものとして、これに挑戦した。自国の管轄範囲を拡大して、できるだけ多くの資源を独占し、それ以遠においては「人類共同の財産」を主張して、本来経済的、技術的に無力な自国の利益をここにも確保しようとする。それが二〇〇カイリの経済水域であり、深海底の国際機関による強力な支配であった。

しかし、自らの国家利益を語ることにおいて、先進国も途上国と変わることはない。先進国が自由競争という伝統的な理念を維持し続けるのは、それが国際法の理念に合致していたからではなく、より自らの国家利益に適していたからであるというのが公平であろう。伝統は先進国の味方である。かくて、資源をめぐる南北問題は、この海の秩序にも鮮明な影を落とした。

単純に分類できぬ

もっとも単純な先進対後進という分類は最近では適当ではなくなっている。途上国のグループも、統一的な戦線づくりは難しい。例えば、急速に目覚めて来たアフリカの内陸国の存在は無視しえない。内陸国や地理的不利国は、先進・後進の区別を超えて、海の利益が海に面して開かれている国によって独り占めされることに対する批判勢力となりつつある。国際海底の鉱物資源についてみても、この開発によって、自国内の陸上産出資源の価格の下落を恐れるチリ、ザイールなどと一般の途上国の対立もみられる。

他方、先進国の間でも、高度に漁業に依存する日本と二〇〇カイリ経済水域に同調するカナダ、オーストラリアなどの間に意見の開きは少なくない。国際海底の開発についても、すでに高度な技術を身につけた米国と他の国々とは必ずしも常に意見の一致があるわけではない。資源をめぐる各国の利益の錯綜は極めて複雑である。

他方、もっとも伝統的な海の利用形態である海運については、資源をめぐる国家間の対立とは別の形で問題が提起されている。海運それ自体は先進・後進を問わず、共通の利益である。しかし、世界の海運の伸長が海の汚染を引き起こしつつある。海洋汚染防止の世界共通の悲願を達成するのに、一部の途上国は、本来資源管轄であった経済水域によって沿岸国による支配を続けようとする。

もともと、海運のためには、海の制度は一つのものでなければならない。しかしいま、とりわけ途上国による沿岸国支配への主張が海運の自由に暗い影を投げている。しかも、海峡通過の規制あるいは群島制度の主張の中にみられる「国の威信」という一部の政治的考慮が、運用改正となって表れてくる。

日本も協力態勢を

このような錯綜、対立した利益を位置づけ、ひとつの安定した海洋法秩序を作るのは容易なことではない。来春のジュネーブにおいても解決は困難かも知れない。しかし、今度の会議を通じても、個々の海洋利用の制度上の問題は極めて鮮明になってきた。各国自らの座標を決めつつ、本格的な交渉の幕開けは来春に迫っている。

海洋法会議の成功は、経済水域の制度の成立を抜きにしては考えられない。途上国の中の足並みの乱れも、全体からすれば、大きな流れの中のさざ波に過ぎない。広い経済水域、そしてその外の大洋においても海底資源の国際会議はやがて上部水域の漁業管理にまで及ぶであろう。会議の成功のために犠牲を強いられるのは先進国であり、もっとも海に依存する日本である。

他方、会議の失敗がもたらすものは、決してかつての良き時代の海洋の自由への復帰ではない。アメリカが率先して一方的な管轄権拡張を行い、海とり合戦は果てることを知らなくなり、海の秩序の混乱は計り知れない。海洋法会議が成功するにせよ、失敗するにせよ、日本にとっての厳しい情勢に変わりはない。ひとり孤高を保つことなく新しい流れの中に途上国や内陸国の利益を十分に考慮した調和のある秩序づくりに、日本も協力しうる態勢づくりを急がなければならない。

一二　国際司法裁判所と海洋法〔講演〕

――資源配分に基準を

『北海道新聞』一九七五年(昭和五〇年)一二月二九日

来年二月から国際司法裁判所判事に就任することになりました。今回の札幌訪問は、就任を前に、小学校四年生まで育った〝ふるさと〟を訪れたのですが、この機会に国際司法裁判所の歴史と私の長年の研究課題だった海洋法の生い立ちについて話してみましょう。

国際司法裁判所は海に関係した事件も扱っています。オーストラリアのアラフラ海真珠貝事件、ニュージーランドとの間で一二カイリの問題の二つを提起したことがありますが、いずれも和解になりました。

国際司法裁判所の前身は一九二二年、当時の国際連盟の一機関としてオランダのハーグに設けられた常設司法裁です。設立後、約二〇年間は国際的な紛争をうまくさばいて機能を果たし、その間、日本からも三人の判事が就任しました。戦後は国連がこれを引き継いで国際司法裁判所になりましたが、制度も機構もほぼそのままです。日本は一九五六年に加盟しましたが、現在の加盟国は国連加盟国より四カ国多い一四七カ国にのぼっています。

国内の裁判所と異なるところは訴えても相手国が受けて立つ、いわゆる共同提訴がなければ事件として受理されないことです。日本が李承晩ライン問題を提起したときも韓国は受けて立ちませんでした。共同提訴がなくても事件として受理されるのは裁判管轄受託宣言をした国家間の争いで、日本を含めて四〇数カ国がすでに宣言をしています。しかしオーストラリアが大陸棚問題は除く、と表明しているように、留保条件をつけることができます。我が国はこの宣言をしていることなどから国際司法裁判所のなかでは模範国としての評価を受けています。

近年、海の問題として取り上げられた大きな事件としては、一九五一年のノルウェーの沖合で英国漁船が捕まり領海か公海かを争った事件、一九六九年に大陸棚問題で西ドイツと英国、オランダ、デンマークなどが争った事件、それに昨年、アイスランドが領海五〇カイリを主張して西ドイツ、英国と対立した事件などがあります。海洋法とのからみもあって国際司法裁判所への問題についての提訴数は今後も増える見通しです。

日米加漁業条約が画期

私が海の法律に興味を持ち始めたのは一九五二年に李承晩ラインが設定されたとき。ちょうどそのとき私はエール大に留学していましたが、それまで海の問題といえば衝突や保険など海運についての問題が中心でした。しかし間もなく日米加漁業条約が出来て資源の配分問題へと移行していきます。この条約は我が国が戦後、初めて結んだ国際条約ですが、なぜか水産業界の間でも当時は資源問題としてのとらえ方が希薄でした。「資源保存のための漁業制限は必要だ。しかし配分については何らかの基準が必要」というのが当時からの私の持論です。

一九五三年に帰国してアラフラ海の真珠貝問題と取り組みました。これが大陸棚宣言につながるもので、オーストラリアは「大陸棚資源は大陸棚に定着した生物、鉱物」とみなし我が国と対立しました。一九五七年には経済水域二〇〇カイリを主張しているラテンアメリカ諸国を訪問して意向打診をしましたが「入漁料さえ払ってくれれば…」という国もあって背景に経済的問題があることを強く感じました。

海峡通過権も重要問題

こうして一九五八年に第一回、六〇年に第二回の国連海洋法会議が開かれました。六〇年代の後半からの問題は「大陸棚以遠」の取り扱いです。七〇年代に入ってからは経済水域二〇〇カイリに伴う海峡通過権の問題が中心になってきました。特に経済水域二〇〇カイリの問題は発展途上国を中心にその声が強まり、その影響の大きい我が国は孤立無援の闘いを強いられているのが現状です。

一三　海洋法審議の問題点

――一〇年間の流れに盲目ではならぬ

『毎日新聞』一九七七年（昭和五二年）八月二日

海の秩序は法の論理だけの対象ではない

過日、日本からハーグに帰任の途中、ニューヨークに立ち寄った。第三次海洋法会議第六会期も終盤に近い頃であった。私が海洋法会議を去って早くも二年近くであったが、久しぶりのアメラシンゲ議長をはじめ多くの旧友たちと食事をしたり、コーヒーを飲んだりして、あっという間に一週間近くを過ごした。

会議は包括的かつ統一的なテキストの作成まちであった。しかし今回のテキストも全体として各国の検討をへたものではなく、アメラシンゲ議長提案ともいうべきものに過ぎない。その数カ条にもおよぶテキストの間の整合性はとても期待できず、成文法としては完璧からおよそ程遠いだろう。海洋法の真のテキストが出来るのは、まだまだ容易なことではなさそうである。

今から約二〇年前の第一次海洋法会議のときとは大きな違いである。しかしこの二〇年間の期間の変化は、二〇〇年の発展をはるかにこえている。一つには発展途上国の急速な目ざめであり、二つにはすべての国が海を切実な国家利益の対象と考えるようになって来たことである。もはや海の秩序は法の論理だけの対象ではあり得ない。

包括的な新しい海洋法条約が作成され、全ての国によって批准されるのが望ましい。しかし、条文作成の作業に目を奪われて、この一〇年間の間に浮彫にされてきた海洋法の流れに盲目であってはならず、また「海洋法会議の成功か失敗か」という現象面にのみこだわることも正しくはない。

船の航行、漁業、大陸棚の開発あるいは海洋汚染などの海洋法一般の問題は、それぞれ程度の差はあれ、過去の実行の上に法制度化されてきた。そしてその過去の制度に対する挑戦という形で今日の海洋法審議が行われている。そこに投入された努力と費用は国際法史上、例を見ない。テキストの採否にかかわらず、これだけの努力が水泡に帰するということはあり得ない。たとえ海洋法会議が形の上で失敗したとしても海洋国の過去の栄光が再現されうるわけもなく、また海が全く無秩序になるわけではない。過去一〇年に近い海洋法の討議とこれからの実行が新しい海洋秩序の方向をつくってゆく。

沿岸国経済利益の拡大と威信の高揚

その方向の一つは、沖合水域における沿岸国経済利益の拡大である。国際的な競争力に乏しい発展途上国が目先の利益として飛びついたのが沖合利益の独占であるが、これが長期的にみてはたして彼等の真の利益であり得るかどうかは疑問である。事実、発展途上グループのなかでも地理的不利国の反発は強まってくる。このことは、これまでも私どもが常に発展途上国に警告していたことであった。沿岸国経済利益の拡大によってもっとも得をするのは誰か。実は、発展途上国のがむしゃらな要求を奇貨おくべしとした長い海岸線をもつ先進国に他ならなかったとは皮肉な話である。

このような沿岸国経済利益の拡大は沖合水域の分割に関する争いを世界各地でひきおこしている。島も、そのものの価値ではなく、その海洋分割に対してもつ意味が検討されてきた。この問題を抽象化し法文化するのは至難であると思う。結局は個々のケースに応じて、当事国の合意により、あるいは第三者の判断、たとえば仲裁などによって決定されざるを得ない。

第二の方向は、沿岸国の威信の高揚である。外国軍艦の通過を規制しようとする一部の海峡沿岸国や群島国家の強い要求や、さらにまた、沖合水域での外国船による海洋調査をきびしく規制しようとする要求には、沿岸国の威信という、論理をこえ、現実的利益と次元を異にする感覚が作用していることも見逃せない。それだけにこの問題にはおのずからなる解決の方向性があるのではないだろうか。

こうした二つの大きな新しい方向性を別にして、海の利用とその環境保全との調和は、いわゆる「開発か環境か」というもっとも現代的な課題の一環であり、困難とはいえ、解決は実行を通じて得られていくことになろう。

最大の課題は深海海底開発にしぼられる

海洋法の最大の課題は、現在では深海海底開発にしぼられてきているように思われる。それが以上に述べた問題と異なっているのは深海海底の制度がその開発・管理機構あるいはその開発の方式にかかわっている点である。そうした機構・方式こそは、これをつくるのに成功するか失敗するかである。そして、そこには先進対後進のはげしい対立が見られる。しかし、これとてもテキスト作成の失敗は海洋法の破滅を意味するものでもない。いま、深海海底の開発に着手しうるのはひとにぎりの先進国であり、それが十分な利益をあげ、陸上産品をおびやかすようになるには、さらにかなりの歳月を要するであろう。もし条約に失敗すれば、発展途上国は一部先進国の開発が実質的な利益をあげる段階で、規制を検討し、またその利益に参画しようと試みるであろう。「とらぬ狸」についての余りに立ち入った「皮算用」が事態を難しくしているよう思われる。

この数年の間に海洋法会議で急に重要視されるようになってきたのは紛争解決の問題である。しかし、これについての現在の審議には混乱があるように思われる。

海洋法裁判所は果たして必要か

紛争の一つは深海海底開発をめぐる問題であり、その管理・開発機構が出来るならば、それに応じて会社や個人など開発主体の提訴をみとめるような裁判所がその機構のなかにはのぞましいであろう。しかし、一般的に海洋法の紛争について全く新しい解決のメカニズムが必要であろうか。海洋法会議では、二一名の裁判官を抱える海洋法裁判所の構想がもうほとんど定着しかかっている。一部の海洋法裁判所論の根拠には、一つには、沖合水域における海岸国規制違反によって拿捕された外国船の早期釈放を裁判所に命令させようとする考え方があり、二つにはハーグの国際司法裁判所に対する不信感がある。しかし、もし拿捕外国船の早期釈放そのものが国際法の規範になるならば、不当な釈放遅延は単純な国際法違反の問題であり、特別な裁判所を必要としない。

他方、ハーグの国際司法裁判所に対する不信は、具体的にはその構成の先進国寄りであることに盡きるようである。欧米七、アジア・アフリカ・ラテンアメリカ八という現在の裁判官構成をいぜんとして先進国寄りと見るとしても、数の上で圧倒的に発展途上国の生の利益をそのままに反映することを期待するのであれば、それはもはや裁判所ではなかろう。裁判所は法の発展に応じ、これに寄与するものでなければならないが、それと同時に法の基礎にある安定を破壊するものであってはならない。繰り返し彼の自重を説く私の意見も、アメラシンゲ議長にとっては、旧体制の国際司法裁判所裁判官の保守的な意見ととられたかも知れない。

会場でひそかにささやかれることであるが、長くこの会議の中枢に参画してきた人達のごく一部のもつ功名心、名誉心、さらには将来出来る機構への参画の期待が海洋法審議の原動力の一つとなりつつあるという風説は、それが全くの謬説であることを信じたい。

詳細目次索引

■著者紹介
小田　滋（おだ しげる）
1924年　札幌市生まれ
1947年　東京帝国大学法学部卒業
1953年　東北大学法学部助教授
1959年　東北大学法学部教授（～ 1976年）
1976年　国際司法裁判所裁判官（～ 2003年）
1985年　東北大学名誉教授
1994年　日本学士院会員
2003年　瑞宝大綬章受章
2007年　文化功労者

主要著作　『海の国際法研究』全9巻（有斐閣、有信堂高文社、1956-1989年）、『国際法と共に歩んだ六〇年』（東信堂、2009年）、『国際司法裁判所［増補版］』（日本評論社、2011年）、*International Control of Sea Resources*（A. W. Sijthoff, 1963）、*International Court of Justice, viewed from the Banch*（Sijthoff, 1993）、*Fifty Years of the Law of the Sea*（Kluwer, 2003）、ほか。

小田滋・回想の海洋法　　＊定価はカバーに表示してあります
2012年 5月 1日　　初　版　第1刷発行　　〔検印省略〕

著者©小田滋　（編集協力 佐俣紀仁）　発行者 下田勝司　　印刷・製本／中央精版印刷
東京都文京区向丘1-20-6　郵便振替00110-6-37828
〒113-0023　TEL（03）3818-5521　FAX（03）3818-5514
発行所 株式会社 東信堂

Published by TOSHINDO PUBLISHING CO., LTD
1-20-6, Mukougaoka, Bunkyo-ku, Tokyo, 113-0023, Japan
E-mail：tk203444@fsinet.or.jp　HP：http://www.toshindo-pub.com/

ISBN978-4-7989-0108-4　C3032　

東信堂

グローバル企業法　井原宏　三八〇〇円
判例　ウィーン売買条約　井原宏・河村寛治 編著　四二〇〇円
解説　赤十字の基本原則〔第2版〕　J・ピクテ／井上忠男 訳　一〇〇〇円
国際民事訴訟法・国際私法論集　高桑昭　六五〇〇円
政治の品位―日本政治の新しい夜明けはいつ来るか　内田満　二〇〇〇円
帝国の国際政治学―冷戦後の国際システムとアメリカ　山本吉宣　四七〇〇円
アメリカの介入政策と米州秩序　草野大希　五四〇〇円
オバマ政権と過渡期のアメリカ社会　吉野孝・前嶋和弘 編著　二四〇〇円
オバマ政権はアメリカをどのように変えたのか　吉野孝・前嶋和弘 編著　二六〇〇円
2008年アメリカ大統領選挙　吉野孝・前嶋和弘 編著　二〇〇〇円
NPO実践マネジメント入門〔第2版〕　パブリックリソースセンター　二三八一円
NPOの公共性と生涯学習のガバナンス　高橋満　二八〇〇円

〈現代臨床政治学シリーズ〉
リーダーシップの政治学　石井貫太郎　一六〇〇円
アジアと日本の未来秩序　伊藤重行　一八〇〇円
象徴君主制憲法の20世紀的展開　下條芳明　二〇〇〇円
ネブラスカ州の一院制議会　藤本一美　一六〇〇円
ルソーの政治思想　根本俊雄　二〇〇〇円
海外直接投資の誘致政策　邊牟木廣海　一八〇〇円
ティーパーティー運動　藤本一美・末次俊之 著　二〇〇〇円

シリーズ〈制度のメカニズム〉
アメリカ連邦最高裁判所　大越康夫　一八〇〇円
衆議院―そのシステムとメカニズム　向大野新治　一八〇〇円
フランスの政治制度　大山礼子　二〇〇〇円
イギリスの司法制度　幡新大実　二〇〇〇円

最高責任論：最高責任者の仕事の仕方　大内一寛・樋尾起年 著　一八〇〇円
日本よ、浮上せよ！―21世紀を生き抜くための具体的戦略　村上誠一郎・21世紀戦略研究室 著　二〇〇〇円

〒113-0023　東京都文京区向丘 1-20-6　TEL 03-3818-5521　FAX03-3818-5514　振替 00110-6-37828
Email tk203444@fsinet.or.jp　URL:http://www.toshindo-pub.com/

※定価：表示価格（本体）＋税